KAMI-
KAZE

Bernhard Millot

KAMI-KAZE

Geist, Organisation und Einsatz der japanischen Todespiloten

Nach der bei Robert Laffont, Paris, erschienenen Originalausgabe
L'EPOPEE KAMIKAZE
Aus dem Französischen übertragen von
REINHARD FEDERMANN und ARTHUR HRADECZKY

Lizenzausgabe 1986 für
Manfred Pawlak Verlagsgesellschaft mbH, Herrsching

Umschlaggestaltung: Bine Cordes, Weyarn
Umschlagfoto: Archiv Gerstenberg, Wietze
Printed in Germany
ISBN: 3-88199-312-6

INHALT

VORWORT

Es begann am 25. Oktober 1944. An diesem Tag gelangte eine schier unglaubliche Nachricht an die Weltöffentlichkeit. Wie aus Rundfunk- und Pressemeldungen hervorging, hatten sich in der Nähe der Insel Leyte japanische Flugzeuge in voller Absicht auf amerikanische Marineeinheiten fallen lassen und den Schiffen, als sie auf ihnen explodierten, beträchtlichen Schaden zugefügt. Allen Kommentaren zufolge waren diese Angriffe offensichtlich geplant und erfolgten auf höheren Befehl. Von diesem Augenblick an unterschied sich der Krieg im Pazifik von allen anderen Kriegen der Weltgeschichte in einem wesentlichen Punkt: er gewann eine neue Dimension.

So außergewöhnlich die Nachricht auch war, schlug sie nicht sofort wie eine Bombe ein, denn zu jener Zeit waren die beiden Gegner im Pazifik, Japan und die USA, gerade in die Schlacht von Leyte verwickelt, eine der größten kombinierten Luft- und Seeschlachten des Krieges. Diese gewaltige Auseinandersetzung ging in diesen Tagen zu Ende, und das frappierende Unternehmen der japanischen Selbstmordflieger figurierte in dem Gewirr einander widersprechender Nachrichten als eine Sensation von vielen; in Wirklichkeit war es schon das Nachspiel.

Obgleich die Weltöffentlichkeit nach fünf Jahren Krieg von Wehrmachtsberichten und Sondermeldungen übersättigt war, horchte man dennoch auf; allerdings waren die Meinungen geteilt: Bei vielen erregte der kaum faßbare Mut der japanischen Piloten echte Bewunderung, andere schockierte der Vorgang an sich dermaßen, daß sie ihn einer Art Massenwahnsinn zuschrieben.

Es war einfach noch zu früh. Man wußte zu wenig von den Gegebenheiten, um die Beweggründe der japanischen Piloten voll erfassen zu können, und vielfach verlor man sich in dem Versuch, diese unerhörte und offenbar absurde Handlungsweise zu verstehen oder gar zu erklären, in metaphysische Spekulationen. Erst etwas später, als es in größerem Maßstab zu gleichartigen Aktionen kam, fing man an, sich ernstlich nach den Kräften, die diese wahnwitzigen Flieger beseelten, zu fragen. Genauere Einzelheiten wurden erst nach dem Krieg bekannt, und erst nachdem der allgemeine Fanatismus etwas abgeklungen war, ergab sich die Möglichkeit, Licht in die Affäre zu bringen, aber alle Überlegungen mündeten schließlich immer wieder in die Frage: Wie waren die Japaner überhaupt auf die Idee verfallen, eine Angriffstaktik, die jenseits aller Erfahrungen lag, zu entwickeln und anzuwenden?

Von allem Anfang an war man bei den amerikanischen Stäben von der neuen japanischen Taktik weniger überascht als in der Öffentlichkeit. Schon seit Monaten hatte man beim Feind eine Steigerung des fanatischen Kampfwillens bis zur selbstmörderischen Rage feststellen können, und die neuartigen Luftangriffe erschienen gewissermaßen als deren natürlicher und beinahe erwarteter Höhepunkt. Auch die Beobachtungen und Vermutungen des militärischen Nachrichtendienstes hatten eine noch nicht dagewesene japanische Reaktion vorausahnen oder sogar voraussehen lassen.

Läßt man das sensationelle Erscheinungsbild einen Augenblick beiseite, dann zeigt sich in der neuen Angriffsform nicht nur das Fortwirken uralter Verhaltensweisen, sondern jene erscheint auch als unmittelbare Folge der bedrohlichen militärischen Situation, in die Japan damals geraten war.

Im übrigen änderte die neue Taktik, obwohl sie bald in großem Maßstab angewendet wurde, nichts am Kriegsverlauf, da sie die erdrückende amerikanische Übermacht nie ernstlich in Frage stellte. Die weitere Entwicklung des Kriegs im Pazifik und sein unausweichliches Ende waren bereits seit Monaten vorgezeichnet. Dennoch sind die militärischen Folgen des japanischen Vorgehens, ist vor allem die selbstmörderische Aura, mit der die Japaner die letzte Kriegsphase umgaben, genauerer Betrachtung wert.

Für viele mag die japanische Selbstmordoffensive eine der vielen Episoden, an denen die Kriege so reich sind, bleiben. Für andere aber stellt sie eine Revolution der Kriegskunst dar, hervorgegangen aus einer Mentalität, die der des Westens diametral entgegengesetzt ist. Das ist das Thema dieses Buches.

B. M.

EINLEITUNG

Die japanischen Flieger des Zweiten Weltkriegs haben diese ungewöhnliche Kampfesweise nicht erfunden. Sie entspricht der Mentalität, von der die japanischen Soldaten aller Waffengattungen und aller Zeiten beseelt waren. Es wird uns nicht erspart bleiben, uns ein wenig mit Geschichte zu befassen, um Geisteshaltung, Wesensart und das einmalige Verhalten dieses Volks besser verstehen zu lernen. Wir kennen die Japaner ja weitaus weniger als etwa die Amerikaner, mit denen uns deren europäischer Ursprung und ständige Kontakte verbinden. Die japanische Kultur ist noch immer weitgehend unbekannt, oft werden sogar chinesische mit japanischer Geschichte und die fernöstliche Fremdartigkeit im allgemeinen mit dem besonderen japanischen Erbe verwechselt.

Dieses Buch soll weder ein Plädoyer für die Japaner noch eine Anklage gegen ihre allen westlichen Auffassungen widersprechenden Grundsätze sein. Ohne literarische Mätzchen wollen wir den Versuch machen, den Ursprüngen der Selbstaufopferungstaktik auf die Spur zu kommen. Die japanische Kultur hat einen äußerst verfeinerten Menschentyp hervorgebracht. Infolge seiner außerordentlichen Höflichkeit und Selbstbeherrschung gestalten sich die menschlichen Beziehungen bemerkenswert harmonisch. Aber die übergroße Vaterlandsliebe des Japaners, seine Todesverachtung und seine geradezu mystische Ergebenheit für den Kaiser machen aus diesem sonst so sensiblen, feinsinnigen Menschen im Fall dramatischer Verwicklungen plötzlich ein Wesen von wilder Entschlossenheit, ja Grausamkeit und blindem Fanatismus.

Dieser paradoxen Verhaltensweise und deren Wurzeln nachzugehen scheint uns um so wichtiger, als die amerikanische Besetzung nach der Niederlage Japans die Natur dieses Volkes ganz und gar verändert hat. Das alte Reich der aufgehenden Sonne hat sich unter dem Einfluß der amerikanischen Zivilisation völlig gewandelt; von den alten Traditionen ist kaum etwas geblieben. Um so schwieriger ist es heute, sich in das psychologische Klima Kriegs-Japans zu versetzen. Damals war die japanische Mentalität noch von jenen tausendjährigen Traditionen beherrscht, die ein Phänomen wie das der Todespiloten überhaupt erst möglich machten.

I

SELTSAMES JAPAN

Das Besondere an den japanischen Todespiloten war ja nicht, daß sie sich sozusagen als menschliche Bomben auf den Feind fallen ließen und ihn so in den Tod mitnahmen, sondern daß sie sich oft mehrere Tage, zuweilen sogar Wochen vorher bewußt dazu entschlossen. Dieser Vorgang ist der westlichen Mentalität am unverständlichsten; er widerspricht unserer Moral und allen unseren Grundsätzen. Daß diese Tat vorausbedacht ist, will uns einfach nicht in den Kopf, ganz gleich, welcher Weltanschauung wir uns verpflichtet fühlen.

Auch in unserer Weltgegend hat es zu allen Zeiten bis hinunter ins tiefste Altertum Menschen gegeben, die ihr Leben freiwillig geopfert haben, sei es für den Obersten Kriegsherrn, für einen Kameraden, zu höherem Ruhm des Vaterlandes oder eines Glaubensbekenntnisses oder einfach, um ihr Leben so teuer wie möglich zu verkaufen. Zahlreich genug sind die Fälle, da einer Truppe in auswegloser Situation nichts anderes übriggeblieben ist, als bis zum letzten Atemzug zu kämpfen. Und wir wissen von jenen Soldaten, die sich, sobald sie einmal erkannt haben, daß es für sie keine Rettung mehr gibt, zu aussichtslosen Unternehmen entschließen, um ihrem Tod einen letzten Sinn zu geben. In solchen Augenblicken steigern einander Hoffnung und Verzweiflung zu höchster Kraft. Mag mancher einer solchen Haltung auch verständnislos gegenüberstehen, so wird sie doch klar, wenn man sich in die gegebene Situation mit genügend starker Intensität hineinversetzt, um die Beweggründe der Betreffenden im Augenblick ihrer tragischen Entscheidung nachzufühlen.

Immerhin sollte man nicht vergessen, daß all die Kämpfer vom Typ des Leonidas mit der Hoffnung in die Schlacht zogen, heil aus ihr hervorzugehen, und daß sie ihre letzten Taten auf Grund der gegebenen Situation setzten, nicht aber vorbedacht hatten. Die Erregung des Kampfs kann den Menschen zu Wagnissen anspornen, die ihm – ob sie nun gut oder schlecht ausgehen – vorher unvorstellbar gewesen sind und die er niemals geplant hätte.

Vom Beginn des Kriegs im Pazifik bis 1944 hatte es eine Reihe japanischer Piloten gegeben, die sich samt ihren Maschinen auf amerikanische Kriegsschiffe stürzen ließen, um sie zu versenken oder zumindest schwer zu beschädigen. Sicherlich waren dies todesmutige Taten, aber sie entsprangen jeweils persönlichem Entschluß und besonderen Umständen. Oft war der Pilot verwundet und hatte keine Aussicht auf Rettung mehr, oder die Maschine war so schwer beschädigt, daß sie keinesfalls mehr hätte landen können. Im übrigen blieb diese Art der Selbstvernichtung nicht den Japanern vorbehalten. Auch einige amerikanische Fälle – wenngleich weniger zahlreich – sind bekanntgeworden.

So der Fall des Leutnant Powers vom VS-2-*Lexington*-Geschwader, der seinen Kameraden immer wieder geschworen hatte, er werde irgendeinmal einen japanischen Flugzeugträger treffen. Am 8. Mai 1942, während der Schlacht im Korallenmeer, ging Powers mit seiner Maschine im Sturzflug auf den Flugzeugträger *Shokaku* nieder. Anstatt aber seine Bombe in einer Höhe von etwas über 300 Metern auszuklinken, um danach gleich wieder abzudrehen, wie er es hätte tun müssen, setzte er den Sturzflug fort, um seines Ziels ganz sicher zu sein. Die Bombe löste sich erst in einer Höhe von etwa 50 Metern und traf den Vorderteil der Startbahn des feindlichen Flugzeugträgers. In dieser geringen Höhe mußte Powers absolut klarsein, daß er dem Druck der Explosion nicht mehr entgehen könne. Seine Geschwaderkameraden sahen, wie seine Maschine kippte und dann in einer Flammengarbe abstürzte. Durch diese sensationelle Tat wurde die *Shokaku* zwar nicht zerstört, aber doch dem Kriegsschauplatz entzogen, denn die Reparaturen in einer japanischen Werft dauerten länger als einen Monat.

Ein zweiter Fall war der von Captain Richard E. Fleming vom Marine-Korps, der sich im Verlauf des Angriffs auf die beiden schweren japanischen Kreuzer *Mogami* und *Mikuma* nahe den Midway-Inseln am 5. Juni 1942 auf eins der feindlichen Schiffe stürzen ließ. Seine Maschine explodierte auf dem zweiten hinteren Turm der *Mikuma* und setzte die Brennstofftanks in Brand. Flemings Maschine war einige Minuten vorher von der japanischen Flak beschädigt worden, schien dadurch aber nicht manövrierunfähig geworden zu sein. Es scheint also nicht zweifelhaft, daß Fleming aus freien Stücken im Sturzflug auf das Schiff niederging, denn seine Geschwaderkameraden behaupteten einstimmig und mit großer Bestimmtheit, daß es ihm möglich gewesen wäre, eine Notwasserung zu versuchen und abzuwarten, bis ein amerikanisches Kriegsschiff ihn auffischte, wie dies schon so viele andere in Schwierigkeiten geratene Piloten getan hatten. Flemings Tat wurde dem Kreuzer *Mikuma* nicht sofort zum Verhängnis, aber die Beschädigungen waren doch so schwer, daß er einige Stunden später sank.

Im Verhalten der Piloten verschiedener Völker ist bis hieher kein grundsätzlicher Unterschied festzustellen. Bei den Amerikanern und ihren Alliierten waren solche Fälle einfach seltener, weil die Soldaten der Westmächte zwar bereit waren, die größten Gefahren und notfalls auch die Selbstaufopferung in Kauf zu nehmen, der vorbedachte Selbstmord ihnen aber im innersten zuwider war. Die japanischen Soldaten hingegen faßten diesen unerhörten Entschluß, und die Notwendigkeit, deren Beweggründe zu untersuchen, drängt sich auf.

Als am 25. Oktober 1944 die ersten gruppenweise vorgenommenen und koordinierten „Sonderangriffe“ bekannt wurden, sträubte man sich im Westen einfach dagegen, das Unfaßbare zur Kenntnis zu nehmen. Man hielt die japanischen Todespiloten für unnatürliche Wesen, für eine Art fanatisierter Roboter, die obskuren und mysteriösen Antrieben folgten, in keiner Weise mehr normalen Menschen glichen und irgendwie so wirkten wie Sendboten von einem anderen Stern.

Es wäre aber ein grober Irrtum, zu glauben, daß sich hier einfach eine ganze Truppe in menschliche Bomben verwandelt hätte, daß die Piloten, die sich blindlings auf den Feind fallen ließen, so etwas seien wie wohldressierte Tiere, die unsinnigen Befehlen gehorchten. Dies wäre zu billig und hieße die hohen moralischen Werte des japanischen Volks von Grund auf verkennen.

Die Bereitschaft zur Selbstaufopferung während einer Kriegshandlung war für die Japaner in Wirklichkeit nichts Neues. Ihre ruhmreichen Traditionen weisen eine Fülle von Beispielen hiefür auf, die bis in die frühesten Epochen ihrer Geschichte zurückreichen. Im Gegensatz zu denen fast aller anderen Völker hatten diese jahrhundertealten Überlieferungen bis ins Zeitalter der Industrialisierung Bestand. Die alten Formen mußten dem Druck dieser großen Umwälzung nicht weichen, im Gegenteil: In unserem Jahrhundert ist es den Japanern gelungen, einige ihrer alten mythischen Träume zu verwirklichen.

Die Industrialisierung und die rasche Entwicklung des Landes zur internationalen Wirtschaftsmacht änderten nichts an der japanischen Gesellschaftsstruktur. Die alteingesessenen und allmächtigen *shogun* oder *taikun*[1] nahmen nun die führenden Stellungen im Verwaltungsapparat ein, die *daimyo*[2] genannten Grundherren wurden zur herrschenden aristokratischen Kaste, und die *Samurai*[3]-Ritter bildeten die Kader der modernen Armee. Auch bei der großen Masse der Bauern, Arbeiter und Handwerker blieb im wesentlichen alles beim alten. Die einzige fast unmerkliche Veränderung gegen früher bestand in der Aufwertung der Kaisermacht, dies allerdings eher in ideeller Hinsicht.

Wenn dieses Volk Taten vollbrachte, die wir als außerordentlich, ja als ungeheuerlich ansehen, so ist damit nicht gesagt, daß die Japaner nun plötzlich nicht mehr Menschen aus Fleisch und Blut waren; sie ordneten sich nur Gesetzen unter, die sich in einem langen geistigen Prozeß herausgebildet hatten. Zum Unterschied von anderen Völkern der Gegenwart haben sich die Japaner moralische Werte bewahrt, die aus ihrer frühesten Geschichte stammen. In ihrer Lebensart, ihren Gewohnheiten und Traditionen hatten sie bis vor etwa drei Jahrzehnten eine gewisse Ähnlichkeit mit den alten Römern nach Abschüttelung der etruskischen Herrschaft.

Wir haben nicht die Absicht, jedes einzelne Element der japanischen Überlieferungen zu untersuchen, denn dazu würde ein Buch nicht ausreichen. Wir müssen jedoch einen zusammenfassenden

Überblick geben, um die Wurzeln des japanischen Verhaltens ans Licht zu bringen. Es ist nicht ganz einfach, die einzelnen Wurzeln voneinander zu trennen, denn sie durchdringen einander und vereinigen sich zu einer einzigen Idee, die nicht ihrem absoluten Wert nach beurteilt werden sollte, sondern im Hinblick auf ihr Endziel.

An erster Stelle ist hier die mystische Veranlagung der Japaner zu nennen; sie ist zugleich Voraussetzung und Folge der uralten *Shinto*-Religion. Hauptdogma dieser nationalen Ideologie ist der göttliche Ursprung der japanischen Rasse, hergeleitet von der Sonnengöttin *Amaterasu*, der Mutter des ersten Kaisers, *Jimmu Tenno*, dessen Herrschaft im Jahr 660[4] vor Christi Geburt begann. Von ihm stammt in direkter Linie die ganze kaiserliche Dynastie. So galt auch Kaiser Hiro-Hito, der während des Zweiten Weltkriegs den Thron innehatte, als Nachkomme – in 124. Generation – der Göttin Amaterasu.

Der Shintoismus wurde von zwei aus China gekommenen Religionen überflutet, zunächst vom Konfuzianismus, später vom Buddhismus. In der Mitte des 17. Jahrhunderts jedoch regenerierte sich der Shintoismus und fand allgemeine Verbreitung. Seine Konzeption beruhte ursprünglich auf zwei einander widersprechenden Prinzipien: der monotheistischen Anbetung der Göttin Amaterasu und einem polytheistischen Kult, in dem Natur und Moral die entscheidende Rolle spielten. Die Shinto-Religion kannte keine Personifizierung, und ihre Tempel wiesen daher auch keinerlei figürliche Darstellungen auf: ein Zeugnis für die hohe Kulturstufe der Japaner und ihre Fähigkeit, zu abstrahieren.

Die Kaisermacht hatte dieser Religion ihr Wiedererstarken zu danken. In dem Bewußtsein, daß der Shintoismus der Durchsetzung der noch im Dunkel liegenden nationalen Ziele dienlich sein werde, erhob ihn Kaiser Mutsu-Hito 1868 zur Staatsreligion.

In dieser Phase hatten sich im Shintoismus zwei Hauptdogmen herausgebildet: in erster Linie die Verehrung des Kaisers auf Grund seiner Göttlichkeit; sie galt sowohl der Person wie der absoluten Macht; und der Ahnenkult in besonderer Ausprägung: Es galt, den verstorbenen Vorfahren ein Höchstmaß an Moral und Tugend zu beweisen. Die mystische Kaiserverehrung forderte nicht nur absolute Ergebenheit und blinden Gehorsam, sondern setzte auch die Bereitschaft zur Selbstaufopferung voraus. Diese Einstellung war so allgegenwärtig, daß kein Japaner sich ihr entziehen konnte, mochte er nun gläubig sein oder nicht. Der Kaiser galt nicht nur als Statthalter Gottes auf Erden, sondern auch – samt seiner Familie – als Mittler zwischen den Menschen und Gott.

Die vom Shintoismus wiederbelebte Tradition gebot, daß der Kaiser sich fast nie in der Öffentlichkeit zeigte, sondern fast nur in den Personen der *genro*[5] und der *jushin*[6] in Erscheinung trat. Nur wenige Japaner hatten je die Stimme des Kaisers gehört. Nahm er doch einmal das Wort, dann sprach er altjapanisch, und nur wenige privilegierte Zuhörer waren überhaupt imstande, diese uralte, geheimnisvolle Sprache zu verstehen. Diese mystische Kaiserverehrung grenzte ans Kultische. Nichts war gut und teuer genug für den Kaiser; sein Leben für ihn hinzugeben wurde zur Opferhandlung.

Der Konfuzianismus[7] ist weniger eine Religion als ein Kodex von Lebensregeln, die das Verhalten des einzelnen innerhalb der Gesellschaft auf der Grundlage von Nächstenliebe und Achtung vor der Gemeinschaft festlegen.

Konfuzius stellte den Menschen in den Mittelpunkt aller moralischen und politischen Vorgänge. Nach Konfuzius ist der Mensch für alles Unglück in der Welt selbst verantwortlich, und er allein kann die Wendung zum Besseren herbeiführen. Dem konfuzianischen Gedanken entspricht die Veredlung des Menschen durch den Menschen, durch die Übung höchster Tugenden, staatsbürgerliches Verhalten und Nächstenliebe. Die von Konfuzius verkündete und geforderte Grundhaltung des Menschen impliziert, sich stets zur Verfügung zu halten, den Ansprüchen des Nächsten offenzustehen und sich des Beispiels der hingeschiedenen Ahnen würdig zu erweisen.

Diese Regeln, die dem Meister übrigens den Vorwurf der Rückschrittlichkeit und mangelnder Dynamik eintrugen, machten seine Schüler zu Anhängern eines Konservativismus, der sich neuen Gedanken und fremden Einflüssen gegenüber unzugänglich zeigte. Konfuzius glaubte an die Macht des Beispiels, und wenn er den weltlichen Ahnenkult predigte, so geschah dies, um seiner Lehre eine unverrückbare Grundlage und die unveränderliche Richtung zu geben.

Der Konfuzianismus glorifiziert den geläuterten Menschen inmitten seiner Umwelt und preist das heldenmütige Verhalten in der Ausübung seiner gesellschaftlichen Funktion als die höchste Tugend. Der Begriff der Mitte ist von besonderer Bedeutung. Das Wort „Mitte" allein kennzeichnet die chinesische Kultur. Seit Jahrhunderten wird China als das Reich der Mitte bezeichnet.

Die wesentliche Forderung des Konfuzianismus läßt sich als das Streben des Menschen nach Vervollkommnung seines Bewußtseins und seines Verhaltens umschreiben. Grundbedingung für die Weiterentwicklung des Menschen ist das *jen,* das als sittliche Forderung in ihm selbst beschlossen ist. Es wird erreicht durch immerwährende Betätigung der Liebe zu den Eltern und zu den Nächsten, die ihrerseits das Zartgefühl des einzelnen gegen seinesgleichen und die Verehrung der Ahnen zur Vorbedingung hat. Die Übung im *jen* führt zum *tschong* (zur Mitte), zum Gleichgewicht zwischen den verborgenen Kräften, das heißt: zwischen Gut und Böse. Diese Forderung gründet sich auf das *tschu,* die Gleichheit, die Wechselwirkung der menschlichen Beziehungen, den Altruismus.

Der konfuzianische Gedanke spielte in der chinesischen Lebensweise eine große Rolle und führte zu jener Verfeinerung der Sitten, deren künstlerischer Niederschlag uns nicht unbekannt ist. In den Li, den konfuzianischen Verhaltensvorschriften, spielen Musik und Gesang eine große Rolle. Nach Ansicht des Meisters ist diese Ausdrucksform ein wesentliches Element der Gesittung, und tatsächlich blieb die Musik in der chinesischen Lebensart nicht nur Kunst, sondern entwickelte sich allmählich zu jenem Instrumentarium, mit dessen Hilfe der Mensch seine Großzügigkeit und Menschenfreundlichkeit am besten zum Ausdruck bringen konnte.

Japan wurde vom Konfuzianismus stark beeinflußt, und so lassen sich auch im Shintoismus eine Anzahl konfuzianischer Regeln erkennen. Die Japaner übertrieben die Elternliebe in einem Maß, das in Europa unüblich ist, ebenso kultivierten sie die Nächstenliebe im Leben in der Gemeinschaft und die Ahnenverehrung als Quelle der Moral und des Muts. Auch die Musik spielte als Kommunikationsmittel und als Mittel zur Verfeinerung in dem hypertrophischen Familienkult und dem beinahe religiösen Kaiserkult eine große Rolle.

Ein wichtiger, möglicherweise der wichtigste Punkt ist die konfuzianische Haltung dem Tod gegenüber. Die Ansichten des Meisters zu diesem Thema bleiben dunkel und wurden Gegenstand ebenso zahlreicher wie verschiedenartiger Auslegungen. Es scheint jedoch, als habe Konfuzius den Tod nicht als Übergang vom Diesseits ins Jenseits angesehen, sondern als bedauerliche Realität, die jedoch die Erneuerung des Menschen durch den Menschen über Generationen hinweg nicht hindern könne. Einem seiner Schüler, der ihn hierüber befragte, antwortete Konfuzius:

„So viele Pflanzen wachsen und kommen nicht zum Blühen; so viele Pflanzen blühen und tragen keine Früchte; nun, das kommt vor."

Dieser lakonische, im tiefsten atheistische Satz war nicht dazu angetan, den Glauben des Konfuzius an den Menschen und seine Größe zu tangieren; seiner Ansicht nach war der Tod unter Umständen eine Lehre und das Opfer eine Bereicherung. Einmal sagte er zu seinen Schülern:

„Ein Mensch, der von Menschenliebe durchdrungen ist, wird sich niemals dazu verstehen, sein Leben auf Kosten der Menschheit zu erhalten. Einige sind, um diesen Gedanken zu verwirklichen, selbst in den Tod gegangen."

Diese Worte enthalten die Essenz des Konfuzianismus: die sittliche Wirkung des hohen Beispiels, die im Ahnenkult vorbereitet ist. Die japanische Shinto-Religion konzentriert sich ganz auf diesen Punkt. Was Konfuzius als Möglichkeit ins Auge faßte, machten die Japaner zum Endziel, das jeder Einzelne erreichen mußte, wollte er sich in gutem Gedächtnis halten und sich als Gleicher unter Gleichen im Jenseits unter seinen ruhmreichen Ahnen einfinden.

Der konfuzianische Einfluß bewirkte, daß der Shintoismus seine ursprünglichen Dogmen um die des Ahnenkults und der Nächstenliebe erweiterte. Die Japaner verschmähten auch keineswegs die konfuzianische Neigung zur Musik, die nicht nur in der Form profaner Unterhaltung in die Volkssitten eindrang, sondern auch als geheiligtes Hilfsmittel des Shinto-Kults.

Dieser Einfluß minderte sich im Lauf der Jahrhunderte keineswegs. Für viele Japaner war die Musik immer wieder eine Quelle der Andacht. So konnte man zum Beispiel auch immer wieder beobachten, daß Todespiloten, die demnächst zum Einsatz kommen sollten, sich um ein Musikinstrument scharten, um die letzten Stunden ihres Lebens dieser Kunst zu weihen.

Die Japaner standen jedoch nicht nur dem Einfluß des Konfuzianismus offen. In noch höherem Grad vielleicht neigten sie den Lehren des Buddhismus[8] in seiner chinesischen Ausprägung zu. Diese Philosophie gab ihnen, was ihrer Ideologie noch fehlte, nämlich höhere Geistigkeit. So fand zwischen ihrer angestammten Religion und der metaphysischen Gedankenwelt des Buddhismus eine gewisse Osmose statt.

Der chinesische Buddhismus gab der japanischen Religiosität endgültig Gestalt und vor allem Tiefe. Das japanische Volk, das auf der Suche nach dem Weg zu unendlicher Weiterentwicklung war, dabei aber unter den schwersten Bedingungen lebte, paßte sich mit bewundernswerter Leichtigkeit den buddhistischen Grundsätzen an, denn sie entsprachen seiner Furcht und seiner Hoffnung. Tatsächlich entsprachen die buddhistischen Lehren wie die Loslösung des Menschen von allen irdischen Bindungen, der Weg zur Wahrheit durch standhaftes Ertragen aller Leiden, der Verzicht auf Abhängigkeit von irdischen Dingen und die Unerschütterlichkeit im Angesicht des Todes der ursprünglichen Gedankenwelt und den Lebensbedingungen der meisten Japaner.

Was jedoch dieses Volk, das auf der Suche nach einer transzendentalen Ethik war, besonders beeindruckte, war das buddhistische Konzept des metaphysischen Ichs. Nach Çakjamunis Lehre erscheint das Ich im diesseitigen, fühlbaren Leben zwar als unverrückbare Einheit, aber in Wirklichkeit existiert es nicht und kann nichts anderes sein als eine Illusion. Für Buddha existiert das eigentliche Ich nur in der Meditation, die der Weg zur Transzendenz, zur Abstraktion und zum Geistigen ist. Das Ich kann vom Menschen nur auf der höchsten Stufe der Erkenntnis eingeholt werden, und die ist das Nirwana, das heißt der Schritt von diesem Leben in ein anderes, der Tod.

Der Buddhismus lehrt aber auch, daß die Loslösung von der dinglichen Welt, die Selbstüberwindung durch Bemühung oder durch Meditation zur Erleuchtung führen, und daß die Erleuchtung den Geist und das ganze Sein völlig verändere. Diese Transzendenz höchsten Grades, dieses Bewußtwerden des eigentlichen Ich führen zur Verneinung des zeitlichen Ich und zu der Gewißheit, daß sich das Ich vollkommen erst im Nirwana findet.

Nach Buddha hat das Diesseits keinen Bestand, und alles, was existiert, existiert nur im Werden und Vergehen. Die Lehren von der Loslösung vom zeitlichen Ich, von der Überwindung des Leids und von der Todesverachtung als Selbstzweck brachten die Japaner natürlich dazu, den Ahnenkult zu sublimieren und die höchste Form der Abstrahierung des Ich im Opfer zu sehen.

Der Einfluß des Buddhismus auf die Japaner war um so größer, als es ihm gelang, eine Übereinstimmung mit den ursprünglichen Sitten und Überlieferungen des Volks herzustellen, sie zu vergeistigen und auf metaphysisches Niveau zu heben. Obwohl es in Japan zahlreiche Anhänger des *Zen-Buddhismus,* der vom ursprünglichen Buddhismus nur unwesentlich abweicht, gibt, wurden Buddhas Vorschriften und Lehren im allgemeinen doch auf dem Weg des Shintoismus in Japan heimisch. Im Shintoismus verbanden sie sich mit rein japanischen Grundsätzen, wie dem absoluten Gehorsam gegen die Behörden, der Verehrung des Gott-Kaisers, der Aufopferung aus Selbstachtung. Deren Antrieb konnte sein, sich von Gewissensbissen zu befreien oder eine Beleidigung zu tilgen; meist aber war es einfach fanatischer Nationalismus.

Die Japaner hatten all diese Dogmen so sehr in sich aufgenommen, daß sie aus ihnen geradezu ein nationales Ethos machten. Es galt für den Krieger und den Künstler gleichermaßen und bewirkte bei jedem dieser Prototypen die gleiche Haltung. So verschieden die Tätigkeit der einzelnen auch sein mochte: Sie alle strebten der gleichen Reinheit nach, der gleichen nicht-materialistischen Einstellung und der gleichen Unerschütterlichkeit. Das Verhalten des Japaners gegenüber Leiden und Tod, die Vorstellung von einem je nach Leistung mehr oder weniger glorreichen Leben im Jenseits – all dies ist zweifellos buddhistischen Ursprungs.

Wir haben uns so ausführlich mit religiösen und philosophischen

Strömungen beschäftigt, weil wir glauben, daß in ihnen nicht nur der Ursprung der japanischen Haltung durch Jahrhunderte zu suchen ist, sondern recht eigentlich die japanische Seele. Hier ist auch die Quelle jener Kriegsbegeisterung, die unzählige Japaner in den vielen kriegerischen Auseinandersetzungen ihrer Geschichte bewiesen haben. Im selben Geist kämpfte das japanische Militär im Zweiten Weltkrieg: mit ebensoviel Mut, Hartnäckigkeit und jener Begeisterung, die zur bewußten Selbstaufopferung führte, zu den überlegt geplanten Angriffen der Todespiloten.

Die japanische Geschichte ist geprägt von lokalen, bürgerkriegsartigen Konflikten zwischen den Fürsten, *shogun* und *daimyo,* die von den *samurai* und sonstigen Leibgarden ausgetragen wurden. Stets lebten die Japaner in einer kriegerischen Welt, in der Heldentaten und Legende einander berühren, und immer war die von jedem Mitglied der Gesellschaft geforderte Haltung mit Kriegertum verquickt, ob es sich nun um rein körperliche Leistung oder um ritterliche Taten handelte.

In Japan waren religiöse und kriegerische Begriffe von jeher untrennbar miteinander verbunden. So mündete der Shinto-Kult mit der Zeit in Heldenverehrung, die sich auf so verschiedenartige Figuren konzentrierte wie den verführerischen Yoritomo[9], den Mäzen Hideyoshi[10], den unermüdlichen Tokugawa Ieyasu[11] und weniger bekannte Kriegshelden wie Toyotomi Hideyori.

Mit der Zeit steigerten die Japaner die Heldenverehrung bis zu einem solchen Grad, daß sie ihre ganze Lebensweise an den Taten ihrer Helden ausrichteten. Dazu gehörte die vollkommene Nichtachtung des irdischen Lebens und seines Endes, des Todes, der in den Augen der Japaner schließlich zur letzten Rechtfertigung des ganzen Lebens wurde. Aus dieser Weltanschauung erwuchs die Sicherheit, daß man nur auf solche Weise das vollkommenste Nirwana erlangen könne, ein Weiterleben unter den geheiligten Ahnen, und zwar als Gleicher unter Gleichen.

Dieses Ideal ist im übrigen demjenigen westlicher Religionen wie des Katholizismus nicht unähnlich. Auch dort kennt man ja die Begriffe des Heils und der Erlösung durch tugendhaftes Verhalten.

Diese beiden grundlegenden und folgenreichen Dogmen bestimmten die Haltung der Japaner. Im *Bushido-Kodex,* dem Katechismus der Samurai-Ritter, sind ihre Prinzipien niedergelegt: Ehre, Treue, Mut und Gehorsam.

Die Mitglieder dieser erblichen Kaste genossen von frühester Jugend an die *Hagakure* genannte Erziehung, die der Ausbildung zum Kriegsdienst gewidmet ist, und deren hervorragendster Gegenstand der absolute Gehorsam ist. Im weiteren lehrt der Bushido-Kodex die künftigen Samurais die höchsten kriegerischen Tugenden: vollendete Technik im Säbelfechten, die Bereitschaft, Schmerzen wortlos zu ertragen, Hingabe, Selbstverleugnung, die Verehrung des Kaisers und den Abscheu vor ruhmlosem Tod. Diese Grundsätze gehen zurück auf den Zen-Buddhismus[12], der insbesondere den völligen Gleichmut hinsichtlich körperlicher Schmerzen lehrt.

Jahrhunderte hindurch blieb der Bushido-Kodex den Samurais vorbehalten, aber seitdem westliche Lebensformen ihren Einzug in Japan gehalten hatten, wurde er ganz natürlicher Weise in das Reglement der modernen Armee übernommen. Er wurde sozusagen demokratisiert; verschiedene soziale Lager eigneten sich den Bushido-Kodex an, so die Bourgeoisie und die Beamtenschaft. Die aristokratischen Prinzipien der Samurais, die inzwischen zu legendären Helden geworden waren, fanden Eingang in das Bewußtsein nichtadeliger Klassen.

Diese mimikry-artige Übertragung hob die gesamte japanische Moral, stärkte den Willen zur Unterordnung unter die Staatsmacht und garantierte den herrschenden Kasten die totale Ergebenheit einer wachsenden Anzahl von Staatsbürgern. In diesem Zusammenhang leuchtet auch ein, daß der Shintoismus zur Staatsreligion erhoben wurde. Ganz allgemein läßt sich sagen, daß die Grundsätze des Shintoismus und des Bushido-Kodex allmählich die ganze Gesellschaftsordnung bestimmten und damit wesentlich zur Bildung des Nationalbewußtseins beitrugen.

Haltung und Anschauungen zunächst der herrschenden Klasse, im weiteren Verlauf eines immer größeren Teils des ganzen japanischen Volks waren ganz spezifisch ausgeprägt und zeigten vor allem zwei symptomatische Aspekte: ungeheuren Nationalstolz und eine höchst eigenartige Lebensweise.

Die Legende von der göttlichen Abkunft der Kaiserfamilie und darüber hinaus der *Kokutai-Lehre*[13] entsprechend des ganzen japanischen Volks führten unausweichlich zur Entstehung der Begriffe vom auserwählten Volk und vom göttlichen Auftrag. So behauptet die *Hakko-Ichiu-Lehre,* das japanische Volk sei nach göttlichem Plan dazu ausersehen, dereinst die Welt zu beherrschen; auch die *Yamato-Lehre* spricht von japanischer Vorherrschaft.

Lange Zeit hindurch waren diese Überzeugungen Mythen geblieben, aber als unter der Herrschaft des Kaisers Meiji die Industrialisierung Japans einsetzte, wurden sie ganz konkret, zumal sie nun als durchführbar erschienen. Sie wurden zur ideologischen Grundlage der künftigen wirtschaftlichen und militärischen Expansionspolitik des Reichs der aufgehenden Sonne.

Zu den alten, patrizischen Herrschaftskasten gesellte sich eine neue führende Macht, die aus der Ballung des Handels und der Industrie entstanden war, die *Zaibatsu,* Inhaber der großen kapitalistischen Monopole mit wachsendem politischen Einfluß. Vier große Finanzgruppen, die nach dem Vorbild der amerikanischen Trusts organisiert waren, spielten eine bestimmende Rolle bei der wirtschaftlichen Ausdehnung Japans. Dies galt ebenso für die Erschließung der nötigen neuen Rohstoffquellen wie für die Erschließung und immer striktere Beherrschung neuer Märkte.

Der Gedanke der japanischen Vorherrschaft bildete den Kern zahlloser ultranationalistischer Sekten und Geheimgesellschaften, vieler Parteien, Gruppen und mehr oder minder geheimer Extremistenklubs, die zwar verschiedene Methoden, aber doch eine gemeinsame Zielrichtung hatten. Sie alle waren bestrebt, den Gedanken der japanischen Überwertigkeit zu kultivieren, um sich damit die unerläßliche Legitimation für die wirtschaftliche Expansion und die politisch-militärische Vorherrschaft in Asien, wenn nicht gar der ganzen Welt zu schaffen.

Unter diesen schlagkräftigen Organisationen ist die Sekte der „Schwarzen Drachen" des berüchtigten Mitsuru Toyama zu erwähnen, die „Gesellschaft für Vaterlandsliebe", die „Kirschbaum-Gesellschaft", die *Kokuhon-sha*-Sekte, schließlich die *Tosei-ha*[14]-

und die *Kodo-ha*[15]-Partei, in denen sich Mitglieder aller Gesellschaftsschichten zusammengeschlossen hatten: Aristokraten, Militärs und Bürgerliche.

Erwähnenswert ist auch der starke Einfluß der Kwan-tung-Armee sowie der zahlenmäßig starken und schlagkräftigen Mandschurischen Armee, ein Einfluß, der in der japanischen Politik die entscheidende Rolle spielte. Die beiden Armeen, vor allem die Besatzungsarmee des usurpierten „Protektorats“ Mandschukuo, nahmen eine geradezu autonome Position ein. Ihre militärische Führung und die Mitglieder des zivilen Verwaltungsapparats bildeten einen Staat im Staat. Wie fast alle Kolonialtruppen, welcher Nation auch immer, unterlagen sie einem extremen Chauvinismus.

Der fanatische Patriotismus der Kwan-tung- und der Mandschurischen Armee fielen bei den von der militärischen Führung und der Regierung in Tokio getroffenen Entscheidungen stark ins Gewicht. Ihrer Entschlossenheit und Unnachgiebigkeit war es zuzuschreiben, daß sich Japan 1941 auf keinerlei Abkommen oder gar auf territoriale Konzessionen in China und Indochina einließ, wie die von der japanischen Expansion beunruhigten Vereinigten Staaten dies gefordert hatten. Unerschütterlich in dem Glauben an ihre militärische und moralische Überlegenheit, hielten die Führer jener beiden Armeen an ihrem Konzept fest. So waren sie in einem gewissen Sinn die Hauptverantwortlichen für den Ausbruch des Kriegs im Pazifik.

Ein anderes bestimmendes Element der japanischen Haltung bildet die Lebensart dieses seltsamen Volkes, die entscheidend von Religion und Geschichte geprägt ist. Vor allem dem religiösen Einfluß ist jene Vielfalt an festverwurzelten Sitten zuzuschreiben, die weit über gewöhnliche Volksbräuche hinausgehen. Lange Zeit hindurch war die hochkultivierte, elegante Lebensart ein Privileg der gehobenen Klassen, vor allem der Aristokratie, aber bestimmte Vorzüge und Verhaltensweisen waren allen Japanern gemeinsam. Nachdem sich Japan westlichen Einflüssen geöffnet hatte, drang die Theorie der Gottgesandtheit, wie sie ihren Ausdruck in der *Hakko-Ichiu-Lehre* und im Bushido-Kodex findet, ins Volk, dies so sehr, daß selbst der kleine Mann sie sich völlig zu eigen machte.

Hohes geistiges Niveau, eine unglaubliche Verfeinerung der Sitten und die immerwährende Suche nach dem Schönen zeichnen diese Kultur aus. Sie gehen bis auf die Zeit zurück, in der dieses Volk mongolischen Ursprungs die japanische Inselwelt besiedelte. Die Vorrangstellung des Geistigen ist nicht zuletzt jener traditionellen Unruhe zuzuschreiben, die ihre Ursachen in periodisch auftretenden Hungersnöten, in den unaufhörlichen Kriegen der japanischen Geschichte und in den allzu häufigen mörderischen Erdbeben hat. Die Neigung, das Geistige über das Materielle zu stellen, fand ihre Gestaltung im Shintoismus und der ihm innewohnenden Lehre von der göttlichen Natur des japanischen Volks sowie im Zen-Buddhismus, dessen zentrale Lehre darin besteht, körperlichen Schmerz und Tod für nichts zu achten. Der Tod wird nicht als Ende betrachtet, nicht als Schritt ins Nichts oder ins Unbekannte, sondern als Akt der Reinigung und als Weg ins Paradies der verehrten Ahnen. Diesem Glauben entspringt die besondere Feinheit der Sitten, der menschlichen Beziehungen, der künstlerischen Auffassungen, deren Kern die ständige Suche nach dem Wesentlichen ist. Diese Eigenheit tritt in der japanischen Malerei und Bildhauerei zutage, in den No- und Kabuki-Spielen des japanischen Theaters, in der Welt der Geishas[16], in der Innenarchitektur und in der Blumenkunst.

Im Privatleben wie in der Öffentlichkeit bewiesen die Japaner von jeher einen ausgeprägten Sinn für Ehre und Würde, hohe Geistigkeit und einen charakteristischen künstlerischen Lebensstil. Die Bräuche des Alltags sind von großer Vielfalt, und selbst die banalste Geste wirkt noch vornehm. Stets ist das Streben nach Korrektheit und Liebenswürdigkeit zu merken, bei den Männern um nicht viel weniger deutlich als bei den Frauen.

Ein Beispiel hiefür ist die Zeremonie des Teetrinkens, die in Japan einen geradezu rituellen Charakter annimmt. Noch die unbedeutendsten Handreichungen erfolgen mit solcher Eleganz und Genauigkeit, daß sich trotz des dabei gebotenen Schweigens eine ganze Skala von Gefühlen darin ausdrückt.

Natürlich kommt die Vorliebe für das Gewählte im Gespräch noch mehr zur Geltung. Die außerordentliche Höflichkeit in Tonfall und Ausdrucksweise und die oft poetischen Wendungen zeugen von der bereits instinktiv gewordenen Neigung, Hochachtung, Würde und die Ablehnung alles Vulgären an den Tag zu legen. Dennoch wirkt die Konversation nie gesucht, affektiert oder kriecherisch, wie dies bei uns in gewissen Stilepochen der Fall war.

Der Gartenbau und die Blumenkunst, die oft in winzigen Gärten betrieben wird, bezeugen neben einer zugleich poetischen und mystischen Naturliebe ebenfalls Stilgefühl und den Hang zur Harmonie.

Bei all seiner sensiblen, künstlerischen Art, die auch in seiner starken Familienbindung durchschlägt, läßt sich der Japaner von rigorosen Grundsätzen leiten; so kann er seine Begeisterung und seine natürlichen Antriebe, die zu äußern ihm die traditionelle Höflichkeit verbietet, dennoch aufrechterhalten. Daß er sich dies nicht anmerken läßt, gebietet ihm das Bedürfnis nach Würde.

Allerdings begründet diese Art auch einen deutlichen Widerspruch im japanischen Temperament. Die übersteigerte Vaterlandsliebe des Japaners, seine zur Schau getragene Schmerzunempfindlichkeit, seine Todesverachtung und die grenzenlose Verehrung des Kaiserhauses verführen den einzelnen zuweilen dazu, sich urplötzlich in ein wildes, entfesseltes, grausames Wesen zu verwandeln. Diese paradoxe Wendung, die so gar nicht der gewohnten Höflichkeit und Vornehmheit entspricht, bedeutet den Ausbruch von Gefühlen, die um so heftiger sind, je länger sie zurückgestaut worden sind. In solchen Situationen gerät der Japaner ins andere Extrem.

Diese widersprüchliche Veranlagung, von nationalistischem und mystischem Fanatismus aufgeputscht, bewirkte das militärische Vorgehen der Japaner auch im Zweiten Weltkrieg und erklärt ihre oft unerwarteten und verwirrenden Maßnahmen.

Die japanische Geisteshaltung wird also von einer ganzen Reihe von Anschauungen und Veranlagungen bestimmt, so von dem Glauben an die Unsterblichkeit des Kaisertums, von der überragenden Bedeutung des althergebrachten Militarismus, von einem ebenso naiven wie übertriebenen mystischen Glauben und schließlich von der Verleugnung des körperlichen Schmerzes und des Todes.

Wenn auch diese Prinzipien im japanischen Altertum lange Zeit ausschließliches geistiges Erbe des Adels waren, so hatten sie doch seither das ganze Volk längst ganz in ihren Bann gezogen, dies so sehr, daß sie das tägliche Leben jedes einzelnen beeinflußten und zum nationalen Sittenkodex geworden waren.

Die Hauptelemente des blinden Gehorsams, der Würde und der Abscheu vor Gemeinheit und Unmoral brachten den Japaner dazu, eine sehr hohe Meinung von Ehrenhaftigkeit zu haben. Er betrachtete sich dabei nicht so sehr als Einzelmenschen, sondern als Werkzeug der hohen Ideale, mit denen er sich identifizierte. Für eine große Sache zu sterben, aus welchen Gründen immer, schien ihm daher einem Leben in Unehre und Schande vorzuziehen zu sein.

So gab es für Soldaten wie Zivilisten tatsächlich nur eine Alternative: in Ehre und Ruhm zu leben oder den Reinigungsakt des Sterbens zu wählen. Diese Grundhaltung geht auf die Verschmelzung von Shintoismus, Bushido-Kodex und Zen-Buddhismus zurück. So gab es in Japan – wenn wir uns so ausdrücken dürfen – tatsächlich die Institution des Selbstmords. Im Gegensatz zu unseren Breiten, wo er oft als schändlich verdammt wird, ist der Selbstmord in Japan eine absolut ehrenhafte Handlung.

Zu den Selbstmordmotiven, die wir eher anerkennen, wie Bankrott oder unglückliche Liebe, kommen bei den Japanern unendlich viele andere, angefangen von den tragischsten bis zu Ärgerlichkeiten, die in unseren Augen eher unbedeutend sein würden. Bei den Adligen und Offizieren wurde der Selbstmord zu einem Ritual, dem *Seppuku*[17], dessen Zeremoniell ebenso wichtig war wie der Akt selbst.

Das Seppuku begann mit einer rituellen Mahlzeit und ebensolchen Waschungen. Damit sollte den körperlichen Bedürfnissen zum letztenmal Genüge getan und die Seele auf die nötige Einkehr vorbereitet werden. Der Betreffende kniete dann auf einer Matte nieder, oft mit Blick auf den Kaiserpalast zum Zeichen ehrfurchtsvoller Unterwerfung, und überließ sich minutenlang ekstatischer Meditation. Dann entblößte er kaltblütig und entschlossen seinen Bauch und fügte sich mit einem Dolch oder einem Säbel einen tiefen vertikalen Schnitt zu. Sobald das Blut hervorsprang oder auf ein vereinbartes Zeichen hin schlug ein Helfer – ein Diener oder ein Freund – dem Opfer mit einem Samurai-Schwert den Kopf ab. Es galt im übrigen als große Ehre, von einem Selbstmörder zum Helfer erwählt zu werden.

Zu allen Zeiten haben sich in Japan Männer, Frauen und Jugendliche umgebracht, um Schande oder Beleidigung nicht überleben zu müssen. Der Sinn für Wettstreit und Rivalität war bei fast allen Japanern stark entwickelt, was auch in Spiel und Sport zu erkennen war. Der Verlierer konnte nicht mit Milde oder Mitleid rechnen. Es kam auch vor, daß der Verlierer Selbstmord verübte.

Der Selbstmord aus politischen Motiven konnte den Charakter der Sühne annehmen, er konnte aber auch symbolisch sein. Eines seiner Motive ist der ausgeprägte Sinn für Treue und Solidarität. Es kam vor, daß die Dienerschaft eines bedeutenden oder angesehenen Selbstmörders ihrem geliebten oder verehrten Herrn freiwillig in den Tod nachfolgte.

Ein solcher Fall war der des *Shogun* Nobunaga, der im Jahre 1582 auszog, um aufrührerische Vasallen und die kriegerischen Mönche vom Berg Hiei, die das Volk unterdrückten, in ihre Schranken zu verweisen. Die Revolte wurde niedergeschlagen; Nobunaga konnte den Frieden wiederherstellen, Handwerk und Landwirtschaft blühten wieder auf. Kurz darauf brach eine neue Rebellion aus, Nobunaga war zu schwach, um ihr zu begegnen, und wurde in einem Tempel belagert. Da erwürgte er seine geliebte Frau und beging Seppuku, und alle seine neunzig Diener taten es ihm nach, um ihrem geliebten Shogun und Herrn in den Tod zu folgen.

Nach dem Tod Kaiser Meijis im Jahre 1911 begingen General Nogi und seine Frau Seppuku, um das Erneuerungswerk des großen Kaisers nicht überleben zu müssen, aber auch als Sühne für die hohen Verluste an Menschenleben während der Belagerung von Port Arthur sieben Jahre zuvor. Diese beiden Beispiele, die aus einer großen Zahl ausgewählt sind, waren ein wesentlicher Teil der nationalen geistigen Überlieferung und gehörten so zum moralischen Rüstzeug der Japaner des 20. Jahrhunderts.

Hier darf auch die berühmte und nachprüfbare Geschichte von den „Siebenundvierzig *ronin*[18]" nicht fehlen. Sie ist als Kabuki-

Spiel in die Legende eingegangen. Es handelte sich um einen hohen Herrn, den *daimyo* Asano, der siebenundvierzig überaus tapfere und vollkommene Samurais in seinen Diensten hatte. Eines Tages im Jahre 1701, also zur Zeit des absoluten Feudalwesens, begab sich der *daimyo* Asano an den Hof des mächtigen *shogun* Tokugawa.

Wie an allen Fürstenhöfen wurden auch hier ständig Intrigen gesponnen. In der Person des *daimyo* Kira hatte Asano einen geschworenen Feind. Bisher waren die beiden einander nur in finsterer, eingefleischter Gegnerschaft gegenübergestanden, aber an jenem Tag im Jahre 1701 fiel Asano auf eine perfide Provokation herein. Er zog sein Schwert und verwundete seinen Gegner.

Asano wurde wegen dieses am Fürstenhof begangenen Sakrilegs zum Tod verurteilt. Da er aber eine hohe Stellung einnahm, gestattete man ihm, Seppuku zu begehen. Seine siebenundvierzig Samurais, genauer gesagt, seine siebenundvierzig *ronin*, schworen nun, Kiras schurkische Hinterlist, die über sie triumphierte und sie ihres geliebten Herrn beraubt hatte, mit Blut abzuwaschen. Zwei Jahre hindurch verstellten sie sich, um bei niemandem Verdacht zu erregen, aber dann, am 14. Dezember 1703 überfielen sie Kiras Schloß und ermordeten den *daimyo*.

Die siebenundvierzig *ronin* begaben sich sodann zum Grabmal ihres früheren Herrn und legten Kiras blutigen Kopf auf das Grab, worauf sie allesamt Sepukku begingen, da sie ihre Mission beendet hatten; sie wollten damit ihr Verbrechen sühnen und zugleich ihre Ehre wiederherstellen. Ihre irdischen Überreste wurden im Tempel von Sengakuji verehrt. Noch am Vorabend des Fernostkriegs waren sie Gegenstand eines besonderen Kults, der aber nichts vom Charakter eines Volksbrauchs oder einer Sehenswürdigkeit hatte.

Hunderte solcher Beispiele könnten die lange Überlieferung dieses Nationalcharakters und der japanischen Moral illustrieren. Sie bildeten den Urgrund des japanischen Fanatismus, ja Paroxysmus der Kampfeswut, der bewußten Selbstaufopferung der Soldaten im allgemeinen und der Todespiloten des Zweiten Weltkriegs im besonderen.

Gewisse Autoren haben die Behauptung aufgestellt, die japanische Mentalität sei überaus naiv und von bestürzender Leichtgläubigkeit. Gewiß könnte das japanische Verhalten manchmal diesen Eindruck erwecken, wir glauben aber dennoch nicht, daß die Behauptung zutrifft, denn das würde eine allen Japanern angeborene Unschuld voraussetzen, die es nicht gibt. Keinesfalls gilt diese Ansicht für die höheren Klassen mit ihrer ausgeklügelten Erziehung, also für den Adel und das Bürgertum, ob es sich nun um Zivilisten oder Militärs handelt.

Alle auffallenden Maßnahmen der Japaner, selbst die radikalsten, waren stets das Resultat langer, oft schmerzlicher Gewissenserforschung und reiflichster Überlegung. Wenn wir aber der Ansicht von der japanischen Naivität teilweise beipflichten, müssen wir es dann nicht als überaus verwunderlich und großartig empfinden, daß es Menschen gibt, die diese Eigenschaft bis zum äußersten, bis zum freiwilligen Opfer treiben?

Als Japan seine erste Berührung mit der westlichen Zivilisation hatte und seine berühmte Mutation erfuhr, erfaßte es sehr bald die Notwendigkeit, das Hauptgewicht seiner weiteren politischen Entwicklung auf die Aufstellung einer modernen Armee zu legen. Diese Überlegung, die den meisten Staatenlenkern gemeinsam ist, könnte als Banalität wirken, hätte sie für Japan nicht eine besondere Note und besondere Wichtigkeit gehabt. Die Streitkräfte erhielten zwar eine neue Struktur, entwickelten neue Kampfmethoden und wurden mit einer modernen Ausrüstung versehen, aber die militärische Hierarchie und der Geist der Heeresdienstvorschrift blieben unverändert. Noch immer galt in gewissem Sinn der Bushido-Kodex. Mit anderen Worten: Die jahrhundertealten Traditionen der Samurai-Ritter fanden in der neuen Armee ihre Fortsetzung. Das Ergebnis war eine brutale, strenge, totalitäre, absolut hierarchische Struktur der Armee, in der mehr als anderwärts größter Wert auf Mut, Gehorsam und Disziplin gelegt wurde. Nicht einmal die preußische Armee vor 1870 läßt sich mit ihr vergleichen.

Diesem Geist entsprach die ständige Anwendung von Körperstrafen, ja grausamer und ausgesuchter Mißhandlungen zur Bestrafung oft ganz geringfügiger Vergehen. Diese Praxis erweckte in jedem japanischen Rekruten unbegrenzten Respekt vor den Behörden im allgemeinen und den Militärbehörden im besonderen. Diese grausamen Ausbildungsmethoden hatten im übrigen den Zweck, den jungen Soldaten abzuhärten und seine Widerstandskraft in kaum vorstellbarem Maß zu steigern. So verlangte man von jedem Opfer der Prügelstrafe während der Exekution absolutes Stillschweigen. Damit beabsichtigte man die Ergebenheit und die Schmerzunempfindlichkeit selbst unter den heftigsten Schlägen bis zum höchstmöglichen Grad zu bringen. Außerdem drohte man negativenfalls der gesamten Einheit dieselbe Strafe an. Man kann sich vorstellen, daß diese Einrichtung die im Krieg so nötige Kameradschaft stärkte.

Der junge Marinerekrut Saburo Sakai beschreibt eine solche Szene genau: „Der Maat hob den schweren Stock und schlug mit aller Kraft auf meinen Rücken. Der Schmerz war fast unerträglich, und die Schläge wurden nicht im geringsten schwächer. Mir blieb nichts übrig, als die Zähne zusammenzubeißen, um mir nur ja keinen Laut der Klage entschlüpfen zu lassen. Manchmal zählte ich mehr als vierzig solcher schrecklichen Schläge. Oft verlor ich das Bewußtsein, aber das half mir gar nichts. Der Vorgesetzte schüttete einen Kübel kalten Wassers über mich, befahl mir danach, meine vorige Stellung wieder einzunehmen, und begann von neuem, mich mitleidlos zu prügeln, bis er davon überzeugt war, daß die Lektion ausreichend war.“[19]

Keinem jungen japanischen Rekruten blieb diese Behandlung erspart. Selbst die Söhne hochgestellter und adliger Familien, die bereits nach dem strengen Hagakure-Kodex erzogen worden waren, wurden den gleichen brutalen Methoden unterworfen. Es ist klar, daß der japanische Soldat, der von vornherein darauf gedrillt wurde, die schlechtesten Lebensbedingungen zu ertragen, im Kriegsfall ein Kämpfer von unermüdlicher Ausdauer war.

Eine andere Eigenheit der japanischen Armee, die im übrigen demselben Geist entsprang, war die Übung, keinen einzigen überlebenden Soldaten wegen besonderer Leistungen, ja wegen einer Heldentat auszuzeichnen oder zu befördern. Die Heldentat war einfach eine Forderung des militärischen Kodex und galt als normales Verhalten, das nicht extra belohnt werden mußte. Es ist eine der wesentlichen Eigenschaften des japanischen Soldatentums, daß es keine andere Alternative kennt als Sieg oder Tod. In den Augen der Führung wie aller Soldaten bedeutete die Hingabe des Lebens für das Vaterland und für den Kaiser im Sinne der uralten Traditionen den Weg zur Glückseligkeit, das Mittel, sich würdig mit den ruhmreichen und verehrten Ahnen zu vereinigen und so den höchsten Lohn zu empfangen. Es kam auch vor, daß einem Soldaten, der sich besonders heldenhaft geschlagen hatte, ein Orden oder außerordentliche Beförderung zuteil wurde – allerdings nur, wenn er gefallen war.

Eine dritte Einstellung, die für den Japaner selbstverständlich war, dem Europäer und Amerikaner aber schwer verständlich ist, ist der absolute Verzicht darauf, sich in Kriegsgefangenschaft zu begeben. Der japanische Soldat durfte nur überleben, wenn er gesiegt hatte, sonst mußte er sterben, um Schande und Demütigungen nicht kennenzulernen. Für die Situation des Kriegsgefangenen empfand er derartige Verachtung, daß er nicht einmal davon zu träumen wagte, auf diese Weise zu überleben. Aus diesem Grund haben Tausende japanischer Soldaten ebenso wie zahllose Zivilisten Selbstmord begangen; die Schande der Niederlage wollten sie nicht überleben.

Diese fest verankerte Haltung führte während des Zweiten Weltkriegs zu schändlichen Ungerechtigkeiten. Wir erinnern nur an die leider sehr häufigen Fälle, in denen japanische Soldaten, die auf Heimaturlaub in die Hauptstadt kamen, zu Opfern dieser Einstellung wurden. Hatte es gerade einen unglücklichen Feldzug gegeben, an dem der Betreffende nicht einmal teilgenommen haben mußte, dann wurde er nicht nur von einem Teil der Bevölkerung, sondern manchmal sogar von seiner eigenen Familie angefeindet und lächerlich gemacht.

Es entspricht dieser japanischen Auffassung, daß die Alliierten im pazifischen Krieg nur sehr wenig Gefangene machten. Nach all dem kann man sich ausmalen, wie erbittert und fanatisch die japanischen Soldaten in allen Kriegen der japanischen Geschichte kämpften, insbesondere aber im Zweiten Weltkrieg, als das Kaiserreich zum erstenmal ernstlich bedroht war.

Die japanischen Ziele

Gehen wir von der Voraussetzung aus, daß die mystische Weltanschauung und die kriegerische Tradition die Bereitschaft des japanischen Soldaten zur Selbstaufopferung im Zuge einer Kriegshandlung geradezu bedingen, so werden wir zugestehen, daß diese ungewöhnliche Kampfesform in der militärischen Konzeption der Japaner ihren festen Platz hatte. Bis zum Zweiten Weltkrieg kam es allerdings kaum vor, daß diese Erscheinung über Einzelfälle hinausging. Wie konnte es dazu kommen, daß japanische Soldaten sozusagen als lebende Bomben bewußt und massiert eingesetzt wurden?

Der Grund besteht einzig und allein in der verheerenden wirtschaftlichen und militärischen Lage, in die Japan 1944 geraten war. Die aufeinanderfolgenden Niederlagen, die ungeheuren Verluste an Menschen und Material zwangen das japanische Oberkommando zu drakonischen Maßnahmen. Um die Bedrohung, der das Reich der aufgehenden Sonne in jenem Stadium des Krieges ausgesetzt war, und deren Rückwirkung auf die Moral der Truppe voll zu begreifen, muß man diese Lage schildern, mehr noch: Man muß die Entwicklung seit der Jahrhundertwende rekapitulieren, um dem japanischen Selbstverständnis im vorletzten Kriegsjahr nachspüren zu können.

Infolge des Eindringens westlicher Einflüsse und der großen Reform des Kaisers Meiji hatte sich Japan aus einem exotischen kleinen Bauernland mit Feudalstruktur in eine moderne Industrienation verwandelt, dies binnen fünfundzwanzig Jahren, also verblüffend schnell. Dieser außerordentliche Wandel hatte bewirkt, daß die Völker des Westens ab Ende des 19. Jahrhunderts mit einer neuen Macht zu rechnen hatten.

Man könnte sagen, die Japaner seien zu jener Zeit Revanchisten gewesen. Ihre nationalistischen Bestrebungen richteten sich vor allem gegen die weißen Völker, die damals beinahe den gesamten Fernen Osten kolonialisiert hatten. So konzentrierte Japan sein gesamtes neugewonnenes Industriepotential auf die Schaffung einer modernen Armee, die zum Instrument seiner Vorherrschaftsträume werden sollte. Die herrschenden Klassen, allen voran die Aristokratie, hatten sehr bald erfaßt, mit welchen Mitteln die nationale Stoßkraft verstärkt werden könne; darum die Popularisierung der *Hakko-Ichiu-Lehre* von der göttlichen Sendung Japans zur Beherrschung der Welt. Auf dieses Ziel waren seither alle japanischen Anstrengungen gerichtet.

Die unwiderstehlichen Ausdehnungsbestrebungen, die sowohl wirtschaftlicher als auch bevölkerungspolitischer Natur waren, richteten sich zunächst gegen die benachbarten Länder, wie China, Korea, die Mandschurei, Formosa und Sachalin. Waren diese ausgedehnten Gebiete erst einmal erobert, dann waren nicht nur neue Rohstoffquellen und Märkte erschlossen, sondern auch Raum genug, um den Druck des japanischen Bevölkerungsüberschusses zu vermindern. Schon in früher Geschichte war China mit seinem stets schwankenden politischen Regime, seiner ungeheuren Ausdehnung und seinen schier unbegrenzten Menschenmassen Japans bevorzugter Gegner gewesen. So wurde auch um die Jahrhundertwende das benachbarte und an wirtschaftlichen Möglichkeiten so reiche China zum Schauplatz von Zwischenfällen und Provokationen, die bald zum offenen Ausbruch der Feindseligkeiten führten. Der Chinesisch-Japanische Krieg von 1894–95 war der erste Akt der japanischen Expansion. Die Japaner siegten zwar, mußten sich aber dem Druck der von den japanischen Aspirationen beunruhigten Großmächte beugen und konnten daher nur die Insel Formosa als Beute einstreichen.

Diplomatische und militärische Verwicklungen führten 1904 zum Ausbruch des Russisch-Japanischen Krieges. Zum erstenmal war das Reich der aufgehenden Sonne in die Auseinandersetzung mit einem Volk weißer Rasse verwickelt. Die sensationelle Einnahme von Port Arthur und die Seeschlacht bei Tsushima sicherten Japan den unbestreitbaren Sieg, der die Welt verblüffte: Ein kleines asiatisches Land hatte den „russischen Riesen" geschlagen. Territoriales Ergebnis dieses Krieges war die Einverleibung von Korea und der südlichen Hälfte der Insel Sachalin in das japanische Kaiserreich. Von da an rangierte Japan unter den Großmächten. Seine Teilnahme am Ersten Weltkrieg auf seiten der Alliierten brachte ihm Mandate über die Karolinen-, Marshall- und Marianen-Inseln ein.

Der Kampf um das Erdöl

Diese Kette von Siegen gab den Japanern immerhin Selbstbewußtsein genug, sich von ihren Komplexen gegenüber den Weißen zu befreien. Ihre Probleme jedoch waren damit noch nicht gelöst. Zwar hatten sie sich durch die territoriale Expansion neue Ansiedlungsmöglichkeiten geschaffen, doch war die Rohstoffbeschaffung für die sprunghaft ansteigende japanische Industrie nach wie vor mit großen Schwierigkeiten verbunden. Die eroberten und erworbenen Länder erwiesen sich als arm und lieferten insbesondere nicht das von Japan am allerdringendsten benötigte Erdöl.

Nach dem Ersten Weltkrieg konnte Japan dank zahlreichen diplomatischen Erfolgen seine Politik der Aufrüstung und der Expansion fortsetzen und fand sich in dem Glauben an seine Berufung zur Vormacht in Asien bestätigt. Der absolute Wille zur Vorherrschaft und der dringende Bedarf an Rohstoffen waren das auslösende Moment für weitere Eroberungspläne. 1926 schufen die Japaner den „unabhängigen" Staat Mandschukuo (die frühere Mandschurei), der in Wirklichkeit nichts anderes war als ein japanisches Protektorat in wirtschaftlicher wie in politischer Hinsicht. 1931 besetzten die Japaner Mandschukuo und machten aus dem Land eine Kolonie, in der seither starke japanische Streitkräfte stationiert blieben. Angesichts der bevorstehenden internationalen Verhandlungen zur Beschränkung der Seerüstung konnte sich Japan hier der internationalen Kontrolle entziehen und weitere Eroberungen vorbereiten. Natürlich erregte Japans Machtzuwachs sowie seine diplomatische und militärische Aggressivität wachsende Unruhe bei den Westmächten. Vor allem die Vereinigten Staaten beobachteten die neugeschaffene Lage argwöhnisch, übten aber fürs erste keinen Druck aus.

Am 7. Juli 1937 wurde die Zielrichtung der japanischen Aggression aller Welt klar; an diesem Tag begannen neue Feindseligkeiten gegen China. Die Japaner besetzten die chinesischen Ostprovinzen, setzten eine Schattenregierung ein und begannen das landwirtschaftliche Potential wie die Bodenschätze Chinas auszubeuten. Die japanisch-amerikanische Spannung verschärfte sich, es blieb aber bei einer Fülle amerikanischer Protestnoten, die den japanischen Eroberungsdrang keineswegs eindämmen konnten. 1939 besetzten die Japaner die Insel Hainan in unmittelbarer Nähe Hongkongs.

Trotz all dieser Erfolge blieb Japans Zukunft gefährdet. Nach wie vor war es von den Westmächten abhängig, vor allem von den USA, aus denen es die wichtigsten Rohstoffe importieren mußte: Erze, Stahl und insbesondere Erdöl. Auf Grund internationaler Verträge war Amerika generell der Hauptlieferant dieser zumal für einen modernen Krieg unentbehrlichen kostbaren Flüssigkeit. Im Juli 1940 beschloß der amerikanische Kongreß, um den fortwährenden japanischen Angriffshandlungen einen Riegel vorzuschieben, die Kontingentierung der Exporte. Diese Entscheidung brachte für Japan selbstverständlich eine empfindliche Einschränkung der Erdölversorgung mit sich.

Was die japanische Regierung seit langem befürchtet hatte, war eingetreten. Es blieb ihr daher nichts übrig, als neue Quellen zu erschließen, und so wählte man zum Ziel des nächsten großen Vorstoßes das an Erdölvorkommen reiche Niederländisch-Indien. Vorher allerdings mußten sich die Japaner eine strategische Position schaffen, um von diesem Punkt aus die Invasion Südostasiens in Angriff nehmen zu können. In Ausnützung der prekären Lage Frankreichs setzten die Japaner am 27. September 1940 bei der Vichy-Regierung ein Abkommen durch, auf Grund dessen es ihnen gestattet war, ihre Streitkräfte im nördlichen Indochina zu stationieren. Zugleich kontrollierten sie damit auch südchinesisches Gebiet. Dem wachsenden amerikanischen Druck gedachte Japan durch den Abschluß des Dreimächtepaktes mit Deutschland und Italien, also durch die Schaffung der „Achse Tokio–Berlin–Rom" zu begegnen.

Tatsächlich stabilisierte sich damit die Lage, so daß man die nächste Eroberungsphase ins Auge fassen konnte. Immerhin blieb die unausgesprochene Gefahr einer russischen Intervention an der mandschurischen Grenze. Es war unumgänglich, diese latente Gefahr aus der Welt zu schaffen, denn damit erreichte man nicht nur Bewegungsfreiheit, sondern konnte auch einen Teil der in Mandschukuo konzentrierten Streitkräfte abziehen. Der Dreimächtepakt und der seltsame Deutsch-Russische Pakt vom August 1939 ermöglichten es den Japanern, mit den Russen zu verhandeln, und im April 1941 kam ein Nichtangriffspakt auf fünf Jahre mit der Sowjetunion zustande. So ergab sich im Frühjahr 1941 eine Art Status quo in Fernost. Er erklärt sich einerseits daraus, daß die Japaner sich eine kurze Atempause in der Verfolgung ihrer ehrgeizigen Ziele gönnten, anderseits aus der Entschlossenheit der Amerikaner, ein weiteres Vordringen der Japaner nicht zu dulden.

Der Zustand dieses einigermaßen unsicheren Gleichgewichts wurde beseitigt, als Japan im Juli 1941 das Konzept der „gemeinsamen Verteidigung" Indochinas verkündete. Unter diesem Vorwand besetzten die Japaner ganz Indochina und errichteten Stützpunkte an der Küste des Südchinesischen Meers. Die Amerikaner reagierten darauf, indem sie sämtliche japanische Guthaben in den USA „einfrieren" ließen. Durch diesen Beschluß wurden sämtliche Erdölexporte nach Japan gestoppt – ein Vorgang, der die Krise verschärfte. Durch den Treibstoffmangel sah sich Japan tatsächlich gezwungen, auf neue Eroberungen auszugehen.

Im August 1941 machte der damalige Premierminister Fürst Konoye noch einmal den Versuch, den amerikanischen Beschluß umzustoßen. Sein Mißerfolg führte zu einer innerpolitischen Krise; das eher pazifistische Kabinett Konoye wurde gestürzt. Neuer Premierminister wurde der kriegerisch gesinnte General Hideki Tojo, Repräsentant der ultranationalistischen, harten Politik. Von da an war der Krieg mit den Westmächten unausweichlich geworden.

Unerträglicher Druck

Die Japaner entfesselten den Fernostkrieg nicht etwa zur Befriedigung ihrer ehrgeizigen nationalen Ziele. Ihre Reaktion erschien ihnen als nationale Verpflichtung. Es war die Reaktion auf den unerträglichen diplomatischen und wirtschaftlichen Druck, dem sie ausgesetzt waren. Die Japaner waren in ihrer Gesamtheit davon überzeugt, daß ihnen gar keine andere Wahl blieb, als sich mit militärischen Mitteln das zu verschaffen, was sie auf internationalen Konferenzen, in Verhandlungen und durch Verträge nicht erreicht hatten. Niemals noch hat ein ganzes Volk so sehr das Gefühl der Vergeblichkeit, der Ungerechtigkeit und der Enttäuschung gehabt wie das japanische im Jahre 1941. Die Japaner waren so sehr von ihrem unbestreitbaren Recht auf Erfüllung ihrer nationalen Bedürfnisse überzeugt, daß es ihnen einfach unbegreiflich schien, mit welcher Härte und Verständnislosigkeit man ihren Forderungen entgegentrat. Das Bewußtsein dieser Legitimität war so fest verankert, daß an Stelle der nationalen Ideologie die Überzeugung von der Notwendigkeit des großen, umfassenden Krieges trat.

Natürlich wußten die Japaner, was ihre Entscheidung unweigerlich mit sich bringen würde: die Koalition zwischen Holland, Australien, Großbritannien und deren mächtigem Verbündeten, den Vereinigten Staaten. Diese Koalition würde nun das ganze Gewicht ihrer ungeheuren Kriegsindustrie gegen Japan konzentrieren. Eigentlich hätte diese Aussicht die japanische Begeisterung dämpfen müssen, aber die militaristische Grundhaltung und das Beispiel Hitler-Deutschlands bewirkten, daß man die tödliche Gefahr nicht allzu schwer nahm.

Der japanische Generalstab wußte, daß die Westmächte in Fernost nur schwach verteidigte Stützpunkte und Garnisonen von geringer Stärke mit oft veraltetem Kriegsmaterial stationiert hatten. Die Präsenz der Weißen in Asien war eher das Symbol der Vorherrschaft als wirksame militärische Bedrohung. Nach ihren diplomatischen Erfolgen und militärischen Siegen waren die Japaner von dem Gefühl ihrer Überlegenheit durchdrungen; die Weißen in Asien hingegen gaben sich dem dolce far niente von Kolonialherren hin und neigten dazu, alle Farbigen zu unterschätzen. In dem Gefühl ihrer unbezweifelbaren Überlegenheit fürchteten sie von seiten der Farbigen höchstenfalls wirtschaftliche Konkurrenz. Es gab ein grausames Erwachen.

In richtiger Einschätzung dieser Voraussetzung hatte der japanische Generalstab, von der Unausweichlichkeit des Krieges überzeugt, bereits 1938 Pläne zur Eroberung des reichen Niederländisch-Indien entwickelt. Im Sommer 1941 gab man sich in der Öffentlichkeit der Hoffnung hin, daß der Konflikt noch mit diplomatischen Mitteln gelöst werden könnte; im Herbst desselben Jahres war diese Hoffnung geschwunden, und so entschloß sich der kaiserliche Generalstab dazu, die nötigen Kriegsvorbereitungen zu treffen.

Der japanischen Führung war klar, daß Amerika mit seinem gewaltigen Industriepotential der Hauptfeind war; die übrigen Alliierten waren genügend vom Krieg in Europa in Anspruch genommen und konnten daher im Fernen Osten nicht entscheidend in Erscheinung treten. So tauchte im Generalstab sehr bald das Projekt auf, die Amerikaner gleich zu Anfang durch einen Entscheidungsschlag fürs erste auszuschalten. Man wollte den Feind sofort vernichtend schlagen und damit die Aktionsfähigkeit seiner Streitkräfte für eine gewisse Zeit lähmen, um so die vorgesehenen Operationen in Südostasien ungestört vornehmen zu können. Die Zeit, die Amerika brauchen würde, um sich von seinen Wunden zu erholen, konnte man auf diese Weise zu dem geplanten Eroberungskrieg und zur Befestigung der Verteidigungsstellungen ausnützen.

Im Sinn dieses Konzepts wählte Admiral Isoroku Yamamoto, Oberbefehlshaber der kombinierten japanischen Flotte, den großen Luft- und Marinestützpunkt Pearl Harbour auf den Hawaiischen Inseln zum Angriffsziel. Die Entfernung, die zurückzulegen war, und das Überraschungsmoment eines solchen Angriffs schlossen die Möglichkeit eines sofortigen Gegenschlags mit großer Wahrscheinlichkeit aus. So konnte man hoffen, zugleich mit einem gewaltigen Prestigeerfolg die erwünschte strategische Bewegungsfreiheit sicherzustellen.

Der kühne Plan fand allgemeinen Beifall und wurde im Spätsommer 1941 offiziell gebilligt. Man begann sogleich mit der Vorbereitung der taktischen Maßnahmen und bestimmte als Angriffsdatum den 8. Dezember 1941 japanischer Zeitrechnung. So konnten die japanischen Streitkräfte den Angriff in aller Ruhe und in allen Einzelheiten vorbereiten, um dann urplötzlich ihre unerwartete Schlagkraft und die Qualität ihrer Waffen unter Beweis zu stellen.

Unglaubliche Erfolge

Ende 1941 erwartete alle Welt und insbesondere Amerika große japanische Feldzüge; aber niemand konnte sich vorstellen, daß die Japaner gleichzeitig weit auseinanderliegende Ziele, die mehr als elftausend Kilometer vom Mutterland entfernt waren, angreifen würden. Es schien einfach unsinnig; keine Macht der Welt schien dazu imstande, am wenigsten Japan, dessen militärische Macht man noch immer unterschätzte. Und dennoch geschah gerade dies.

Sonntag, den 7. Dezember 1941 amerikanischer Zeitrechnung, führten die japanischen See- und Luftstreitkräfte unter Admiral Nagumo ihren Überraschungsangriff auf den Stützpunkt Pearl Harbour durch und richteten verheerende Zerstörungen an. Die japanische Luftwaffe setzte den Großteil der amerikanischen Flotte außer Gefecht, vor allem die Panzerkreuzer, die der Stolz der Amerikaner und das Symbol der Macht der Vereinigten Staaten im Pazifischen Ozean gewesen waren. Zugleich mit zahlreichen militärischen Einrichtungen wurde die auf Hawaii stationierte amerikanische Luftwaffe praktisch vernichtet. Dieser überaus harte Schlag war das auslösende Moment jener allgemeinen Entschlossenheit in den Vereinigten Staaten, die zum entscheidenden Faktor des künftigen Gegenschlages werden sollte. Von dem Angriff auf Pearl Harbour an setzte sich die amerikanische Kriegsmaschinerie in Bewegung.

Einstweilen aber überschwemmten die japanischen Streitkräfte einer Springflut gleich die verschiedensten Gebiete Südostasiens und nahmen eine alliierte Garnison nach der anderen. Die Flut war nicht einzudämmen. Ein westliches Kolonialgebiet nach dem anderen fiel den Japanern in die Hände. Nach weniger als sechs Monaten wehte die Fahne des Reiches der aufgehenden Sonne über einem ungeheuren Gebiet, das von den Aleuten im Norden bis Neu-Guinea im Süden reichte, von der indisch-burmanischen Grenze im Westen bis zum Gilbert-Archipel im Osten. Schritt für Schritt wurden strategisch wichtige Festungen und weite Landstriche von den Japanern besetzt: Hongkong, die Inseln Wake, Guam, die Philippinen, der Malaiische Archipel, Java, Sumatra, Bali, Timor, Burma, die Andaman-Inseln, Borneo, Celebes, die Molukken, Neu-England, Neu-Irland und Neu-Guinea.

Fügt man zu dieser stolzen Bilanz die vorangegangenen Eroberungen und Erwerbungen hinzu – die von Korea, Formosa, der Mandschurei, Französisch-Indochinas, des „befriedeten“ Siam, der Protektorate über die Marianen-, Karolinen- und Marshall-

Inseln –, dann muß man feststellen, daß die japanische Macht eine Ausdehnung erreicht hatte, die zu Anfang des Jahrhunderts niemand vorausgeahnt hatte. In der Errichtung von „Großostasien", das seine Parallele in dem Europa beherrschenden „Großdeutschland" hatte, erfüllten sich Träume der *Hakko-Ichiu-Lehre.*

Diese ununterbrochene Kette rascher und beinahe müheloser Siege, die niemand erwartet hatte, erzeugten in Japan eine Art Delirium des Größenwahns. Die herrschenden Kasten und die militärische Führung glaubten sich berufen, ihre Ziele noch viel weiter zu stecken. Das japanische Volk war in seiner überwiegenden Mehrheit von der Überzeugung durchdrungen, daß nun die große japanische Ära angebrochen sei. Die militärischen Erfolge waren mit solcher Leichtigkeit und mit so wenigen Verlusten errungen worden, daß die japanische Führung sich anschickte, ihr Einflußgebiet noch zu erweitern.

Zwar wurde der deutsche Vorschlag, demzufolge die Japaner in Sibirien einmarschieren sollten, um die Sowjetunion in eine gigantische Zange zu nehmen, zurückgewiesen, und der japanische Plan eines Einmarsches in Indien, um an die Erdölvorkommen des Mittleren Ostens heranzukommen, wieder fallengelassen, doch befaßte sich der japanische Generalstab bald mit einem dritten waghalsigen Plan: dem der Eroberung Australiens. In den Augen vieler Japaner war Australien das begehrenswerteste Ziel der japanischen Eroberungsgelüste. Dieser Erdteil, der beinahe so groß ist wie Europa, bot nicht nur das ideale Ansiedlungsgebiet für den japanischen Bevölkerungsüberschuß, sondern gestattete durch seine geographische Lage auch die Beherrschung des gesamten südlichen Pazifik! Obwohl dieses Projekt starke Truppenkontingente gebunden hätte, wurde es ins Auge gefaßt und gebilligt.

Die Vorbereitungen zur Invasion Australiens führten zur unentschiedenen Seeschlacht im Korallenmeer vom Mai 1942. Dieser erste Abwehrerfolg der Alliierten führte dazu, daß die Invasion zunächst aufgeschoben, später ganz aufgegeben wurde; die Japaner waren aber weiterhin entschlossen, ihre Vorherrschaft aufrechtzuerhalten und auszudehnen. Dazu schien es ihnen geboten, die Reste der dem Gegner verbliebenen See- und Luftstreitkräfte auszuschalten, also ein neues Pearl Harbour herbeizuführen, um sich Bewegungsfreiheit für ihr weiteres Vorgehen zu schaffen. Damals beschloß der berühmte Admiral Yamamoto, die amerikanische Flotte in japanische Gewässer zu locken und dort dank der enormen qualitativen und quantitativen Überlegenheit der Kaiserlichen Flotte zu vernichten.

Das Gleichgewicht der Kräfte

In den letzten Maitagen des Jahres 1942 setzte sich die große japanische Armada in Richtung auf die Hawaiischen Inseln in Bewegung. Natürlich erregte das Auftauchen dieser Flotte in den Gewässern um Pearl Harbour sogleich die Aufmerksamkeit der amerikanischen Marine; Yamamoto rechnete damit, daß er die feindliche Flotte auf sich ziehen und ihr einen Schlag versetzen würde, von dem sie sich nicht so bald erholen sollte. Der große japanische Admiral schätzte das amerikanische Industriepotential richtig ein. Er hatte vorausgesagt, daß Japan, falls ihm der große Präventivschlag nicht gelang, sich selbst dazu verurteilte, über kurz oder lang auf das Mutterland zurückgeworfen zu werden, und die schmachvollste Niederlage erleiden würde. Dies war derselbe Grundsatz, der schon zum Überraschungsangriff auf Pearl Harbour geführt hatte.

Das Ziel des Gesamtaufmarschs der Kaiserlichen Flotte war es, den Amerikanern eine spektakuläre Niederlage beizubringen und die kleinen Midway-Inseln einzunehmen. Von dieser Basis aus konnte man ständigen strategischen Druck auf Pearl Harbour ausüben, und damit wäre dessen Rolle als Plattform der Amerikaner im Pazifik ausgespielt gewesen.

Da dem amerikanischen Generalstab der Funkschlüssel der Kaiserlichen Marine bekannt war, erfuhr man in Pearl Harbour rechtzeitig von dem bevorstehenden Angriff sowie von der Zusammensetzung und der Marschroute des feindlichen Verbandes. Mit Mühe und Not zogen die Amerikaner eine kleine Flotte zusammen, die sie sehr überlegt placierten. Die Admirale Nimitz und Spruance unterschätzten weder das ungeheure Risiko noch die Überlegenheit des Gegners, aber sie gingen aufs Ganze und griffen als erste an. Was Anfang Juni 1942 ein überwältigender japanischer Sieg hätte werden sollen, verwandelte sich binnen weniger Stunden in eine schwere Niederlage mit gravierenden Folgen. Die Japaner verloren vier ihrer besten Flugzeugträger, einen schweren Kreuzer und fast ihre gesamte hervorragende Marineluftwaffe. Dieser Schlag traf die japanische Führung hart und beeinflußte alle weiteren Operationen im Pazifik. Die Seeschlacht bei den Midway-Inseln wurde mit Recht als „die große Wende" bezeichnet.

In Ausnützung der Lage begannen die Amerikaner am 7. August 1942 den langen und von beiden Seiten verbissen geführten Kampf um Guadalcanar. Hier wurde nicht nur den japanischen Ambitionen Halt geboten, sondern es trat der Zustand ein, den man als Periode des Gleichgewichts der Kräfte bezeichnet. Die Japaner sahen sich gezwungen, zum Verteidigungskrieg überzugehen, während die Amerikaner ihren Druck ununterbrochen aufrechterhielten und während dieser Zeit ihr gewaltiges Arsenal auffüllten. Sechs Monate lang standen einander die japanische und amerikanische Hauptmacht zu Wasser, zu Lande und in der Luft gegenüber und verwandelten Guadalcanar in ein Inferno.

Der Gegenschlag

Die Verluste an Material im Kampf um Guadalcanar hielten einander ungefähr die Waage, doch hatten die Japaner zunehmende Schwierigkeiten, das verlorene Kriegsmaterial zu ersetzen. Die Amerikaner hingegen erhielten laufend Verstärkungen an Menschen und Material. Diese Reserven gestatteten es dem amerikanischen Generalstab, am 30. Juni 1943 eine Doppeloffensive im Südwestpazifik einzuleiten. Ziel dieser neuen Angriffe war, eine große strategische Zange um den wichtigen japanischen Luft- und Marinestützpunkt Rabaul in Neu-England zu bilden; dieser Stützpunkt sollte den Amerikanern später als Sprungbrett zur Wiedereroberung der Philippinen dienen.

Am Ende dieser Kämpfe, die sich bis Oktober 1943 hinzogen, standen die Streitkräfte General MacArthurs im nördlichen Neu-Guinea und die von Admiral Halsey in Bougainville auf den südlichen Salomon-Inseln. Zu gleicher Zeit hatten amerikanische Truppen den Japanern die Alëuten-Inseln Attu und Kiska entrissen. Die Rückeroberung hatte begonnen. Infolge des ständigen Zuzugs frischer amerikanischer Kräfte schob sich die Front immer mehr an den Kern des japanischen „Großostasien“ heran: Im Westen standen die Alliierten in Burma, im Süden in Neu-Guinea, und im Osten gingen unter dem verstärkten amerikanischen Druck nacheinander die Gilbert-, Marshall- und Karolinen-Inseln verloren.

Der geschickten Lügenpropaganda gelang es, die japanische Bevölkerung lange Zeit im unklaren über das Ausmaß dieser Niederlagen zu lassen, aber in der militärischen Führung wurde man sich allmählich über die verzweifelte Situation klar. Nur in der kämpfenden Truppe konnte man die Lage genau beurteilen, denn man merkte ja auf Schritt und Tritt die Veränderung in der relativen Truppenstärke. Die aufeinanderfolgenden japanischen Niederlagen führten zu beträchtlichen Verlusten an Schiffen und Flugzeugen, wogegen der Feind täglich stärker wurde, sowohl an Zahl wie an Qualität der Rüstung. Die junge japanische Industrie unternahm alle Anstrengungen, zuweilen technisch überholtes Material zu produzieren, und ihr Ausstoß blieb beinahe unverändert. Sie war stark genug gewesen, die Streitkräfte zu Kriegsbeginn mit dem Nötigen zu versorgen, hatte aber seither ihr Potential nicht verstärken können. Hingegen lief die gewaltige amerikanische Rüstungsindustrie auf vollen Touren und versorgte die Truppe nicht nur mit riesigen Mengen an Material, sondern auch mit Material, das den spezifischen Erfordernissen des Krieges im Pazifik genau angepaßt war.

Auch in wirtschaftlicher Hinsicht wurde der Würgegriff immer enger. Die Amerikaner hatten aus dem, von den Deutschen im Atlantik geführten, U-Boot-Krieg gelernt und setzten eine starke U-Boot-Flotte ein, um die japanischen Verbindungslinien zu unterbrechen. So waren die lebenswichtigen Rohstoffzufuhren aus Malaya, Java und Borneo einer immer stärkeren und mörderischen Bedrohung ausgesetzt.

Im Verlauf des Jahres 1944 stiegen die Verluste an japanischen Tankern derart sprunghaft an, daß die japanische Industrie zur Einschränkung ihrer Produktion gezwungen war – dies auf dem Höhepunkt des Krieges, da sie sich im Gegenteil hätte vervielfältigen müssen. Außerdem zwang die Treibstoffknappheit die japanische Admiralität zur Drosselung der Zuteilungen an die Flotte, die damit praktisch in ihre Heimathäfen verbannt war. Ebenso gingen die Einsätze der Luftwaffe zurück und auch die Anzahl der nötigen Flugstunden.

Der Treibstoffmangel hatte schwerwiegende Rückwirkungen auf Planung und Ablauf der Operationen: Die Kaiserliche Flotte konnte nicht mehr nach den Wünschen der Admiralität zum Einsatz gebracht werden, und die Leistungsfähigkeit der japanischen Piloten sank zusehends weiter ab. Dieser Rückfall war für die Japaner um so bitterer in Anbetracht der aufsehenerregenden großen Erfolge der ersten sechs Kriegsmonate. Alle wagemutigen, tollkühnen Einsätze der Japaner konnten den unerbittlichen Druck der Amerikaner nicht vermindern. Die Einsatzfreudigkeit der japanischen Soldaten und der verbissene Widerstand der angegriffenen Stützpunktbesatzungen stellte die materielle Überlegenheit der Amerikaner, ihre See- und Luftherrschaft keinen Augenblick ernstlich in Zweifel.

Die Luftwaffe, das Hauptinstrument dieses Krieges, und die Flugzeugträger waren von allem Anfang an das Symbol der japanischen Militärmacht gewesen. Nun, da die Vereinigten Staaten eine erstaunliche Anzahl Kriegsschiffe von hoher Qualität bauten und in Dienst stellten, waren die japanischen Werften so sehr mit Reparaturarbeiten an beschädigten Schiffseinheiten überlastet, daß die Anzahl der Flugzeugträger nie erhöht werden konnte. Der japanischen Flugzeugindustrie gelang es zwar mit Mühe, ihre Produktion zu erhöhen, doch litt die technische Qualität der Flugzeuge immer mehr unter dem drückenden Rohstoffmangel. Schließlich konnten bestimmte Flugzeugtypen mangels Treibstoff überhaupt nicht mehr eingesetzt werden. All die Schwierigkeiten, denen sich die Japaner gegenübergestellt sahen, erhöhten das Mißverhältnis zwischen den gegnerischen Streitkräften von Tag zu Tag.

Mitten in dieser wirtschaftlichen Zwangslage mußten die Japaner eine neue schwere Bedrohung zur Kenntnis nehmen. Im Juni 1944 begannen die Amerikaner mit der Invasion der Marianeninseln, dem letzten wichtigen Bollwerk „Großostasiens". Diese Offensive konnte nicht ohne Antwort bleiben. Der japanische

Gegenschlag führte zu einer kombinierten Luft- und Seeschlacht vor den Marianeninseln, in deren Verlauf Japan drei Flugzeugträger verlor, und die mit einer neuen japanischen Niederlage endete.

Die Verluste der japanischen Luftwaffe waren höher als je zuvor. Die Marianeninseln fielen, eine nach der andern, in die Hände der Amerikaner. Die verlustreiche Schlacht hatte bedeutende innenpolitische Veränderungen in Japan zur Folge. Das Kriegskabinett des Generals Hideki Tojo mußte seine Demission geben, aber entgegen den im Zusammenhang damit erwachenden Hoffnungen[20] wurde der Krieg von da an nur um so intensiver, verbissener und fanatischer geführt.

Währenddessen waren auch auf anderen Kriegsschauplätzen den Truppen der Alliierten zahlreiche Wiedereroberungen geglückt. Im Herbst 1944 bemächtigten sich die Streitkräfte des Generals MacArthur der gesamten Nordküste von Neu-Guinea, landeten auf den Admiralitäts-Inseln und auf Morotai. Die Admiral Halsey unterstellten Einheiten hatten sich die Kontrolle des ganzen südwestpazifischen Raumes gesichert und bildeten so zusammen mit denen General MacArthurs die Südfront einer strategischen Einkreisungsbewegung, deren Ziel die Philippinen waren. Schließlich hatten britisch-chinesisch-amerikanische Truppen unter Admiral Lord Louis Mountbatten in Burma nach den blutigen Schlachten von Imphal und Kohima die japanischen Truppen nach Süden zurückgedrängt und damit die Burma-Straße, die Lebensader von Tschiangkaischeks China, freigekämpft.

Eine katastrophale Lage

Man mußte zu jener Zeit kein großer Stratege sein, um voraussehen zu können, daß der nächste Sprung nach vorwärts ein Gebiet von ausschlaggebender Bedeutung betreffen würde. Es schien durchaus möglich, daß die Alliierten Formosa, die Philippinen oder sogar Niederländisch-Indien angreifen würden. In jedem dieser Fälle wäre Japan ins Mark getroffen worden: dann nämlich konnten die Alliierten sich der wichtigsten Rohstoffquellen Japans bemächtigen oder zumindest die Verbindungslinien definitiv unter-

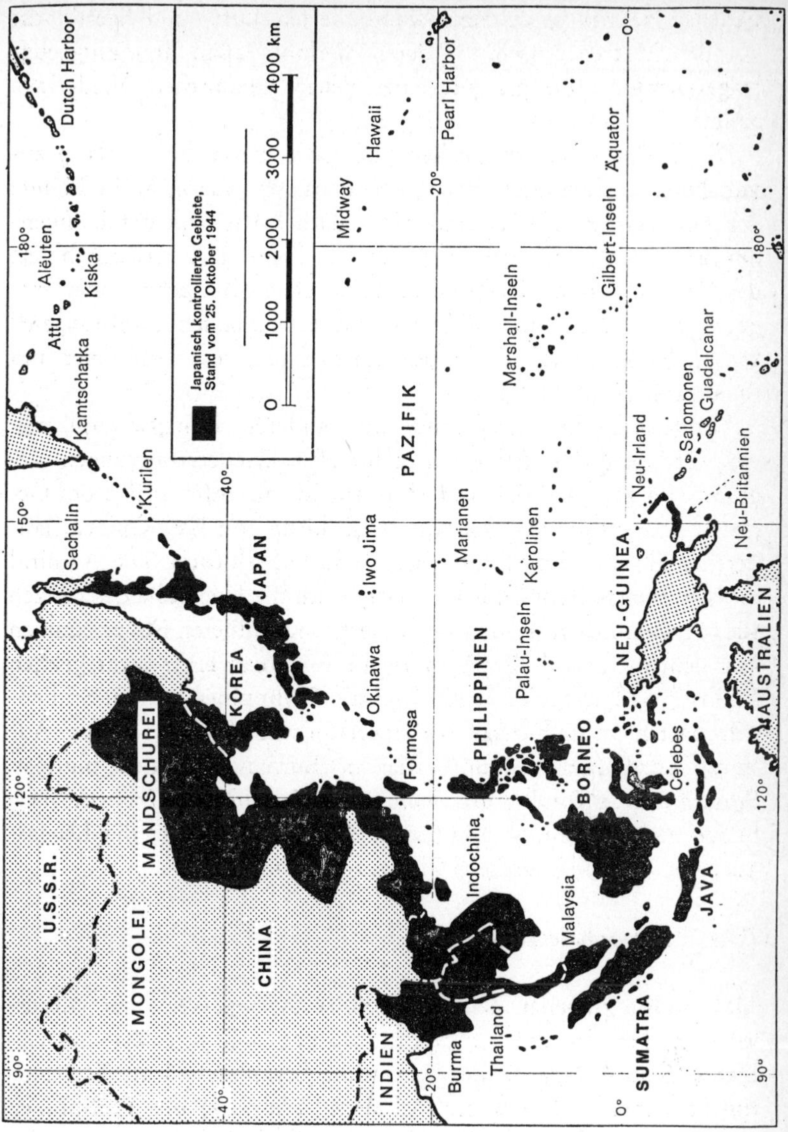
Japanisch kontrollierte Gebiete, Stand vom 25. Oktober 1944
0 1000 2000 3000 4000 km
U.S.S.R.
MONGOLEI
MANDSCHUREI
CHINA
INDIEN
KOREA
JAPAN
Sachalin
Kamtschatka
Kurilen
Attu
Aleuten
Kiska
Dutch Harbor
Midway
Hawaii
Pearl Harbor
PAZIFIK
Iwo Jima
Okinawa
Formosa
Marianen
Marshall-Inseln
Gilbert-Inseln
Äquator
Karolinen
Palau-Inseln
PHILIPPINEN
Indochina
Thailand
Burma
Malaysia
BORNEO
Celebes
NEU-GUINEA
Neu-Irland
Neu-Britannien
Salomonen
Guadalcanar
SUMATRA
JAVA
AUSTRALIEN
90°
120°
150°
180°
0°
20°
40°

brechen. Welches Ziel auch immer der amerikanische Generalstab ins Auge gefaßt hatte: Japan mußte jedenfalls mit aller Kraft, deren es noch fähig war, zurückschlagen.

Zu diesem Zweck wurde in Japan ein Verteidigungsplan entwickelt, der seiner ganzen Anlage und der Stärke der darin figurierenden Einheiten nach klarwerden ließ, was auf dem Spiel stand und wie verzweifelt die Situation war. Was von der Kaiserlichen Marine noch übriggeblieben war und der Großteil der verbliebenen Luftwaffe wurden in diesen Plan einbezogen. Man gab ihm den Namen *Sho-go*. Er war Ausdruck der letzten japanischen Hoffnung, die gewaltige amerikanische Kriegsmaschine wenn schon nicht zu stoppen, so doch wenigstens zu verlangsamen. Von den drei strategischen Möglichkeiten, die sich den Amerikanern boten, schien die Invasion der Philippinen dem japanischen Hauptquartier die wahrscheinlichste zu sein. Die Vermutung wurde zur Sicherheit, als am 6. Oktober 1944 der sowjetische Außenminister dem japanischen Botschafter in Moskau den amerikanischen Plan zur Kenntnis brachte. Es steht uns nicht zu, die Motive dieses wenig skrupelhaften diplomatischen Manövers der Russen zu beurteilen, das immerhin gegen die Vereinigten Staaten, also gegen einen Verbündeten, gerichtet war. Zweifellos hatte Stalin die Absicht, zu irgendeinem Zeitpunkt im Fernen Osten zu intervenieren, um sich dadurch Vorteile zu sichern, aber im Augenblick beanspruchte der Kampf gegen Hitler-Deutschland alle Kräfte der Roten Armee. Durch die Indiskretion dem japanischen Botschafter gegenüber gedachten die Russen das amerikanische Vordringen im Pazifik vielleicht zu bremsen, um damit Zeit zu gewinnen. Jedenfalls erfuhren die Japaner, daß am 20. Oktober die große Invasion der Philippinen ins Werk gesetzt werden sollte.

Die Japaner wußten genau, daß ihre industrielle Produktion so gut wie vollständig zum Stillstand kommen würde, und daß das Mutterland in die Reichweite der amerikanischen strategischen Bomber geraten würde, sobald die Philippinen verlorengingen. So mußte sich die Schlacht um die Philippinen zu einer der größten, ja wahrscheinlich zur überhaupt größten Schlacht des Krieges im Pazifik entwickeln. Alles stand auf dem Spiel.

II

OPFERGANG

Um die Stimmung in der japanischen Armee während des Zweiten Weltkrieges und insbesondere während der krisenhaften Situation im Herbst 1944 richtig würdigen zu können, sollte man sich einige japanische Kriegshandlungen der neueren Geschichte in Erinnerung rufen. Die Methoden haben je nach den technischen Gegebenheiten gewechselt, aber die Grundhaltung ist stets dieselbe geblieben.

Während des Russisch-Japanischen Krieges 1904–1905 war die Armee des Zaren Nikolaus II., nach einer ersten Niederlage zur See und nach Rückzügen in Korea wie in der Mandschurei, in eine kritische strategische Situation geraten. Einzig und allein der große Flottenstützpunkt Port Arthur widerstand hartnäckig allen japanischen Angriffen. Rund um die Reede rannten sich die japanischen Soldaten die Köpfe an den russischen Stellungen und Befestigungen ein. Alle Versuche, den Befestigungsgürtel der Zarenarmee rund um den „Großen Berg", der den Hafen beherrschte, zu durchbrechen, erwiesen sich als vergeblich.

Die Belagerung schien sich endlos hinzuziehen; aber eines Tages stürzten sich plötzlich japanische Soldaten, die sich Handgranaten und Sprengladungen in den Gurt gesteckt hatten, auf die Bastionen und Stacheldrahtverhaue und sprengten sich samt den Befestigungsanlagen in die Luft. Damit schlugen sie eine Bresche, die sich die japanische Infanterie sofort zunutze machte. Diese menschlichen Bomben führten nicht nur die Entscheidung herbei, sie fügten den Russen auch einen Schock zu, der mindestens so groß war wie der der vernichtenden Niederlage in der Seeschlacht von Tsushima.

Schon vor den japanischen Todespiloten also haben andere japanische Soldaten aller Waffengattungen sich von der gleichen Exaltation und dem gleichen patriotischen Fanatismus zur Selbstaufopferung aufpeitschen lassen. Es mußte dabei nicht einmal um die Rettung des gefährdeten Vaterlandes gehen, es genügte die felsenfeste Entschlossenheit, die gegebene militärische Aufgabe in Nichtachtung des eigenen Lebens unter allen Umständen zu lösen.

Die Unterseeboote von Pearl Harbour

Diese symptomatische Einstellung wird klar hervortreten, wenn wir uns mit der Episode der Zwerg-Unterseeboote von Pearl Harbour befassen. Dabei handelte es sich um eine kleinere Operation, die jedoch charakteristisch für das Verhalten vieler japanischer Soldaten in einer Zeit ist, in der man auch ohne solche Opfer hätte auskommen können.

Von 1936 an hatten japanische Offiziere sehr genau die im Westen angestellten Versuche mit ganz kleinen, für Angriffe in Küstennähe bestimmten Unterseebooten verfolgt. Der Gedanke war einfach und beruhte auf zwei wesentlichen Punkten: erstens auf der Unauffälligkeit eines Fahrzeuges dieser Art und zweitens auf der Möglichkeit winziger U-Boote, in Häfen, Reeden und andere Ankerplätze des Gegners einzudringen. Die Japaner interessierten sich also für die diesbezüglichen französischen und italienischen Versuche und konstruierten ein Zwerg-U-Boot, das von einem Träger-Unterseeboot nahe ans Ziel herangebracht werden konnte. Das Projekt wurde mehrmals fallengelassen und wiederaufgenommen. Schließlich baute man ein zweisitziges Boot von dreizehn Metern Länge, das zwei automatische Torpedos mitführen konnte. Die Serienproduktion nahm ebensoviel Zeit in Anspruch wie die Konstruktion, und erst im Sommer 1941 war man so weit, daß man sich über die Einsatzmöglichkeiten im klaren war.

Gerade zu dieser Zeit hatte der Kaiserliche Generalstab den Angriffsplan auf Pearl Harbour, dessen Ziel die Vernichtung der amerikanischen Pazifikflotte war, ausgearbeitet. Es sollte eine reine Luftoperation sein, aber das Kommando der U-Boot-Flottille drängte darauf, daß auch die Zwerg-U-Boote dabei zum Einsatz kommen sollten. Zunächst lehnte der Generalstab dieses Projekt aus zwei Gründen ab: Erstens beschwor die Anwesenheit von U-Booten in den Gewässern des Gegners die Gefahr eines vorzeitigen

Alarms und damit die Gefährdung der ganzen Operation herauf, zweitens war keinerlei Vorsorge getroffen, die Zwerg-U-Boote und deren Besatzungen nach erfolgtem Einsatz zu bergen. Admiral Isoroku Yamamoto, der Oberkommandierende der kombinierten Flotte, beharrte strikt auf diesen Argumenten. Seine Formulierungen waren deutlich genug: „Wenn sie einmal drin sind, kommen sie nie wieder heraus. Außerdem brauchen wir sie gar nicht."

Aber die U-Boot-Leute beharrten so hartnäckig auf ihrer Auffassung, daß der Einsatz ihrer Flottille zur Ergänzung der Luftoperationen absolut nötig sei, daß das japanische Oberkommando schließlich nachgab und den Einsatz von Zwerg-U-Booten in den Gesamtplan des Angriffs auf Pearl Harbour einbezog. Admiral Yamamoto bestand jedoch darauf, daß die winzigen U-Boote ihren Angriff erst nach dem Eintreffen der ersten Flugzeuge über dem Zielgebiet beginnen sollten, daß ihr Auftrag ein reiner Erkundungsauftrag sei, und daß Vorsorge getroffen werden müsse, die beteiligten U-Boot-Besatzungen wieder zu bergen.

In den Augen Kommodore Naoji Iwasas, des verbissenen Verfechters des U-Boot-Projektes, war es durchaus fraglich, ob es den Zwerg-U-Booten überhaupt gelingen würde, in den Hafen des Gegners einzudringen. Im übrigen hielt er es für illusorisch, die Bergung der Besatzungen überhaupt ins Auge zu fassen, dies um so mehr, als das lange Warten die Sicherheit der großen U-Boote gefährdet hätte. Den Männern, die für den Einsatz ausersehen waren, wurden diese beiden Punkte völlig klargemacht. Man führte ihnen die Gefahr und den Umstand, daß das Unternehmen einer Selbstaufopferung gleichkam, deutlich vor Augen. Die U-Boot-Besatzungen reagierten darauf mit einmütiger Begeisterung. Sie ließen keinen Zweifel darüber, daß sie ihre Wahl getroffen hatten. Immerhin lauteten die letzten Einsatzbefehle dahingehend, daß die großen U-Boote so lange warten sollten, bis sie in der Lage waren, die Meldungen der Zwerg-U-Boote aus dem Inneren der feindlichen Reede nach Tokio zu übermitteln. Dem Buchstaben nach war auch die Bergung der Besatzungen vorgesehen, aber es war klar, daß diese Absicht nur vorgegeben war. Keiner der Beteiligten war sich über das Schicksal, das ihm bevorstand, im unklaren.

Am 18. November 1941 liefen die fünf großen U-Boote vom Stützpunkt Kure aus und erreichten ohne Zwischenfall in der Nacht vom 6. auf den 7. Dezember einen Punkt auf der Höhe der Insel Oahu. Alles war ruhig, und nichts deutete darauf hin, daß der Feind Verdacht geschöpft haben könnte. Laut unbemerkt gesendeten und aufgefangenen Funksignalen befanden sich die fünf Träger-U-Boote auf dem vorgesehenen Posten, acht Seemeilen von Pearl Harbour entfernt. Auf diese Entfernung hin konnten die japanischen Matrosen die Lichterkette der Küstenstraße und die Leuchtreklamen der Läden sehen, selbst die Scheinwerferlichter der Autos. Musikfetzen aus Tanzlokalen, die bisweilen zu ihnen drangen, bewiesen ihnen, wenn dies überhaupt noch nötig war, daß der Gegner an nichts weniger dachte als an einen bevorstehenden Angriff.

Zur vorgesehenen Zeit, um Mitternacht, wurden vier der fünf Zwerg-U-Boote losgemacht und entfernten sich in Richtung auf Pearl Harbour. Beim fünften, das vom U-Boot *I-24* befördert worden war, war das Teleskop beschädigt, und es konnte erst zwei Stunden später starten. Es stand unter dem Kommando des Seekadetten Kazuo Sakamaki.

In der Nähe der Hafeneinfahrt patrouillierten routinemäßig drei amerikanische Schiffe. Zwei kleine Minensuchboote, *Condor* und *Crossbill,* zogen langsam an der Einfahrt vorbei, während der alte Zerstörer *Ward* in geringer Entfernung kreuzte. Die amerikanischen Mannschaften warteten ungeduldig auf ihre Ablösung, um in den Hafen einfahren und sich den berühmten Freuden eines Sonntagsurlaubs in Honolulu hingeben zu können.

Um 3.42 Uhr bemerkte der Wachoffizier der *Condor* auf der Meeresoberfläche einen seltsamen weißen Fleck, der sich auf die Hafeneinfahrt zu bewegte. Der „Gegenstand" war nicht weit entfernt und glänzte im Mondlicht. Der amerikanische Offizier dachte sich sofort, daß die weiße Schaumspur vom Periskop eines halbgetauchten U-Boots herrühre, und eine Viertelstunde später erreichte den Zerstörer *Ward* über Funk die Alarmmeldung:

„Getauchtes U-Boot gesichtet. Bewegt sich in westlicher Richtung mit einer Geschwindigkeit von neun Knoten."

Kapitänleutnant William Outerbridge, der Kommandant der

Ward, reagierte sofort und ging zwecks Suche nach dem Eindringling auf Kurs. Eine Stunde lang patrouillierte sein Schiff an der bezeichneten Stelle, aber vergeblich. Gegen fünf Uhr kündigten kaum bemerkbare Lichtsignale an, daß das Torpedoschutznetz der Einfahrt geöffnet sei. Es war gerade die Zeit der Ablösung des Minensuchboots *Crossbill*, das zehn Minuten später in den Hafen einfuhr. Da es viel Zeit in Anspruch nahm, das Netz zu öffnen und zu schließen, wurde es gar nicht wieder geschlossen, zumal das andere Minensuchboot seine Patrouillenfahrt bald darauf beenden sollte.

Bis zu diesem Zeitpunkt war keinerlei Alarmmeldung weitergegeben worden, und niemand dachte an irgendeine Angriffsoperation. Die Amerikaner waren noch nicht mißtrauisch geworden. Für sie Grund genug, das Torpedoschutznetz offen zu lassen. Auch nachdem die *Condor* um 5.32 Uhr beim Anbruch eines Sonntags in Friedenszeiten, eingefahren war, schloß man das Netz nicht, denn um 6.15 Uhr wurde bereits das nächste Schiff erwartet.

Währenddessen unternahm der Zerstörer *Ward* eine zweite Suchaktion nach dem signalisierten Unterseeboot, aber in einem anderen Sektor. Er hatte übrigens ebensowenig Erfolg wie das erste Mal.

Kurz nach 6 Uhr lief der Schlepper *Keosanqua* aus, um dem Werkstattschiff *Antares*, das ein Zielschiff einschleppen sollte, beizustehen. Gegen 6.30 Uhr kam die *Antares* in Sicht, und gleich hinter dem Werkstattschiff – zwischen diesem und dem abgeschleppten Zielschiff – bemerkte der Wachtposten der *Ward* ein seltsames schwarzes Objekt. Genauere Beobachtung ergab, daß es sich um den Turm eines kleinen U-Boots handelte; offenbar versuchte es, im Kielwasser des amerikanischen Schleppers die Einfahrt zu passieren.

Kapitänleutnant Outerbridge ließ die Kessel unter Druck setzen und sein Schiff mit höchster Geschwindigkeit Kurs auf das geortete U-Boot nehmen. Um 6.45 Uhr eröffneten die Kanoniere der *Ward* das Feuer mit Artillerie und Unterwasserbomben, und erst um 6.50 Uhr gab Kapitänleutnant Outerbridge seine erste Alarmmeldung durch:

„Haben mit Unterwasserbomben ein U-Boot angegriffen, das in der Verteidigungszone operiert."

Der verschlüsselte Funkspruch geriet in das Labyrinth des Übertragungsmechanismus und erreichte den Stellvertretenden Oberkommandierenden von Pearl Harbour, Admiral Claude C. Bloch, erst um 7.12 Uhr. Admiral Bloch gab den Zerstörern *Monoghan* und *Helm* sogleich Befehl, auszulaufen und die *Ward* in ihrer Aktion zu unterstützen. Trotz dieser Meldungen und Befehle wurde das Anti-Torpedonetz der Einfahrt an diesem Tag nicht wieder geschlossen. Die Amerikaner waren allzu sorglos und glaubten ganz einfach nicht an die Möglichkeit eines Angriffs. Aller Wahrscheinlichkeit nach gelang es infolgedessen zumindest zwei japanischen Zwerg-U-Booten, unbemerkt in die Reede von Pearl Harbour einzudringen.

Um 7.55 Uhr begann der überraschende japanische Luftangriff, der natürlich die gesamte Aufmerksamkeit der Amerikaner in Anspruch nahm. Dadurch rückten die Operationen gegen die nicht identifizierten angeblichen U-Boote automatisch ins Hintertreffen.

Der Zerstörer *Helm* war kaum ausgelaufen, als die Wache um 8.17 Uhr den Turm eines der beiden Zwerg-U-Boote entdeckte. Mehrere Unterwasserbomben wurden abgefeuert, aber ohne Ergebnis. So gelang es dem winzigen U-Boot, durch die Hafeneinfahrt zu entschlüpfen. Auch dem zweiten Zwerg-U-Boot gelang es, in die Reede einzudringen und die geplante Umfahrung der Ford-Insel aufzunehmen; um 8.30 Uhr jedoch entdeckten die drei amerikanischen Schiffe *Breese, Curtiss* und *Medusa* gleichzeitig seinen über den Meeresspiegel hinausragenden Turm. Der sogleich alarmierte Zerstörer *Monoghan* rammte das Boot, so daß es kenterte. Die Unterwasserbomben, die danach abgefeuert wurden, trafen das kleine Fahrzeug und zerrissen es. Kurz vorher hatte der Japaner seine beiden Torpedos abgefeuert; sie hatten aber ihr Ziel verfehlt und explodierten am Strand.

Einige Stunden später lief das erste Zwerg-U-Boot, das dem Zerstörer *Helm* entkommen war, auf und bekam Schwierigkeiten. Der Elektromotor arbeitete nur mehr gelegentlich, und den beschädigten Akkumulatoren entströmten giftige Gase. Das kleine U-Boot fuhr noch eine Weile im Zickzackkurs mit ganz geringer

Geschwindigkeit weiter und lief dann in der Nähe von Bellows Field endgültig auf. Der Kommandant, Seekadett Sakamaki, verlor das Bewußtsein. Der zweite Mann war schon einige Minuten vorher an den Giftgasen, die den geplatzten Akkumulatoren entströmten, erstickt. Am Abend des 7. Dezember entdeckte eine amerikanische Patrouille das winzige U-Boot, und Sakamaki, der noch immer ohne Bewußtsein war, wurde gefangengenommen. Er war der einzige Überlebende von den zehn Mann der japanischen Sondereinheit.

Das erste Zwerg-U-Boot war um 6.54 Uhr vom Zerstörer *Ward* versenkt worden, das zweite um 8.30 Uhr vom Zerstörer *Monoghan.* Da auch das Schicksal des unter Sakamakis Kommando stehenden U-Boots bekannt ist, weiß man nur von zweien nicht, was mit ihnen geschehen ist. Aller Wahrscheinlichkeit nach gingen auch sie auf Grund, als nach ihrem unbemerkten Eindringen in den Hafen Maschinenschäden auftraten. Die japanische U-Boot-Operation war also ein vollständiger Mißerfolg, wie Admiral Yamamoto es vorausgesagt hatte.

Immerhin war diese kleine, im Rahmen der Gesamtoperation eher bedeutungslose Episode der Erwähnung wert, denn sie ist die erste Aktion dieser Art während des Kriegs im Pazifik. Die Tatsache, daß alle an ihr Beteiligten den sicheren Tod freiwillig auf sich nahmen, ist unleugbar. Das geht schon aus der begeisterten Zustimmung der Betroffenen hervor, aus deren Gewißheit, daß es keine Möglichkeit zur Bergung gab, aus der feierlichen Form des Abschieds, den die zehn Mann nahmen, ehe ihre Zwerg-U-Boote zu Wasser gelassen wurden.

Als die großen japanischen U-Boote auf Heimatkurs gegangen waren, wurden die Seesäcke der Vermißten zwecks Rücksendung von deren persönlichem Eigentum an die Angehörigen von Offizieren geöffnet. Dabei entdeckte der Torpedo-Offizier des U-Boots *I-24*[1] unter den Habseligkeiten Sakamakis und seines Begleiters Abschiedsbriefe an die nächsten Verwandten und Testamente, in denen die beiden Seeleute ganz im Stil der alten Samurais ihr Eigentum der Dienerschaft vermachten. Außerdem fand man noch Briefumschläge, die abgeschnittene Haarsträhnen und Fingernägel der Todeskandidaten enthielten, die in Japan als Überreste gefallener Helden traditionell verehrt wurden. Hätte es eines Beweises für den selbstmörderischen Charakter dieses Einsatzes überhaupt noch bedurft, dann wäre er damit erbracht.

Die große Wende von Guadalcanar

Nach dem Überraschungsangriff auf Pearl Harbour gingen die japanischen Streitkräfte in allen Teilen Südostasiens zur Offensive über, dies mit sensationellem Erfolg. Eine Kette von Siegen, deren jeder den vorigen übertraf, erstreckte sich über einen Zeitraum von sechs Monaten. In diesem Stadium des Krieges trat die japanische Bereitschaft zur Selbstaufopferung nur selten in Erscheinung. Im August 1942 jedoch, als die zähen Kämpfe um Guadalcanar begannen, änderte sich der psychologische Aspekt der Kriegführung.

Zum erstenmal waren die Japaner gezwungen, einen Verteidigungskrieg zu führen. Hier lernten sie eine neue Art des Kampfes kennen. Monatelang wechselten Angriffe und Gegenangriffe einander ab, währenddessen es keinem der Gegner gelang, einen entscheidenden Vorteil zu erringen. Nur allmählich zeigte es sich, daß die Amerikaner mehr und mehr die Initiative an sich rissen, aber in all dieser Zeit kämpften die Japaner mit einer Bravour, die die Gnadenlosigkeit der künftigen Schlachten ahnen ließ.

Die unermüdlichen Angriffe der japanischen Infanterie auf Guadalcanar zeugten von vollständiger Todesverachtung. Trotz ungünstigster Bedingungen stürmten sie immer wieder über Gelände, das von Artillerie- und Maschinengewehrfeuer kahlgeschlagen war. Eine Welle folgte auf die andere, und oft blieb nicht ein einziger der Angreifer übrig. Mit hysterischem Geschrei rannten die Infanteristen auf den Feind zu. Ihr Kriegsruf „Banzai!"[2] war gleichermaßen dazu bestimmt, den Feind einzuschüchtern, als sich selbst in eine Art Rauschzustand zu versetzen. Wie aus dem Nichts tauchten sie aus ihrer Deckung auf, nur um gleich niedergemäht zu werden, und immer wieder trat an ihre Stelle eine neue Sturmkolonne.

Es gab aber auch Einzelkämpfer, die sich oft tagelang in Palmwipfeln einnisteten und auf jeden Amerikaner, den sie zu Gesicht bekamen, schossen, bis sie selbst heruntergeschossen wurden.

Keiner dieser Scharfschützen geriet in Gefangenschaft. Während der Schlacht um Guadalcanar kam es auch vor, daß schiffbrüchige Angehörige japanischer Besatzungen sich weigerten, sich von amerikanischen Kriegsschiffen auffischen zu lassen. Soweit sie noch bewaffnet waren, schossen sie auf ihre potentiellen Retter; andere zogen den Tod durch Ertrinken der Schmach, in Gefangenschaft zu geraten, vor.

Während der zahlreichen Luft- und Seegefechte, die ein Charakteristikum der Schlacht um Guadalcanar waren, ereigneten sich Dutzende von Fällen, in denen sich japanische Piloten samt ihren Maschinen auf amerikanische Kriegsschiffe stürzten, allerdings ohne damit auch nur ein einziges zu versenken. Viele gleichlautende Zeugenaussagen weisen darauf hin, daß die Mehrzahl dieser Piloten verwundet oder daß ihre Maschinen beschädigt waren, so daß kaum mehr die Möglichkeit zur Rückkehr auf den Heimathafen bestand. Es gab aber unter diesen Maschinen auch solche, die keinerlei Anzeichen einer Beschädigung aufwiesen, so daß angenommen werden kann, daß die betreffenden Piloten den Gegner aus freien Stücken rammten. Dies waren allerdings Einzelaktionen, die nicht auf einen übergeordneten Plan zurückzuführen waren.

In der Schlacht bei den Santa-Cruz-Inseln, am 26. Oktober 1942, wurde der amerikanische Flugzeugträger *Hornet* von einer Staffel Aichi-99-Sturzkampfflieger angegriffen. Es war 9.10 Uhr. Die japanischen Maschinen waren zum Sturzflug übergegangen, und einige Sekunden später traf eine Bombe das Flugdeck steuerbord, zwei andere explodierten an der Bordwand. Als die japanischen Flugzeuge abdrehten, bemerkte die Mannschaft der *Hornet*, daß die Maschine des Staffelführers zu wackeln begann und sich dann von der Formation löste. Die Maschine nahm wieder Kurs auf den Flugzeugträger und begann zu stürzen, wobei man deutliche Anzeichen einer Beschädigung wahrnehmen konnte.

Die amerikanischen Matrosen nahmen Deckung, so gut sie konnten, während sämtliche Flakgeschütze die feindliche Maschine unter Feuer nahmen. Dennoch kam das japanische Flugzeug immer näher und wurde rasch größer. Es war kein Zweifel mehr daran, daß es auf dem Schiff aufschlagen würde. Ein paar amerikanische Matrosen standen wie versteinert da und erwarteten das Unvermeidliche. Es ging alles ganz schnell. Die japanische Maschine prallte gegen den Schornstein der *Hornet*, riß ein Stück davon ab und stürzte dann in einem grellen Feuerschein auf das Flugdeck. Zwei ihrer Bomben explodierten und setzten das Flugzeug in Brand.

Der Flugzeugträger war schon beschädigt, als japanische Torpedoflieger auftauchten. Die Maschinen vom Typ *Kakajima 97* flogen von beiden Seiten in kleinen Gruppen und in geringer Höhe an. Während die Torpedos noch unterwegs waren, kam eines der Flugzeuge, dessen Pilot offenbar verwundet war, direkt auf die *Hornet* zu. Es war so niedrig, daß die amerikanischen Matrosen, die sich auf Deck hingeworfen hatten, es bald nicht mehr sahen. Dann gab es einen Krach. Das japanische Flugzeug knallte gegen eines der Flakgeschütze vorn backbord und explodierte in der Nähe des vorderen Aufzugs. Der Flugzeugträger *Hornet* sank einige Stunden später, jedoch Aussagen Überlebender zufolge nicht wegen der Beschädigungen, die ihm die beiden Todespiloten zugefügt hatten.

Wahnsinnskampf auf den Alëuten

Von jener Zeit an mußten die Amerikaner erfahren, daß die Kampfeswut und der Fanatismus der Japaner immer mehr anstiegen. Eine der bittersten Erfahrungen in dieser Richtung machten die amerikanischen Streitkräfte auf dem nördlichen Kriegsschauplatz. Am 11. Mai 1943 landeten sie mit Amphibienfahrzeugen auf der Alëuteninsel Attu. Man wußte, daß diese felsige Insel nur von schwachen Verteidigungstruppen besetzt war. Die Amerikaner gingen beiderseits Chichagof Harbour an Land, im Norden in der Holtz-Bucht, im Süden in der Massacre-Bucht. Sie kamen nur langsam vorwärts, obwohl die Japaner nur hinhaltenden Widerstand leisteten und währenddessen ihre Hauptmacht auf den Chichagof Harbour beherrschenden Höhen konzentrierten. Von dieser idealen Stellung aus störten sie den amerikanischen Vormarsch und verhinderten die Vereinigung der beiden Stoßkeile. Die Amerikaner sahen sich gezwungen, sämtliche Reserven, insgesamt etwa 11.000 Mann, an Land gehen zu lassen.

Ende Mai hatte sich an dieser Situation kaum etwas geändert, obwohl amerikanische Bomber und Schiffsgeschütze ununterbrochen auf die japanischen Stellungen einhämmerten. Zuletzt war von diesen kaum mehr etwas übrig, auch erhielten die Japaner infolge der wirksamen amerikanischen Blockade weder Nachschub noch Verstärkungen. Dennoch klammerten sie sich an ihre Verteidigungslinie und wiesen sämtliche amerikanischen Angriffe ab.

Am 28. Mai mußte der japanische Oberst, der die Verteidigung leitete, einsehen, daß die Niederlage unvermeidlich geworden war; die Lebensmittelrationen waren zur Neige gegangen, und es war kaum mehr Munition vorhanden. Von den 2600 Mann, die ursprünglich die Besatzung von Attu ausgemacht hatten, waren nur mehr 1000 übrig. Jeder andere Befehlshaber hätte in dieser Situation kapituliert, da die Fortsetzung des Kampfes einfach unmöglich geworden war. Aber der Oberst dachte nicht daran. Am Spätnachmittag des 28. Mai vergatterte er seine Leute, schilderte ihnen die Lage und rief sie auf, in einem letzten, aussichtslosen Angriff so viele feindliche Soldaten wie möglich zu töten, ehe sie selbst fielen. Diese letzte Aktion mußte zur völligen Vernichtung der japanischen Truppen führen, und sie alle wußten das. Der Oberst rief ihnen die uralten Samurai-Regeln des Kampfes Mann gegen Mann ins Gedächtnis und die traditionelle Haltung der Selbstaufopferung für den Kaiser.

Die gesamte, aufs höchste fanatisierte Mannschaft erklärte sich daraufhin als *Kessitai,* das heißt bereit, für das tausendjährige Japan zu sterben. Am Abend wurden die Verwundeten und Kranken, die an der Selbstmordattacke nicht mehr teilnehmen konnten, durch Genickschuß oder durch starke Barbitursäure-Injektionen getötet. In der Nacht vom 28. auf den 29. Mai verließen die Japaner ihre Stellungen und schlichen sich lautlos an die amerikanischen Vorposten an. Ihren starren Blicken und angespannten Mienen konnte man die wilde Entschlossenheit ansehen. Viele von ihnen waren nur mit Messern oder Bajonetten bewaffnet. Mit katzengleicher Gewandtheit drangen sie in das amerikanische Grabensystem ein und brachten die Wachen so lautlos um, wie sie sich angeschlichen hatten. Dann sammelten sie sich wieder, um sich kurz vor Tagesanbruch mit mörderischem Gebrüll auf den Feind zu stürzen.

Der Angriff kam so überraschend, daß viele Amerikaner in ihren Schlafsäcken ums Leben gebracht wurden. Es kam zu einem blutigen Massaker. Die Japaner griffen in ihrem Amoklauf von allen Seiten zugleich an. Amerikanische Zelte brachen, von Blut gerötet, zusammen. Einige Amerikaner flohen in wilder Panik, nur um kurz darauf den japanischen Teufeln in die Hände zu fallen. In ihrem Blutrausch erstürmten die Japaner ein amerikanisches Feldlazarett und massakrierten die Verwundeten und Kranken.

Im Morgengrauen gelang es den Amerikanern endlich, sich zum Gegenangriff zu formieren und der Wahnsinnstat der Japaner Einhalt zu gebieten. Stück für Stück wurde das Gelände zurückerobert. Als die überlebenden Japaner, etwa 500 Mann, eingekreist waren, begannen sie der Reihe nach Selbstmord zu begehen. Die einen schlitzten sich den Bauch auf, andere banden sich Handgranaten vor die Brust und zogen sie ab. Abgesehen von einer Handvoll Verwundeter, die in Gefangenschaft gerieten, war die gesamte Besatzung der Insel Attu ausgelöscht. Die Aktion des japanischen Himmelfahrtskommandos hatte die Amerikaner 600 Tote und 1200 Verwundete gekostet.

Die blutigen Etappen der Wiedereroberung

In den unzähligen späteren Gefechten und Schlachten im gesamten pazifischen Raum hatten die Japaner immer wieder Gelegenheit, dieselbe selbstmörderische Taktik anzuwenden. Ob in Neu-Guinea oder auf den Salomon-Inseln: Überall lernten die Amerikaner die schreckliche, unfaßbare Entschlossenheit des Gegners kennen und fürchten.

Am 30. November 1943 errichteten amerikanische Amphibientruppen eine neue Front im mittleren Pazifik, als sie auf der kleinen Insel Tarawa (Betio) im Gilbert-Archipel landeten. Die Marineinfanterie stieß sogleich auf starken japanischen Widerstand, der sie drei Tage aufhielt, obwohl immer neue Reserven in den Kampf geworfen wurden. Erst nachdem die gesamte japanische Besatzung gefallen war oder durch Selbstmord geendet hatte, fanden die verlustreichen Kämpfe ihren Abschluß.

Die Amerikaner sprangen von Insel zu Insel, und unerbittlich zog sich ein gewaltiger Ring immer enger um das japanische Kaiserreich zusammen. Immer größer wurde das Gebiet, das sie dank ihrer täglich anwachsenden Materialüberlegenheit zu Wasser und zur Luft beherrschten, und die Truppenstärke verschob sich immer mehr zu ihren Gunsten.

Im Juni 1944 landeten sie auf den Marianen-Inseln. Nach ihren Erfahrungen mit der mörderischen Widerstandstaktik der Japaner schien es ihnen kaum vorstellbar, daß die Kämpfe zu noch blutigeren Orgien ausarten könnten. Aber gerade das geschah.

Die Schrecken von Saipan

Bei der Eroberung von Saipan im Zuge der Marianen-Invasion stießen die Amerikaner auf einen Feind, dessen Wahnsinnstaten den absoluten Höhepunkt bisheriger japanischer Grausamkeit erreichten. Am 6. Juli 1944 waren zwei Drittel der Insel in der Hand der Marineinfanterie, die sich eben daranmachen wollte, den Nordteil der Insel zu säubern. Am 7. Juli stürzten sich im Morgengrauen fast 3000 Japaner unter Absingen der Kriegshymne *Umi Yakaba* und Banzai-Gebrüll auf die amerikanischen Stellungen. Der Großteil der Angreifer war nur mit Hieb- und Stichwaffen ausgerüstet, und ihr Blutrausch hielt der Todesverachtung die Waage.

Die Japaner griffen in aufeinanderfolgenden Wellen an: ihre Verluste waren ungeheuer. An manchen Stellen türmten sich die Leichenberge so hoch, daß die Marineinfanteristen ihre MG-Stellungen wechseln mußten, um wieder freies Schußfeld zu bekommen. Die Soldaten des Tenno waren entschlossen zu sterben. Sie rannten und schrien, bis sie fielen. Die Amerikaner mußten um jeden Fußbreit Boden kämpfen, gelegentlich sogar zurückweichen, wobei sie in regelrechten Blutlachen ausrutschten. Dem letzten Angriff der regulären Truppe folgte eine Welle von Verwundeten und Kranken. Mit Verbänden bedeckt, taumelnd und hinkend, einer den anderen stützend, kamen sie auf die Amerikaner zu. Sie waren aus ihren Lazaretten aufgebrochen, um am letzten Gefecht teilzunehmen. 300 weitere Verwundete, die nicht mehr aufstehen konnten, waren in ihren Betten getötet worden. Die Amerikaner fanden später ihre blutüberströmten Leichen. Als die Marineinfanterie das verlorengegangene Gelände schließlich zurückerobert hatte, beliefen sich ihre Verluste auf 668 Mann.

Am folgenden Tag, 8. Juli, begannen die Amerikaner den Vormarsch auf Marpi Point in der Nordecke der Insel. Dies war der letzte Streifen, der noch in japanischer Hand war, felsiges Gelände, das an der Küste in überhängende Klippen auslief. Dort waren ein paar hundert japanische Soldaten und die Zivilisten, die vor den Amerikanern geflohen waren, zusammengedrängt. Als die Amerikaner, ohne auf nennenswerten Widerstand zu stoßen, dieses Gelände erreichten, wurden sie Augenzeugen eines schauerlichen Ereignisses: Bei ihrer Annäherung begingen hunderte Japaner Selbstmord, Soldaten und Zivilisten.

Im Beisein der Zivilisten, die verstört herumstanden, schossen sich die Soldaten in den Mund oder ließen sich von ihren Unteroffizieren umbringen. Die Zivilisten wiederum, die vom gleichen Selbstvernichtungswahn erfaßt waren, baten die Soldaten, sie zu töten: Männer, Frauen, Kinder und Greise.

Die Amerikaner waren außerstande, etwas gegen diesen Massenmord zu unternehmen und sahen den unerträglichen Horrorszenen ohnmächtig zu. Zivilisten faßten einander an den Händen, liefen zusammen bis zur Felsenküste, sprangen hinunter und zerschellten an den Klippen. Besonders fielen den Marineinfanteristen drei junge Frauen auf, die sich, auf Felsbrocken sitzend, sorgfältig kämmten. Als sie ihr Haar, offensichtlich nach einem Ritus, in Ordnung gebracht hatten, gingen sie Hand in Hand zur Steilküste und verschwanden in der Tiefe.

Väter schnitten ihren Kindern die Kehle durch oder erwürgten sie, ehe sie sich selbst ins Meer stürzten. Eine Anzahl Zivilisten, die sich in den Höhlen der Felsküste versteckt hatten, gaben sich den Tod, indem sie einfach so lange ins Meer hinauswateten, bis eine Woge sie erfaßte und verschlang.

Diese ungeheuerliche Massenvernichtung dauerte bis zum 10. Juli. Währenddessen konnten die Amerikaner auch beobachten, daß ganze Gruppen japanischer Soldaten vor ihren Vorgesetzten niederknieten, um sich von ihnen den Kopf abschlagen zu lassen. Andere sprengten sich mit Handgranaten in die Luft.

Als die Amerikaner schließlich die Felsenküste erreichten, mußten sie die letzten Selbstmorde noch mitansehen. Vielen wurde übel, als sie unten auf den Klippen hunderte verstümmelter und blutüberströmter Leichen erblickten. Obwohl sie besten Willens waren und alle möglichen Anstrengungen unternahmen, waren sie nicht imstande gewesen, dem kollektiven Selbstvernichtungswahn Einhalt zu gebieten. Sie machten keinen einzigen Gefangenen. Nur einige ganz kleine Kinder liefen ihnen zu oder wurden von ihnen geborgen.

Die chronologische Aufzählung der wichtigsten Akte dieser Art macht deutlich, in welchem Maß der fanatische Widerstandswille der Japaner im Verlauf des Krieges im Pazifik wuchs. Je weiter die Amerikaner vordrangen, und je deutlicher die Bedrohung des japanischen Mutterlandes erkennbar wurde, desto tollkühner, wahnwitziger und selbstmörderischer verhielten sich die Japaner.

Stilles Opfer

Die Anzahl der japanischen Piloten, die sich seit Beginn der Feindseligkeiten im Pazifik in voller Absicht mit ihren Maschinen auf amerikanische Schiffe hatten fallen lassen, war in den ersten Kriegsjahren gering. Auch wurden diese Vorfälle dem zuständigen japanischen Kommando nicht einmal immer bekannt. Von Ende 1943 an und im ersten Halbjahr 1944 wurden sie jedoch häufiger und wurden schließlich zu einem der Hauptthemen in den Gesprächen japanischer Flieger, so daß auch die höheren Kommandostellen Kenntnis von ihnen erhielten.

Die Flieger bewunderten nicht nur das Heldentum ihrer opferbereiten Kameraden, sie besprachen auch die Ergebnisse solcher einsamen Entschlüsse. Ihnen allen war klar, daß die Empfindlichkeit und Verwundbarkeit ihrer Maschinen[3] ihre Überlebenschancen verringerten, sobald sie es mit der zielsicheren amerikanischen Flak und den gefürchteten Jägern des Typs *Grumman F 6 F Hellcat* zu tun bekamen. Es blieb ihnen auch nicht verborgen, daß Japan nicht genügend Flugzeuge bauen konnte, um die enormen Verluste der Luftwaffe wettzumachen. Schließlich wurde der Pilotennachwuchs des allgemeinen Treibstoffmangels wegen in Schnellsiederkursen ausgebildet. Das Ergebnis all dieser Mißstände war, daß eine wachsende Anzahl japanischer Flugzeuge das befohlene Ziel erst gar nicht anfliegen konnte, und daß die Leistungsfähigkeit und Kampfkraft der japanischen Luftwaffe im allgemeinen im Sinken war.

Diese mißliche Situation mit ihren verschiedenen Problemen gab Piloten, Staffelführern und Flugplatzkommandanten Anlaß genug, über eine Lösung nachzudenken. Sie brauchten ihre Phantasie nicht sehr anzustrengen, um zwischen konventioneller Kampftaktik und der Taktik des Todessturzflugs, die sie mehr und mehr beschäftigte, einen Vergleich zu ziehen. So sehr die einen von dem Gedanken an den geplanten Einsatz zu diesen Todessturzflügen zurückschreckten, so begeistert waren andere Piloten von der Idee. Immer wieder sprachen sie darüber, wobei eines der Hauptargumente die deprimierende Zweifelhaftigkeit des üblichen Einsatzes war. Es kam vor, daß ganze Geschwader ganz vergeblich gestartet waren, weil sie von der amerikanischen Luftverteidigung zum Großteil oder zur Gänze abgeschossen wurden, ehe sie überhaupt den Zielraum erreichten. Und wenn auch ein paar Maschinen durchkamen, so waren ihre Bomben- und Torpedoabwürfe doch oft vergebens, weil die meisten japanischen Piloten zu wenig Erfahrung und Übung hatten. So verlor die Luftwaffe gänzlich vergeblich tapfere Flieger und unzählige Maschinen.

Die Häufung von Mißerfolgen dieser Art brachte einige Piloten dazu, im Todessturzflug, dem *Jibaku*[4], die einzige Möglichkeit zu sehen, dem Feind ernstlich Schaden zuzufügen. „Wenn ich ohnehin abgeschossen werde", so argumentierten sie, „dann soll es wenigstens zu etwas nütze sein." Für wie ungeheuerlich man den vorbedachten Todesflug auch halten mag, eines ist sicher: Oft konnte ein einzelner Pilot größeren Schaden anrichten als ein ganzes Geschwader.

Diese Erkenntnis kam den japanischen Fliegern nicht mit einem Schlag, sondern allmählich, und sie wurde auch nicht von allen akzeptiert. Manche konnten sich mit dem Gedanken an kalt überlegten Selbstmord einfach nicht abfinden. Aber in den Augen der überwiegenden Mehrheit war *Jibaku* ein leuchtendes Beispiel von Heldentum, das ihre Begeisterung erregte. Auch erschien es ihnen in praktischer Sicht als die einzige Möglichkeit, der wachsenden Überlegenheit des Feindes wirksam zu begegnen und die tödliche Bedrohung von Japan abzuwenden.

Ein weiterer Gesichtspunkt kam ins Spiel: Wenn es schon nicht gelang, durch einen dieser Todesflüge weithin sichtbare und entscheidende Wirkung zu erreichen, dann konnte man dadurch die Amerikaner doch mindestens so einschüchtern, daß sie sich zu Verhandlungen über einen ehrenvollen Waffenstillstand bereitfanden. Diese japanischen Piloten waren überzeugt davon, daß ihre geistige Überlegenheit und ihre moralische Kraft, die sie mit der Selbstaufopferung unter Beweis stellten, die „feigen Yankees"[5] so entmutigen würden, daß sie schließlich vollkommen die Nerven verloren.

Im Augenblick hatten diese radikalen Ideen noch keinen Einfluß auf die Kriegführung in ihrer Gesamtheit. Zwar wurden sie dem Oberkommando in Tokio von Truppenkommandeuren diskret und inoffiziell vorgelegt, jedoch zurückgewiesen.

Diejenigen Piloten, die sich das Prinzip der Todesflug-Taktik voll zu eigen gemacht hatten, gehörten im allgemeinen zu den Leuten, deren religiöse oder nationale Gefühle am tiefsten verankert waren. Durch *Jibaku* konnten sie zwei Ziele auf einmal erreichen: einmal, dem Feind so schwere Verluste zuzufügen, daß der Vorteil seiner materiellen Überlegenheit in Frage gestellt wurde; zum zweiten, im reinsten Stil der alten japanischen Rittertradition den Heldentod zu finden. Sie waren durchaus bereit, ihr eigenes Ich zu vergessen. Die Bereitschaft, fürs Vaterland zu sterben, war bei den meisten japanischen Fliegern vorhanden. Zumindest mußten sie angesichts der dramatischen Umkehrung der Kräfteverhältnisse mit größter Wahrscheinlichkeit als Soldaten im allgemeinen damit rechnen. Diejenigen, die das Glück hatten, von konventionellen Einsätzen, in deren Verlauf fast alle ihre Kameraden abgeschossen worden waren, heil zurückzukehren, waren davon überzeugt, daß sie nur auf begrenzte Zeit überlebt hatten und daß sie von dieser Galgenfrist den bestmöglichen Gebrauch machen mußten. Diese Auffassung brachte sie dazu, das Sühn- und Racheopfer wie die mystische Ekstase zu suchen und damit den Weg, im Yasukuni-Tempel[6] unter den ruhmreichen Ahnen Aufstellung zu finden. Das war zu diesem Zeitpunkt die allgemeine Stimmung und Gesinnung der Mehrheit der japanischen Luftwaffenangehörigen und ganz besonders jener, die im Fronteinsatz standen.

Die mysteriöse Mission

Die ersten organisierten Todesflüge fanden Mitte 1944 statt, wurden aber weder dem japanischen noch dem amerikanischen Oberkommando bekannt.

Im Juni dieses Jahres rechneten die Japaner damit, daß die Amerikaner nach der Eroberung der Marianen-Inseln die 1100 Kilometer nördlich von Saipan gelegene kleine Vulkaninsel Iwo Jima angreifen würden. Iwo Jima war nur schwach besetzt, und die Landung hätte die Amerikaner zu dieser Zeit keine großen Anstrengungen gekostet. Das amerikanische Oberkommando sah sich aber im Augenblick nicht in der Lage zu solchem Landungsunternehmen und machte auf diese Weise einen schweren strategischen Fehler. Da die Japaner wußten, wie wichtig die Insel für sie war, errichteten sie dort starke Befestigungsanlagen und legten große Munitionsvorräte an. Als die Amerikaner schließlich doch auf Iwo Jima landeten, kostete sie dies hohe Verluste.

Am 20. Juni stieg ein aus 30 *Zero-Jägern*[7] bestehendes Geschwader von Yokosuka in Japan auf, um die auf Iwo Jima bereits stationierten Luftwaffeneinheiten zu verstärken. Als die Maschinen auf den staubigen Rollbahnen der Insel gelandet waren, erfuhren die Piloten, daß Admiral Clarks Flottengeschwader[8] an den vergangenen beiden Tagen mit der Invasion der Insel begonnen hatte.

Auf dem Weg zu der Insel versenkten die amerikanischen Zerstörer *Charrette* und *Boyd* ein kleines 1900-Tonnen-Handelsschiff der Japaner, die *Tatsutagawa Maru,* und im Verlauf des ersten amerikanischen Luftangriffs wurden zehn *Zeros* in der Luft abgeschossen und sieben Bomber am Boden zerstört. Am nächsten Tag wurde der Flugplatz von 54 von Flugzeugträgern aufgestiegenen amerikanischen Bombern angegriffen. Nach amerikanischen Meldungen wurden dabei 63 japanische Flugzeuge am Boden zerstört, bei eigenen Verlusten von nur drei Maschinen. Diese Zahlen waren zweifellos übertrieben, aber immerhin war Iwo Jima nun in den Brennpunkt der Kampfhandlungen geraten.

Zur Unterstützung der japanischen Garnisonen auf den Marianen-Inseln pflegte das Luftwaffenkommando Iwo Jimas allnächtlich einige Staffeln *Betty-Bomber*[9] zu Angriffen auf die allzu zahlreichen amerikanischen Invasionsstreitkräfte auszusenden. Von jedem dieser Einsätze kehrten jeweils nur ein bis zwei von Einschlägen durchlöcherte Maschinen zurück. Binnen kurzer Zeit war die gesamte Bomberstreitmacht der Insel weggeschmolzen wie Schnee in der Sonne. Von da an wurden *Jill-Torpedoflugzeuge*[10] zu Nachteinsätzen losgeschickt, erzielten aber ebenso wenige Erfolge und hatten ebenfalls hohe Verluste.

Am Morgen des 24. Juni erfolgte der nächste große Luftangriff auf die Insel. Mehr als 80 durch Radar alarmierte *Zero-Einsitzer* stiegen auf, um die Angreifer abzufangen. Ein paar Minuten später war ein gigantischer Luftkampf im Gange. Der Himmel war voller Flugzeuge, Leuchtspurgarben und Rauchwolken. Japanische und amerikanische Maschinen lieferten einander erbitterte Duelle. Zweifellos hatten die amerikanischen Jäger ihren Blutzoll zu entrichten, aber das Endergebnis war, daß sie über 40 *Zeros* abschossen, also beinahe die Hälfte aller japanischen Maschinen, die auf der Insel stationiert waren.

Am 3. Juli brach ein neuer, vernichtender Luftangriff über Iwo Jima herein. Während *Avengers*[11] die abgestellten Flugzeuge und das Rollfeld bombardierten, schossen *Hellcat-Jäger*[12] 20 von den 40 *Zeros* ab, die aufgestiegen waren, um sie abzufangen. Am nächsten Tag, 4. Juli, dem amerikanischen Unabhängigkeitstag, stiegen die amerikanischen Flugzeuge wieder von ihren Flugzeugträgern auf, um ihr Vernichtungswerk zu vollenden. Wieder flogen ihnen die *Zeros* entgegen, aber binnen weniger Minuten waren elf davon abgeschossen. Die Verteidigungsanlagen der Insel wurden schwer beschädigt, eine Anzahl abgestellter Maschinen zerstört.

Als die amerikanischen Angreifer abgedreht hatten und am Horizont verschwunden waren, als sich die Staub- und Rauchwolken verzogen hatten, zeigte sich die Katastrophe in vollem Ausmaß. Alles, was an Flugzeugen auf der Insel noch vorhanden war, waren acht *Jills* und neun *Zeros*, die zudem noch größtenteils beschädigt waren. Angesichts dieser dramatischen Situation trat der Stab der Inselstreitmacht zusammen, um zu besprechen, auf welche Weise die Operationen überhaupt fortgesetzt werden könnten. Zu den Flugzeugführern, die an dieser Besprechung teilnahmen, gehörte auch Hauptmann Nakajima. Danach versammelte er die Flugzeugführer und sagte ihnen, es bestehe Einmütigkeit darüber, daß sämtliche noch verfügbaren Maschinen einen Angriff auf die amerikanische Flotte, die 830 Kilometer südlich von Iwo Jima gesichtet worden war, fliegen müßten. In der Diskussion unter den Fliegern meldeten sich einige Offiziere zu Wort und wiesen auf das Mißverhältnis zwischen den armseligen paar japanischen Maschinen und der Feuerkraft, der sie ausgesetzt sein würden, hin. Es sei unwahrscheinlich, daß man dem Feind unter Anwendung konventioneller Taktik ernstlich Schäden zufügen könne. Man müsse also eine neuartige Taktik anwenden. Hauptmann Nakajima schloß die Diskussion mit folgenden Worten ab:

„Ich mache mir keinerlei Illusion über die Art des Einsatzes, den wir von euch verlangen. Ihr geht fast mit Sicherheit in den Tod. Es wäre unnötig, das zu leugnen. Die Entscheidung ist getroffen. Ihr werdet diese Mission erfüllen. Möge das Glück mit euch sein!"

Der Hauptmann wirkte niedergeschlagen und kämpfte mit den Tränen. Er zog einen Zettel aus der Tasche und verlas die Namen der Piloten, die für die Mission ausersehen waren. Die Piloten standen einer nach dem andern auf und gingen in ihre Quartiere, um, wie es seit einiger Zeit üblich war, ihr persönliches Eigentum zu verpacken. Sie waren sich klar über die besonderen Bedingungen ihrer Mission[13].

Ein paar Stunden später mußten sie vor dem Kommandozelt antreten, da der Kommandeur der Luftstreitkräfte auf der Insel, Kapitän zur See Kanzo Miura, ihnen eine Ansprache zu halten wünschte. Der Kommandeur erschien und bestieg ein improvisiertes Podium. Sein Gesichtsausdruck zeigte große Trauer. Er sah jedem einzelnen Mann lange ins Gesicht, und alle konnten ihm ansehen, wie schwer es ihm fiel, mit seiner Ansprache zu beginnen. Mit einer Stimme, die vor Bewegung halb erstickt war, sagte er:

„Ihr gebt dem Feind jetzt seine Schläge zurück. Von nun an gibt es für uns keinen Verteidigungskrieg mehr. Ihr seid die Flieger, die vom Yokusaka-Geschwader, dem berühmtesten ganz Japans, ausgewählt worden sind. Ich vertraue darauf, daß euer heutiges Verhalten des Namens und der ruhmreichen Tradition eures Geschwaders würdig sein werden.

Um unser aller Ehre zu verewigen, müßt ihr die Aufgabe auf euch nehmen, die eure Offiziere euch übertragen haben. Ihr könnt nicht – und das wiederhole ich: ihr könnt nicht damit rechnen, am Leben zu bleiben. Ihr dürft an nichts anderes mehr denken als an das einzige Ziel: Angreifen! Ihr seid nur siebzehn Mann, und die Streitmacht, auf die ihr treffen werdet, wird vielleicht von Hunderten amerikanischer Jäger verteidigt.

Deshalb müßt ihr auf Einzelkämpfe verzichten. Ihr könnt eure Ziele einzeln nicht erreichen. Ihr müßt in einer dichtgeschlossenen Formation bleiben. Ihr müßt euch den Weg bahnen durch die feindlichen Formationen, und ihr müßt euch alle zusammen auf die feindlichen Flugzeugträger hinunterstürzen. Hinunterstürzen mit euren Torpedos, euren Leibern und Seelen ...

Ein normaler Angriff wäre nutzlos. Selbst wenn es euch gelingen sollte, an den amerikanischen Jägern vorbeizukommen, so würdet ihr auf dem Rückflug abgeschossen werden. Euer Tod wäre nutzlos für unser Land. Euer Opfer wäre vergebens. Und das können wir nicht zulassen.

Ehe ihr euer Ziel nicht erreicht habt, werden die Piloten der Jagdmaschinen den Kampf mit feindlichen Jägern nicht annehmen. Kein Bomber wird sein Torpedo vorzeitig abwerfen. Was auch immer geschieht, ihr müßt eure Maschinen zusammenhalten. Tragfläche an Tragfläche! Nichts kann euch daran hindern, eure Mission zu erfüllen. Ihr müßt alle auf einmal zum Sturzflug übergehen, um die beabsichtigte Wirkung zu erzielen. Was ich euch hier sage, ist schwierig, das weiß ich. Vielleicht scheint es sogar unmöglich. Aber ich vertraue darauf, daß ihr es vollbringen werdet, und ihr werdet es vollbringen. Jeder einzelne von euch wird sich mit seiner Maschine geradewegs auf einen feindlichen Flugzeugträger stürzen und das Schiff versenken ... Ihr habt eure Befehle.“[14]

Üblicherweise hätten die Piloten diese Ansprache mit begeisterten Banzai-Rufen beantwortet. Aber diesmal war die einzige Antwort lastendes Schweigen. Alle waren offensichtlich tief in Gedanken versunken. Schon seit einigen Monaten stiegen japanische Piloten oft zu Einsätzen auf, von denen es meist keine Rückkehr gab. Jeder wußte das, aber ein Hoffnungsschimmer war immer geblieben. Jeder konnte mit dem Gedanken, daß seine Stunde noch nicht gekommen sei, wenigstens spielen. Aber diesmal war es anders: Der Tod war beschlossen, war befohlen, er war schon da, ehe der Einsatz überhaupt noch begonnen hatte. Dennoch reagierten die meisten der hier angetretenen Piloten mit kalter Entschlossenheit, die ihrem außerordentlichen Mut entsprach. „Der Samurai", heißt es im Bushido-Kodex, „lebt so, daß er immer zum Sterben bereit ist." Im Kodex ist Selbstmord nicht vorgeschrieben, aber in diesem Fall hatte das Opfer unzweifelhaft militärische Bedeutung, und unter diesem Gesichtspunkt wurde es auch hingenommen.

Die Piloten, die nicht an der Mission teilnehmen konnten, da sie keine Maschinen mehr hatten, brachten Geschenke, die – obwohl sie natürlich bescheiden genug waren – Opfercharakter hatten, eine Gabe der Liebe und Verehrung für die Männer, die sie schon jetzt als Helden betrachteten.

Zur bestimmten Zeit starteten die 17 Maschinen und nahmen Kurs in Richtung Süd-Südost. Sie flogen in 5000 Meter Höhe und gerieten in eine ausgedehnte Wolkenwand. Trotz Gegenwind behielten sie ihren Kurs schlecht und recht bei. Schon 100 Kilometer vor dem Ziel stürzten sich amerikanische Jagdflugzeuge in schier endlosen Reihen aus den Wolken auf die Japaner. Die Japaner rückten enger zusammen, da sie ja Befehl hatten, sich nicht auf Luftkämpfe einzulassen.

Aber ein paar Minuten später hatten sie einfach nicht mehr die Möglichkeit, dem Befehl zu gehorchen. Die feindlichen Jäger näherten sich ihnen von allen Seiten und schossen sofort zwei der Bomber ab. Die *Zeros* und die übriggebliebenen Bomber schossen nun energisch zurück und versuchten gleichzeitig, die Flucht zu ergreifen, aber eine Maschine nach der andern ging in Flammen auf.

Die wenigen übriggebliebenen japanischen Flugzeuge, die von mehr als 60 *Hellcats* angegriffen wurden, konnten schließlich Zuflucht in einer Sturmwolke finden. Sie gerieten zwar in einen Wirbelsturm und in wolkenbruchartigen Regen, der ihnen die Sicht nahm, aber sie waren wenigstens der Gewißheit, eins nach dem andern von den *Hellcats* abgeknallt zu werden, entronnen. Nachdem sie längere Zeit durch die Unwetterzone geflogen waren, gerieten sie wieder in unbewegte Luft und flogen unter blauem Himmel. Kein einziger *Hellcat*-Jäger war zu sehen. Aber wo war die amerikanische Flotte?

Sie suchten erfolglos bis zum Einbruch der Dämmerung. Sie wußten, daß sie ins Meer stürzen würden, sobald ihr Treibstoff verbraucht war. Gewiß, sie waren aufgebrochen, um ihren letzten Einsatz zu fliegen. Aber der sollte doch seinen Abschluß darin finden, daß sie sich auf ein feindliches Schiff stürzten. Anderseits konnten sie nicht gut an Rückkehr in den Heimathafen denken, denn damit verloren sie ihr Gesicht. Nach langen Kämpfen, die jeder einzelne mit sich auszumachen hatte, entschlossen sie sich doch zum Heimflug. Ihre Absicht war, eine neue Gelegenheit zur Ausführung des geplanten Schlages gegen den Feind abzuwarten.

Es war Nacht, als die fünf übriggebliebenen Maschinen, vier *Zeros* und eine *Jill*, in Iwo Jima landeten. Die Piloten rechneten mit Bestrafung, da sie ja dem Befehl zuwidergehandelt hatten, aber sie wurden wider Erwarten mit warmer Sympathie begrüßt. Jeder auf dem Luftwaffenstützpunkt wußte, daß sie sich nicht aus Feigheit zum Rückflug entschlossen hatten, sondern nur in dem Wunsch, eine neue Chance zu erhalten, ihren Tod sinnvoll zu machen.

Aber diese Chance kam nie mehr. Tags darauf deckte die amerikanische Flotte die Insel mit tausenden Tonnen Granaten und Bomben ein, wobei die ganze Insel verwüstet und die vier übriggebliebenen *Zeros* zerstört wurden.

Das Todeskommando wurde dem japanischen Oberkommando nicht als solches gemeldet, denn es war zu jener Zeit noch allzu revolutionär und wäre zweifellos mißbilligt worden. Die Amerikaner wiederum wußten überhaupt nicht, was die Absicht der japanischen Piloten gewesen war, und so wurde die Luftschlacht von amerikanischer Seite nur als eine von vielen gemeldet.

Obwohl die Art des eben geschilderten Angriffs dem japanischen

Oberkommando also unbekannt geblieben war, gewann der Gedanke im Frontraum immer mehr an Verbreitung. Zu Anfang wurden die Rammstöße einzelner Todespiloten nur den örtlichen Kommandeuren bekannt. Einzelne dieser Geschwaderführer sandten aus eigenem Antrieb Meldungen an ihre Vorgesetzten[15], in denen sie die Verdienste der Todespiloten rühmten und die Bereitschaft der meisten ihrer Untergebenen zu Aktionen dieser Art zum Ausdruck brachten, aber zunächst ohne Erfolg.

Es würde zu weit führen, all diese Vorschläge im einzelnen zu beschreiben. Ein Beispiel mag genügen, das des Kapitäns zur See Eiichiro Jyo, Kommandanten des Flugzeugträgers *Chiyoda.* Nach der katastrophalen Niederlage in der Seeschlacht bei den Marianen-Inseln unterbreitete er seiner vorgesetzten Dienststelle ein Memorandum, in dem er unter anderem folgendes sagte:

„Wir müssen die Hoffnung aufgeben, die zahlenmäßig weit überlegenen feindlichen Flugzeugträger zu versenken, solange wir bei unseren konventionellen Angriffsmethoden bleiben. Ich schlage daher dringend vor, schnellstens eine Sondereinheit aufzustellen, deren Aufgabe es ist, die feindlichen Schiffe durch Rammstöße anzugreifen. Ich ersuche, mir das Kommando über diese Einheit zu übertragen."[16]

Kapitän Iyo[17] genoß seiner besonderen Verdienste wegen bei seinen Vorgesetzten großes Ansehen. Eine Anzahl hoher Marine- und Heeres-Kommandeure machte sich seine Ansichten zu eigen. Von nun an wurden die heldenhaften Taten einzelner Piloten, die aus eigenem Antrieb ihre selbstmörderischen Rammstöße auf feindliche Schiffe unternahmen, in den Wehrmachtsberichten in den höchsten Tönen gepriesen.

Bald darauf erging an die Frontkommandeure die dringende Aufforderung, neue und wirkungsvollere Angriffsmethoden zu entwickeln, aber es wurde ihnen dazu nichts Bestimmtes empfohlen. Mag sein, daß das Oberkommando es vermeiden wollte, die Verantwortung für die Rammstoß-Taktik zu übernehmen, es kann aber auch sein, daß es die Frontkommandeure nur dazu bringen wollte, eine bessere Taktik in konventionellem Rahmen zu entwickeln. Die Meinung im Oberkommando war offenbar geteilt. Wie in allen anderen Ländern gab es auch in Japan Generalstäbler, die ganz in ihr bürokratisches Netzwerk verstrickt waren, und daher nur sehr oberflächliche Ansichten über die Kriegslage und die Stimmung an der Front hatten. Andere hohe Kommandeure, die in engerer Berührung mit der Front standen, hatten eher realistische Auffassungen. Viele davon sahen durchaus ein, daß die vorgeschlagenen neuen Methoden die größten Aussichten auf Erfolg boten; sie waren jedoch nicht zahlreich genug, um ihre Meinung offiziell durchzusetzen und eine Entscheidung herbeizuführen. Die Lage mußte sich noch viel mehr verschärfen, ehe sich das Oberkommando in seiner Gesamtheit dazu aufraffte, seine Meinung zu ändern. Inzwischen verbreitete sich der Plan zum Einsatz von Todespiloten aber immer mehr und nahm schärfere Konturen an.

Rammstoß und Spring-Taktik

Ein Reihe von Mitgliedern des militärischen Führungsstabes war überzeugt davon, daß eine große Luftoffensive, deren Kernstück die Rammstoß-Taktik war, die einzige Möglichkeit bot, die Amerikaner an der Einkreisung Japans zu hindern. Sie kamen oft zusammen, um über dieses Thema zu sprechen. Einer von ihnen trat sogar einmal in einer Lagebesprechung im Großen Hauptquartier auf, um aus einem Buch über die Pioniere der Luftfahrt zu zitieren, und zwar gab er die Ansichten des französischen Fliegers Jules Védrines wieder. Védrines beantwortete an dieser Stelle des Buches Fragen eines aus Zivilisten und Militärs bestehenden Gremiums über die Rolle der damals noch ganz jungen Luftfahrt in einem künftigen Krieg. Er war der Meinung, daß die Luftwaffe im Krieg eine wichtige Rolle spielen könne, was sich ja im Ersten Weltkrieg bald darauf bewahrheitete, in einem höheren Maß, als er vorausgesagt hatte.

Ein Teilnehmer an dieser Besprechung, der Védrines' Ansichten entkräften wollte, stellte die Behauptung auf, daß Flugzeuge zweifellos nicht in der Lage sein würden, eine Blockade zur See zu brechen. Von der Blockade hielt man damals besonders viel. Védrines antwortete ohne zu zögern:

„Nehmen wir an, ich führe einen Angriff auf ein Seegeschwader durch, das einen Hafen blockiert. Nichts kann mich daran hindern, in voller Geschwindigkeit auf ein Schlachtschiff herabzustoßen – mit 400 Kilo Sprengstoff an Bord. Natürlich komme ich dabei um, aber das Schlachtschiff fliegt in die Luft, und nur darauf kommt es an."

Dies war eine höchst überraschende Antwort, insbesondere für einen Westeuropäer, aber sie machte der Diskussion ein Ende. Védrines' Persönlichkeit und die ruhige Entschlossenheit, die er bei seinen Flugabenteuern bewiesen hatte, ließen den Gedanken, seine Worte könnten nur Angabe gewesen sein, gar nicht erst aufkommen.

Das Prinzip des selbstmörderischen Rammstoßes von der Luft aus war also schon mehr als 30 Jahre vor dem Sommer 1944 aufgestellt worden. Unter bestimmten Bedingungen bot diese Taktik die Möglichkeit, ein Maximum an Zerstörung bei einem Minimum an eigenen Verlusten herbeizuführen. In Tokio wurde über dieses Thema immer wieder diskutiert, doch es kam zu keiner Entscheidung. Aber schon ein paar Wochen später wurde der Gedanke, der so lange Zeit hindurch zurückgewiesen worden war, in die Tat umgesetzt[18].

Im August 1944 hatten die Amerikaner die Kontrolle über alle Marianen-Inseln gewonnen, und die Japaner begannen damit, Verstärkungen nach den Philippinen zu senden, denn sie waren sicher, daß dieser Archipel das nächste Angriffsziel des Feindes sein würde. Eben zu diesem Zeitpunkt erging an die Frontkommandeure die erwähnte Aufforderung, neue Taktiken zu entwickeln. Zum erstenmal gab das Oberkommando untergeordneten Dienststellen einen Auftrag, der das Kriegsgeschehen entscheidend beeinflussen konnte.

Diese überraschende Änderung in der Haltung der sonst so autoritären japanischen Führung hatte ihre Ursache in einem gewissen Unbehagen über die Moral der Bomber- und Torpedobomber-Piloten. Sie war in einem so alarmierenden Maß gesunken, daß man in Tokio zunächst erwogen hatte, Disziplinarmaßnahmen zu ergreifen. Die bitteren Niederlagen der letzten paar Monate hatten nicht zur Hebung der fliegerischen Moral beigetragen. Allzuoft hatten die Piloten miterlebt, wie allzuviele Kameraden und Maschinen geringfügigen Erfolgen geopfert wurden. Oft starteten sie zu Einsätzen, ohne sich noch irgendwelche Hoffnungen zu machen; sie rechneten weder mit Erfolgen noch damit, zu überleben. Bomben- und Torpedoangriffe waren so gut wie zwecklos geworden. Die feindliche Luftverteidigung war derart überlegen, daß so mancher japanische Pilot einfach abdrehte, wenn er feindlichen Jägern begegnete. Als der Führung klar wurde, daß die vorgesehenen disziplinären Maßnahmen an dieser Stimmung unter den Fliegern kaum etwas ändern würden, entschlossen sie sich dazu, den Frontkommandeuren die Ausarbeitung anderer Maßnahmen zu überlassen.

Im Gegensatz zu den Bomberpiloten hatten die japanischen Jagdflieger ihren Kampfesmut keineswegs verloren. Als die erwähnten Befehle aus Tokio eintrafen, entschloß sich Admiral Kimpei Teraoka, Befehlshaber der 1. Luftflotte, die auf den Philippinen stationiert war, zum Studium der Spring-Technik. Dabei war ihm klar, daß er auf seine Bomber- und Torpedobomber-Piloten kaum mehr zählen könne. Er konnte sich nur mehr auf die bessere Moral seiner Jagdflieger und die höhere Geschwindigkeit ihrer Maschinen verlassen.

Die Spring-Taktik beruht auf einem Prinzip, die jedes Kind auf der ganzen Welt kennt: Wirft man einen Gegenstand beinahe horizontal über das Wasser hin, dann prallt er mehrmals von der Wasseroberfläche ab, ehe er sinkt, und behält dabei seine ursprüngliche Richtung bei. Fast jeder hat in seiner Kindheit auf diese Art flache Steine über das Wasser hin springen lassen.

Admiral Teraokas Plan bestand darin, Jagdmaschinen mit geringfügig umgebauten 250-Kilo-Bomben auszurüsten und die Piloten in der Kunst auszubilden, die Bomben aus möglichst geringer Höhe im Anflug auf das Ziel abzuwerfen. So würden die Bomben flachen Kieseln gleich über den Meeresspiegel hüpfen und die feindlichen Schiffe an der verwundbarsten Stelle, nämlich in den Schiffsbauch, treffen. Die Idee war so einfach und so vielversprechend, daß sie vom Oberkommando gebilligt wurde.

Die Piloten ausgewählter Einheiten begannen eifrig mit der Ausbildung in der neuen Taktik in der Meerenge von Bohol nächst der Philippineninsel Cebu. Man holte aus Japan einen Torpedo-

Spezialisten, Kapitänleutnant Tadashi Takahashi, der die nötigen technischen Vorbereitungen überwachen sollte. Als aber die ersten Versuche gemacht wurden, stellte sich heraus, daß die Taktik nicht so einfach war, wie sie in der Theorie ausgesehen hatte. Zu ihrer Durchführung war ein Maß an Selbstvertrauen, Geschicklichkeit und Kenntnissen notwendig, an dem es den hastig ausgebildeten jungen Piloten oft fehlte. Wie sich zeigte, mußte der Pilot die Bombe aus gefährlich geringer Höhe und in einer Entfernung von 250 bis 300 Metern vom Ziel abwerfen. Es blieben dann nur mehr zwei Sekunden Zeit, den Zusammenprall seiner Maschine mit dem Zielschiff zu vermeiden. Gleichzeitig mußte er aber auch versuchen, der feindlichen Flak und den feindlichen Jägern zu entkommen.

Nur ein erfahrener Pilot konnte seine Flughöhe präzis beurteilen, während er mit großer Geschwindigkeit knapp über der Wasseroberfläche flog. Außerdem konnte die Taktik bei hohem Seegang nicht angewendet werden, da die Bombe dann nicht hüpfte, sondern sofort sank. Während der Übungsflüge kam es oft genug vor, daß ein Pilot zu tief flog und abstürzte. Dennoch meldeten sich viele Piloten freiwillig. Dabei wußten sie, daß sie – selbst wenn sie die gefährlichen Übungsflüge überlebten – kaum eine Chance hatten, im Ernstfall mit dem Leben davonzukommen.

Anfang September 1944 begannen amerikanische Bomber, die von Flugzeugträgern aufstiegen, die japanischen Flugplätze auf den Philippinen anzugreifen, um die Invasion vorzubereiten. Sie vernichteten dort mehr als die Hälfte der 500 japanischen Maschinen, entweder am Boden oder in der Luft.

Nun brauchte man jeden entbehrlichen Jäger zur Verteidigung der Philippinen, und die Übungsflüge für die Spring-Taktik wurden eingestellt. So kam man davon ab, ehe sie jemals praktisch angewendet wurde. Die darauffolgenden Ereignisse brachten die japanischen Piloten dazu, aus der gleichen Gesinnung eine andere Taktik anzuwenden.

III

DIE PHILIPPINEN, WIEGE DER KAMIKAZE

In jedem bewaffneten Konflikt wird es Aufgabe der kriegführenden Parteien sein, an Hand sorgfältiger Überlegungen einzuschätzen, wo der Gegner zuschlagen wird, um der Lage entsprechend Abwehrmaßnahmen treffen zu können. Freilich wird ein umsichtiger Verteidiger auch die übrigen Frontabschnitte nicht vernachlässigen, da er ja immer mit einem Fehler in seiner Beurteilung rechnen muß. Dies galt auch für den japanischen Generalstab auf den Philippinen. Auf Grund der gegebenen Situation hatten die Japaner die Gewißheit gewonnen, daß die Philippinen das Ziel des nächsten Vorstoßes der amerikanischen Streitkräfte sein würden.

Fassen wir die sehr differenzierte Situation zusammen: Seit Mitte August 1944 war man sich in Tokio darüber klargeworden, daß die amerikanischen Streitkräfte die absolute Herrschaft über den ganzen Inselkomplex der Marianen wiedergewonnen hatten und im Begriff standen, sich umzugruppieren und ihre starken Offensivkräfte noch zu steigern. Die unerschütterliche Entschlossenheit der Vereinigten Staaten, Japan in die Knie zu zwingen und zu diesem Zweck eine Eskalation von Schlachten und aufeinanderfolgenden Landeoperationen in die Wege zu leiten, wurde von den militärischen Kreisen Japans keineswegs unterschätzt.

Um ihr Ziel zu erreichen, mußten die Amerikaner zunächst eine gewisse Anzahl von Inseln und Archipeln erobern; dies waren unumgängliche Operationsetappen. Die Amerikaner konnten zwar zwischen mehreren strategischen Lösungen wählen, doch wußten die Japaner, daß der Wille und Starrsinn des Generals McArthur, den philippinischen Archipel zurückzuerobern, in den strategischen Überlegungen der Amerikaner eine große Rolle spielten. Diese japanische Überlegung erwies sich als scharfsichtig und zutreffend.

Anderseits waren die japanischen Generale, denen das weit überlegene militärische Potential der Amerikaner nicht unbekannt war, auch geneigt anzunehmen, der Gegner könnte ein Ablenkungsmanöver durchführen oder gleichzeitig an mehreren Stellen angreifen. Das kaiserliche Oberkommando hatte um diese Zeit den *Sho-go-Plan*[1] ausgearbeitet, der praktisch alles für den Einsatz vorsah, was Japan an See- und Luftstreitkräften noch besaß.

Wie bereits erwähnt, war die erste Hälfte des Monats September 1944 durch überaus wirkungsvolle amerikanische Luftangriffe auf die japanischen Flugplätze der südlichen Philippineninseln gekennzeichnet. Am 15. September landeten amphibische Kräfte der Amerikaner auf Peleliu im Archipel von Palau, halbwegs zwischen den Philippinen und den Marianen. Diesem bedeutsamen Ereignis folgte kurz darauf eine Ausdehnung der amerikanischen Luftangriffe auf den Norden der Philippinen, die die zu erwartenden militärischen Operationen enthüllten und die japanischen Mutmaßungen bestätigten. Gegen Ende September 1944 konnte man somit logischerweise annehmen, daß die nächste amerikanische Offensive sich gegen die philippinische Inselgruppe richten werde. In dieser Hinsicht bestanden kaum noch Zweifel, und die japanische Führung nahm die Bedrohung sehr ernst.

Die Philippinen waren die letzte bedeutende Bastion auf dem Wege nach den japanischen Inseln und in geographischer Hinsicht der letzte Schutz der äußerst gefährdeten, für die Kriegswirtschaft des Landes unentbehrlichen Seeverbindung mit dem Malaiischen Archipel. Die Herrschaft über die Philippinen zu verlieren bedeutete, von der lebenswichtigsten Versorgungsqquelle abgeschnitten zu werden und die Verteidigung auf die Inseln des Mutterlandes zurückverlegen zu müssen.

Auf Grund dieser Erwägungen unternahmen die Japaner nach dem *Sho-go-Plan* gewaltige Anstrengungen zur Eindämmung der unmittelbar bevorstehenden amerikanischen Sturmflut. Jeder japanische Soldat war sich dieser Notwendigkeit bewußt, und alle begriffen, daß sich das Schicksal des Reiches der aufgehenden Sonne zweifelsohne hier entscheiden werde.

Eine dramatische Lage

An dieser Stelle sei daran erinnert, daß auch die wirtschaftliche Lage Japans zu diesem Zeitpunkt höchst beunruhigend war. Die japanische Kriegswirtschaft beruhte auf der Beschaffung von Öl und anderer unentbehrlicher Rohstoffe aus den eroberten Gebieten. Ein ununterbrochener Strom von Frachtern und Tankern versorgte seit den ersten Monaten des Jahres 1942 das Mutterland in ausreichender Weise mit Erdöl und anderen Rohstoffen und stellte anderseits die Verteilung von Treibstoffen und Industrieerzeugnissen sicher.

Die Vereinigten Staaten hatten sehr bald die strategische Bedeutung des Seewegs von Japan nach den Malaiischen Inseln erfaßt und einen vernichtenden Unterseebootskrieg begonnen. Nach und nach verminderte sich die Zahl der für diese lebenswichtigen Transporte eingesetzten Schiffe, wodurch die wirtschaftliche Notlage Japans sich zusehends verschärfte. Im Laufe des Sommers 1944 hatte die systematische Zerstörung der japanischen Handelsflotte ein so hohes Ausmaß erreicht, daß die Schiffsladungen, die Japan überhaupt noch erreichten, nicht einmal mehr den dringendsten Bedarf decken konnten. Diese dramatische Lage veranlaßte das kaiserliche Oberkommando, hinsichtlich des Verbrauchs an Treib- und Brennstoffen drakonische Maßnahmen zu treffen, die unter anderem zu einer strengen Einschränkung des Schiffsverkehrs, des Flugzeugeinsatzes, sowie auch der für die Ausbildung der jungen Flieger vorgesehenen Flugstunden führten.

Den Japanern mußte daher alles daran gelegen sein, den Weiterbestand des dünnen Fadens, an dem das Mutterland hing, zu sichern und alles zur Verteidigung der Philippinen zu übernehmen. Dies war auch der Sinn des *Sho-go-Plans.* Aus denselben gebieterischen Gründen stellte Japan den größten Teil seiner noch kampffähigen See- und Luftstreitkräfte in den Dienst des Planes. Bis dahin hatte das japanische Kommando nur Vermutungen über das unmittelbare Ziel der Amerikaner, und es schien wahrscheinlich, daß diese an mehreren Stellen vorstoßen würden, was wiederum eine Vielgestaltigkeit der Verteidigung und eine der erwünschten Wirksamkeit schädliche Zersplitterung der eigenen Kräfte mit sich bringen mußte. Am 6. Oktober 1944 unterrichtete eine aus Moskau stammende diplomatische Nachricht das kaiserlich japanische Hauptquartier über den in den letzten zehn Tagen des Oktober zu erwartenden Angriff auf das Zentrum der Philippinen. Die sowjetische Indiskretion beseitigte die letzten Zweifel der Japaner. Admiral Soemu Toyoda, Chef der vereinigten Flotte, begab sich kurz darauf nach Manila, um die örtlichen Befehlshaber der Marine zu informieren und die Abwehrmaßnahmen zu beraten. Auf dieser Besprechung sollten die besonderen Dispositionen für die Durchführung des *Sho-go-Planes* getroffen werden. Alles war demnach auf die Verteidigung der zentralen Inseln des Archipels ausgerichtet.

In strategischer Hinsicht war Japan nun entschieden im Vorteil. Es sah sich nunmehr vor die Aufgabe gestellt, die verfügbaren Kräfte wohlüberlegt zu gruppieren, um die Amerikaner aus den philippinischen Gewässern zu vertreiben. Die zur See und in der Luft erlittenen Verluste, die Atemnot der einheimischen Industrie, die Knappheit an zusätzlichem Material und gewisse Unstimmigkeiten in der Führung trugen allerdings zur Schwächung dessen bei, was eine nicht zu erschütternde Abwehr hätte werden sollen.

Im Rahmen des *Sho-go-Planes* begann die Marine ihre Kräfte zu konzentrieren und die große Auseinandersetzung zur See zu suchen, die im Zusammenwirken mit der Luftwaffe den Großteil der amerikanischen Flotte ausschalten sollte. Es ist naheliegend, daß dieses Vorhaben das Thema fast aller Gespräche bei sämtlichen japanischen Waffengattungen bildete, und daß die Luftwaffe – wenn Marine und Heer bereit waren, mit patriotischem Feuereifer zu kämpfen – sich nicht weniger entschlossen die Frage nach dem besten und wirksamsten Mittel zur Bekämpfung des Gegners stellte. Manche zerbrachen sich den Kopf auf der Suche nach neuen Methoden, während andere die Anwendung des Selbstmordangriffs ins Auge faßten, wie dies eine Anzahl japanischer Piloten schon vordem aus eigenem Antrieb getan hatte.

Die Psychologie der Flieger

Die Verteidigung der Philippinen war im Endergebnis das schlecht koordinierte Zusammenwirken dreier Waffengattungen: Landstreitkräfte, Marine und Luftwaffe. In der Luftwaffe entstanden praktisch die ersten Gruppen freiwilliger Todeskommandos. Seit Mitte September 1944 verlangten die Flieger, besonders die Piloten von Jagdflugzeugen, von ihren Vorgesetzten immer energischere Angriffsaktionen gegen den Feind, bei denen die Rückkehr nach Erfüllung der Aufgabe oder das Überleben der Teilnehmer dem Zufall anheimgestellt, häufig sogar überhaupt nicht einkalkuliert war. Ganz allgemein war die Erzielung eines Erfolges der vorherrschende Gesichtspunkt; bedeutete der Auftrag die Aufopferung der zu seiner Durchführung bestimmten Flieger, so hatte das wenig zu sagen.

Infolge der amerikanischen Luftangriffe auf den Norden der Philippinen und des Eindringens der Amerikaner auf Peleliu nahm dieses Verlangen nach einem Eingreifen bei den Japanern in der zweiten Septemberhälfte immer mehr zu. Die spärlichen Nachrichten, die aus Peleliu einlangten, gaben eine Vorstellung von den mit Erbitterung und wilder Entschlossenheit geführten Kämpfen der Verteidiger der Insel. Es war ja auch völlig klar, daß nichts mehr die Amerikaner daran zu hindern vermochte, in allernächster Zeit die Philippinen anzugreifen, wenn die Palau-Inseln einmal in ihre Hände gefallen waren.

Zur Unterstützung der heroischen Verteidiger von Peleliu, von denen man wußte, daß sie unausweichlich dem Tod geweiht waren, schlugen viele japanische Offiziere Aktionen der Luftwaffe vor, um den amerikanischen Ring um die Insel zu lockern. Konteradmiral Masabumi Arima, Befehlshaber der 26. Luftflottille, ergriff die Initiative und befahl mehrmals massierte Luftangriffe. In den meisten Fällen verboten die atmosphärischen Bedingungen den Start, und die wenigen Einsätze, die geflogen werden konnten, fügten dem Gegner keinerlei ernsthaften Schaden zu.

Immerhin waren diese Unternehmen und vor allem die außerordentliche Entschlossenheit, mit der sie geführt wurden, ein Beweis für den Kampfwillen der Japaner, wie gering auch immer die

Aussichten auf den Erfolg oder ein Überleben der Flieger sein mochten. Man wurde Zeuge eines allmählichen Übergangs von Tapferkeit zu heroischem Selbstmord. Diese Männer wußten, daß ihre Tage gezählt waren und daß sich das Schicksal Japans im Kriege zweifelsohne auf den Philippinen entscheiden werde, und so hatten viele unter ihnen ihre persönliche Habe auf das allernotwendigste beschränkt und sie in einem kleinen Säckchen oder Behälter verschlossen, damit die Rücksendung dieser letzten Andenken nach ihrem Tode an ihre Angehörigen den damit beauftragten Dienststellen keinerlei Schwierigkeiten verursachte. Einige dieser Offiziere, wie zum Beispiel Leutnant Naoshi Kanno, schrieben auf ihr geringfügiges Gepäck ihren Namen, die Adresse ihrer Eltern und ihren Rang, den sie jedoch um einen Grad erhöhten, um auf diese Weise der posthumen Beförderung, die jedem im Kampf gefallenen Offizier zuteil wurde, vorzugreifen. Diese Haltung entsprang aber durchaus nicht der Hoffnungslosigkeit in dem von uns verstandenen Sinne, dem Fehlen des Glaubens an den endgültigen Sieg. Im Gegenteil, dieses Verhalten verfolgte das Ziel, das Individuum vor gefühlsmäßigen Einflüssen zu bewahren, die seine Charakterstärke und seinen Willen, bis zum Letzten zu kämpfen, hätten schwächen können.

Der Angriff durch Rammen

Um diese Zeit bedienten sich die japanischen Flieger, die sich den mächtigen Bombern der Amerikaner gegenübersahen und daran verzweifelten, sie mit konventionellen Methoden niederkämpfen zu können, der Methode des Rammens unter freiem Himmel. Diese Technik, die Mut und außerordentliche Selbstbeherrschung erforderte, bestand darin, sich der feindlichen Maschine möglichst zu nähern, dabei danach zu trachten, dem Beschuß durch die feindliche Abwehr auszuweichen und sodann durch geschickte Manöver die Luftschraube mit einem Flügel oder den Stabilisierungsflächen des gegnerischen Flugzeuges in Berührung zu bringen. Die rotierende Luftschraube beschädigte die angegriffene Maschine und der angeschlagene gegnerische Bomber fing zu trudeln an und stürzte schließlich ab.

Beim Rammen kam es natürlich oft vor, daß dem japanischen Flugzeug ein oder mehrere, oft fatale Stöße zugefügt wurden. Nur wenige japanische Flieger überlebten das Rammen in der Luft, doch verzeichneten einige von ihnen drei oder vier Siege unter diesen besonderen Umständen. Diese Art des Angriffs war nicht ausschließlich japanisch, immerhin liefert sie den Beweis für den zu ihrer Durchführung erforderlichen unvergleichlichen Mut der japanischen Piloten.

Die eingehende Schilderung der militärischen Lage und der geistigen Einstellung der Japaner im September 1944, einem der dramatischsten Augenblicke des Krieges im Pazifik, scheint unerläßlich, will man sich von der damaligen strategischen und psychologischen Lage ein zutreffendes Bild machen.

Groß war die Spannung bei allen japanischen Soldaten auf den Philippinen, was ja selbstverständlich ist, wenn man einen massiven Angriff des Gegners erwartet; in diesem Fall war die Situation besonders schwierig und der Einsatz von größter Bedeutung. Es war eine lange, harte Wacht, deren Ausgang nur die Alternative bot: Sieg oder Tod.

Jedermann war sich des Ernstes der Lage voll bewußt, und es ist begreiflich, daß bei dieser geistigen Einstellung die erhitzte Phantasie und die natürliche mystische Gemütsverfassung der Japaner unterschiedliche Reaktionen hervorrief. Manche bereiteten sich darauf vor, ihr Leben in einem blutigen, hinhaltenden Kampf teuer zu verkaufen, während andere Aktionen ins Auge faßten, die zwar in ihren Einzelheiten noch unklar waren, den Gegner aber eher psychologisch als taktisch treffen sollten.

In ihrer Gesamtheit waren die Japaner von ihrem gewaltigen Vorteil gegenüber den Amerikanern fest überzeugt. Charakterstärke, Kampfwille, patriotischer Fanatismus und das moralische Moment waren japanische Tugenden, die den Amerikanern völlig fehlten; dies behauptete jedenfalls die japanische Propaganda, die den Gegner als erbärmlichen Materialisten hinstellte, der ohne Glauben kämpfte und dessen Mut sehr zweifelhaft war. Für die Japaner war diese moralische Überlegenheit der sicherste Bürge ihres Endsieges.

In einem psychologischen Klima der Ekstase, des patriotischen und religiösen Fanatismus und der Gewißheit des Endsieges schickten sich die japanischen Verbände an, der gewaltigen materiellen Überlegenheit der Amerikaner die Stirn zu bieten. Diese Gemütsverfassung war es vermutlich, die schließlich einen unbändigen Widerstandswillen und ebenso ungewohnte wie mörderische taktische Methoden hervorbrachte.

Seit Anfang September starteten täglich auf den Philippinen japanische Flugzeuge, um die auf hoher See im Archipel vermuteten amerikanischen Flottenverbände aufzuspüren. Das japanische Kommando wartete während vieler, langer Tage darauf, die Absichten des Gegners zu erfahren, allein, es konnten keine Beobachtungen gemacht werden. Die japanischen Aufklärer kehrten zurück, nachdem sie das leere Meer erkundet hatten. Spannung und Ungeduld hatte einen so hohen Grad erreicht, daß die Rückkehr der Aufklärer, anstatt Erleichterung zu bringen, die Enttäuschung nur noch steigerte. Das Fieber stieg, und das Warten wurde unerträglich. Spannung und Erregung führten am 10. September zu dem folgenschweren Zwischenfall von Davao. Nach den amerikanischen Luftangriffen auf Davao vom 9. und 10. September waren die Stäbe des Abschnitts überreizt und erwarteten jeden Augenblick eine amphibische Operation des Gegners. Infolge Müdigkeit überfordert oder durch ihre Erregung irregeführt, meldeten einzelne von ihnen die Annäherung einer amerikanischen Invasionsflotte. Die für diesen Fall vorgesehenen Abwehrmaßnahmen wurden befohlen und die Nachricht an alle Streitkräfte auf den Philippinen weitergeleitet.

Die Folge waren Truppenbewegungen und die Verlegung von Flugzeugen. Neue Meldungen besagten, feindliche Panzer befänden sich auf dem Vormarsch ins Landesinnere. In Wirklichkeit hatte sich überhaupt nichts ereignet. Die ganze Verwirrung war durch falsche Auslegung eines Telegramms verursacht worden, das Wachsamkeit empfahl und vom Nachrichtendienst als Alarm verstanden wurde. Alles kam sehr schnell wieder zurecht, aber die durch den falschen Alarm veranlaßte Umgruppierung der Luftstreitkräfte hatte unheilvolle Folgen, denn ein großer Teil der nach Luzon zurückverlegten Flugzeuge wurde im Verlauf späterer Bombardements der im Norden der Philippinen gelegenen Flugplätze dezimiert.

Diese Atmosphäre der Ungewißheit und des allgemeinen Fiebers hielt noch einen Monat an und setzte die Nerven der Verteidiger einer harten Probe aus. Endlich, am 12. Oktober, sichtete ein japanisches Flugzeug bei einem Routineaufklärungsflug die amerikanische Armada. Obwohl die lange erwartete Nachricht eigentlich beunruhigend war, erweckte sie dennoch etwas wie Befriedigung und Erleichterung. Der Feind zeigte sich, und niemand zweifelte daran, daß man ihm einen schweren Schlag versetzen würde, der ihm den Mut nehmen würde, eine Landung zu wagen.

Sofort erging der Befehl zu Luftangriffen, doch machte die schlechte Witterung massiven und vor allem schlagkräftigen Einsatz unmöglich. Ein solcher aber wäre um so notwendiger gewesen, als die japanischen Maschinen auf heftige feindliche Abwehr stießen, die praktisch unüberwindlich war. Es gab starke japanische Verluste, ohne daß auch nur einem einzigen amerikanischen Schiff der geringste Schaden zugefügt worden wäre. Obwohl also die japanischen Luftangriffe alles andere als ermutigend waren, wurden sie dennoch pausenlos fortgesetzt.

Das Beispiel des Admirals Arima

Mittlerweile ergriffen die Piloten Zorn und Enttäuschung über ihren Mißerfolg. Da ereignete sich ein Vorfall, der gewiß nicht besonders gewichtig war, aber dennoch Folgen von beträchtlicher Tragweite nach sich zog.

Am Morgen des 15. Oktober sichtete ein japanisches Aufklärungsflugzeug eine bedeutende amerikanische Marineformation, zu der mehrere Flugzeugträger zählten, vor der Insel Luzon. Nun waren die Flugzeugträger seit Beginn des Krieges im Pazifik die wichtigsten Schiffseinheiten und daher auch die wichtigsten der anzugreifenden Ziele.

Das sofort alarmierte japanische Luftkommando beschloß einen massiven Angriff. Auf dem Flugfeld von Clark herrschte ungewohntes Leben, da die ersten Formationen für den Einsatz bereitgemacht wurden. Zum erstenmal hatte man Staffeln der Marine und des Heeres zusammengezogen. Sie sollten in zwei Wellen angreifen und die gemeldete amerikanische Flotte vernichten. Die zweite Welle bestand aus 13 Sturzbombern des Typs *Suisei,* 16 *Zero-Jagdflugzeugen* und 70 Jägern unterschiedlicher Typen des Heeres. Sie waren startbereit, als Konteradmiral Masabumi Arima, Chef der 26. Flottille der 1. Luftflotte, eintraf. Der Admiral war ohne Rangabzeichen und in Fliegerkleidung; er hatte beschlossen, diese zweite Welle persönlich anzuführen.

Die Gesichter der vor den Hangers versammelten Offiziere verrieten Erstaunen und Besorgnis. Nach der Vorschrift durfte ein Offizier im Generalsrang die Führung einer Formation im Kampf nicht übernehmen. Auf die Fragen seiner Untergebenen erwiderte der Admiral, er wolle sich von der Situation und den Kampfbedingungen überzeugen. Um aber die Dienstvorschrift nicht zu verletzen, habe er seine Offiziersabzeichen abgelegt und selbst die Inschrift „Admiral“ von seinem Feldstecher abkratzen lassen. Diese Haltung täuschte indessen niemanden und alle widersetzten sich der Teilnahme des Admirals an dem Unternehmen.

Admiral Arima hatte seit mehreren Wochen große Einfachheit in seiner Lebensweise an den Tag gelegt, sich geweigert, in seinem behaglichen Quartier zu schlafen, sich in langes Meditieren versenkt und das entsagungsvolle Dasein der Mannschaften geteilt. Den Bitten und tadelnden Bemerkungen seiner Offiziere setzte der Admiral eine höfliche, aber feste Weigerung entgegen, was schwere Unruhe hervorrief, denn er war wegen seiner gewohnten Liebenswürdigkeit, seines Verständnisses, seines Taktes und seines unerschütterlichen Glaubens an den Sieg geachtet und beliebt. Vor seinen bestürzt dreinblickenden Offizieren bestieg der Admiral einen der *Suisei-Sturzbomber* und startete als erster.

In der ersten Nachmittagsstunde entdeckte die starke japanische Luftformation die amerikanische Flotte in einer Entfernung von 445 Kilometer nordöstlich von Manila. Es handelte sich um die von Konteradmiral Ralph E. Davison befehligte *Task Group TG 38-4*[2], die auf hoher See vor Luzon kreuzte.

Die durch Radar alarmierten amerikanischen Jagdpatrouillen warfen sich der japanischen Formation entgegen. Es entwickelte sich eine große Luftschlacht. Wie immer seit so vielen Monaten spielte die zahlenmäßige und qualitative Überlegenheit der Amerikaner die entscheidende Rolle und ermöglichte es ihnen, das Herankommen der japanischen Flugzeuge an die Schiffe zu verhindern. Die *Suisei-Bomber* wurden dezimiert und die japanischen Begleitjäger entrichteten einen schweren Tribut an die gefürchteten *Hellcats.*

Einem der *Suisei-Bomber,* jenem des Admirals Arima, war es jedoch gelungen, sich hinter einer Wolke zu verbergen und Richtung auf das feindliche Geschwader zu nehmen. Zeugen sahen die Maschine aus der schützenden Wolke hervorbrechen, sodann wie zu einem klassischen Bombenangriff niedergehen. Die Maschine des Admirals stieß direkt auf einen der amerikanischen Flugzeugträger herab und verlängerte wider jede Regel den Sturzflug, bis plötzlich auf dem Schiff eine riesige rote und orangegelbe Flamme emporloderte. Admiral Arima hatte den Zusammenstoß mit dem Flugzeugträger *Franklin* (CV. 13) gezielt herbeigeführt. Sein so unerwarteter Angriff und sein Tempo hatten die amerikanische Luftabwehr aus der Fassung gebracht.

Der große Flugzeugträger der Essex-Klasse hatte einen schweren Schlag erhalten, der ernste Schäden und einen heftigen Brand verursachte. Die *Franklin,* das Admiralsschiff Davisons, brannte, und aufeinanderfolgende Explosionen der Munitionskammern machten die Lage noch schwieriger. Die Sicherheitstrupps kämpften, um das Schiff zu retten, aber erst nach stundenlangen, mitunter übermenschlichen Anstrengungen hatte man die Gewißheit, daß der Flugzeugträger nicht sinken werde. Mit Schlagseite und nicht mehr imstande, die ihm im Luftkampf obliegenden Aufgaben auszuführen, mußte die *Franklin* aus dem Gefecht gezogen werden und die nächste Werft anlaufen.

Die nach dem Angriff zu ihrer Basis zurückgekehrten japanischen Flieger brachten die Nachricht, die zugleich mit Bestürzung und Bewunderung aufgenommen wurde. Einige der Flieger hatten den Entschluß des Admirals vorausgeahnt. Seine Haltung vor dem Start, der seltsame Glanz in seinen Augen, seine ruhige Entschlossenheit hatten einen Akt dieser Art voraussehen lassen. Niemand hatte es jedoch gewagt, von dieser Ahnung zu sprechen.

Die Nachricht von der Heldentat und dem Tod des Admirals, die unter seinen Piloten große Trauer, aber auch begeisterte Bewunderung und ansteckende Erregung hervorrief, machte schnell die Runde bei den auf den Philippinen stationierten Einheiten, und weit darüber hinaus. Radio Tokio stellte Admiral Arimas Tat als Offenbarung eines neuen Geistes und als Mittel dar, das dem Gegner unersetzliche Verluste zufügen würde.

Natürlich war in Anbetracht der Situation die Tat des Admirals das Hauptthema aller Gespräche. So mancher Flieger zog aus ihr Schlüsse, die sein künftiges Vorgehen bestimmten. Admiral Arima hatte den Mut und die Entschlossenheit gehabt, das zu tun, was viele Piloten sich seit Monaten vorgenommen hatten. Er hatte ihnen den Weg gezeigt, und sein Vorbild hatte entscheidenden Einfluß auf die Haltung zahlreicher Flieger.

Um die gleiche Zeit erfuhren die Angehörigen der 1. Japanischen Luftflotte, daß sie einen neuen Befehlshaber erhalten sollte. Dieser Wechsel im Kommando war beunruhigend. Er erwies sich auch als folgenschwer. Vizeadmiral Kimpei Teraoka war erst am 12. August 1944, nach dem Selbstmord seines Vorgängers, des Konteradmirals Kakuji Kakuta, zum Chef der 1. Luftflotte ernannt worden. Seine Ablösung kaum zwei Monate nach seiner Ernennung ließ vermuten, er müsse in Ungnade gefallen sein, was all seinen Untergebenen als ungerechtfertigt erschien.

Gewiß, der Name des neuen Vorgesetzten gab keinen Anlaß zu Beunruhigung; es war Vizeadmiral Takijiro Onishi, als Fachmann des Luftkrieges gut bekannt. Ließ aber seine überraschende Ernennung nicht auf Absichten Tokios schließen, auf den Philippinen eine neue, revolutionäre Taktik einzuführen? Vergeblich stellten sich alle Beteiligten diese Frage.

Als leidenschaftlicher Aviatiker, selbst Pilot, vor kurzem mit dem Amt des Direktors der Abteilung Flugzeugproduktion im Ministerium in Tokio betraut, schien Vizeadmiral Takijiro Onishi für sein neues Amt durchaus berufen zu sein. Am 2. Oktober war seine Ernennung zum Chef der 1. Luftflotte auf den Philippinen erfolgt, doch übernahm er seine Funktion erst am 17. Oktober, als sein Flugzeug auf dem Flugplatz Nicholls bei Manila landete.

Eine weitere Nachricht beschleunigte am selben Tag die Geschehnisse. Am Morgen kam die Meldung, daß amphibische Streitkräfte der Amerikaner auf der kleinen Insel Suluan, am Rande des Golfes von Leyte, gelandet waren. Die Amerikaner wollten sich offenbar einen Stützpunkt schaffen, ehe sie ihre große Invasion einleiteten. Einige Stunden später traf die Meldung ein, daß die nur einige Dutzend Beobachter zählende japanische Besatzung von Suluan ihre Dokumente verbrannt habe und sich anschickte, zur höheren Ehre des Kaisers zu sterben.

Nach den festgelegten taktischen Dispositionen kam der *Sho-go-Plan* zur Anwendung; am folgenden Tag setzten sich die darin vorgesehenen Seestreitkräfte der Japaner in Richtung auf die Philippinen in Bewegung. Sie suchten die Entscheidungsschlacht, die die Zukunft Japans bestimmen sollte. Am 18. Oktober und den darauffolgenden Tagen galten die Luftangriffe der Amerikaner vor allem den japanischen Flugplätzen auf Luzon, wobei sie eine große Anzahl von Flugzeugen und Bodeneinrichtungen zerstörten. Der Verlust dieser schwer ersetzlichen Maschinen beschleunigte noch die Ausführung eines Geheimbeschlusses, die Admiral Onishi übertragen war.

Der 19. Oktober, ein historischer Tag

Unmittelbar nach seinem Eintreffen in Manila ließ sich Admiral Onishi seine Untergebenen vorstellen. Er beschloß, seine Vorhaben ohne Verzug in die Tat umzusetzen. Hatte er sich schon vorher hiefür entschieden oder waren es die Ereignisse, die seine Gelassenheit beeinträchtigten? Niemand weiß es. Sicher ist, daß er zwei Tage nach seinem Eintreffen, also am 19. Oktober, um 8.30 Uhr erfuhr, daß die amerikanische Invasionsflotte in Sicht war.

Während des Morgens funkten japanische Aufklärungsflugzeuge immer wieder Meldungen, die die Nachricht bestätigten und wichtige Einzelheiten über die Zusammensetzung der feindlichen Kräfte enthielten. Zwischen Kap 94 und Kap 110, zwischen 130 und 180 Meilen von Tacloban auf der Insel Leyte entfernt, wurden zahlreiche feindliche Einheiten gemeldet.

Über die Absichten der Amerikaner bestand nun freilich kein

Zweifel mehr: die große Invasion hatte begonnen. Admiral Onishi wurde sich darüber klar, daß die Koordinierung der Aktionen von Marine und Luftwaffe vordringlich war, und daß es nötig geworden war, das ihm seit Monaten am Herzen liegende Vorhaben ehestens auszuführen.

Am späten Nachmittag des 19. Oktober traf ein die gelbe Generalsflagge führendes Fahrzeug auf dem Flugplatz von Mabalacat, 110 Kilometer nördlich von Manila, ein. Der Wagen hielt am Rande des Geländes an, ihm entstiegen Admiral Onishi und sein Ordonnanzoffizier Chikanori Moji. Der unvermutete Besuch eines Admirals zu so vorgerückter Stunde auf einem im Kampfgebiet gelegenen Flugplatz trug an sich schon ungewohnten und beunruhigenden Charakter. Dieser, durch die drückende Atmosphäre der damaligen militärischen Lage noch unterstrichenen Feststellung entzog sich keiner der anwesenden Offiziere.

Der Admiral erwiderte die militärischen Grüße und sprach den Wunsch aus, sich zum Befehlsstand des 201. Geschwaders zu begeben. Im einzigen Raum des Gebäudes ließ er sich auf einem Stuhl nieder und beobachtete eine Zeitlang die überaus lebhafte Tätigkeit auf dem Flugplatz. Nach einigen Minuten drückender Stille schlug Admiral Onishi eine Besprechung im Hauptquartier der Einheit vor, wobei er zu verstehen gab, daß er den anwesenden Offizieren eine sehr bedeutsame Frage stellen und ihre Meinung kennenlernen wolle. Der Admiral und sämtliche Offiziere bestiegen die Wagen und begaben sich in die Ortschaft Mabalacat.

Die drei großen Gebäude europäischer Bauweise in Mabalacat waren von den Japanern requiriert worden. In einem von ihnen war der Stab des 201. Luftgeschwaders untergebracht. Die von Admiral Onishi zur Besprechung befohlenen Offiziere betraten eine der im ersten Stock befindlichen sieben Unterkünfte. Abgesehen von einem Tisch, der an eine der Wände gerückt war, bestand das Mobiliar des Raumes nur aus einer großen Menge eng aneinander gedrängter, zusammengelegter Betten, die den Flugzeugbesatzungen gehörten. Die strenge Einfachheit dieses und auch der übrigen Räume des Hauses war japanische Tradition, dieser Rahmen entsprach auch dem Geist der Flieger und der etwas mysteriösen Atmosphäre der bevorstehenden Besprechung.

Die Offiziere setzten sich um den großen Tisch und erwarteten in tiefer Stille die Ansprache des Admirals. Anwesend waren: Vizeadmiral Takijiro Onishi, sein Ordonnanzoffizier Chikanori Moji, Fregattenkapitän Asaichi Tamai, stellvertretender Befehlshaber des 201. Geschwaders, ferner Rikihei Inoguchi, Stellvertreter des Stabschefs der 1. Luftflotte, Yoshioka, Offizier des Stabes der 26. Flottille, und zwei Staffelführer, die Kapitänleutnants Yokoyama und Masanobu Ibusuki. Der Admiral, der sonst energisch und dynamisch war, schien sichtlich ermüdet und gedrückt. Alle fragten sich, welches Geheimnis er ihnen zu eröffnen beabsichtige. Beim Schein einer kleinen, an einem Draht herunterhängenden Glühlampe betrachtete er die Anwesenden einen nach dem anderen und begann sodann mit gedämpfter Stimme:

„Sie alle wissen, daß die militärische Lage sehr bedenklich werden könnte, wenn der *Sho-go-Plan* versagen sollte. Es ist unerläßlich, daß alle Kräfte der 1. Flotte zum Geleitschutz herangezogen werden, um die Mission des Admirals Kurita sicherzustellen. Leider sind wir nicht mehr stark genug, uns mit dem Feind im Luftkampf zu messen. Es bleibt uns nur noch eine Möglichkeit, nämlich die, die amerikanischen Flugzeuge am Start von ihren Trägern zu hindern, und sei es auch nur für die Dauer einer Woche."

Die Anwesenden blieben stumm und versuchten sich in die Gedanken des Admirals hineinzuversetzen. Alle hatten bemerkt, daß seit einigen Sekunden die Augen ihres Chefs seltsam leuchteten, als er seine Ansprache fortsetzte:

„Ich bin davon überzeugt, daß es nur ein einziges Mittel gibt, dieses Ziel zu erreichen. Wir müssen unsere Jagdflugzeuge mit 250-kg-Bomben ausrüsten, die auf dem Ziel zerschellen. Was ist Ihre Meinung?"

Admiral Onishi unterbrach seine Rede, um die Reaktion seiner Untergebenen besser beobachten zu können. Sein durchdringender Blick ergründete jetzt die bleichen Gesichter der Männer, die ein Schauder gepackt hatte, und deren Herzen heftig schlugen. Die Idee an sich war gewiß nicht neu, die Vorbilder waren zahlreich, und alle hatten sie mehr oder weniger schon in Erwägung gezogen. Daß jedoch ein Admiral in diesem Sinne zu ihnen sprach und eine neue Taktik entwarf, die praktisch auf Selbstmord gegründet war, übertraf alles, was sie jemals über dieses Thema vernommen hatten. Lange Zeit herrschte tiefes Schweigen, währenddessen die Offiziere sich ihren Gedanken hingaben. Asaichi Tamai konnte sich schließlich nicht mehr zurückhalten. Um die unerträglich gewordene Stille zu unterbrechen, richtete er an Yoshioka die Frage:

„Welche praktischen Wirkungen lassen sich erzielen, wenn ein mit einer 250-kg-Bombe ausgestattetes Jagdflugzeug auf einem Flugzeugträger zerschellt?“ Yoshioka, der auf diese Frage offensichtlich gefaßt war, antwortete sogleich:

„Er wird gewiß nicht sinken, aber die Beschädigung kann ihn für mehrere Tage, vielleicht sogar Wochen, außer Gefecht setzen.“ Asaichi Tamai, dem die unheimliche Ehre zuteil geworden war, Stellung zu nehmen, dachte an die verzweifelte militärische Lage Japans, an die erlittenen schweren Verluste, an die grenzenlose Begeisterung und den Mut seiner Untergebenen und bat den Admiral, sich mit einem seiner Staffelführer, dem Kapitänleutnant Masanobu Ibusuki, für einen kurzen Augenblick zurückziehen zu dürfen. Nach wenigen Minuten, die den anderen endlos erschienen, betraten die beiden wieder das Zimmer, und Tamai erklärte mit vor innerer Erregung bebender Stimme:

„Ich bin bloß der stellvertretende Befehlshaber des Geschwaders 201, glaube jedoch im Namen des Kommandanten der Einheit, des heute abend abwesenden Kapitäns zur See Sakae Yamamoto, sprechen zu dürfen. Ich übernehme die volle Verantwortung für meinen Entschluß. Ibusuki und ich schließen uns dem Vorhaben des Admirals an. Außerdem bitten wir, dem Geschwader 201 den ehrenvollen Auftrag zu geben, diese Sonderangriffseinheit zu organisieren.“

Der außerordentliche Ernst und die Feierlichkeit des Augenblicks entgingen keinem der Teilnehmer. Es sollte sich nicht mehr ein einzelner während der Kampfhandlung für den Rammstoß auf ein feindliches Ziel entscheiden, sondern eine Gruppe von Offizieren, die aus freiem Willen sich ihres Tuns bewußt, die unerhörte Aktion mehrere Tage, mitunter wochenlang, im voraus durchdacht hatte. Ein dem asiatischen Wesen eigenes Phänomen trat hier hervor, das für den westlichen Geist schwer begreiflich ist.

Die historische Konferenz war beendet.

Die Organisation

Fregattenkapitän Asaichi Tamai hatte eine schwere Verantwortung auf sich geladen. Waren auch die Offiziere, die an der Sitzung mit Admiral Onishi teilgenommen hatten, sich über die Zweckmäßigkeit der neuen Angriffsmethode einig geworden, so blieb noch die Reaktion der übrigen Offiziere sowie der Unteroffiziere und Mannschaften der Einheiten auf die Belehrung über die neue Taktik abzuwarten.

Tamai war im Jahr 1943 Instruktionsoffizier gewesen und mit dem Charakter der jungen Leute des neunten Entlassungsjahrganges gut vertraut: er hatte sie ja ausgebildet. Er hatte ihnen die den Fliegern eigenen technischen Qualitäten beigebracht und das Gefühl des unbedingten Gehorsams gegen den Kaiser, der das Symbol der Ewigkeit des Vaterlandes und der hohen japanischen Tugenden war. Tamai hielt sie daher für dic Geeignetsten, die neue Angriffsmethode in die Tat umzusetzen, und rief sie mitten in der Nacht zusammen.

Die dem Geschwader 201 zugeteilten 23 jungen Piloten des neunten Entlassungsjahrganges versammelten sich in einem der Räume des Hauses in Mabalacat. Obwohl sie von dem, was ihnen mitgeteilt werden sollte, nichts wußten, ahnten sie doch, was kommen würde. Ihr unerschütterlicher Glaube an den Sieg, ihre jugendliche Begeisterung hatten sie längst dazu gebracht, an *Jibaku* zu denken und über die Männer, die den Mut bewiesen hatten, es auszuführen, und besonders über das jüngste, von Admiral Arima gegebene Vorbild zu sprechen.

Tamai erläuterte ihnen in kurzen Worten die Schwierigkeiten und den Ernst der militärischen Lage, die große Bedeutung des Erfolgs des *Sho-go-Planes* und schließlich den Vorschlag des Admirals Onishi. Die jungen Männer hörten, ohne sich zu regen, in tiefem Schweigen die Erklärungen ihres verehrten Chefs an. Als Tamai die historische Besprechung und den dabei gefaßten schwerwiegenden Beschluß erwähnte, erblickte er auf ihren von einer einzigen Lampe schwach beleuchteten Gesichtern den Ausdruck begeisterter Entschlossenheit. Und alle, ohne Ausnahme, erhoben beide Arme zum Zeichen ihrer Zustimmung. Tamai vermochte Tränen der Rührung nicht zurückzuhalten. Er war stolz auf seine einstigen Schüler, aber er war durch die Wirkung, die seine Worte bei ihnen ausgelöst hatten, aus der Fassung geraten. Er hob die Sitzung auf und befahl ihnen, über alles, was hier beschlossen worden war, absolutes Stillschweigen zu bewahren.

Noch in derselben Nacht vom 19. auf den 20. Oktober sprach Asaichi Tamai mit Rikihei Inoguchi, der an der Sitzung mit dem Admiral teilgenommen hatte. Er berichtete ihm über das Ergebnis seiner Besprechung mit den jungen Piloten. Und nachdem er eine Weile, in Nachdenken versunken, geschwiegen hatte, fuhr er fort:

„Es sind 23 junge Leute. Jeder von ihnen hat daran gedacht, daß der Augenblick gekommen sei, Vergeltung zu üben und alle gefallenen Kameraden zu rächen. In ihren Adern kreist das heiße, kühne Blut der Jugend."

Die beiden Offiziere beschäftigten sich sodann mit dem Problem, einen Chef für die neue Einheit zu finden. Ein junger Mann mußte gefunden werden, ein Freiwilliger, der aber die technischen Kenntnisse und die zur Anleitung der Piloten zum *Jibaku* erforderlichen moralischen Eigenschaften besaß. Mehrere Namen wurden genannt, und die Wahl fiel schließlich auf den Kapitänleutnant Yukiho Seki. Seki hatte bei wiederholten Gelegenheiten Schneid, Entschlossenheit und bemerkenswerte technische Fähigkeiten an den Tag gelegt; man hielt seinen Namen fest.

Offen war die wichtigste Frage geblieben: Wird Seki sich freiwillig dazu bereitfinden? Weder im Sinne des Admirals Onishi noch in den Absichten seiner Offiziere war es jemals gelegen, in dieser Sache auf irgend jemanden, wer immer es auch sein mochte, Zwang auszuüben. Jedermann sollte aus freiem Ermessen seine Zustimmung erteilen.

Die Nacht war heiter und still; kein Lärm störte sie, und diese Ruhe der Natur stand in krassem Gegensatz zu dem Tumult, den der gefaßte Beschluß in den Herzen der Beteiligten entfesselt hatte. Tamai und Inoguchi, die die Dringlichkeit der Lage kannten, beschlossen, die kritische Frage an Seki zu richten.

Seki, von seiner Ordonnanz geweckt, zog sich sogleich an und meldete sich. Tamai forderte ihn auf, sich zu setzen und legte seine Hände väterlich auf die Schultern des Leutnants. Er setzte ihn über den Zweck seines Besuchs und den Vorschlag des Admirals Onishi in Kenntnis. Er erläuterte ihm, daß diese neue Angriffsmethode allein imstande sein würde, dem Gegner ernstlichen Schaden zuzufügen, und daß er ihn auf Grund seiner Eigenschaften zum Leiter der neuen Kampfgruppe ausersehen habe. Seki hörte seinen Chef mit großer Aufmerksamkeit an, schloß dann die Augen und dachte nach. Den Kopf in die Hände gestützt, überlegte der Leutnant, und nach einer Weile des Stillschweigens sagte er mit fester Stimme, die jedes Zaudern ausschloß: „Ja! Selbstverständlich. Ich glaube, Sie können mir eine solche Aufgabe ruhig anvertrauen.“ Die drei Männer versuchten, sich ihre Erregung nicht anmerken zu lassen, und besprachen dann die technischen Modalitäten der neuen Angriffsmethode. Sie legten die Grundsätze ihrer Anwendung fest und trafen die Auswahl der Piloten in jeder Staffel. Zum Schluß erörterten sie noch die beste Art und Weise des Einsatzes der verfügbaren Maschinen.

Kamikaze!

Eine zu dieser Zeit in allen Armeen der Welt verbreitete Gepflogenheit war es, jeder Kampfgruppe und jeder Mission einen besonderen Namen zu geben. Es sollte damit in einem einzigen Wort zusammengefaßt werden, was sonst lange Erklärungen gefordert hätte. Dieser Name wurde im praktischen Gebrauch ebenso in der Sprache der Soldaten wie in jener der offiziellen Kommuniqués verwendet. Es war demnach angezeigt, dem neuen taktischen Verfahren eine Benennung zu geben, und Rikihei Inoguchi schlug nach reiflicher Überlegung das Wort *Kamikaze*[3] vor, das „Sturm Gottes“ oder „Göttlicher Sturm“ bedeutet.

Weshalb gerade diese Benennung? Weil sie an den Windgott Ise erinnerte, der Japan schon einmal vor dem Untergang bewahrt hatte. In der alten shintoistischen Mythologie hatte Ise, der Gott des Windes, durch seinen Atem Japan vor einer Invasion bewahrt und die Japaner verehrten ihn mit Ehrfurcht. Diese Legende geht auf eine urkundlich beglaubigte Tatsache zurück. Im XIII. Jahrhundert, am 14. und 15. August 1281, stach eine imposante chinesisch-mongolische Flotte von 3500 Fahrzeugen mit über 100.000

Kriegern an Bord auf Befehl des Despoten Kublai Khan vom chinesischen Festland in See, mit dem Ziel, sich des verlockenden japanischen Archipels zu bemächtigen. Japan, durch unaufhörliche Kriege im Innern entzweit und zerrissen, wäre nicht in der Lage gewesen, diese machtvolle Invasion zu verhindern, und seine Bevölkerung bereitete sich darauf vor, in Tod oder Sklaverei unterzugehen.

Als nun die große feindliche Flotte die offene See erreichte, brach unversehens ein Sturm von unerhörter Heftigkeit los und vernichtete nahezu die Gesamtheit der chinesisch-mongolischen Schiffe. Die vor Angst kopflos gewordenen Überlebenden zogen sich zurück und griffen die Idee der Eroberung Japans nie wieder auf. Diese unglaubliche, unerwartete Rettung Japans wurde dem göttlichen Eingreifen, dem Kamikaze, diesem göttlichen Sturm, zugeschrieben.

Die Hoffnungen, die Japan in die neue Angriffsmethode setzte, die vernichtenden und entscheidenden Erfolge, die man von ihr erwartete, das Empfinden, das Reich der aufgehenden Sonne könne nur mehr durch diesen neuen, von den hohen, hundertjährigen Tugenden des übersinnlichen Erbes inspirierten Geist gerettet werden, rechtfertigten in jeder Weise diesen Namen, der Jahrhunderte hindurch seine mystische und symbolische Bedeutung bewahrt hatte. Er wurde einmütig angenommen.

Noch im Verlaufe dieser an Ereignissen so reichen Nacht begab sich Rikihei Inoguchi zu Admiral Onishi, um ihn über die getroffenen Maßnahmen zu unterrichten. Der Admiral hatte sich unmittelbar nach seiner historischen Besprechung in einem Zimmer des oberen Stockwerkes zur Ruhe begeben. Inoguchi klopfte an der Tür und trat ein. Der Admiral lag im Dunkeln auf einem einfachen Feldbett, doch er schlief nicht. Er sann über das Schicksal Japans und die ungeheure Verantwortung nach, die von nun an auf seinen Schultern lastete. Onishi wußte, er werde in den Annalen der Geschichte der Mann sein, der durch seine Überzeugung und seinen Entschluß junge Leute in den gewollten, gemeinschaftlich abgesprochenen und gutgeheißenen Tod geschickt hatte.

Beim Eintreten des Stabsoffiziers richtete der Admiral sich in seinem Bett auf, machte Licht und hörte den Bericht Inoguchis an. Als dieser zu Ende war, erhob sich Onishi, rief seinen Ordonnanzoffizier zu sich herein und schickte sich an, den offiziellen Befehl zur Errichtung des neuen Verbandes zu diktieren. Wir geben von ihm hier keine Abschrift wieder, da der Text die Mehrzahl der vom Admiral auf der Besprechung vorgetragenen Beweggründe wiederholte und die Anordnungen bestätigte, die seine Untergebenen im Verlauf der Nacht getroffen hatten.

Wir wollen Onishis Befehl lediglich den Bestand des Geschwaders 201 entnehmen, nämlich 26 Flugzeuge, die in zwei Gruppen zu je 13 Flugzeugen aufgeteilt wurden. Die eine Gruppe war dazu bestimmt, am Gegner zu zerschellen, die andere, ihr als Geleitschutz zu dienen. Die 26 Flugzeuge wurden in vier Staffeln gegliedert, die Bezeichnungen erhielten, die dem den japanischen Sitten eigenen poetischen Charakter entsprachen: *Yamazakura, Yamato, Asahi* und *Shikishima*[4]. Chef der Einheit war, wie besprochen, Kapitänleutnant Yukiho Seki, und als Tag des operativen Einsatzes wurde der 23. Oktober bestimmt. Ein letzter wichtiger Punkt war schließlich, daß der Admiral nach Maßgabe des Eintreffens von Verstärkungen die Errichtung weiterer Verbände dieser Art in Aussicht stellte.

Die Nacht war noch nicht zu Ende gegangen, als Kapitänleutnant Seki sein Zimmer wieder betrat. Tief in Gedanken versunken, schritt er wie ein Nachtwandler im Zimmer auf und ab. Gab es da nicht einen Widerspruch zwischen dem soeben gefaßten grausigen Entschluß und seiner persönlichen Situation? Zwei Personen waren ihm wirklich teuer: seine Mutter, die er anbetete, und seine junge Frau, die er erst vor kurzem geheiratet hatte. Seine Mutter war Witwe; sie brauchte ihn. Die Bindung an diese beiden Menschen hätte ihn wohl daran hindern können, sich freiwillig zu opfern.

Seit langen Jahren in der harten japanischen Militärschule erzogen, war Seki von den Grundsätzen der *Samurai* geprägt worden, und nichts konnte ihn daher von der Annahme des unerbittlichen Opfers abbringen, nachdem ihn sein Land für diese Aufgabe auserwählt hatte. Seine Auffassung von Pflicht, seine Vorstellung von den zur Rettung des ewigen Japan zu unternehmenden Anstrengungen lösten ihn aus seinen Familienbanden, und wenn ihn dies auch ungemein traurig stimmte, bedauerte er dennoch nicht seinen Entschluß. Der Weg war ihm vorgezeichnet, und nichts und niemand hätte ihn nunmehr von ihm abbringen können.

Admiral Onishi hatte beschlossen, den neu errichteten Verband zu inspizieren und mit den ihm noch nicht bekannten Freiwilligen schon am folgenden Tag zu sprechen. Um 13 Uhr erblickten die Piloten, die sich neben ihren Unterkünften, nicht weit von dem kleinen Fluß Banban am Rande des Flugplatzes von Mabalacat versammelt hatten, den herankommenden Wagen des Admirals. Onishi schritt bleich und verschlossen die Front der Flieger ab, betrachtete sie aufmerksam und ergriff dann das Wort:

„Ihr alle wißt, daß Japan große Gefahr droht. Weder die Mitglieder des Generalstabs noch die Admirale können es retten. Diese Gefahr kann nur von tapferen und von großen Idealen beseelten jungen Männern überwunden werden. Aus diesem Grunde wende ich mich an euch im Namen von hundert Millionen Japanern, die ihr Schicksal in eure Hände legen, euch bitten, dieses Opfer zu bringen und die um euren Erfolg beten. In den Annalen der Geschichte seid ihr bereits Götter, und so habt ihr die vergänglichen menschlichen Anliegen bereits vergessen. Ihr habt ein Recht darauf zu erfahren, ob euer Opfer nicht unnütz sein wird. Meine Stimme wird euch in eurem ewigen Schlummer nicht erreichen können, aber ich versichere euch, daß alles geschehen wird, euren Taten Sinn zu geben. Der Kaiser wird von euren Heldentaten unterrichtet werden. Ich fordere euch auf, euer Bestes zu tun!“

Der Admiral, der seine Ansprache in einem schneidenden und kühlen Ton begonnen hatte, konnte seine Tränen zum Schluß nicht mehr verbergen, so sehr hatten ihn Mitgefühl und Trauer aufgewühlt. Onishis Worte erhöhten noch den Respekt der jungen Piloten für ihn, der niemals seinen Überzeugungen zuwidergehandelt hatte. Wie ein Vater hatte er sich an diese jungen Helden gewandt, in ihnen nur die edelsten Empfindungen erweckt, ohne je ihrem Stolz oder ihrer Eitelkeit zu schmeicheln.

Die Stunde des Opfers schlägt

Admiral Onishi, der die erhaltenen Anweisungen durchführen und seine Kräfte möglichst nahe dem Mittelpunkt der zukünftigen

Schlacht konzentrieren wollte, erteilte den Befehl, einen ersten Teil des neuen „Stoßangriffsverbandes“ nach Cebu, in die Nähe der Insel Leyte, dem voraussichtlichen Ziel der Amerikaner, zu verlegen.

Am Nachmittag des 20. Oktober startete die erste Staffel von vier mit Bomben ausgerüsteten *Zeros* und vier Geleitjägern der Gruppe Yamamoto von Mabalacat und landete gegen 17 Uhr auf Cebu. Das Geheimnis von der Errichtung und den Absichten des neuen Verbandes war so gut bewahrt worden, daß das Eintreffen der acht Maschinen kein Aufsehen erregte. Für den Erfolg der vorgesehenen Mission war es indes erforderlich, das Personal der Basis über die bevorstehenden Operationen zu unterrichten.

Die Dringlichkeit der Lage gebot nunmehr, künftighin jedermann von dem Plan zu unterrichten. In der Tat hatten die Amerikaner am gleichen Tag um 10 Uhr die große Landung an der Ostküste von Leyte eingeleitet und schnell eine Front von annähernd 30 Kilometer von Tacloban nach dem Norden errichtet. Unzählige Einheiten unterstützten zur See und in der Luft die Offensive der Truppen von General MacArthur.

Tadashi Nakajima, der mit der Überwachung der Auftragsdurchführung betraute Offizier des Geschwaders 201 und Pilot eines *Geleit-Zeros*, ließ das Personal von Cebu versammeln und informierte es über die jüngsten Geschehnisse. Nach einer kurzen Zusammenfassung der Situation teilte er ihm die Errichtung des Stoßangriffsverbandes und die sofortige Anwendung der neuen Taktik mit. Die versammelten Männer hörten sich die Rede mit stummer Verwunderung an, und Entsetzen spiegelte sich auf ihren Gesichtern. Nakajima beendete seine Ansprache mit der Anregung, weitere Spezialverbände zu schaffen, bemerkte jedoch ausdrücklich, es würden nur diejenigen in diese Verbände aufgenommen werden, die gute Gründe für ihre Selbstaufopferung vorbringen konnten. Er forderte jene Männer, die aus familiären oder anderen Gründen zum Sühneopfer nicht bereit waren, auf, sich nicht als Freiwillige zu melden, zumal die Zahl der zur Verfügung stehenden Maschinen sehr beschränkt war.

Sehr klar brachte Nakajima in seiner Ansprache zum Ausdruck, daß es niemals in den Absichten von Admiral Onishi gelegen sei, die gesamte Luftwaffe Japans in einen Kamikaze-Verband umzuwandeln, und daß die Errichtung und der Einsatz des Spezialkorps nur vorübergehend sein könne, sein einziger Zweck sei es, eine zeitlich und räumlich begrenzte Notlage zu beseitigen. Zu seiner größten Überraschung sah Tadashi Nakajima, daß sich Hunderte von Armen zum Zeichen des Einverständnisses erhoben, und es fiel ihm nicht leicht, jene zurückzuhalten, die sich spontan, getrieben von übergroßem patriotischen Eifer, als Freiwillige meldeten. Zahlreich waren die Flieger auf Cebu, die im Verlauf der folgenden Nacht bei Nakajima erschienen und ihn um die Ehre baten, als erste starten zu dürfen. Jene, die es vorgezogen hatten, ihren Entschluß reifen zu lassen, stimmten ab und gaben ein wenig später ihre Antwort in verschlossenem Umschlag ab. Ein Unteroffizier brachte das Paket der gesammelten Umschläge zu Nakajima, der es nicht ohne Ergriffenheit öffnete. Auch hier herrschte Einmütigkeit über die neue Angriffsmethode.

Wesentliche Verstärkungen

Im Rahmen des *Sho-go-Planes* sollte die infolge der ununterbrochenen amerikanischen Bombardements dezimierte 1. Luftflotte durch Bestände der 2. Luftflotte verstärkt werden. Tatsächlich zählte die 1. Flotte am 21. Oktober nur mehr an die 30 Jagdflugzeuge vom Typ *Zero* und etwa 50 Bombenflugzeuge unterschiedlicher Typen, und die Verlegung der 2. Luftflotte war nur mangels Erfahrung ihrer Piloten so lange verzögert worden. Vom 15. Juni 1944 an waren die Flieger zunächst auf Formosa geschult worden, wo sie bei den amerikanischen Angriffen vom 12., 13. und 14. Oktober ihre Feuertaufe erhalten hatten.

Auf Befehl des Admirals Soemu Toyoda, Chefs der Vereinigten Luftflotte, startete die 2. Luftflotte am 23. Oktober, und ihre 350 Maschinen landeten auf den Philippinen. Ihr Befehlshaber, Vizeadmiral Shigeru Fukudome, hatte Weisung erhalten, in engem Zusammenwirken mit der 1. Luftflotte zu kämpfen und sich dem Befehl des Admirals Gunichi Mikawa, Oberkommandierender auf dem südwestpazifischen Kriegsschauplatz, zu unterstellen. Admiral Fukudome, früher Marinestabschef, stand noch unter dem Einfluß der großen japanischen Erfolge zu Beginn des Krieges und war überzeugter Anhänger des Prinzips der massiven Luftangriffe geblieben. Kaum daß er auf den Philippinen eingetroffen und über die Lage unterrichtet worden war, ordnete er Luftangriffe großen Stils und nach klassischem Muster an – in der Hoffnung, mit positiven Ergebnissen aufwarten zu können. Schon am Tage nach seiner Ankunft, am 24. Oktober, führten 250 Flugzeuge der 2. Flotte einen Großangriff gegen die amerikanischen Seegeschwader durch. Das schlechte Wetter und die bemerkenswerte Feuerkraft der gegnerischen Abwehr machten das Unternehmen wirkungslos. Fünf amerikanische Schiffe wurden leicht beschädigt, blieben aber weiter in ihrem Verband, wogegen die japanischen Flugzeuge erhebliche Verluste erlitten.

Am selben Tag, dem 24. Oktober, war der japanischen Marine eine geradezu lächerlich geringe Unterstützung gewährt worden. Auf dringendes Ersuchen des Admirals Kurita sonderte die 2. Luftflotte 14 *Zero-Jäger* ab, um den Schutz des Geschwaders Kurita im Meer von Sibuyan zu übernehmen. Diese geringe Luftmacht konnte die Sicherheit des Geschwaders, dem die Hauptaufgabe in der Durchführung des *Sho-go-Planes* zugedacht war, nicht gewährleisten. Dazu kam noch, daß Schwierigkeiten in der Nachrichtenübermittlung die Erstellung einer entsprechenden Verbindung zwischen dem Geschwader und der Luftwaffe verhinderten. Die Folge hievon war, daß die nichtinformierten Geschützbedienungen Kuritas die *Zeros* bei ihrem Erscheinen für Amerikaner hielten, auf sie das Feuer eröffneten und sie so zum Rückzug zwangen.

Um zur Verteidigung des Philippinischen Archipels die größtmöglichen Anstrengungen zu unternehmen, entschied sich das japanische Oberkommando schließlich noch dazu, auch die 3. Luftflotte, die ihren Schulungslehrgang noch nicht beendet hatte, in den Kampf zu werfen. Diese Maschinen, die normalerweise dazu bestimmt waren, die dezimierten Flugzeuge auf den Flugzeugträgern zu ersetzen, wurden kurz nach der 2. Luftflotte nach den Philippinen entsandt.

Admiral Onishi hatte es nicht unterlassen, bei seinem Kollegen Fukudome darauf zu drängen, auch seinerseits Kamikaze-Verbände zu formieren. Zu wiederholten Malen hatte er ihm seinen Standpunkt auseinandergesetzt und betont, daß die Zeit der großen, klassischen Luftangriffe vorbei und die Stunde für Aktionen kleiner, entschlossener Einheiten gekommen sei, da diese mehr Aussicht hatten, sich der gefürchteten Abwehr des Gegners zu entziehen. Fukudome blieb jedoch den Anregungen Onishis gegenüber taub und setzte bis zum 25. Oktober seine konventionellen Angriffe ohne nennenswerte Erfolge fort.

Die japanische Flotte, Hauptfaktor des *Sho-go-Planes,* strebte unterdessen dem Golf von Leyte zu, wo sich eine der größten Seeschlachten der Geschichte anzubahnen begann. Die vier japanischen Marineformationen erreichten am Abend des 24. Oktober den im *Sho-go-Plan* vorgesehenen Sammelpunkt. Es liegt nicht in unserer Absicht, eine Schilderung dieser gigantischen, heute wohlbekannten Schlacht von Leyte[5] zu geben; wir wollen uns darauf beschränken, den Anteil der Luftoperationen im Rahmen des *Sho-go-Planes* und besonders die Tätigkeit der Kamikaze-Verbände zu schildern.

Am 21. Oktober traf um 15 Uhr eine Meldung aus Cebu ein, derzufolge ein amerikanisches Geschwader von sechs Flugzeugträgern 60 Meilen östlich der Insel Suluan gesichtet worden war. Die freiwilligen Piloten der Gruppe Yamato entspannten sich gerade im Schatten der Mangobäume, während man die Flugzeuge aus Sicherheitsgründen 500 Meter vom Flugplatz entfernt unter Laubwerk verborgen hatte, damit sie der Wachsamkeit der amerikanischen Beobachter entgingen. Auf das Alarmsignal hin legte das Bodenpersonal los, um die Maschinen, eine nach der andern, herauszuholen und zur Startbahn zu bringen. Die Piloten begaben sich zum Befehlsstand, um ihre Fluginstruktionen einzuholen. Die Kamikaze-Formation setzte sich aus drei *Spezial-Zeros* und zwei *Geleit-Zeros* zusammen, und es bedurfte daher einer gewissen Zeit, ehe die Bomben an den Maschinen angebracht und die Flugzeuge in Startposition gebracht waren. Während dieser Frist erteilte der Befehlshaber den Fliegern seine Anweisungen.

Etwa zwanzig Minuten später, als die Flugzeuge schon startbereit und die Piloten auf dem Weg zur Startbahn waren, erschien, wie dies täglich der Fall war, am anderen Ende des Flugplatzes eine Formation amerikanischer Flugzeuge. Die *Hellcat-Jäger* stürzten

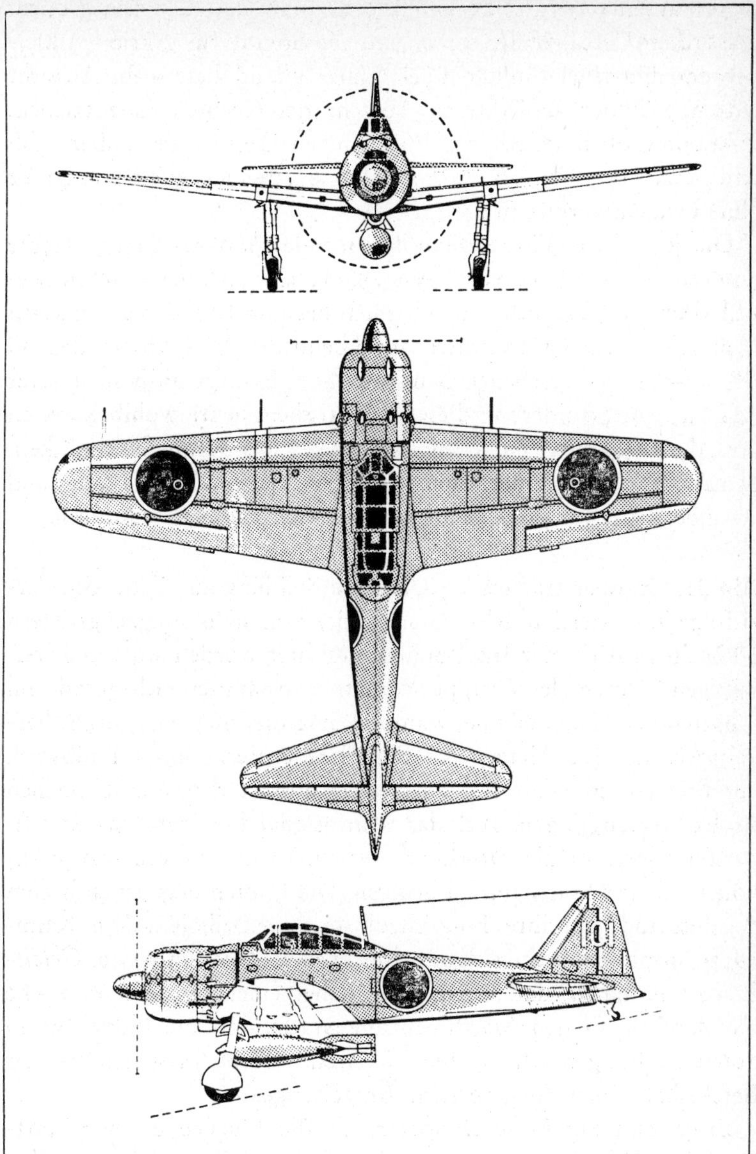

1 Mitsubishi A6M-7 Zero („Zeke") Kamikaze Version

sich auf die im Freien stehenden japanischen Maschinen und überflogen das Gelände immer wieder. In weniger als fünf Minuten hatten die Amerikaner die fünf abflugbereiten Flugzeuge getroffen, als amerikanische Bomber auftauchten, um das Werk zu vollenden. Die fünf *Zeros* brannten, worauf das japanische Kommando beschloß, die in Reserve gehaltenen Flugzeuge zum Einsatz zu bringen. Eine Viertelstunde später starteten zwei *Angriff-Zeros* und ein *Geleit-Zero* in einer gewaltigen Staubwolke. Bei Sonnenuntergang kehrten zwei Maschinen zurück, und ihre Piloten meldeten, sie seien durch die schlechte Witterung behindert gewesen, hätten das Meer nicht ausnehmen können und das Flugzeug des Leutnants Kuno, ihres Chefs, aus den Augen verloren. Angenommen wird, daß es diesem gelungen war, den Gegner zu entdecken, daß er ihn sofort angegriffen habe, offenbar jedoch ohne Schaden anzurichten, da kein amerikanisches Kommuniqué ihn jemals erwähnte.

In Mabalacat machte sich am gleichen Tag eine Gruppe freiwilliger Piloten der Staffel Shikishima zum Start für eine Selbstmordmission bereit. Die Flieger nahmen neben ihrem Chef, dem Kapitänleutnant Yukiho Seki, vor dem Befehlsstand Aufstellung. Zum rituellen Trankopfer erhielten sie je einen kleinen Becher, der mit dem Wasser aus der von Admiral Onishi zu diesem Zweck hinterlassenen Kürbisflasche gefüllt wurde. Die Flieger stimmten ein Heldenlied an und leerten feierlich, Schluck für Schluck, ihre Becher.

Die Mechaniker hatten die Motoren wieder angeworfen, und zur festgesetzten Stunde starteten die Flieger. Das gesamte Bodenpersonal nahm mit Tränen in den Augen am Abflug Anteil. Sie bewunderten diese Freiwilligen, die mit einem solchen Phlegma und in freudiger Entschlossenheit dem Tod entgegengingen. Schlechtes Wetter, das sie unterwegs überraschte, hinderte sie freilich an der Erfüllung ihrer Aufgabe. Bei Einbruch der Nacht kehrten sie enttäuscht und in düsterer Stimmung zurück. Sie entschuldigten sich dafür, daß sie den Feind nicht hatten finden können.

Die atmosphärischen Bedingungen blieben auch am 22., 23. und 24. Oktober so ungünstig, daß alle japanischen Aktionen auf die gleichen Schwierigkeiten stießen und die gleichen Enttäuschungen brachten. Bis zum Abend des 24. Oktober hatte daher auch kein einziger der freiwilligen Piloten *Jibaku* auf ein feindliches Schiff durchführen können; alle Entschlossenheit und die Hartnäckigkeit, von der die Kamikaze-Verbände Zeugnis ablegten, waren vergeblich geblieben. Man wird sich fragen, weshalb die atmosphärischen Bedingungen die japanische Luftwaffe so benachteiligten, während die amerikanische Luftwaffe zur gleichen Zeit ihre verheerenden Angriffe flog, die das japanische Luftpotential so sehr schwächten. Die Antwort ist sehr einfach: Von den japanischen Flugzeugen waren nur sehr wenige mit der Sonderausrüstung für den Flug ohne Sicht (Blindfluggerät P.S.V.) ausgestattet, während alle amerikanischen Maschinen ein solches besaßen; ferner verfügte die Mehrzahl der amerikanischen Maschinen über ausgezeichnete Radareinrichtungen. Diese technische Lücke war ein schweres Handikap; ihre Folgen machten sich zur See und in der Luft den ganzen Krieg hindurch fühlbar.

Der große Tag

Der 25. Oktober wurde durch eine Reihe von Geschehnissen gekennzeichnet, die aus verschiedenen Gründen unsere Aufmerksamkeit in Anspruch nehmen. An diesem Tag fand die große und vielgestaltige Schlacht von Leyte[6] statt, die zu einem der wichtigsten Wendepunkte des Krieges im Pazifik wurde. Es war auch der Tag, an dem die Kamikazes ihre ersten Erfolge buchten und in die Geschichte eingingen. Schließlich mußte ebenfalls am 25. Oktober das japanische Oberkommando einsehen, daß es nicht mehr im Bereich seiner Möglichkeit lag, den amerikanischen Brückenkopf auf Leyte zu zerstören. Es blieb daher bloß bei dem Versuch, die feindliche Flotte zu vernichten, um den Amerikanern die Lust zu einer weiteren Eskalation in Richtung auf Japan selbst zu nehmen.

Halten wir auch fest, daß am 25. Oktober die 2. Luftflotte ein weiteres massives Unternehmen klassischen Modells gegen die amerikanische Flotte startete und daß auch dieses, ungeachtet einer leichten Besserung der atmosphärischen Verhältnisse keinerlei positives Ergebnis erzielte. Im Verein mit den dringenden Vorstellungen Onishis brachte diese Schlappe Admiral Fukudome in der Nacht vom 25. auf den 26. Oktober endlich dazu, seine Zustimmung zur Errichtung von Kamikaze-Einheiten im Rahmen der 2. Flotte zu erteilen. Zur Vereinheitlichung der Führung und Erzielung größerer Wirkung wurden die Stäbe der 1. und 2. Luftflotte zusammengelegt und in „Vereinigte Flotte des südwestlichen Kriegsschauplatzes“ umbenannt. Admiral Fukudome, der rangälter war als Onishi, übernahm den Oberbefehl, während der Schöpfer der Kamikaze-Taktik zum Chef des Stabes ernannt wurde.

Admiral Fukudome blieb skeptisch bis zum letzten Augenblick, hatte aber mehr unter dem psychologischen Druck vieler seiner Flieger, als veranlaßt durch die kritische militärische Lage oder durch Vertrauen in die neue Angriffstheorie, der Beharrlichkeit Onishis nachgegeben. Fukudome dachte immer noch, man werde früher oder später entscheidende Ergebnisse durch massive Großangriffe erreichen, die dank der Zahl der Teilnehmer letztlich die feindliche Abwehr ausschalten und die feindliche Flotte anschlagen würden. Unterdessen hatten seine Flieger von der Errichtung des Kamikaze-Verbandes in der 1. Flotte Kenntnis erlangt und forderten unaufhörlich, daß auch in der 2. Flotte ähnliche Maßnahmen ergriffen würden. Ihrer Zähigkeit war es zu verdanken, daß Fukudome die Anregungen Onishis von neuem in Erwägung zog und zum Nachgeben bewogen wurde. Abermals waren es die Piloten selbst gewesen, also die Männer, die sich aufopfern sollten, die verlangten, daß die Führung die Modalitäten der neuen Taktik regeln sollte.

Als symptomatisch verdient erwähnt zu werden, daß die Flieger nicht zur Beute patriotischen Wahnsinns wurden oder unbeherrscht in einen Rausch verfielen, sondern von gelassenem Mut und kühler und reifer Entschlossenheit beseelt waren. Von dem Augenblick an, da die Flieger ihren so außerordentlichen Entschluß gefaßt hatten, fanden sie ihre Heiterkeit und ihren Seelenfrieden wieder. Das ermöglichte ihnen, dem nahen Tod als einem wohldurchdacht erarbeiteten Endziel völlig klar ins Auge zu sehen. Diese Gemütsverfassung hatte Admiral Fukudome stark beeinflußt und erheblich zu seiner Zustimmung beigetragen.

Die Staffel Yamato

Während seit den ersten Morgenstunden des 25. Oktober rings um den Philippinischen Archipel die Seegefechte wüteten, forderte ein Telegramm des Befehlshabers der 1. Luftflotte die Stoßverbände auf, ihre Angriffe zu unternehmen, ohne die Fühlungnahme mit dem Gegner erst abzuwarten. Tatsächlich waren ja so viele amerikanische Schiffsformationen unterwegs, daß doch zumindest eine davon entdeckt werden mußte.

Bei Sonnenaufgang startete daher eine Staffel von sechs Maschinen auf Cebu und nahm Kurs gegen Osten. Die Suche nach dem Gegner dauerte auch nicht allzulange, und um 7.35 Uhr meldete die Staffel die Fühlungnahme mit einer amerikanischen Formation von mehreren Flugzeugträgern der Gruppe *Taffy 1* (77-4-1)[7]. Sie bestand aus vier Geleitträgern und sieben Zerstörern unter dem Befehl von Konteradmiral Thomas L. Sprague.

Diese Marineformation kreuzte auf hoher See im Norden von Mindanao, etwa 40 Meilen von der Insel Siargao entfernt, als ihre Beobachter um 7.40 Uhr bereits die ganz nahe herangekommene japanische Staffel sichteten. Die japanischen Maschinen hatten sich bei ihrer Annäherung hinter Wolken verbergen können, so daß die amerikanische Abwehr überrascht wurde und keinen einzigen Schuß abgeben konnte.

Einer der *Zeros* griff den Flugzeugträger *Santee* (CVE 29) im Sturzflug in langgezogener Flugbahn an, die bei den Augenzeugen einen tiefen Eindruck hinterließ, und begann, aus seinem Maschinengewehr zu feuern. Dann flammte plötzlich ein großer greller Blitz auf. Das Flugzeug war am linken Vorderteil des Flugdecks zerschellt, wobei es eine Bresche von 9×4,5 Metern geschlagen hatte. Der sogleich ausbrechende Brand erfaßte den Flugzeughangar und breitete sich rasch über ein Lager von acht Bomben zu je 1000 Pfund (453 kg) aus, die dort untergebracht waren. Doch waren die Bomben noch nicht mit Zündern versehen, so daß sie nicht explodierten und die *Santee* von einer sicheren Katastrophe verschont blieb.

Während sich die Sicherheitstrupps des Flugzeugträgers alle Mühe gaben, das Feuer zu löschen, kam abermals ein Kamikaze aus den Wolken und ging im Sturzflug nieder. Die Luftabwehr hatte sich von ihrem Schock erholt und eröffnete das Feuer. Das japanische Flugzeug schien die *Sangamon* (CVE 26) aufs Korn genommen zu haben, doch eine Granate, die die nicht weit entfernt fahrende *Suwanee* (CVE 27) abfeuerte, traf es, und es begann zu trudeln. Eine 127-mm-Granate der *Suwanee* gab ihm den Rest, und es stürzte wie ein Stein 150 Meter vom Träger *Suwanee* ins Meer.

Als dann ein dritter Kamikaze sich auf seine Beute zu stürzen im Begriff war, brachten ihm die Kanoniere des Trägers *Petrof Bay* (CVE 80) einen Volltreffer bei. Die japanische Maschine zersplitterte in der Luft, und ihre glühenden Trümmer fielen rings um die *Petrof Bay* ins Meer.

Im gleichen Augenblick schoß die *Suwanee* ihre zweite Maschine ab. Die amerikanischen Artilleristen frohlockten, als ein weiterer *Kamikaze-Zero* sich in einer Höhe von etwa 2500 Metern anschickte, Kreise zu ziehen. Sein Pilot suchte sich offenbar erst ein Ziel aus. Die Geschützbedienung auf der *Suwanee* nahm ihn sofort unter Beschuß und traf ihn auch, denn das Flugzeug schaukelte und zog Rauchschwaden hinter sich her. Als die amerikanischen Matrosen schon meinten, die Gefahr sei beseitigt, sahen sie, daß der japanische Flieger die Herrschaft über seine Maschine wiedergewonnen hatte und diese geradewegs im Sturzflug auf ihr Schiff herunterkam. Mit ungeheurer Geschwindigkeit kam der Kamikaze näher, ohne daß ihn ein Geschoß von seiner Bahn abbringen konnte. Unter dem Schock des Zusammenstoßes erzitterte die *Suwanee*, und ein blendender Lichtschein schoß in die Höhe. Der Aufprall war in der Mitte des Flugdecks, ungefähr zehn Meter vor dem hinteren Aufzug erfolgt. Aus einer scharf gezackten Bresche von nahezu siebeneinhalb Metern Durchmesser loderten bereits hohe Flammen empor. Die *Suwanee* schien schwer getroffen zu sein.

Der sechste japanische Flieger verschwand hinter den Wolken, und niemand hat je erfahren, was mit ihm geschehen ist.

Der Brand auf der *Santee* war sehr bald unter Kontrolle gebracht worden, und obgleich das Schiff neben Schäden, die seine Tätigkeit als Flugzeugträger vorübergehend lahmlegten, den Verlust von 16 Toten und 27 Verwundeten zu beklagen hatte, konnte es seinen Platz in der Marineformation weiter behaupten. Die

Schäden auf der *Suwanee* erwiesen sich als weniger folgenschwer, als man ursprünglich befürchtet hatte. Dank dem raschen Eingreifen der Schiffsfeuerwehr konnte das Feuer gelöscht werden, aber der Aufzug blieb unbrauchbar. Behelfsmäßig durchgeführte Reparaturen stellten das Flugdeck einigermaßen wieder her.

Die Staffel Shikishima

Am 25. Oktober um 7.25 Uhr ließ die Staffel Shikishima von Mabalacat eine Sonderangriffsgruppe in östlicher Richtung starten, wo man ein amerikanisches Geschwader gesichtet hatte. Die Suche nahm diesmal längere Zeit in Anspruch, da häufige Regenschauer die Sicht stark behinderten. Um 10.10 Uhr entdeckte der Kommandant der Gruppe, Kapitänleutnant Yukiho Seki, 170 Kilometer von Leyte entfernt ein amerikanisches, aus sechs großen Schiffen bestehendes Geschwader.

Seki gab den Befehl zum Angriff, als er in einer Lücke zwischen den Wolken eine bedeutende Formation von ungefähr dreißig *Grumman-Hellcat*-Jägern erblickte, die offensichtlich das Geschwader beschützen sollten. Um ihnen auszuweichen, ordnete Seki einen Umweg an, was jedoch zur Folge hatte, daß er die feindlichen Schiffe zunächst aus der Sicht verlor. In ein Meer flockiger Wolken getaucht, fand er um 10.40 Uhr endlich die amerikanischen Schiffe wieder. Seki sandte seine einzige und letzte Meldung: „90 Meilen östlich von Tacloban vier Flugzeugträger und sechs Zerstörer gesichtet. Wir greifen an."

Die entdeckte Marineformation war die Gruppe *Taffy 3* (77-4-3), die von Konteradmiral Clifton A. F. Sprague befehligt wurde und ursprünglich sechs Flugzeugträger und sieben Zerstörer umfaßt hatte. Diese Gruppe hatte vor kurzem an der Schlacht von Samar teilgenommen und Verluste erlitten.

Die amerikanischen Matrosen hatten sich von den Erregungen der Schlacht noch nicht erholt, die den Schiffen zugefügten Wunden waren noch frisch, als die Wachen japanische Flugzeuge in sehr geringer Höhe sichteten. Der Alarm wurde jedoch durch das Auftauchen eines *Zero* ausgelöst, der knapp über dem Wasser fliegend einige hundert Meter vor dem Flugzeugträger *Kitkun Bay*

(CVR 71) den Kurs des Schiffes kreuzte. Die Kamikaze-Flugzeuge hatten die Amerikaner überrascht, da deren Radars in so geringer Höhe wirkungslos waren.

Die Japaner stiegen plötzlich auf etwa 1600 Meter und setzten zum Sturzflug an. Der erste, von Steuerbord kommende *Zero,* wandte sich gegen den Geleit-Träger *Kitkun Bay* und eröffnete Maschinengewehrfeuer auf das Personal der Brücke. Als er schon im Begriff war, zum Rammstoß anzusetzen, brachte die Explosion einer Granate ihn auf einige Dutzend Meter von seinem Ziel vom Kurs ab, und er flog knapp über den Kommandoturm[8] hinweg. Das aus dem Gleichgewicht gebrachte Flugzeug blieb mit einer seiner Tragflächen am Backbordgeländer hängen, und die Wucht des Anpralls löste seine Bombe. Die Maschine stürzte ins Meer, die Bombe explodierte und verursachte beträchtliche Schäden.

Im selben Augenblick wurden zwei Kamikaze, die sich sehr schnell dem Flugzeugträger *Fanshaw Bay* (CVE 70) näherten, fast gleichzeitig abgeschossen. Zwei weitere *Zeros,* denen es gelungen war, sich hinter den niedrigen Wolken zu verstecken, gingen in Richtung auf den Flugzeugträger *White Plains* (CVE 66) nieder, aber das heftige Abwehrfeuer veranlaßte einen von ihnen, sich, eine lange, schwarze Rauchfahne hinter sich herziehend, dem Flugzeugträger *St. Lo* (CVE 63) zuzuwenden.

Der Himmel war übersät mit den schwarzen Flocken der Granatexplosionen und wie zersägt von den unzähligen Feuergarben der automatischen Waffen. Dichte Rauchschwaden aus den Schornsteinen der Schiffe, deren Maschinen auf vollen Touren liefen, sowie von brennenden amerikanischen Maschinen und nicht zuletzt von den getroffenen und brennenden japanischen Flugzeugen hingen in der Luft und verdunkelten den Himmel. Da war es für die Wachen freilich schwer, rechtzeitig die kleinen, beweglichen schwarzen Punkte der *Zeros* auszunehmen, die sich zum Sturzflug auf ihre Beute anschickten.

So kam es, daß die Geschützbedienung auf der *St. Lo* vom Herankommen des Gegners zu spät Meldung erhielt und nicht mehr eingreifen konnte. Ohne wirksame Koordinierung wurden bloß einige Granaten abgefeuert. Das japanische Flugzeug näherte sich mit unheimlicher Geschwindigkeit, und die Matrosen auf der *St. Lo* fanden nicht einmal die Zeit, sich an Deck auf den Boden zu werfen. Mit einer gewaltigen Explosion, die das ganze Schiff erschütterte, durchbrach der Kamikaze das Flugdeck und überschwemmte mit seinem entflammten Treibstoff den unteren Hangar.

Das Feuer brachte einen Vorrat von sieben Torpedos zur Explosion, durch die große Teile des Flugdecks, ganze Flugzeuge und die Aufzüge hoch in die Luft geschleudert wurden. Matrosen erzählten später, sie hätten den Eindruck gehabt, ihr Schiff werde wie ein Fetzen Papier in zwei Teile zerrissen.

Der Brand erstreckte sich bald über das ganze Schiff, während weitere Explosionen im Innern folgten und die Vernichtung der *St. Lo* vollendeten. Das Schiff war zu einem riesigen Brandherd geworden. An Bord hatte alles zu funktionieren aufgehört. Die Bekämpfung des Feuers mußte aufgegeben werden, und der Kommandant, Kapitän zur See MacKenna, befahl die sofortige Räumung. Um 11.25 Uhr versank die *St. Lo* in den Fluten.

Der Sieg des Admirals Onishi

Der Kamerad des Piloten, der die *St. Lo* versenkt hatte, wurde beim Herankommen an das von ihm erwählte Ziel, die *White Plains*, von mehreren Geschossen getroffen und fing an, im Zickzack zu fliegen. Er war offensichtlich verwundet, es machte aber den Eindruck, als bemühe er sich, die Maschine wieder in seine Gewalt zu bekommen. Er versuchte um den Preis übermenschlicher Anstrengungen den Absturz seines Flugzeuges aufzuhalten.

Einige Meter vor seinem Ziel torkelte das Flugzeug, streifte den Rand des Flugdecks und explodierte, bevor es die Oberfläche des Wassers erreichte. Die *White Plains* wurde von Splittern durchlöchert, die die Flanke des Schiffes beschädigten und elf Matrosen verwundeten. Unter den von den Matrosen aufgelesenen Überresten aller Art befanden sich auch Fleischteile des japanischen Fliegers. Sämtliche Angriffe der Kamikazes waren gleichzeitig oder innerhalb ganz kurzer Zeit erfolgt.

Auf dem Flugzeugträger *Kitkun Bay* sah man um 11.10 Uhr eine Gruppe japanischer Flugzeuge von hinten herankommen. Zwei Maschinen lösten sich aus der Gruppe, und während die eine sich gegen die *Kitkun Bay* wandte, hatte die andere bereits zum Sturzflug auf die *Kalinin Bay* (CVE 68) angesetzt. Die *Kitkun Bay* eröffnete das Feuer mit einiger Verspätung, doch erzielte sie einen Treffer, der die Tragflächen des feindlichen Flugzeugs abriß. Unter dem Schock des Aufpralls löste sich die Bombe aus ihrer Halterung; sie explodierte in 25 Meter Abstand vom Flugzeugträger, verursachte aber nur geringfügige Beschädigungen.

Der andere Kamikaze ignorierte die um ihn explodierenden Geschosse und stürzte sich wie ein Pfeil auf die *Kalinin Bay*, die ihm nicht auszuweichen vermochte. Das japanische Flugzeug explodierte auf dem Flugdeck mit einer großen orangefärbigen Flamme und fügte dem Schiff schwere Schäden zu.

Die Mannschaft der *Kalinin Bay* war wie betäubt von der Art und der Plötzlichkeit des Angriffes. Die Matrosen betrachteten die rauchende Höhle auf Deck und tauschten ihre Eindrücke aus, als eine Wache drei weitere Angreifer meldete. Die japanischen Flugzeuge waren bereits nahe, als die Geschütze zu feuern begannen. Der erste Kamikaze wurde im letzten Augenblick durch einen direkten Treffer aus seinem Kurs geworfen. Er trudelte, prallte auf den Schornstein und riß ihn ab. In einem großen Geiser von Wasser und Schaum fielen die Trümmer des Schornsteins und des Flugzeuges ins Meer. Die beiden anderen japanischen Maschinen hatten es darauf angelegt, das Schiff zu treffen, verfehlten es jedoch und stürzten einige hundert Meter davon ins Wasser. Der Brand auf der *Kalinin Bay* konnte gemeistert und das Schiff gerettet werden.

Es war indessen 11.30 Uhr geworden, der Himmel war von Flugzeugen leer. Die amerikanischen Matrosen hatten Angriffe dieser Art während des ganzen Krieges über sich ergehen lassen müssen, an diesem 25. Oktober hatte es jedoch den Anschein, als hätte sich etwas verändert, denn die Japaner schienen von einer Entschlossenheit und einem Fanatismus beseelt zu sein, die die für westliche Begriffe zulässigen Grenzen überschritten. Dies ließ voraussehen, welche Entwicklung der Krieg in seinem weiteren Verlauf nehmen würde. Die unbestreitbaren japanischen Erfolge brachten Admiral Onishi den verdienten Lohn, sie bestätigten aber auch, daß seine Vorstellungen wohlbegründet gewesen waren.

Eine folgenschwere Bilanz

Drei *Zeros,* die die Kamikaze-Einheit, deren Operationen von soviel Erfolg gekrönt waren, als Schutz begleitet hatten, befanden sich seit kurzem auf dem Rückflug, als ihr Chef sich aus Treibstoffmangel entschloß, nicht nach Mabalacat zurückzukehren, sondern die Basis auf Cebu anzufliegen. Gegen 12.20 Uhr landeten die drei *Zeros* auf dem Flugplatz von Cebu. Dem Führerflugzeug entstieg der oberste Fliegerinstrukteur Hiroyoshi Nishizawa, der berühmte Pilot, der sich in den zahlreichen Luftkämpfen um Rabaul in Neubritannien mit Ruhm bedeckt hatte.

Nishizawa begab sich sogleich zur Kommandostelle, um Bericht zu erstatten. Er schilderte ergriffen die Heldentaten der Staffel Shikishima, die erzielten Erfolge und das vorbildliche Verhalten Kapitänleutnants Yukiho Seki, einer der ersten Kamikaze, die am Gegner zerschellten. Dies war das erste große Unternehmen, das Siege des Kamikaze-Verbandes erbracht hatte, und alle anwesenden Flieger, mit ihnen das gesamte Personal hörten sich in stummer Ehrfurcht den Bericht Nishizawas an.

Die freiwilligen Todespiloten, die darauf warteten, daß die Reihe nunmehr an sie komme, bereicherten ihre technischen Kenntnisse und erfuhren vor allem das, was sie am meisten beschäftigte: zu wissen, ob der Mensch in den letzten Sekunden des *Jibaku* noch genügend Klarheit des Denkens bewahre, um dem Aufprall alle erforderliche Genauigkeit zu verleihen.

Diese Besorgnis zeigte wieder einmal deutlich die Art der Gefühle, von denen die japanischen Piloten beseelt waren. Sie dachten keineswegs an die Angst während des Opfers, waren aber besorgt hinsichtlich ihrer eigenen Reaktionen, denn der Akt des *Jibaku* mußte eben seine taktische Wirksamkeit in jeder Beziehung erreichen.

Ein Beispiel der bis zu den Grenzen des Erhabenen gesteigerten Selbstverleugnung. Die Mitteilung vom Tode Sekis und seiner Kameraden rief große Trauer hervor, doch verband sich das Leid mit der tiefen Freude über die erzielten Erfolge und die Aussicht, dem Gegner endlich unersetzliche Verluste zuzufügen. Dank der offenkundigen Bestätigung der neuen Doktrin des Admirals Onishi erschien die Hoffnung auf die Herstellung des Gleichgewichts der einander gegenüberstehenden Kräfte endlich als berechtigt.

Am gleichen Tage, dem 25. Oktober, hatten im ganzen Umkreis der Philippinen Seegefechte stattgefunden, die mit der Niederlage und der Auflösung der kaiserlichen Marine endeten. Der *Sho-go-Plan* hatte total versagt. Das Oberkommando hatte nicht nur die Vernichtung der feindlichen Flotte nicht erreichen können, es konnte auch den eigentlichen Zweck des Plans, die Invasion der Philippinen zu verhindern, nicht erfüllen.

Um dem japanischen Volk das Ausmaß des Unheils zu verheimlichen und in der geheimen Hoffnung, dem Gegner doch noch erheblichen Schaden verursachen zu können, machte sich das Armeehauptquartier die Erfolge der Kamikaze zunutze. Radio Tokio strahlte zahlreiche Sendungen über die „große Rache" aus, in denen der von der Vorsehung bestimmte, ja geradezu göttliche Aspekt der neuen Taktik in den Vordergrund gestellt wurde. Das Kaiserliche Große Hauptquartier veröffentlichte eine Reihe von Kommuniqués, die die Heldentaten der Kamikaze-Flieger hervorhoben, die Freiwilligen des Todes verherrlichten und immer wieder betonten, daß diese Methode die Rettung des bedrohten Japan bedeute.

Die entfachte Begeisterung hatte vielfältige Folgen. Zunächst verzehnfachte sich die an sich schon große Zahl der Bewerber um das *Jibaku.* Dies bewog Admiral Onishi zur Vermehrung der Stoßangriffseinheiten und zur Verlängerung der Aktion und überzeugte Admiral Fukudome, der sich nun der neuen Taktik anschloß. Erwähnung verdient auch eine andere Auswirkung von einiger Bedeutung, jene auf Kaiser Hiro-Hito. Als der Chef des Generalstabs den Tenno von den Heldentaten der freiwilligen Todesflieger unterrichtete, tat der Kaiser den für die Psychologie und die Empfindsamkeit der Japaner so bezeichnenden Ausspruch:

„Mußte es wirklich so weit kommen? Wie dem auch sei, diese jungen Leute sind Helden."

Nutzbringende Lehren

Es ist vielleicht angezeigt, auf die Idee des Admirals Onishi zurückzukommen. In seiner Vorstellung waren das Prinzip, die Errichtung und der Einsatz des Kamikaze-Verbandes ausschließlich und zu dem einzigen Zweck entworfen worden, die Philippinen mit Erfolg zu verteidigen. War dieses Ziel erreicht, sollte auf die konventionellen Methoden zurückgegriffen werden. Auch das Oberkommando hatte die neue Taktik in diesem Sinne gutgeheißen und in die Tat umsetzen lassen. Ferner war auch die Errichtung der neuen Verbände zahlenmäßig begrenzt und ihr Einsatz lediglich zum Angriff auf bestimmte Ziele, zum Beispiel feindliche Schiffe, vorgesehen. Hinsichtlich anderer Ziele blieben die konventionellen Methoden stets in Kraft.

Die Vorstellung von einem zeitlich und räumlich begrenzten Vorhaben war von allen so verstanden worden und sie erklärte auch, daß sich so viele Freiwillige meldeten. Hätte es sich von Anfang an darum gehandelt, die gesamte japanische Luftwaffe in ein Kamikaze-Korps umzuwandeln und dieses für alle Formen des Angriffs einzusetzen, wären die spontanen Bewerbungen sicherlich nicht so zahlreich gewesen, was möglicherweise nicht voraussehbare Folgen gezeitigt hätte. Sosehr auch die japanischen Soldaten von fanatisch übertriebenem patriotischen Eifer erfüllt waren, sie waren dennoch Menschen aus Fleisch und Blut mit physiologisch gesunden, menschlichen Reaktionen.

Auf der psychologischen Ebene erhitzten die in diese Anstrengung gesetzte Hoffnung die Gemüter. Angesichts der dramatischen Lage des damaligen Japan konnten die Soldaten nichts anderes tun, als an die Entsagungen und das Elend ihrer Familien, an das ihnen vorbehaltene Schicksal zu denken, wenn es Japan nicht gelingen sollte, den Feind zu besiegen. Die japanische Vorstellung von der patriotischen Pflicht nahm ein neues Ausmaß an, das die mystische Empfänglichkeit für die Aufopferung begünstigte. Man muß die Idee der Sonderangriffe in diesem Geist betrachten, um zu verstehen, daß zu ihrer Durchführung unter diesen besonders tragischen Umständen alle japanischen Soldaten bereit waren, wenn sich auch die Flieger besonders hervortaten.

Admiral Onishi hatte den Kamikaze-Verband nur in der Hoffnung ersonnen und errichtet, die verlorengegangene Durchschlagskraft wiederherzustellen und im *Sho-go-Plan* anzuwenden. Es sei daran erinnert, daß im Rahmen dieses Plans die wichtigste Rolle und die Hauptaktion der Überwasserflotte zugedacht war, die am 25. Oktober der amerikanischen Flotte einen Vernichtungsschlag versetzen sollte. Die japanische Luftwaffe war nur zur Ergänzung miteinbezogen worden, sowohl um die Aktion vorzubereiten, als auch um sie zu vollenden. Jedenfalls sollte all dies zu einer beträchtlichen Schwächung des Gegners führen.

Obgleich er es bloß angedeutet hatte, ist es wahrscheinlich, daß Admiral Onishi das *Jibaku* ursprünglich nur für den 25. Oktober ins Auge gefaßt hatte. Die dem Gegner zugefügten Zerstörungen und das in der Folge erreichte bessere Gleichgewicht der Kräfte sollten es dann ermöglichen, die konventionellen Angriffsmethoden wieder aufzunehmen. Mehrere Offiziere aus der Umgebung Onishis hatten den Standpunkt des Admirals in diesem Sinne interpretiert. Er selbst starb einige Monate später, ohne seine Ansichten über diesen Punkt genauer dargelegt zu haben.

Wie immer dem auch gewesen sein mag, das Mißgeschick von Leyte stellte alles wieder in Frage. Am Ende dieser gigantischen Schlacht hatte die kaiserliche Flotte zu bestehen aufgehört, und die einzigen aktiven Kampfkräfte Japans waren in Hinkunft das Landheer und die Luftwaffe. Letztere war jedoch dezimiert. Sie litt unter Mangel an Material und Ersatzteilen, auch an Treibstoff; ihren Piloten fehlten Qualifikationen und Erfahrung.

Unter solchen Voraussetzungen drängte sich die Ausweitung und Fortsetzung der Aktion Kamikaze förmlich auf. Sie war der Rettungsanker, an den sich alle Hoffnungen Japans klammerten. Gewiß ist, daß Zahl und Entschlossenheit der Freiwilligen für die Weiterführung der Aktion, die nach einigen Monaten überhaupt zum alleinigen „praktischen" Angriffsverfahren werden sollte, keine geringe Rolle gespielt haben. Man war damals von dem Geist, der bei der Errichtung des ersten Kamikaze-Verbandes bestimmend war, weit abgerückt.

Eine andere Lehre, die sich aus den Ereignissen dieses historischen Tages, des 25. Oktober, gewinnen ließ, war das Verhalten der Amerikaner. Bekanntlich setzten viele Japaner in ihre höherstehende Moral blindes Vertrauen, glaubten an ihre geistige Überlegenheit und dachten, daß ihre durch den Kamikaze-Geist zum Ausdruck gebrachte Entschlossenheit und Festigkeit auf den Gegner großen psychologischen Eindruck machen würden. Sie waren davon überzeugt, daß die Amerikaner angesichts eines solchen Mutes, eines so unbeugsamen Willens, die vor nichts zurückschreckten, ihr Vorhaben, den Krieg bis in das Herz Japans vorzutragen, aufgeben würden.

Indes boten die Amerikaner der neuen Angriffsmethode des Feindes entgegen jeder Erwartung mit Phlegma und Festigkeit die Stirn, was auch als Gleichgültigkeit hätte ausgelegt werden können. Materialistische Menschen im wahrsten Sinne des Wortes, mit bewundernswerter Fähigkeit, sich wechselnden Situationen anzupassen, reagierten die Amerikaner auf diesen neuen Aspekt des Krieges mit Ruhe, aber auch mit Energie. Auf keinem der von den Kamikazes am 25. Oktober angegriffenen Schiffe war es zu einer Panik gekommen.

Freilich waren die Amerikaner von dieser neuerlichen Kundgebung des japanischen Fanatismus beeindruckt, sie verursachte jedoch in ihren Reihen weder Schrecken noch lähmende Angst und rief auch nicht den von den Japanern so erwarteten psychologischen Schock hervor. Jedes andere als das japanische Volk hätte in ähnlicher Lage, nach einer solchen Schlappe, auf eine Weiterführung der Aktion verzichtet. Da aber die Amerikaner nun einmal nicht kleinzukriegen waren, schien es den Japanern erst recht angezeigt, das Verfahren noch intensiver zu gestalten, um durch die Zahl der Angriffe zu erreichen, was durch den Schock der Neuheit nicht erreicht werden konnte.

Jedenfalls brachte es das erdrückende Mißverhältnis zwischen den gegnerischen Luftstreitkräften mit sich, daß Japan fortan im Kamikaze-Prinzip den besten Erfolgsgaranten gegen die unzähligen amerikanischen Luftflotten erblickte, die an Zahl und Schlagkraft ständig zunahmen. Diese Erwägungen führten somit dazu, daß das Prinzip des *Jibaku-Angriffs* in der Luft noch größere Verbreitung fand und zur wichtigsten japanischen Angriffsmethode wurde.

II

[illegible]

[illegible] Kriege

[illegible] Japan [illegible] der [illegible] [illegible] daß [illegible] Vorbereitung [illegible] Offensivverstärkung [illegible] gezählt werden. Allerdings muss man noch [illegible] [illegible] und [illegible] [illegible] und [illegible] Auf den japanischen Raum [illegible] die japanische [illegible] [illegible] der [illegible] [illegible] [illegible] [illegible] Zeit des Kriegsbeginns war [illegible] auch die Bombardierungen [illegible] der Seeverbindungen das Potential der [illegible]

IV

VOM EXPERIMENT ZUR ANWENDUNG AUF BREITER BASIS

Japans neues Gesicht im Kriege

Ganz Japan hatte in das Gelingen des *Sho-go-Planes* so viel Hoffnung gesetzt, daß der Mißerfolg der kaiserlichen Flotte in der Schlacht bei Leyte größte Bestürzung hervorrief. Die in ihrem Stolz schwer getroffenen Japaner ließen sich jedoch nicht entmutigen, im Gegenteil, ihr Widerstandswille wurde um so härter. Nachdem die Marine so schwere Verluste erlitten hatte, daß koordinierte Aktionen nicht mehr möglich waren, mußte auf das einzige noch zur Verfügung stehende Offensivwerkzeug, die Luftwaffe, zurückgegriffen werden. Allerdings machte sich auch bei ihr bereits eine Anzahl von nicht geringen Mißständen bemerkbar. Von einer Luftfahrtindustrie versorgt, die Anzeichen von Überforderung zeigte und Mangel an unerläßlichem Rohmaterial hatte, fehlte es der Luftwaffe auch an genügend Treibstoff zur Schulung der Besatzungen, und auch die für die wirksame Bekämpfung des Gegners erforderlichen Flugzeuge konnten nicht mehr aufgebracht werden. Auf der technischen Ebene hatten es die japanischen Ingenieure nicht verstanden, neue Modelle zu entwickeln, deren Leistungen den feindlichen Flugzeugen überlegen waren. Die japanische Industrie hatte sich damit begnügt, die bestehenden Typen zu verbessern, und war nicht in der Lage, neue Flugzeuge zu liefern, die sich mit den von den Amerikanern im Herbst 1943 in Dienst gestellten Maschinen vergleichen ließen. Ihre Überlegenheit aus der Zeit des Kriegsbeginns war verlorengegangen. Schließlich hatten auch die Bombardierungen ihrer Flugfelder und die Ausschaltung der Seeverbindungen das Potential der Luftwaffe vermindert.

Diese schlechte Position konnte, wenn überhaupt, nur durch eine neue, revolutionäre Taktik wettgemacht werden. Das Kamikaze-Prinzip wurde daher als Kampfweise anerkannt und eingeführt. Im Hinblick auf die Verluste, die die 1. Luftflotte in den vorhergegangenen Luftkämpfen und durch Bombardierungen ihrer Flugplätze erlitten hatte, beschloß das japanische Oberkommando, diesen Verband durch Auffüllung mit den Kampfgruppen der 12. Luftflotte wieder aufzufrischen. Die in Chishima im nördlichen Japan stationierten Formationen trafen am 26. Oktober auf dem Fluggelände von Clark, nördlich von Manila, ein. Ihre Maschinen und Besatzungen wurden sogleich auf die vier Kamikaze-Staffeln der 1. Luftflotte aufgeteilt.

Gleich am Tag nach der Aufstellung des Kamikaze-Verbandes durch Admiral Onishi besprachen die Flieger und ihre Chefs das Problem des zweckmäßigen Einsatzes des verfügbaren Materials. Der erdrückenden Überlegenheit des Gegners und seiner Luftabwehr Rechnung tragend, schlugen die Staffelführer die Bildung kleiner Angriffsgruppen vor, die mehr Aussicht hatten, unbemerkt zu bleiben und so den Vorhang der Abwehr zu durchbrechen.

Nach langen Diskussionen einigte man sich auf die Zahl von fünf Flugzeugen, von denen drei für den Angriff und zwei für das Geleit gedacht waren. Diese Zahl sollte nicht unbedingt bindend sein, sondern von den wechselnden Bedingungen der Lage abhängen. Hatte man doch bei den Angriffen in der Schlacht von Leyte am 25. Oktober die Feststellung gemacht, daß mitunter zwei bis drei Angriffe notwendig waren, um auf einem großen Schiff einen durchschlagenden Erfolg zu erzielen.

Zum Schutz der aus drei Flugzeugen bestehenden Angriffseinheit schlugen die Flieger als Geleit mindestens zwei Maschinen vor, von denen dann die eine unter und die andere ober der Einheit fliegen sollte.

Einer der für die Festsetzung kleiner Angriffsgruppen am meisten maßgebenden Gründe war die Verletzbarkeit der japanischen Flugplätze auf den Philippinen. Sie waren immer wieder das Ziel feindlicher Luftüberfälle, und man war gezwungen, die eigenen Flugzeuge unter Bäumen zu tarnen, die manchmal weitab von den Pisten lagen. Nur kleine Flugzeugeinheiten konnten in Kampfpausen, die oft nur von kurzer Dauer waren, aus den Verstecken herausgeholt und startfertig gemacht werden.

Die Taktik der Kampfgruppen teilte den Geleitflugzeugen eine ganz besondere Rolle zu. Die Geleitpiloten hatten Order, die Angriffsflugzeuge bis zu dem Augenblick, da diese zum Sturzflug *Jibaku* ansetzten, zu begleiten und abzuschirmen. Es war demnach nicht ihre Aufgabe, während des Geleitfluges sich in Kämpfe einzulassen; sie sollten durch geschickte Manöver den Gegner ablenken und dabei möglichst in der Nähe der Kamikaze-Jäger bleiben. Diese Aufgabe verlangte von den Geleitpiloten technische Qualitäten und eine Selbstbeherrschung, die über das übliche Maß weit hinausging. Aus diesem Grunde wurden begabte und erfahrene Flieger nur als Geleitflieger angenommen, nicht als Kamikaze-Piloten, so hartnäckig sie sich auch um die Zulassung bewarben, in das Kamikaze-Korps aufgenommen zu werden. Im Gegenteil, unter den Bewerbern für das *Jibaku* wählte man die jüngsten aus, sofern nur ihre fachlichen Eigenschaften ausreichend schienen.

Von der Richtigkeit der Doktrin überzeugt, gab nunmehr auch Admiral Fukudome seine Zustimmung zur Errichtung eines Kamikaze-Verbandes in seiner 2. Luftflotte. Am 27. Oktober befahl er nach dem Organisationsmodell der 1. Luftflotte die Aufstellung von vier Staffeln, die den Beständen des 701. Luftgeschwaders entnommen wurden. Diese, unter den Befehl von Kommandant Tatsuhiko Kida gestellten vier Einheiten erhielten die Benennungen *Chuyu, Seichu, Junchu* und *Giretsu*. Die erste Phase des neuen Angriffsverfahrens war hiemit eingeleitet worden.

Der von den amerikanischen Streitkräften rings um die Philippinen herum ausgeübte Druck wurde mit jedem Tag stärker und ließ keinen Zweifel, daß der große Sieg von Leyte die Zuversicht und Kampflust der Amerikaner verdoppelt hatte.

Das Kampfziel der Japaner war daher die Vernichtung einer größtmöglichen Anzahl amerikanischer Schiffe. Sie sollte es den Landstreitmächten ermöglichen, den Truppen des Generals MacArthur erfolgreich Widerstand zu leisten. Mit einem Wort, die japanische Luftwaffe übernahm die Aufgabe, die vom *Sho-go-Plan* verfehlten Ziele zu erreichen.

Am frühen Morgen des 26. Oktober meldete ein Aufklärungsflugzeug die Anwesenheit starker amerikanischer Seestreitkräfte auf der Höhe vor Surigao: es handelte sich um das am Tage vorher von den Fliegern des Kapitänleutnants Seki angegriffene Geschwader. Auf Cebu bereitete die Staffel *Yamato* einen Angriff vor, und um 8.15 Uhr startete eine erste Gruppe von zwei *Zero-Kamikaze* und einem *Geleit-Zero*. Von ihnen hörte niemand mehr etwas, und nichts berechtigte anzunehmen, sie hätten einen Erfolg zu verzeichnen gehabt. Eine zweite Gruppe traf nunmehr Vorbereitungen zum Start. Die Gruppe bestand diesmal aus fünf Maschinen, drei *Zeros* für den Angriff und zwei als Geleit. Sie startete um 10.30 Uhr und nahm Kurs nach Osten, der gemeldeten amerikanischen Flotte entgegen. Nach etwa anderthalb Stunden traf auf Cebu die Meldung ein, daß die feindlichen Schiffe in einer Entfernung von 150 Kilometer östlich von Surigao gesichtet worden waren.

Die fünf japanischen Flugzeuge brachten es fertig, eine gegnerische Formation von nicht weniger als 60 *Grumman Hellcat-Jägern* zu durchstoßen und an die Schiffe heranzukommen. Die zwei ersten Kamikazes stürzten sich auf die Flugzeugträger *Sangamon* und *Petrof Bay*, verfehlten jedoch nur knapp ihre Ziele. Das Feuer der Luftabwehr war sehr heftig, und die feindlichen Jäger verfolgten die japanischen Flugzeuge bis zu ihrem Sturzflug. Es muß angenommen werden, daß die beiden Kamikaze-Piloten getötet oder verwundet wurden, bevor sie ihre Ziele erreicht hatten. Der dritte *Zero* nutzte die allgemeine Verwirrung aus und steuerte den Flugzeugträger *Suwanee* an. Die amerikanischen Geschütze wandten sich, allerdings zu spät, gegen den neuen Angreifer. An Bord des Geleitträgers war soeben ein *Grumman Avenger-Torpedoflugzeug* niedergegangen; im selben Augenblick, als die Maschine von den Staumännern auf die Plattform des vorderen Aufzuges abgestellt wurde, zerschellte der Kamikaze am Aufzug und zerschlug die amerikanische Maschine. Die gleichzeitige Explosion der beiden Flugzeuge ließ das ganze Schiff erzittern und entfachte ein Riesenfeuer.

Die Flammen breiteten sich schnell nach vorne aus, wo neun weitere *Avengers* abgestellt waren, und erfaßte sie alle. Nur ein Wunder rettete die *Suwanee* vor dem Untergang. Die *Avengers* waren mit Wasserbomben hohen Sprengstoffgehaltes beladen, und das Schicksal des Schiffes wäre zweifelsohne besiegelt gewesen, wäre es zu einer Explosion dieser Wasserbomben gekommen. Sie explodierten nicht, sie begannen bloß wie bengalisches Feuer zu brennen. Die zahlreichen Brandherde erschwerten die an sich schon schwierige Aufgabe der Sicherheitstrupps ungemein, aber das Feuer konnte einige Stunden später gelöscht werden. Der Angriff hatte den Verlust von 245 Mann, von denen mehr als 150 den Tod fanden, zur Folge, die *Suwanee* schied aus und mußte eine Reparaturbasis aufsuchen.

Taktische Entwicklung

Die Sonderangriffe der Japaner hatten bis dahin die amerikanischen Flugzeugträger zum Hauptziel. Auf Grund der überragenden Rolle, die diesem Schiffstyp im Ablauf des Krieges im Pazifik zufiel, war klar, was Admiral Onishi auch unzweideutig ausgedrückt hatte, daß nämlich nur durch die Vernichtung der Flugzeugträger die verheerende und entscheidende Tätigkeit der amerikanischen Luftwaffe, die auf diese schwimmenden Basen angewiesen war, unterbunden werden konnte.

Die Luftwaffe hatte seit Beginn der Kämpfe in beiden Lagern ihre taktische und strategische Vorrangstellung bewiesen. In den meisten Schlachten, die auf Pearl Harbour gefolgt waren, hatte die Luftwaffe den Ausgang der Begegnung entschieden. Von beiden kriegführenden Mächten wurde daher aller Nachdruck auf diesen Schiffstyp gelegt.

Die Amerikaner hatten sehr früh begriffen, daß der Ausgang des Krieges von der Zahl und dem rationellen Einsatz der Flugzeugträger abhängen werde. So schufen sie die berühmten *Task Forces*, Formationen, bestehend aus einem oder mehreren Flugzeugträgern als Kern, der von einer gewissen Anzahl von Geleitfahrzeugen (Kreuzern, Zerstörern und mitunter Schlachtschiffen) umgeben wurde. Die Geleitschiffe waren jedoch mehr zur Verteidigung des Kernes als zum eigentlichen Kampf zur See bestimmt.

Eine der Ursachen für den Zusammenbruch der japanischen Marine war darin zu suchen, daß Japan nicht imstande war, im Verlauf des Krieges eine ausreichende Zahl mit qualifiziertem Personal und Flugmaterial gut ausgerüsteter Träger fertigzustellen. Die japanischen Schiffswerften konnten den Wettstreit mit dem enormen Industriepotential der Vereinigten Staaten nicht aufnehmen; darüber hinaus war Japan nicht in der Lage, den wenigen, nach der Wende von Midway in Dienst gestellten Flugzeugträgern in vollem Umfang die erforderliche Ausstattung und vor allem das von diesem Schiffstyp verlangte hochqualifizierte Personal zu geben.

Nach und nach nahm das fehlende Gleichgewicht ein solches Ausmaß an, daß es nicht mehr geändert werden konnte. Japan stellte während der Kämpfe 25 Flugzeugträger in Dienst, während die USA 125 Träger vom Stapel ließen. Diese Zahlen sprechen für sich, und sie bewiesen auch, wie sehr das industrielle Potential in diesem Krieg ausschlaggebend geworden war. Man versteht daher, weshalb die japanische Luftwaffe so verzweifelte Anstrengungen unternahm, um die amerikanischen Flugzeugträger auszuschalten. Sie waren die Basis für die Überfälle aus der Luft, die soviel Schaden verursachten und die Verteidigungsaktionen der Japaner so häufig lahmlegten.

Für die japanische Luftwaffe blieben somit die Flugzeugträger das Hauptziel ihrer Angriffe. Indessen hatten aber auch andere Schiffskategorien die Aufmerksamkeit der japanischen Führung auf sich gezogen. Zahlreiche Transport- und Landefahrzeuge, die die Versorgung und den Unterhalt der Invasionsstreitkräfte sicherstellten, lagen im Golf von Leyte vor Anker oder kreuzten in seinen Gewässern. Diese Schiffe, die nicht nur die Sicherheit des amerikanischen Brückenkopfes gewährleisteten, waren geradezu eine Herausforderung der japanischen Basen aus allernächster Nähe. Sie anzugreifen, hieß auch, die mit der Verteidigung von Leyte betrauten japanischen Bodentruppen zu unterstützen. Daher richteten sich die Kamikaze-Einsätze ab 27. Oktober sowohl gegen die amerikanische Flotte auf hoher See als auch gegen die Fahrzeuge der amphibischen Kräfte im Golf von Leyte.

Während auf der Insel die Kämpfe wüteten, setzte die amerikanische Luftwaffe die Bombardierungen der japanischen Flugplätze, militärischen Einrichtungen und Truppenansammlungen auf dem

Philippinischen Archipel ohne Unterbrechung fort. Im japanischen Lager herrschte eine gedrückte Stimmung. Die Flugfelder wurden pausenlos angegriffen, und die von Bomben aufgewühlten Pisten mußten vor jedem Flugzeugstart in aller Eile planiert werden. Häufig wurden die japanischen Flugzeuge am Boden überrascht. Diese Atmosphäre der Unsicherheit verdoppelte bei den japanischen Fliegern den Willen, den Feind um jeden Preis zu vernichten, und vervielfachte daher auch die Zahl der Kamikaze-Bewerber.

Hin und wieder lockerten kleine örtliche Erfolge den von der gewaltigen Überlegenheit und der Allgegenwart der amerikanischen Kräfte ausgeübten Druck. Am 27. Oktober wurden 17 *Zeros* von Mabalacat zur Verstärkung der Staffel *Yamamoto* nach Cebu verlegt. Cebu, 110 Kilometer von Leyte entfernt, war eine Operationsbasis erster Ordnung geworden. Die vom Kapitänleutnant Kanno kommandierten Japaner stießen während des Fluges auf eine Formation von 16 *Hellcats* und griffen sie unverzüglich an.

Die japanischen Piloten stürzten sich mit einer solchen Vehemenz auf den Feind, daß dieser in Verwirrung geriet. Wenige Minuten nach dem Zusammenstoß gingen 12 *Hellcats* in Flammen auf; die vier übriggebliebenen drehten ab und flüchteten. Die japanische Formation landete auf Cebu, sie hatte den Verlust von nur einer Maschine zu beklagen. Der in dieser schweren Zeit so unerwartete Sieg gab vielen Japanern das Vertrauen wieder zurück. Am gleichen Tage traten die Kamikaze-Verbände der 2. Luftflotte in Aktion und erhöhten wesentlich die Bestände der Sonderangriffskräfte. Admiral Onishi war allerdings an diesem 27. Oktober zum ersten Male in verzagter Stimmung. Er, der wegen seiner Energie und Dynamik mit Recht sehr angesehen war, der entschlossene Schöpfer des Kamikaze-Prinzips, machte offensichtlich eine schmerzliche Gewissenskrise durch. Nicht daß sein Glaube an die neue Angriffsmethode erschüttert war; die katastrophale Lage des Landes, die zahllosen, vom Feind verursachten Zerstörungen und vor allem der tiefe Kummer über den Tod seiner tapferen Flieger, die er wie ein Vater liebte und für deren Tod er sich allein verantwortlich fühlte, hatten in ihm diese Depression ausgelöst. Er vermochte seine Gefühle vor dem Stellvertreter des Stabschefs der 1. Luftflotte nicht zu unterdrücken, als dieser ihm seinen täglichen Bericht erstattete, und sagte zu ihm: „Der Umstand, daß wir gezwungen wurden, diese neue Angriffsmethode einzuführen, zeigt, wie unheilvoll unsere Strategie seit Beginn der Kämpfe gewesen ist. Wie dem auch sei, es ist ein schauerliches Verfahren!"

Diese bitteren Worte aus dem Munde eines sonst so harten und kühlen Mannes beweisen, daß die Kamikaze-Angriffe nicht die teuflische Offenbarung eines blinden Fanatismus, sondern das Ergebnis einer auf den Realitäten des Krieges fußenden, schmerzlichen Entschlossenheit waren. Die gelassene Haltung der Mehrzahl der japanischen Piloten nach der Annahme ihrer Kamikaze-Bewerbung zeigt, wie sehr ihr Entschluß überlegt, abgewogen und unwiderruflich war. Von einem überhitzten Zorn oder gar einem kollektiven und ansteckenden Wahn konnte gewiß nicht die Rede sein.

Zu diesem Thema sei ein bezeichnendes Beispiel erwähnt. Das Fluggelände von Cebu lag in den Abendstunden des 27. Oktober still und ruhig da, als nach Sonnenuntergang sich zunächst noch undeutlich, dann sehr klar, das Geräusch eines Flugzeuges vernehmen ließ. Es konnte sich ebensogut um einen amerikanischen Aufklärer wie um einen verirrten Japaner handeln, der sich auf der Suche nach einer Landepiste befand. Die Ungewißheit wich erst, als in dem Ankommenden ein Sturzbomber vom Typ *Aichi 99* erkannt wurde.

Der Pilot wartete, bis die Landepiste beleuchtet war, und unternahm sodann eine normale Landung. Es war ein junger Offizier, der am selben Morgen zum Chef der 701. *Junchu-Staffel* des 2. Kamikaze-Verbandes ernannt worden war. Zum Kommandoposten geleitet, berichtete er, daß er mit seinen Kameraden früh am Morgen zum Angriff auf die amerikanischen Schiffe im Golf von Leyte gestartet war. Vor dem Übergang zum Sturzflug mußte er feststellen, daß sich die Zündkapsel seiner Bombe verklemmt hatte, weshalb er den Rückflug antrat und auf dem Hilfsflugplatz von Legaspi landete. Einen Teil des Tages hatte er mit der Reparatur seiner Zündvorrichtung verbracht und am späten Nachmittag den Angriffsflug wieder aufgenommen. An der Stelle, wo er erwartete, der amerikanischen Flotte zu begegnen, konnte er jedoch infolge der Dunkelheit nichts mehr ausnehmen. Er beschloß, die Nacht auf

Cebu zu verbringen und dann bei Sonnenaufgang wieder zu starten. Der junge Offizier sprach mit einer Ruhe, als hätte es sich um eine Routineoperation gehandelt. Er hatte seine Entscheidung getroffen, sie zu widerrufen, stand außer Frage, und es kam ihm nur darauf an, über die besten technischen Voraussetzungen zu verfügen, um das größtmögliche Vernichtungsergebnis zu erzielen. Er verbrachte einen Teil der Nacht mit der Abfassung seines Berichtes und einer für die zukünftigen Kamikazes bestimmten Notiz. Er erklärte darin, man dürfe ja nicht die Nerven verlieren und müsse das gute Funktionieren der Bombe vor dem *Jibaku* sorgfältig kontrollieren, damit der Zusammenstoß so heftig als nur möglich erfolge.

Das Bodenpersonal hatte den Eindruck, daß dieser junge Offizier bereits dem Reich der Toten angehöre und mit der hehren Verklärung handle, die die Japaner den Verstorbenen zuerkennen. Sein Umgang mit den Menschen um ihn herum war völlig normal, sein Gesicht jedoch war bereits in die Ewigkeit eingegangen und hatte sich mit seinen ruhmreichen Vorfahren verbunden.

Am 28. Oktober, bei Tagesanbruch, startete der Flieger und nahm Kurs auf Leyte. Man hat nie mehr etwas von ihm vernommen.

Die amerikanische Reaktion

Wenngleich die Amerikaner den ersten Kamikaze-Angriffen mit Phlegma und Methode entgegengetreten waren und keinerlei Panikstimmung oder Kopflosigkeit an den Tag gelegt hatten, so hatte sie dennoch berechtigte Besorgnis erfaßt. Die ideologischen und mystischen Aspekte der Angriffe machten ihnen weniger zu schaffen als ihre konkreten Ergebnisse. In ihrer Gesamtheit waren die Amerikaner nicht aus dem Holz von Heroen geschnitzt, sie besaßen indessen jene Gelassenheit und jenen Optimismus, den das Gefühl der Überlegenheit verleiht, das einen befähigt, die natürlichen Angstgefühle zu überwinden.

Wenn die Amerikaner diese teuflischen Kamikazes auf sich herabstürzen sahen, war ihnen gewiß nicht zum Lachen zumute. Ihre Reaktion bestand jedoch darin, sich zu verteidigen und nicht, sich einem lähmenden Schrecken zu überlassen. Diese Eigenheit ihres Charakters half ihnen, sehr bald die zweckmäßigste Methode der Bekämpfung des Gegners zu entwickeln. Die amerikanischen Streitkräfte schufen ein riesiges Netz von Spähern und Radars, die sie den Zeitpunkt des Angriffes und die Zahl der Angreifer lange im voraus erkennen ließen.

Sowohl an Bord ihrer Schiffe als auch in den besetzten Landstrichen installierten die Amerikaner zahlreiche Stellungen für Luftabwehrgeschütze aller Kaliber. Den zur Bekämpfung der gefürchteten Todesflieger bestimmten Jagdfliegerpatrouillen wurde täglich ergänzendes Material und Personal zugeteilt. Die Einrichtung dieses Systems bewies innerhalb weniger Tage eine große Wirksamkeit. Während noch am 25. Oktober die Mehrzahl der japanischen Flieger ihre Ziele erreichen konnte, hatten die Kamikaze-Unternehmen dann mit jedem Tag weniger Erfolg. Schon am 27. Oktober, also knapp 48 Stunden nach ihrem Überraschungsschlag, stiegen die Verluste der Japaner derart an, daß mitunter nicht ein einziger Angreifer in die für den Sturzflug erforderliche Nähe der Schiffe gelangte.

Auf den Schiffen und am Boden war die amerikanische Luftabwehr imstande, ein so dichtes und genaues Abwehrfeuer einzulegen, daß die feindlichen Flugzeuge geradezu eine Mauer aus Feuer und Stahl durchdringen mußten.

Die japanischen *Zeros* waren durch die mitgeführten schweren Bomben in ihrer Beweglichkeit so beeinträchtigt, daß es den amerikanischen Jagdfliegern oft keine besonderen Schwierigkeiten bereitete, sie abzufangen; wer davonkam, war dann der verderblichen Wirkung der Luftabwehr ausgesetzt. Innerhalb weniger Tage nahm die Zahl der abgeschossenen Flugzeuge beträchtlich zu. Und selbst noch im Sturzflug wurden manche Flieger ein Opfer der Abwehrgeschütze. Andere wiederum verfehlten ihr Ziel infolge eines Fehlers in der Lenkung ihrer Maschine.

Im Verlaufe der dreißig Tage, die dem historischen 25. Oktober folgten, blieb demnach die Zahl der Zusammenstöße gering, und es waren auf seiten der Amerikaner keine schwerwiegenden Verluste zu verzeichnen. Die andauernden Bombardierungen der Flugplätze, von denen aus die Todesflieger starteten, trugen das ihre dazu bei, das japanische Angriffspotential durch Zerstörung von Flugzeugen auf den Pisten und durch Beschädigung der Startbahnen zu vermindern.

Die örtliche japanische Führung war sich über die amerikanische Reaktion und auch über die eigenen Verluste völlig im klaren, ließ sich jedoch nicht aus der Ruhe bringen. Man befand sich noch in der einleitenden Phase der neuen Angriffsmethode und mußte daraus die Lehren ziehen. Die Entschlossenheit der Flieger war jedenfalls nicht erschüttert worden, und die Abflüge der Todeseinheiten fanden, wenn auch immer nur in kleiner Zahl, auch weiterhin statt. Während dieses Zeitabschnittes nahm die Organisation des Kamikaze-Verbandes allmählich ihre endgültige Form an. Der administrative Aufbau hatte sich etabliert und weitere Verstärkungen trafen auf den Philippinen ein. Die zumeist aus Flugzeugen vom Typ *Zero* zusammengesetzten Gruppen flogen vom Mutterland über Kyushu und Formosa nach den Flugfeldern auf Luzon und Cebu. Zugleich mit dieser technischen Verstärkung wurden die Angriffstaktiken gründlich ausgearbeitet.

Die Bewerbungen um das *Jibaku* wurden immer zahlreicher, doch die Führung sah sich veranlaßt, unter den Freiwilligen eine strenge Auswahl zu treffen. Es hatte sich als unerläßlich erwiesen, die tüchtigsten und erfahrensten Piloten zu schonen, einerseits, um die Kamikazes bis an das Ziel zu geleiten und sie zu beschirmen, andererseits, um die zukünftigen Fliegergenerationen auszubilden. Deshalb wurden nur die weniger guten, jüngsten Aspiranten dem Sonderangriffsverband zugeteilt. Bemerkenswert ist noch, daß die seelische Einstellung der Flieger in dieser Zeit einen nachgerade poetischen Charakter annahm. Viele Piloten verfaßten Gedichte, die im Stil der mittelalterlichen Epik den Kult der Vorfahren, die Ewigkeit des Reiches, die bedingungslose Ergebenheit dem Kaiser gegenüber, die moralische Vorrangstellung des japanischen Geistes und schließlich die Tapferkeit der Helden, die sich zum Ruhm des ewigen Japan dem Feind entgegenwerfen, verherrlichten.

Das Überraschende am Ausbruch dieser romantischen Begeisterung und Ekstase war, daß all dies von den unteren Dienstgraden ausging. Im Gegensatz zu den meisten anderen Ländern, die im

Laufe des Krieges schwierige Zeiten durchmachten und sich gezwungen sahen, ihren Soldaten frischen Mut einzuflößen, hatte Japan es niemals nötig, auf die wohlbekannten Mittel der Propaganda oder des Zwanges zurückzugreifen, um den Kampfgeist seiner Streitkräfte wieder aufzufrischen. Der Grundsatz des Kämpfens ohne Überleben, des Einsatzes aller Kräfte, mit einem Wort, des Kamikaze-Geistes, war ein althergebrachter Begriff, der in die Tat umgesetzt wurde, sobald die Umstände es erforderten. Bei der überwiegenden Mehrheit der japanischen Militärs war diese Einstellung eine rein instinktive, die wiederzuerwecken oder gar erst herbeizuführen das Oberkommando niemals gezwungen war.

In manchen Fällen, wenn die militärische Lage den Soldaten kein klares Bild bot, war es immerhin erforderlich, sie zu belehren und zu lenken. Aus diesem Grunde hatten es sich zahlreiche Offiziere zur Gewohnheit gemacht, vor ihren Leuten vor dem Kampf eine feierliche Ansprache zu halten, um ihnen den Sinn ihres Einsatzes oder die Tragweite ihres Opfers und seine taktischen und strategischen Folgen aufzuzeigen. Ihre Entschlossenheit und ihr Kampfwille wurden nie bezweifelt. Mitunter wurden sie aufgefordert, das höchste Opfer für ihr Land und ihren Kaiser in Erwägung zu ziehen, aber dies war nur ein Appell an etwas, was schon seit langem ihrer Einstellung entsprach. Man konnte sich darauf verlassen, daß sie bereit waren, ihr Leben hinzugeben, wenn die Notwendigkeit hiefür dargelegt wurde. Damit soll nicht gesagt sein, daß alle japanischen Soldaten sterben wollten, noch daß sie nicht die Hoffnung hegten, gegebenenfalls rechtzeitig gerettet oder weggebracht zu werden. Waren sie aber einmal in eine besonders dramatische Lage versetzt oder in die ausweglose Verteidigung gedrängt worden, schlugen sie sich mit verbissenem Grimm und einer Entschlossenheit, die sie in den freiwillig gesuchten Tod führten.

Die Flieger selbst hatten die Einbahn-Angriffe auf die amerikanischen Schiffe verlangt, und das Oberkommando begnügte sich mit der Koordinierung ihrer Anregungen. Die Organisierung nach dem neuen Prinzip erfolgte erst, nachdem ihre Grundzüge von den Freiwilligen vorgezeichnet waren. Diesen Umständen war es auch zu verdanken, daß sich diese Methode so spontan ausbreitete und daß sich soviele Freiwillige meldeten. Die Frage scheint berechtigt, ob es so viel Begeisterung und Zustimmung gegeben hätte, wäre die Idee von oben gekommen.

Sehr bezeichnend war auch das Verhalten der Flieger nach ihrer Aufnahme in das Kamikaze-Korps. Sie drängten darauf, in den ersten Angriffseinheiten starten zu dürfen. Nun darf man in der Beurteilung dieser Einstellung nicht fehlgehen; sie war nicht das Ergebnis einer besonderen Spannung, der Grund zu ihrem Eifer lag in der Befürchtung, der Krieg könnte zu Ende gehen, noch bevor sie Gelegenheit hatten, das *Jibaku* auszuführen. Einzelne Flieger gingen sogar so weit, die Abschaffung der Benennung „Kamikaze-Korps" oder „Sonderangriffsverband" zu verlangen, weil es ihrer Ansicht nach ein Unrecht war, zwischen ihnen und anderen Piloten einen Unterschied zu machen, da doch alle einem sicheren Tod ins Auge sahen.

Vor ihrem Start zum letzten Auftrag brachten die Freiwilligen Ordnung in ihre Angelegenheiten; sie schrieben Abschiedsbriefe an ihre Familien, setzten ihr Testament auf, dem in der Regel ein Haarbüschel und abgeschnittene Fingernägel in einem versiegelten Umschlag beigegeben wurden, und verteilten ihr Geld und den Inhalt ihrer Taschen unter den zurückbleibenden Kameraden. In der Kabine ihres Flugzeuges sitzend, winkten sie beim Start zum Zeichen des Abschiedes den Männern zu, die dem Abflug beiwohnten und ihre Erregung nur mit Mühe zügeln konnten. Der von den Todesfreiwilligen bis zum Äußersten angeheizte Kamikaze-Geist fand Widerhall auch beim gesamten Bodenpersonal. Alle verdoppelten ihre Anstrengungen und arbeiteten ohne Unterbrechung, damit die Piloten bis zu ihrem letzten Abflug sich der besten Daseinsbedingungen erfreuen konnten. Viele verzichteten auf ihre Verpflegungsration und boten sie den Fliegern an. Dieses spontane Verhalten des Bodenpersonals war der Ausdruck des Dankes an die Flieger, auf denen alle Hoffnungen ruhten.

Auf der Suche nach Erfolg

Es liegt nicht in unserer Absicht, sämtliche auf den Philippinen durchgeführten Kamikaze-Operationen zu schildern, wir wollen nur über die durch ihren Charakter und ihre Ergebnisse besonders bezeichnenden Fälle berichten. Zunächst jedoch ein Blick auf die militärische Lage:

Zu Land übten die Truppen General MacArthurs einen immer stärker werdenden Druck auf die Verteidiger von Leyte aus. Vom Osten und Süden der Insel aus drangen sie gegen Nordwest vor, stießen jedoch sehr bald auf die befestigten Verteidigungslinien, die die Japaner auf den Höhenzügen errichtet hatten. Die Amerikaner fingen an, auf der Stelle zu treten, während die Luftwaffe sich sehr aktiv an der unmittelbaren Unterstützung der Truppe beteiligte und Angriffe auf militärische Ziele, vor allem auf feindliche Flugplätze, unternahm. Im Golf von Leyte gab eine aus zahllosen Schiffen bestehende Flotte den amphibischen Kräften Unterstützung und sie versah auch den Nachschubdienst. Weiter draußen, auf hoher See, kreuzten ununterbrochen die *Task Forces* der 3. Amerikanischen Flotte, die auch für die Luftdeckung sorgten.

Im japanischen Lager war die Situation eine wesentlich andere, denn die dezimierte Luftwaffe konnte die Verteidiger nicht unmittelbar unterstützen; sie widmete sich Angriffen auf die amerikanischen Schiffe. Wie schon erwähnt, klammerten sich an Land die Japaner an die Höhenzüge der Insel, um das Vorrücken der Amerikaner zum Stehen zu bringen. General Tomoyuki Yamashita, Befehlshaber der Streitkräfte auf den Philippinen, ließ nichts ungetan, um Leyte die größtmögliche Verstärkung zukommen zu lassen. Der Flotte beraubt, wurde alles, was schwimmfähig war, Sampans, Dschunken, Kähne, Segler usw., für die Beförderung kleiner Truppeneinheiten eingesetzt. Diese schwierigen, im einzelnen unbedeutenden, aber oft wiederholten Unternehmen brachten die Bestände der Verteidiger schließlich von 22.000 Mann am 20. Oktober auf 70.000 Mann Mitte November. Diese Verstärkung behinderte das Vordringen der Amerikaner beträchtlich. Der von den Amerikanern seit Ende Oktober eroberte einzige Flugplatz, jener von Tacloban, war vom Regen so durchweicht, daß dort zunächst nur wenige Flugzeuge stationiert werden konnten. Ihre Zahl nahm jedoch allmählich zu und damit auch die Tätigkeit der Luftwaffe auf den Philippinen. Kamikaze-Angriffe auf USA-Schiffe fanden um diese Zeit täglich statt und wurden für die Amerikaner zu einer Art Routineübung. Ihre Jagdflieger und ihre Luftabwehr vernichteten nicht selten alle Angreifer, so daß diese Angriffsmethode für eine gewisse Zeit ihren Schrecken verlor.

Am 30. Oktober war es jedoch einer Kamikaze-Einheit gelungen, durch die Maschen des amerikanischen Netzes zu schlüpfen und über einem der Geschwader der *Task Force 38* zu erscheinen, das 75 Kilometer südöstlich von Suluan kreuzte. Die Luftabwehr eröffnete ein höllisches Feuer, konnte aber die Japaner, die offensichtlich eine neue Taktik erprobten, nicht abschrecken. Zwei Gruppen zu je drei Kamikazes, die gleichzeitig aus verschiedenen Richtungen und in verschiedenen Höhen gekommen waren, stürzten sich auf die amerikanischen Schiffe. Zwei Flugzeuge der ersten Gruppe prallten fast im gleichen Augenblick auf den großen Flugzeugträger *Franklin* auf, während sich das dritte an einen Geleit-Flugzeugträger heranmachte.

Wenige Minuten später warf sich die erste Maschine der zweiten Gruppe auf die bereits angeschlagene *Franklin*, verfehlte sie jedoch. Die beiden anderen Flugzeuge zerschellten auf einem Panzerschiff und einem weiteren Geleit-Flugzeugträger. Die *Franklin* war während ihres Einsatzes zum dritten Male schwer getroffen worden. Die anderen havarierten Schiffe vermochten indes ihre Plätze in der Formation beizubehalten. Dieser neue Sieg der Japaner ermutigte die Führung der Luftwaffe zur Intensivierung der Angriffe, die nun noch häufiger und von größeren Einheiten unternommen wurden.

Das japanische Kommando hatte in Erfahrung gebracht, daß mittlerweile erhebliche Verstärkungen auf dem Flugfeld von Tacloban eingetroffen waren. Berichte sprachen von ungefähr 100 auf dem dortigen Gelände stationierten Maschinen. Diese Nachricht veranlaßte das Kommando zu einer Operation größeren Umfanges. Auf dem Fluggelände von Cebu bereitete sich in der Nacht vom 2. auf den 3. November eine Formation von 12 *Zeros* zum Abflug vor, da die Erfahrung gelehrt hatte, daß der Feind bei Tagesanbruch überrascht werden mußte, wollte man das gefürchtete Eingreifen seiner Jagdflieger und der Luftabwehr vermeiden. Unter der Führung des Kapitänleutnants Kenzo Nakagawa starteten am 3. November in den letzten Nachtstunden die 12 Flugzeuge in Richtung Leyte.

Die Japaner hatten in dieses Unternehmen viel Hoffnungen gesetzt, und im Hauptkontrollturm von Cebu waren einige Offiziere versammelt. Sie unterhielten sich über die Aussichten ihrer Piloten, als kurz vor Tagesanbruch in der Gegend von Leyte Lichter aufflackerten. Waren es die vom *Jibaku* ausgelösten Explosionen oder war es das Feuer der amerikanischen Luftabwehr? Niemand konnte sagen, was vorgefallen war.

Die Morgendämmerung hatte kaum begonnen, als ein *Zero* auftauchte und zur Landung ansetzte. Der Unteroffizier, der ihm entstieg, war verwundet und erklärte weinend, er habe den Sturzflug nicht ausführen können und sich zur Rückkehr entschlossen, um eine bessere Gelegenheit abzuwarten. Erst auf Drängen der anwesenden Offiziere meldete er, daß die übrigen elf Flugzeuge, vermutlich vom Radar entdeckt, abgeschossen worden waren, noch bevor sie zum Angriff übergehen konnten. Dieser Ausgang des Unternehmens rief große Bestürzung hervor.

Die Schlappe der Japaner gab deutlich zu erkennen, wie wirkungsvoll die gegnerische Luftabwehr war. Trotzdem setzte die japanische Führung die Luftangriffe weiter fort; lediglich die Zahl der Teilnehmer an den einzelnen Unternehmen wurde herabgesetzt. Als unerläßlich hatte sich die Ausarbeitung neuer Angriffsmethoden erwiesen, um die Verluste zu vermindern und eine Möglichkeit, an das Ziel heranzukommen, herauszufinden. Die japanischen Flieger hatten sich mit diesem Problem schon seit langem befaßt und zwei Thesen zu seiner Bewältigung aufgestellt.

Die erste These lautete: knapp über dem Wasser fliegen, um die feindlichen Radars, deren Reichweite in so geringer Höhe nur etwa zehn Seemeilen betrug, unwirksam zu machen, in der Nähe des Zieles kerzengerade auf 500 bis 600 Meter aufsteigen und schließlich mit großer Geschwindigkeit auf das ausgewählte Ziel herabstoßen. Diese Technik bot den Vorteil, daß der Feind überrascht und die Tätigkeit seiner Jagdstaffel auf ein Mindestmaß beschränkt werden konnte, da diese so nahe der Wasseroberfläche am Manövrieren behindert waren. Diese Taktik war mit Erfolg am 25. Oktober angewendet worden. Die zweite These zog die Annäherung in Höhen von 6000 bis 7000 Metern vor. Die dünne Luft in diesen Höhen erforderte zwar die Verwendung von Sauerstoffgeräten, doch war dort das Eingreifen von Luftabwehr und Jagdstaffeln unmöglich. Die Anhänger dieser Methode behaupteten ferner, die lange Dauer des Sturzfluges aus solchen Höhen mache die Auswahl des Zieles und das Erzielen einer größeren Genauigkeit beim Aufprall leichter. Die Schwäche dieses Verfahrens bestand darin, daß es erfahrene, mit dem Instrumentenflug vertraute Piloten voraussetzte und die Ausstattung der Flugzeuge mit einer Apparatur für die Sauerstoffversorgung verlangte.

Jede dieser Methoden hatte ihre Vorzüge, und beide fanden Anwendung. Mitunter, wenn die Anzahl der Teilnehmer es ermöglichte, wurden sie gleichzeitig angewandt. Dies brachte den Vorteil mit sich, daß die amerikanische Abwehr zersplittert wurde und daher mehr Flugzeuge sie passieren konnten.

Die in die Kamikaze-Taktik gesetzten Hoffnungen waren so groß, daß einige japanische Offiziere schon von eigens zu diesem Zwecke entworfenen Flugzeugtypen träumten. Im Geist sahen sie ganze Flotten solcher Maschinen die feindlichen Schiffe zerstören, wodurch die Aussichten auf einen japanischen Sieg wiederhergestellt wurden. Ein paar dieser Offiziere arbeiteten für sich privat an der Entwicklung von Flugzeugmodellen dieser Gattung, und auch die Forschungsabteilungen der Fabriken im Mutterland begannen sich für das Problem zu interessieren.

Bezeichnend für die Einstellung der japanischen Flieger war, daß höhere Offiziere es nicht für notwendig erachteten, mit den Fliegern über deren Probleme zu diskutieren. Diese trafen sich vielmehr aus freien Stücken und besprachen in aller Ruhe und kaltblütig die beste Annäherungsmethode und die für den Angriff auf das feindliche Schiff günstigste Ausgangsposition. Bei jedem Schiffstyp wollten sie die Stelle ausfindig machen, die die meisten Aussichten auf seine sichere Vernichtung bot. Sie unterhielten sich mit ungetrübter Gelassenheit, ja manchmal scherzten sie sogar. Aber es war bei ihnen keine Spur von dem zu finden, was wir im Westen morbiden Zynismus nennen würden. Es kam hier bloß ein unerschütterliches Sichabfinden zum Ausdruck, das sich besser mit einem Lächeln als mit Weinen ertragen läßt.

Wirklichkeitssinn und Idealismus vereinigen sich

In den Augen der Freiwilligen erschien die Angriffsmethode des *Jibaku* nur dann ehrenvoll, wenn sie Erfolg brachte und mit der Vernichtung des Gegners endete. Das Gefühl der Unsicherheit und der ständigen Gefahr, das alle erfaßt hatte, ließ den Gedanken an einen unnützen Tod unerträglich erscheinen.

Der Dienst aus freiem Willen war das Ergebnis einer logischen Überlegung. Das Bodenpersonal der japanischen Flugbasen wurde wiederum vom Gefühl der Nutzlosigkeit geplagt und war niedergeschlagen. Daher widmete es sich auch mit Leib und Seele jenen, die das ruhmreiche *Jibaku* vollzogen. Es verzichtete oft auf Schlaf und Nahrung, um einen bescheidenen Beitrag zu den Taten der Todesfreiwilligen zu leisten. Nichts war für sie zu gut, alles geschah in diesem Sinne, sei es durch rührende Aufmerksamkeit oder Geschenke, durch unermüdliches Arbeiten an der Instandhaltung der Flugzeuge, der Wiederinstandsetzung der von Bomben zerstörten Startbahnen. Von dem Umstand getroffen, daß sie sich als Freiwillige nicht melden durften, hatten die Angehörigen des Bodenpersonals das Empfinden, es würde einer Fahnenflucht gleichkommen, wenn es den Kamikaze-Fliegern nicht seine vollkommene Ergebenheit bewies.

Ungeachtet dringender Anforderungen aus anderen Frontabschnitten räumte das japanische Oberkommando der auf den Philippinen stationierten Luftwaffe Priorität ein. Die wichtige und seit der Niederlage von Leyte einzigartige Rolle, die der Luftwaffe mit der Verteidigung des Archipels zugefallen war, lieferte die entscheidenden Argumente. Eine Reise Admirals Onishi nach Tokio hatte maßgebenden Einfluß auf diese Haltung des Oberkommandos gehabt.

Von den Schulungsbasen der Inseln des Mutterlandes wurden im ganzen rund 150 Flugzeuge abgezogen und nach Formosa verlegt, wo ihre Besatzungen vor der Verlegung nach den Philippinen eine kurze Schulung von etwa zehn Tagen erhielten. Die Verlegung wurde dadurch erschwert, daß die Mehrzahl der jungen Piloten nur eine Grundschulung genossen hatte. Um von den amerikanischen Jägern nicht abgefangen zu werden, mußten die Flüge bei Nacht erfolgen, was wiederum mit zahlreichen Zwischenlandungen verbunden war. Von den über Okinawa und Amami O Shima in südlicher Richtung fliegenden Gruppen verirrten sich viele Piloten; manche stürzten ab und viele machten Bruchlandungen. Ausfälle verminderten nicht unerheblich die Zahl der Maschinen, die schließlich auf den Flugplätzen von Formosa, Taichu und Tainan landeten.

Die Unfälle waren in erster Linie der mangelnden Ausbildung der Flieger, aber auch dem schlechten Zustand der Flugzeuge zuzuschreiben, die zu einem großen Teil von Flugschulen bei ihrer beschleunigten Ausbildung benützt worden waren. Während einzelne Gruppen vollzählig auf Formosa eintrafen, gingen andere fast ganz verloren. Eine Gruppe, die 15 *Zero-Flugzeuge* zählte, hatte zum Beispiel so viele Unfälle und Schwierigkeiten zu verzeichnen gehabt, daß nach Abschluß der Schulung auf Formosa nur fünf Maschinen bei Manila landeten. Neben einer geringen Anzahl von zweisitzigen Sturzbombern vom Typ *Suisei* waren die meisten der auf Formosa eingetroffenen Flugzeuge *Zero-Jäger.*

Die Instruktoren auf Formosa hatten eine undankbare Aufgabe. Innerhalb von nur zehn Tagen mußten sie die jungen Anfänger zu Fliegern ausbilden, die zur Kurssteuerung nach eigenem Ermessen und zur richtigen Ausführung des *Jibaku* befähigt waren. An Schneid fehlte es diesen jungen Menschen keineswegs, alle waren vom Kamikaze-Geist beseelt, was aber die Erfahrung und die Tüchtigkeit ihrer Vorgänger aus der ersten Kriegszeit nicht ersetzen konnte.

Unabhängig von diesen Verstärkungen kamen noch kleine Flugzeuggruppen von den Basen des Mutterlandes, um sich den Kamikaze-Einheiten auf den Philippinen anzuschließen. Dank diesem Zuwachs waren die Japaner imstande, bis Mitte Dezember in den operativen Beständen das Gleichgewicht einigermaßen aufrechtzuerhalten. Eine möglichst große Zahl von Piloten und Flugzeugen wurde für den Fall zurückgestellt, daß die Amerikaner auf Luzon, der größten Insel des Archipels, landen sollten.

Es verging kein Tag, an dem nicht ein oder mehrere Kamikaze-Angriffe unternommen wurden. An Zielen war ja kein Mangel; man hätte die vier- bis sechsfache Anzahl an Flugzeugen gebraucht, um alle gemeldeten amerikanischen Schiffsformationen angreifen zu können. Nach dem 15. November 1944 richteten sich die Angriffe vorzugsweise gegen die Schiffe der Flotte des Gegners im Golf von Leyte. Zahlreiche Flieger fanden in diesen Gewässern den Tod, ohne daß ihr Opfer durch die Vernichtung des ins Auge gefaßten Zieles belohnt worden wäre.

Unter den vielen Schicksalen soll hier der Fall des Seekadetten Tada von der zweiten Luftflotte, der der Sohn des Vizeadmirals Tada war, erwähnt werden. Der junge Flieger startete am 19. November mit dem Beobachter Tadao an Bord auf dem Flughafen von Mabalacat mit einer *Suisei*. Er nahm Kurs auf den Golf von Leyte und muß dort ein Ziel entdeckt haben, denn er meldete noch über Funk, daß er angreife. Da die amerikanische Flotte an diesem Tag keinen Verlust hatte, muß er entweder im letzten Augenblick abgeschossen worden sein oder sein Ziel verfehlt haben.

Es war hier durchaus nicht selten, daß Angehörige ein- und derselben Familie im gleichen Abschnitt eingesetzt wurden und daß Brüder, Väter und Söhne innerhalb kurzer Zeit im Geiste des Kamikaze den Tod fanden. Der Tod der Angehörigen wirkte auf die Überlebenden anspornend. Es ist kein Beispiel bekannt, wo sich solche Fälle entmutigend oder demoralisierend ausgewirkt hätten. Im Gegenteil, es schien, als hätten diese Verluste sie noch verbissener gemacht und ihre Angriffslust gesteigert.

Ein getreues Bild dieser „Halbgötter" der Nation läßt sich nicht geben, ohne die Sphäre ihres alltäglichen Lebens zu berühren. Offiziere und Soldaten sind in Japan immer spartanisch erzogen worden; sie waren gewohnt, sich mit einem einfachen Quartier und einem Minimum an Nahrung zufriedenzugeben. Die Flieger, die in den Armeen der übrigen Welt meist angenehmer lebten als die Angehörigen anderer Waffengattungen, genossen in Japan keine Sonderstellung.

Auf den Philippinen waren die Daseinsbedingungen besonders schlecht. Das japanische Oberkommando hatte nicht früh genug erkannt, daß der große Archipel zum Schauplatz gigantischer Operationen würde, und für die Unterbringung einer so großen Anzahl von Soldaten keine Vorsorge getroffen. Die Flugplätze waren zum großen Teil in dem Zustand verblieben, in dem sie von den Japanern bei der Eroberung zu Beginn des Krieges vorgefunden worden waren. Auch nach der erheblichen Verstärkung der Besatzungstruppen wurden die Probleme der Unterbringung und Versorgung niemals den Erfordernissen entsprechend gelöst. Die Flieger waren in die bei weitem nicht ausreichenden Räumlichkeiten zusammengepfercht, Hygiene, Behaglichkeit und Ernährung ließen zu wünschen übrig.

An diesen Verhältnissen änderte sich auch mit der Errichtung des Kamikaze-Korps so gut wie nichts. So sehr sich auch das Bodenpersonal Mühe gab, die Lebensbedingungen der Todesfreiwilligen zu verbessern, sie blieben kläglich. Doch die Piloten scherten sich um diese Dinge herzlich wenig, sie fügten sich mit stoischer Gelassenheit in ihr Schicksal. Vom materiellen Dasein hatten sie sich bereits so weitgehend gelöst, daß sie untereinander über den Platz scherzten, den sie einmal im Pantheon des Tempels von Yasukuni[1] einnehmen würden.

Zunehmende Aktivität

Mit den letzten Novembertagen begann ein neuer Abschnitt in der Geschichte der Kamikaze. Die ersten aus Formosa eingetroffenen Verstärkungen ermöglichten eine Intensivierung des Einsatzes, die dringend nötig war, denn den japanischen Aufklärern war nicht entgangen, daß die Amerikaner ihre Seestreitkräfte in einer Weise umgruppierten, die auf eine neue Einkreisungsoperation schließen ließ.

In der Abenddämmerung des 25. November 1944 entdeckten mehrere Kamikaze-Gruppen vor der Küste von Leyte die *Task Force 38* des Vizeadmirals Marc A. Mitscher. Die Japaner setzten zum Angriff an. Die Amerikaner mußten den Eindruck gewinnen, daß sich die japanischen Flieger durch den Verlust zahlreicher Kameraden, die beim Durchbrechen der Abwehrmauer aus Feuer und Stahl brennend abstürzten, nicht im geringsten beeindrucken ließen. Sie stürzten sich auf die größten Schiffe, in erster Linie auf die Flugzeugträger. Einige verfehlten ihr Ziel, aber anderen gelang der Aufprall auf den Flugzeugdecks der Träger. Die bereits einbrechende Dunkelheit vergrößerte den Eindruck der gewaltigen Explosion.

Der Angriff dauerte etwas weniger als eine halbe Stunde. Nachdem das Abwehrfeuer eingestellt war, sah man, daß die großen Flugzeugträger *Hancock* (CV 19), *Essex* (CV 9) und *Intrepid* (CV 11) brannten. Flammen loderten auch aus den leichten Flugzeugträgern *Cabot* (CVL 28) und *Independance* (CVI 22). Auf keinem dieser Schiffe sah man jedoch die Situation hoffnungslos, und die Brände konnten in den ersten Stunden der Nacht unter Kontrolle gebracht werden. Der 26. November brachte mehrere Angriffe, der erste gegen 10 Uhr morgens. Am Abend wandte sich eine aus 25 Flugzeugen bestehende Gruppe – eine bis dahin noch nie erreichte Kampfstärke – gegen die amerikanischen Truppentransporter im Golf von Leyte.

Ein Teilnehmer an diesem Unternehmen hatte seinen Kameraden nicht bis ins Zielgebiet folgen können und irrte auf der Suche nach dem Gegner herum. Als er die Hoffnung, ihn zu finden, aufgeben mußte, wandte er sich nach Westen, seiner Basis zu, verflog sich aber dabei völlig. Schließlich landete er wegen Treibstoffmangel ermüdet und erschöpft auf einem Hilfsflugplatz, von wo er am folgenden Morgen wieder zum Angriff aufsteigen wollte. Dieser durchaus nicht vereinzelte Fall wird erwähnt, um zu zeigen, wie kümmerlich die Ausbildung der japanischen Flieger zu einer Zeit war, in der sich der Krieg auf seinem Höhepunkt befand. Der Pilot war fünfzehn Tage in Japan und weitere zehn Tage auf Formosa geschult und dann in den Hexenkessel des Kampfes geschickt worden.

Der Leidensweg der „Montpelier"

Einer der stärksten Kamikaze-Angriffe des Feldzuges wurde am Montag, dem 27. November geflogen. Um 9.30 Uhr morgens starteten dreißig japanische Flugzeuge, durchbrachen die Abwehr der amerikanischen Jäger und erschienen gegen 10.50 Uhr in der Nähe der von Admiral Robert Hayler befehligten 7. Flotte. Die Radaranlagen hatten ihre Aufgabe erfüllt und die Jagdflugzeuge alles versucht, um die Angreifer abzufangen, allein ihre ungewohnte

Stärke und eine neue Angriffstaktik hatten die Abwehr irregeführt. Die zwanzig Schiffe des Geschwaders fuhren in kreisförmiger Anordnung mit voller Geschwindigkeit. Knapp vor 11 Uhr griffen die Japaner aus verschiedenen Richtungen gleichzeitig an. Ehe noch die Schiffsartillerie imstande war, das Feuer auf die vielen Luftziele zu eröffnen, entdeckte man plötzlich einen schwarzen Punkt in der Luft, der mit unheimlicher Geschwindigkeit auf eines der Schiffe herabsauste. Einen Augenblick später stieg auf dem Bug des leichten Kreuzers *St. Louis* (CL 49) eine riesige orangegelbe Flamme auf. Die Besatzung mußte sich sofort der Bekämpfung des entstandenen Feuers zuwenden. Einer nach dem anderen stürzten nun die japanischen Flieger auf ihre Ziele herab und schossen mit ihren Bordwaffen bis knapp vor dem Aufprall.

Die amerikanischen Matrosen mußten vor diesem höllischen Feuer und vor den niederprasselnden Granatsplittern der Abwehrgeschütze in Deckung gehen.

Der leichte Kreuzer *Montpelier* (CL 57) feuerte aus allen Rohren, was nicht verhindern konnte, daß drei Kamikazes fast im selben Augenblick auf ihn aufschlugen. Wie durch ein Wunder explodierten ihre Bomben nicht[2], doch der Aufprall bewirkte arge Schäden. Ein viertes Todesflugzeug zeigte sich auf der Backbordseite des Hecks, als sich einer seiner Flügel loslöste. Es versank inmitten einer gewaltigen Wasserhose in den Fluten. Seine Bombe explodierte und überschüttete die Schiffsbrücke mit Splittern. Inzwischen griff ein fünfter Kamikaze an, der nicht mehr abgelenkt werden konnte. Er prallte auf einen der 127 Millimeter Türme, durchschlug die Panzerung und tötete einen Teil der Bedienungsmannschaft. Ein sechster prallte gegen eine Maschinengewehrkanzel. Seine Bombe explodierte nicht, doch überschwemmte sein entzündeter Treibstoff das ganze Heck des Kreuzers. Eine siebente Maschine konnte unbemerkt herankommen, kippte jedoch, ohne getroffen zu sein, im letzten Augenblick aus der Anflugrichtung und versank im Meer. Ein achter Kamikaze wurde entdeckt, als er im Sturzflug heruntergina; alle Waffen richteten sich auf ihn, er geriet ins Trudeln und stürzte wie ein Stein in das brodelnde Wasser. Für die Geschützbedienungen auf der *Montpelier* war es gewiß keine leichte Aufgabe, diese vielen Angreifer zu erfassen. Ununterbrochen wurden die Rohre geschwenkt, um auf den am nächsten herangekommenen Feind zu feuern.

Alle Schiffe der *Task Force* waren ähnlichen Angriffen ausgesetzt, und es ist anzunehmen, daß die Japaner im Lauf des Kampfes weitere Todeseinheiten eingesetzt hatten.

Zwei Stunden lang hatten die Matrosen der *Montpelier* wenig Hoffnung, daß ihr Schiff diese erbitterten Angriffe überleben werde. Gegen 13 Uhr wurde endlich der Alarmzustand beendet und man begann mit der Bestandsaufnahme der Schäden. Die herumliegenden Scherben wurden ins Meer geworfen und das Deck wurde mit Feuerspritzen gesäubert. Stellenweise färbte sich das Wasser rot vom Blut. Körperteile der japanischen Flieger wurden gefunden: schwarze Haarbüschel, Arme, ein Gehirn, ein Bein. Triumphierend schnitt ein Matrose den Finger einer Hand ab, um ihm einen Ring abzuziehen. Es war ein schauerlicher Anblick. Aber die Matrosen, die noch immer unter den Nachwirkungen der Kampferregung standen, schenkten ihm keine Beachtung und säuberten das Deck ihres Schiffes.

Im großen und ganzen waren die vom Angriff verursachten Schäden weniger schwer, als man zunächst angenommen hatte. Das Panzerschiff *Colorado* (BB 45) und der leichte Kreuzer *St. Louis* waren beide beschädigt und hatten den Verlust von neunzehn bzw. vierzehn Toten zu beklagen. Die *Montpelier,* die den schwersten Angriffen ausgesetzt war, hatte die meisten Schäden aufzuweisen, verblieb aber dennoch im Einsatz.

Die Japaner hatten an diesem Tag mehr als 60 Flugzeuge eingesetzt, von denen an die fünfzig abgeschossen wurden oder auf ihren Zielen zerschellten. Radio Tokio sprach von einem großen Sieg, der die amerikanische Flotte in eine schwierige Lage versetzt habe. Davon konnte freilich nicht die Rede sein. Immerhin hatte der japanische Angriff seine Nachwirkungen. Die Zahl der versenkten Schiffe war zwar gering, aber eine Anzahl von Schiffen hatte Schäden erlitten. Es war fast ein Wunder, daß sich manche von ihnen überhaupt noch über Wasser halten konnten. Der amerikanischen Matrosen, die diese Angriffe seit über einem Monat über sich hatten ergehen lassen müssen, bemächtigte sich eine beunruhigende Spannung. Die Mehrzahl von ihnen schlief am Deck ihres

Schiffes, wenn sie sich nicht im Dienst befanden, teils wegen der Temperatur, hauptsächlich aber wegen der allzu häufigen Alarme. Ein dritter Grund, den sich einzugestehen nur wenige den Mut hatten, war der, daß man an Deck den Rettungsbooten am nächsten war.

Der 29. November

Die zwei Kamikaze-Angriffe vom 28. November richteten sich gegen die amphibischen Streitkräfte vor der Küste von Leyte, hatten aber keine schweren Schäden an den amerikanischen Schiffen verursacht. Am 29. November herrschte zunächst Stille, erst um 16.30 Uhr wurde wieder Alarm gegeben. Die japanischen Flugzeuge waren bis in Sichtweite herangekommen, es krachte aus allen Rohren der Luftabwehr, und der ganze Himmel schien übersät von Feuer und fliegenden Metallspitzen. Der erste Kamikaze setzte zum Sturzflug an und durchbrach die breite Sperrzone der Abwehrgeschütze, als wäre er unverwundbar. Seine Sturzbahn zielte sichtlich geradewegs auf das Panzerschiff *Maryland*, als er einen Treffer erhielt und inmitten einer zwanzig Meter hohen Wassergarbe vom Ozean verschlungen wurde. Zwei weitere Flugzeuge erhielten kurz nacheinander Volltreffer, stürzten brennend ab und explodierten beim Aufschlag auf dem Wasser. Die übrigen zogen wieder hoch und verschwanden am Horizont. Die Matrosen atmeten auf und beglückwünschten sich zu dem verdienten Erfolg. Gegen 17 Uhr tauchten abermals Flugzeuge auf. Waren es die Überlebenden des vorangegangenen Angriffes oder andere, die den Angriff wieder aufnehmen sollten? Die Frage konnte nicht erörtert werden, denn die Luftabwehr hatte sofort wieder das Feuer aus allen Rohren eröffnet.

Einer der Kamikaze stürzte sich auf den schweren Kreuzer *Portland* (CA 33), doch sein Pilot machte unbegreiflicherweise eine Kurve, die ihn aus seiner einwandfreien Bahn warf. Er zerschellte auf dem in der Nähe fahrenden Zerstörer *Aulick* (DD 569). Der Aufprall war erschreckend heftig, das kleine Fahrzeug wurde völlig aus seinem Kurs geworfen. Der sogleich ausgebrochene Brand konnte aber schnell gelöscht werden. An Bord zählte man viele

Tote und Verwundete, und der mittlere Teil des Schiffes glich einem wüsten Haufen aus schwarzem Eisenschrott.

Ein anderes japanisches Flugzeug hatte sich abermals das Panzerschiff *Maryland* zum Ziel gewählt. Die Besatzung des Schiffes war sich völlig klar darüber, was nun kommen mußte, und viele Matrosen zogen instinktiv den Kopf zwischen die Schultern und warteten auf die Erschütterung des Decks unter ihren Füßen, als sie eine Veränderung im Motorgeräusch wahrnahmen. Der Japaner hatte sein Flugzeug aufgefangen und stieg wieder hoch. Niemand begriff, warum.

Der Kamikaze erschien wieder, zog akrobatische Kurven, stieg kerzengerade hoch, und drehte einen Looping. Die Matrosen hielten den Atem an, und sie zollten dem Mut der Meisterschaft des feindlichen Piloten unverhohlen ihre Bewunderung. Schließlich ließ sich der Japaner wie ein Stein senkrecht herunterfallen – nach Schätzung der amerikanischen Offiziere mit einer Fallgeschwindigkeit von 800 Stundenkilometern. Was hatte der Japaner gewollt? Sollte es eine Herausforderung sein oder hatte er das Verlangen gehabt, seinen Tod mit einer Apotheose der Meisterschaft zu verbinden? Wollte er vor seinem Ende sich selbst seine Gelassenheit, seine Kaltblütigkeit beweisen? Man hatte keine Zeit, darüber nachzudenken: das alte Panzerschiff erzitterte plötzlich in allen Fugen, der Kamikaze war an einem der großen 406 Millimeter Panzertürme zerschellt. Die Heftigkeit des Aufpralls hatte die enorme Masse des Turms aus ihrem Rollgeleise gehoben. Sofort brach ein Brand aus.

Inzwischen griffen andere japanische Flugzeuge das Geschwader an; mehrere von ihnen wurden abgeschossen, eines brachte es fertig, die Abwehrmauer zu durchdringen und nach einem Ziel zu suchen. Offenbar war es an seiner Steuerung beschädigt und nicht mehr imstande, ein weiter entfernt fahrendes, großes Schiff zu erreichen, denn es stürzte sich auf den Zerstörer *Saufley* (DD 465), der infolge der gewaltigen Explosion in zwei Teile zu zerbrechen schien. Er sank jedoch nicht und konnte sogar aus eigener Kraft eine Reparaturbasis erreichen.

Die angeführten Beispiele sprechen für die ausgezeichnete Qualität des amerikanischen Materials. Die amerikanischen Werften brachten es fertig, in einem ungewöhnlichen Tempo Schiffe aller

Gattungen zu bauen, ohne daß dadurch die Zuverlässigkeit und Kampfkraft beeinträchtigt worden wären. Man darf nicht übersehen, daß der Kamikaze-Angriff drei verschiedene, zerstörende Wirkungen gleichzeitig hervorrief: 1. Die Explosion der Bombe. 2. Die mit dem Quadrat der Geschwindigkeit multiplizierte Masse des Flugzeuges ergab einen sehr starken, dynamischen Stoß, der sogar Panzerplatten aufzureißen vermochte. 3. Der Treibstoff entströmte von den Behältern des Flugzeuges, entzündete sich und drang durch die von der Explosion erzeugten Breschen und Ritzen in das Innere des Schiffes.

Zu diesen für die Schiffe gefährlichen Folgen des Kamikaze-Angriffes kam schließlich noch die psychologische Wirkung auf die Schiffsbesatzung dazu.

Der Ablauf des Feldzuges

In den ersten Dezembertagen 1944 setzten die Japaner ihre Angriffe fort, verminderten jedoch die Zahl der Flugzeuge. Viele Amerikaner zogen daraus den Schluß, daß sie Schwierigkeiten mit der Ergänzung des Materials hätten, ja daß sie womöglich sogar nur mit Mühe die erforderliche Zahl an Freiwilligen aufbringen könnten. Sie irrten; das japanische Oberkommando hatte zwar den Umfang der Angriffe herabgesetzt, aber aus einem anderen Grunde. Gewisse Anzeichen wiesen darauf hin, daß die Amerikaner neue Operationen vorbereiteten, und um ihnen entgegentreten zu können, mußten Flugzeuge und Flieger in Reserve gehalten werden.

Am 3. Dezember griff eine kleine Kamikaze-Gruppe eine amerikanische Marineformation an, die in der Bucht von Ormoc kreuzte. Es lag auf der Hand, daß dieses kleine Geschwader unmittelbar bevorstehende Operationen vorbereitete. Zwei Flugzeuge stürzten sich auf den Zerstörer *Cooper* (CC 95), der mit seinen 2200 Tonnen einer neuen großen Zerstörertype angehörte. Das Schiff erzitterte vom Bug bis zum Heck und brach mitten auseinander. Mit dem größten Teil seiner Besatzung versank es innerhalb weniger Minuten. Ein nicht weit von ihm fahrendes Lazarettschiff wurde von einem anderen Kamikaze knapp verfehlt.

Die auf Leyte vorrückenden Truppen MacArthurs stießen auf

stärker werdenden Widerstand, weshalb das amerikanische Kommando beschloß, eine Landung im Rücken des Gegners durchzuführen. Ein kleiner Geleitzug bahnte sich den Weg in die Bucht von Ormoc und setzte am 7. Dezember, dem Jahrestag von Pearl Harbour, Teile der 77. Infanteriedivision etwa sechs Kilometer südlich der Ortschaft Ormoc an Land.

Die Japaner entsandten eine kleine Formation von Todesflugzeugen zum Angriff auf die vor Anker liegenden Fahrzeuge. Die Truppen befanden sich bereits an Land. Der Zerstörer *Mahan* (DD 364) wurde das Opfer von mindestens zwei Kamikazes, die ihn außer Gefecht setzten; wenige Augenblicke später ging er unter. Auch der alte Transporter *Ward* (APD 16) wurde getroffen und so schwer beschädigt, daß man sich entschloß, ihn zu versenken.

Vier Tage danach, am 11. Dezember, wurde ein für den Brückenkopf von Ormoc bestimmter Nachschub-Geleitzug von japanischen Flugzeugen angegriffen. Innerhalb weniger Minuten mußten die Amerikaner erhebliche Verluste hinnehmen. Der Zerstörer *Reid* (DD 369), auf dem zwei, wenn nicht drei Kamikazes aufprallten, ging in einem riesigen Wasserstrudel unter, der Zerstörer *Caldwell* (DD 606) wurde gleichfalls getroffen, konnte jedoch aus eigener Kraft das Weite suchen.

Es ließ sich nicht mehr bestreiten, daß die Japaner ihre Taktik verbessert und mit weniger starken Einheiten Erfolge erzielten, die nicht ohne Folgen bleiben konnten. Die Japaner waren begeistert und wurden zur Fortsetzung der Selbstmordunternehmen ermutigt. Mit jedem Sieg nahm die Zahl der Bewerber für das *Jibaku* zu. Dies ging so weit, daß es mitunter zwei bis dreimal so viele Bewerber, als zur Verfügung stehende Flugzeuge gab. Die Amerikaner wiederum sahen sich veranlaßt, die Wachsamkeit ihrer ohnehin schon so wirksamen Luftabwehr weiter zu steigern.

Die amerikanische Infiltration in der westlichen Flanke der Philippinen beunruhigte das japanische Oberkommando. Sie bedrohte nicht nur die Verbindungen zwischen den Inseln des Archipels, sie bildete auch eine unmittelbare Gefährdung von Mindoro und von Luzon. Am Abend des 13. Dezember meldeten mehrere Aufklärer, daß eine bedeutende *Task Force* mit Kurs nach Westen die Meerenge von Surigao durchfuhr. Dies konnte nur eine neue amphibische

Operation der Amerikaner bedeuten, und die Japaner entschlossen sich zu einem kräftigen Gegenangriff in der Luft.

Im Morgengrauen des 14. Dezember starteten elf Maschinen der japanischen Marine, unter ihnen vier Wasserflugzeuge, zu einem Aufklärungsflug südlich der Insel Negros; Stunden vergingen, ohne daß eine Meldung über eine Fühlungnahme mit dem Gegner eintraf. Da die Bedrohung nicht ernst genug genommen werden konnte, versammelte das japanische Kommando in aller Eile eine erhebliche, wenn auch in ihrer Zusammensetzung sehr bunte Flotte von Flugzeugen, um die dreiste Invasion der Amerikaner abzuwehren.

In Mabalacat starteten zwei *Nakajima-Saiun-Aufklärer*, 23 *Kawanishi Shiden-Jagdflugzeuge*[3], 30 *Mitsubishi Zero-Jäger* und sechs zweimotorige *Nakajima Gingas*[4]. Von einem Mabalacat benachbarten Flugfeld aus startete eine unter dem Befehl von Seekadett der Reserve, Yonosuke Iguchi stehende Einheit von drei *Suisei-Sturzbombern.* Es war dies der bedeutendste japanische Flugzeugverband, der seit der Errichtung von Kamikaze-Formationen einen Luftangriff unternahm. Da über die Position der am Abend vorher gemeldeten feindlichen Flotte noch keine weiteren Meldungen vorlagen, sollte dieser Verband bis südlich von Negros vorstoßen und sodann das Meer von Mindanao aufklären. Der Himmel war mit einer Unmenge von unzusammenhängenden, in verschiedenen Höhen treibenden Wolken bedeckt, doch blieb die Sicht zunächst noch einigermaßen gut. Der große Verband flog Kurs nach Süden, als er in einer Entfernung von etwa 200 Kilometern vom Startfeld von mehreren Staffeln amerikanischer *Grumman Hellcat-Jäger* angegriffen wurde. Die Heftigkeit des Angriffes riß den japanischen Verband auseinander. Er mußte sich zerstreuen, wenn er den „Yankees" entkommen wollte. Die atmosphärischen Bedingungen verschlechterten sich sehr schnell, die Sicht verminderte sich auf einige hundert Meter und die japanischen Gruppen sahen sich gezwungen, ihren Auftrag aufzugeben und auf dem nächstgelegenen Flugplatz zu landen. Kurz darauf erfuhr der japanische Kommandeur, daß der größte Teil seiner Flugzeuge ohne Schwierigkeiten gelandet war und am folgenden Tag wieder auf seiner Basis eintreffen werde.

Nur die drei *Suisei* hatten keine Landung unternommen. Man hielt sie bereits für verloren, als gegen 11.50 Uhr der Seekadett Iguchi über Funk meldete, daß er trotz andauernden Suchens kein feindliches Schiff entdecken könne. Er sandte die beiden Begleitflugzeuge zurück und setzte allein die Suche fort. Iguchis Maschine verfügte über eine genügend große Treibstoffreserve, um ihm die Weiterführung des Auftrages zu ermöglichen. Iguchi hätte wohl auf Cebu landen und von dort den Angriff wieder aufnehmen können, wenn seine Bombe nicht bereits mit dem Zünder versehen gewesen und daher bei einer Landung unweigerlich explodiert wäre. Er hatte zwar versucht, die Bombe abzuwerfen, dabei aber feststellen müssen, daß die Auslösevorrichtung verklemmt war. Iguchi meldete die Situation seinen Vorgesetzten über Funk. Er habe beschlossen, Kurs auf Leyte zu nehmen, um dort ein Ziel zu finden.

Um 12.30 Uhr traf von Iguchi folgende Meldung ein: „Bin über dem Golf – keine feindlichen Jäger!"

Die um den Lautsprecher der Kommandostelle versammelten Kameraden vernahmen mit geschlossenen Augen schweigend die Meldung. Im Geist vergegenwärtigten sie sich das Schicksal ihres einsamen Kameraden, der vielleicht in diesem Augenblick dem mörderischen Feuer der Luftabwehr ausgesetzt war. Sie nahmen an, daß alles längst vorbei wäre, als der Funk neuerdings zu knistern begann: „12.37 Uhr ich greife an – Tenno Banzai!"[5]

Das Opfer des Seekadetten Iguchi schien jedoch ohne Erfolg geblieben zu sein.

Mittlerweile hatten andere Kamikaze-Einheiten einen feindlichen Geleitzug im Meer von Jolo aufgespürt und angegriffen. Sie befolgten nunmehr die praktisch erprobte Methode und fielen, einer nach dem anderen, über die amerikanischen Schiffe her. Das intensive Abwehrfeuer brachte mehrere von ihnen zum Absturz, war aber nicht imstande zu verhindern, daß andere das Sperrfeuer durchbrachen. Eines der japanischen Flugzeuge warf sich mit unheimlicher Geschwindigkeit auf den leichten Kreuzer *Nashville* (CL 43), das Admiralsschiff des Geschwaders. Schwer getroffen mußte das Schiff umkehren und der provisorischen Reparaturbasis auf Leyte zusteuern. Der Verlust an Menschen war besonders groß:

133 Tote und mehr als 190 Verwundete waren zu beklagen. Die *Nashville* mußte sich einem von einem Kamikaze außer Gefecht gesetzten Zerstörer anschließen.

Ungeachtet dieses Angriffes verfolgte der Geleitzug seinen Kurs weiter, und am Morgen des 15. Dezember betraten 28.000 Mann festen Boden im südlichen Teil der Insel Mindanao. Diese auf halbem Weg zwischen Leyte und Luzon gelegene Insel bildete einen notwendigen Schritt der auf die Besitzergreifung von Luzon, der größten und weitaus am besten verteidigten Insel, ausgerichteten Operation. Am 15. Dezember erschienen Todesflieger über dem Brückenkopf von Mindoro und griffen die dort eingelaufenen Schiffe an. Das Abwehrfeuer verhinderte, trotz wiederholter Angriffe, das Herankommen der meisten Japaner an ihre Ziele. Dennoch wurden zwei große Truppentransporter vom Typ LST (472 und 738) versenkt und andere beschädigt. In diesem Abschnitt waren an diesem und am folgenden Tag keine weiteren Unternehmen zu verzeichnen.

Drei Tage später, am 18. Dezember, ereignete sich ein unerwarteter Vorfall. Ein Taifun von außergewöhnlicher Geschwindigkeit und unerhörter Heftigkeit überraschte die 3. amerikanische Flotte östlich der Philippinen. Haushohe Wellen und Windstöße von unvorstellbarer Wucht erschütterten selbst die größten Schiffe und stießen sie herum, als wären es Ruderboote. Der Taifun verzog sich ebenso rasch wie er gekommen war, hinterließ aber erschreckende Verwüstungen.

Die Zerstörer *Spence, Monaghan und Hull* waren untergegangen. Zahlreiche Schiffe erlitten schwere Schäden, unter ihnen der leichte Kreuzer *Miami* und die Flugzeugträger *Monterey, San Jacinto, Cowpens, Cabot, Altamaha, Nehenta Bay, Cap Esperance* und *Kwajalein.* Ungefähr 800 Mann waren getötet oder verwundet, 186 Flugzeuge ins Meer geschwemmt oder unbrauchbar geworden. Die Verluste waren schwerwiegender als jene nach irgendeiner der vorhergegangenen Schlachten. Die 3. Flotte mußte sich zur Durchführung der Reparaturarbeiten nach Ulithi zurückziehen. Die ihr bei den vorgesehenen Operationen zugedachte Aufgabe vermochte sie nicht zu erfüllen.

Im amerikanischen Lager war über die katastrophalen Folgen

des Taifuns Stillschweigen angeordnet und auch gehalten worden, allein die Japaner hatten dennoch über die der feindlichen Flotte zugefügten Schäden einiges erfahren. So mancher Japaner, vielleicht mit mehr Phantasie begabt oder mystischer veranlagt als seine Mitbürger, erblickte im Taifun die Auswirkung des göttlichen Atems, der im 13. Jahrhundert die feindliche Flotte vernichtete und das ewige Japan vor der Katastrophe bewahrt hatte. Aber zwischen den beiden Ereignissen eine Parallele zu ziehen, wäre wohl nur dann begründet gewesen, wenn die Amerikaner nicht ein riesiges maritimes Arsenal zur Verfügung gehabt hätten, dessen Qualität und Quantität die Überwindung dieses schweren Schicksalschlages ermöglichte.

Dennoch begannen die Ausfälle, die neben diesem unerwarteten Verlust durch die Kamikaze-Angriffe seit dem 25. Oktober verursacht worden waren, die amerikanische Führung zu beunruhigen. Man hegte ernstliche Befürchtungen für den Fall, daß der Gegner das Verfahren noch weiter verbessern sollte. Mit den Flugzeugträgern *Princeton* und *St. Lo* und dem am 1. November im Golf von Leyte versenkten Zerstörer *Abner Read* (DD 526) – aber nicht mitgerechnet die in der Schlacht von Leyte erlittenen Verluste – waren es immerhin sechs Schiffe von einiger Bedeutung, die den Schlägen der japanischen Luftwaffe zum Opfer gefallen waren. Die Schiffe, die wegen schwerer Beschädigungen aus dem Einsatz genommen werden mußten, zählten nach Dutzenden.

Die unmittelbare drohende Invasion

Auf Leyte hatte die Landung vom 7. Dezember die Lage schlagartig verändert. Die Truppen der 77. Division hatten die Ortschaft Ormoc erobert und die japanischen Linien durchbrochen. Die Division trat den Vormarsch zur Vereinigung mit der 1. Division an, die am 21. Dezember 1944 stattfand. An diesem Tag brach der japanische Widerstand zusammen und blieb auf einige, wenn auch sichere Widerstandsnester beschränkt. Die Eroberung der Insel war zwar noch nicht abgeschlossen, die größte Gefahr jedoch beseitigt, und das amerikanische Kommando konnte neue Operationen ins Auge fassen.

Auf Mindoro stieß der amerikanische Vormarsch auf keine nennenswerten Schwierigkeiten. Bei einem Luftangriff, der am 21. Dezember gegen die vor der Invasionsküste auf hoher See kreuzenden Schiffe gerichtet war, wurden abermals zwei Transporter LST (460 und 749) versenkt und andere beschädigt. Unterdessen hatten amerikanische Truppen in Verbindung mit philippinischen Partisaneneinheiten die Herrschaft über die Insel Samar wiedergewonnen.

Um der von den Kamikazes drohenden Gefahr zu begegnen, traf Vizeadmiral John MacCain, Chef der *Task Group 38–1* und stellvertretender Chef der *Task Group 38*, die nachstehenden Maßnahmen:

Durch intensive Schulung wurde die Dichte und Genauigkeit des Abwehrfeuers gesteigert; an Bord seiner Kampf-Flugzeugträger wurde zu Lasten der Sturzbomber die Zahl der Jagdflugzeuge erhöht, die Zahl der Jagdpatrouillen („Dauerschirm" genannt) verdoppelt, mitunter verdreifacht; über den Flughäfen auf den Philippinen, besonders jenen auf Luzon, waren nahezu ständig Jagdflugzeuge im Einsatz. Diese einander ablösenden Jäger hinderten die Kamikazes an der Durchführung großer Luftoperationen und zerstörten eine Menge japanischer Maschinen am Boden: In wenigen Tage wurden annähernd 200 japanische Flugzeuge vernichtet. Zwar gelang es einigen japanischen Todesfliegern auf Hilfsflugplätzen oder weniger scharf überwachten Flugfeldern zu starten, es gelang ihnen jedoch nicht, dem Feind wesentliche Verluste zuzufügen.

Im japanischen Lager hatte die Situation eine dramatische Wendung genommen. Man wußte, daß die Invasion von Luzon unmittelbar bevorstand, und alle Energie wurde aufgewendet, um ihr die Stirn zu bieten. Aber die enormen Verluste hatten die Anzahl der einsatzfähigen Flugzeuge stark vermindert. Kaum hundert Flugzeuge waren übriggeblieben, und selbst von diesen waren etliche Zwanzig nicht mehr einsatzfähig. Dazu kam der von der amerikanischen Marine und Luftwaffe immer enger gezogene Blockadegürtel um den Archipel, der den Nachschub nahezu unterband. Die japanischen Vorräte an Treibstoff reichten auf Luzon für etwa zehn Kampftage.

Die letzte Verstärkung der japanischen Luftwaffe auf den Philippinen, eine von Kapitänleutnant Kanaya befehligte Gruppe von 13 *Zero-Jägern*, verließ das Fluggelände von Genzan auf Formosa in der Nacht vom 23. auf den 24. Dezember. Die Gruppe überflog in der Dunkelheit die Meerenge von Bashi und landete vor Sonnenaufgang bei Mabalacat. Die Flugzeuge wurden sofort unter Bäumen verborgen, während die Piloten die Anweisungen für ihren Einsatz entgegennahmen.

Zur See wurde der amerikanische Schiffsverkehr mit jedem Tag lebhafter. Hunderte von Schiffen aller Kategorien durchfurchten die Gewässer rings um die zentralen Inseln des Archipels, sei es zur Versorgung bereits früher gelandeter Truppen, sei es zur Vorbereitung neuer Operationen.

Die Führung der japanischen Luftwaffe, der keine der feindlichen Bewegungen zur See entging, beschloß einzugreifen. Am 30. Dezember starteten vom Fluggelände bei Mabalacat mehrere Kamikaze-Einheiten und überfielen eine dieser Nachschub-Geleitformationen auf der Höhe von Mindoro. Acht Kamikazes zerschellten auf ihren Zielen, versenkten vier Schiffe und beschädigten vier weitere. Unter den Schiffen, die an diesem Tag verlorengingen, befand sich der Tanker *Porcupine* (IX-126) und ein Munitionstransporter, der in einer gigantischen Flamme von mehr als hundert Metern Höhe buchstäblich in Stücke gerissen wurde. Seine ganze Besatzung fand den Tod. Ebenfalls vor Mindoro wurden zwei Tage danach andere Transporter mehr oder weniger beschädigt; ein mit Sprengstoffen und Munition beladener Frachter löste sich förmlich in Luft auf. In diesem Frontabschnitt gab es keine weiteren Kamikaze-Angriffe mehr.

Die Rückeroberung von Luzon

Das japanische Oberkommando hatte eine genaue Vorstellung von den Absichten der Amerikaner und hatte auch den Ablauf der Operationen vorausgesehen. Die Besitzergreifung der großen Insel Luzon war eine Voraussetzung für die von den Amerikanern geplanten weiteren Operationen. Die Invasion sollte in den ersten Tagen des Januar 1945 erfolgen. Auf Grund der militärischen Lage auf den nunmehr in amerikanischen Händen sich befindenden Inseln Leyte und Mindoro hatten die Japaner ein auf den Tag berechnetes Schema der bevorstehenden Ereignisse entworfen.

Radio Tokio hatte in seiner in englischer Sprache gehaltenen Sendung vom 28. Dezember angekündigt, die Invasion auf Luzon würde am 9. Januar erfolgen. Das stimmte tatsächlich.

Nicht so sicher aber waren die Japaner hinsichtlich der Stelle der geplanten Landung. Viele Offiziere waren geneigt anzunehmen, die erste Landung würde im Golf von Lingayen erfolgen, der in der Geschichte schon wiederholt Schauplatz ähnlicher Begebenheiten war.

Nicht ausgeschlossen war aber auch eine Landung der Amerikaner im Gebiet von Aparri, im äußersten Norden Luzons, im Rücken der japanischen Stellungen.

Auf der amerikanischen Seite waren die Vorbereitungen voll im Gang. Hunderte von Schiffen waren mit dem Einschiffen der Vorräte beschäftigt. Am 2. Januar 1945 setzte sich die erste Formation unter dem Befehl von Vizeadmiral Jesse B. Oldendorf durch die Meerenge von Surigao mit Kurs nach dem Westen in Bewegung. Sie zählte 164 Schiffe (6 alte Panzerschiffe, 12 Geleit-Flugzeugträger, 10 Zerstörer, 63 Minensuchboote und 73 Hilfsfahrzeuge). Am späten Nachmittag des gleichen Tages wurde die Durchfahrt einer so großen Flotte von einem japanischen Beobachter, der sich im Glockenturm eines kleinen Dorfes im Nordosten von Mindanao eingenistet hatte, bemerkt. Die Nachricht wurde an das japanische Kommando weitergeleitet und hatte die Entsendung einiger Selbstmordflugzeuge zur Folge. Die Luftabwehr trat umgehend und wirksam in Aktion; nur einem einzigen Flugzeug gelang das *Jibaku.* Es explodierte auf einem Tanker, der aber erstaunlicherweise nicht in Brand geriet und seinen Kurs weiter verfolgen konnte; nur zwei Mann fielen bei diesem Angriff. Die Japaner ließen die Invasionsflotte nicht aus den Augen. Aufklärungsflugzeuge begleiteten sie fast ohne Unterbrechung auf ihrer Fahrt mit Kurs Nordwest nach dem Südchinesischen Meer. Am 4. Januar stellten sich abermals, während das Geschwader die Insel Panay westlich umfuhr, im Lauf des Nachmittags japanische Flugzeuge ein. Es waren zweimotorige Maschinen eines Typs, der den Amerikanern bis dahin unbekannt war. Einige wurden, bevor sie zum Sturzflug ansetzen konnten, abgeschossen, einer durchbrach jedoch das mörderische Sperrfeuer und griff den Geleit-Flugzeugträger *Ommaney Bay* (CVE 79) an. Die Maschine zerschellte auf der Mitte des Flugdecks und entfachte dort einen gigantischen Brand. Das Schiff wurde von den Explosionen, die in den Munitionskammern erfolgten, in einem solchen Umfang zerstört, daß der Kapitän sich zur Räumung entschließen mußte. Damit das Wrack nicht in japanische Hände falle, vollendete ein amerikanischer Zerstörer das Werk des Kamikaze.

In Mabalacat hatte sich Kapitänleutnant Kanaya, der aus Formosa kam und am 24. Dezember eingetroffen war, schnell die Achtung und Anerkennung aller erobert. Unermüdlich hatte er für die Schulung seiner Leute gesorgt; er forderte viel und erreichte ein Maximum an Genauigkeit, Schnelligkeit und Leistung. Hart gegen sich selbst, von einer in jeder Hinsicht bemerkenswerten Aufrichtigkeit und Rechtschaffenheit, war Kanaya geradezu der Typ des Soldaten vom reinsten Samurai-Stil. Innerhalb weniger Tage war er zum Symbol und Vorbild der Kamikaze geworden. Auf Grund seiner wichtigen Rolle in der Schulung und Organisation des Kamikaze-Korps in Mabalacat wurden alle seine Bewerbungen um die Teilnahme an einer Selbstmordaktion zunächst zurückgewiesen.

Am Abend des 4. Januar erhielt Kanaya endlich die Bewilligung zum Start mit der nächsten Kamikaze-Einheit. Die militärische Lage erforderte dringend ein Eingreifen der Luftwaffe. Die 7. amerikanische Flotte befand sich noch auf der Fahrt in nordwestlicher Richtung und hatte den Breitengrad von Manila erreicht. Am 5. Januar startete Kanaya in Mabalacat mit 15 *Spezial-Zeros* und zwei *Geleit-Zeros*. Er nahm Kurs auf die von einem Aufklärerflugzeug gemeldete Position.

Nach etwa einer Flugstunde entdeckte Kanaya die feindliche Flotte und zugleich auch die Geleit fliegende große Formation von *Hellcat-Jägern*. Die beiden Gegner hatten einander im selben Augenblick erblickt und gingen sofort zum Angriff über. Die glänzende Schulung, die Kanaya seinen Schülern hatte zuteil werden lassen, trug ihre Früchte. Nach einem kurzen Luftkampf, in dessen Verlauf eine einzige japanische Maschine abgeschossen wurde, gelang es den Japanern, sich den Schiffen zu nähern. Auch das sofort einsetzende Abwehrfeuer konnte sie nicht von ihrem Vorhaben ablenken.

Kapitänleutnant Kanaya schaukelte mit den Flügeln seiner Maschine. Das war das Zeichen für den Angriff; die Maschine ging zum Sturzflug auf den Geleit-Flugzeugträger *Manila Bay* (CVE 61) über. Ein mächtiger orangefarbiger Blitz und hoch in die Luft geschleuderte Splitter folgten. Die Kamikaze Kanayas griffen nun nacheinander an, und vier von ihnen zerschellten auf dem schweren australischen Kreuzer *Australia,* dem schweren amerikanischen Kreuzer *Louisville* (CA 28), einem Zerstörer und einem Landetransporter vom Typ LCI. Vier andere Kamikaze des Verbandes verfehlten ihr Ziel nur knapp und explodierten bei der Berührung mit dem Wasser so nahe bei den Schiffen, daß sie diese beschädigten; mehrere Flugzeuge wurden von der Luftabwehr abgeschossen, bevor sie ihr Ziel erreicht hatten. Keines der getroffenen Schiffe sank, trotzdem war dieser Angriff für die Amerikaner höchst beunruhigend. Doch er war die letzte größere Operation des 1. Kamikaze-Korps, das über keine einsatzfähigen Flugzeuge mehr verfügte.

Schwanengesang

Das Bodenpersonal des 1. Kamikaze-Korps, das wochenlang überfordert worden war, konnte sich mit dem Gedanken, daß es nun ohne Arbeit wäre, nicht abfinden. Die am Nachmittag des 5. Januar eingelangten Berichte über amerikanische Geleitzüge, von denen einer 700 Schiffe zählte, verdoppelten ihren ohnmächtigen Zorn. Noch nie hatte eine so gewaltige Armada die philippinischen Gewässer befahren.

In einer Waldlichtung am Rande des Fluggeländes von Mabalacat lagen als nicht mehr reparabel abgeschriebene Flugzeuge. Die Mechaniker des Bodenpersonals der 1. Luftflotte machten sich in der Nacht an die aussichtslos scheinende Aufgabe, einzelne dieser Maschinen wieder instandzusetzen. Sie arbeiteten die ganze Nacht. Bei Tagesanbruch, am 6. Januar, meldete sich der Chefmechaniker beim Kommandanten Tamai und übergab ihm feierlich fünf einsatzfähige *Zero-Jäger.* Auf seine Weise hatte das Bodenpersonal von der gleichen Begeisterung und dem gleichen Kamikaze-Geist Zeugnis abgelegt, der die Todespiloten beseelte.

Kommandant Tamai, über diese Leistung der Mechaniker zu Tränen gerührt, versammelte sogleich die 30 Piloten der Basis, teilte ihnen die Neuigkeit mit und forderte sie auf, sich zum letzten Todeseinsatz zu melden. Alle dreißig erhoben die Hand und Tamai bestimmte die Seekadetten Yuzo Nakano und Kunitane Nakao zu Staffelführern von zwei Staffeln, von denen die eine aus drei, die andere aus zwei Flugzeugen bestand.

Die Angriffe der amerikanischen Luftwaffe hatten in den letzten Wochen weiter angedauert, und es verging kein Tag, an dem nicht feindliche Flugzeuge über Mabalacat wahrzunehmen waren.

Es war ein Wunder, daß keines der zum Leben wiedererweckten fünf Flugzeuge am Boden zerstört wurde. In einer Pause der feindlichen Überfälle starteten die fünf *Zeros* um 16.45 Uhr. Als sie beim Kommandostand vorbeirollten, riefen die Piloten dem Kommandanten ihren Dank dafür, daß er sie ausgewählt hatte, zu. Die Maschinen stiegen hoch und nahmen Kurs auf Lingayen, wo die Anwesenheit eines größeren amerikanischen Geschwaders gemeldet worden war.

Die Flotte des Admirals Oldendorf erschien am 6. Januar im Golf von Lingayen und leitete sogleich die Landung ein. Die amerikanischen Matrosen ahnten, daß ihnen ein heißer Tag bevorstand. Der klare Himmel und die stille See konnten sie über den kommenden Sturm nicht hinwegtäuschen. Unter dem Schutz der Schiffsgeschütze begannen die Minensucher in den Gewässern breite Fahrrinnen für die Schiffe freizumachen. Die wenigen Minen und Unterwasserhindernisse wurden schnell beseitigt. Die Geschützbedienungen auf den Schiffen warteten gespannt. Sie kontrollierten immer wieder ihre Geschütze und die Munitionsvorräte und schwenkten die Panzertürme. Es erleichterte sie geradezu, als endlich auf den Radarschirmen die Annäherung feindlicher Flugzeuge festgestellt wurde. Um 11.45 Uhr tauchten über dem Golf von Lingayen mehrere Gruppen des 2. Kamikaze-Korps auf. Sämtliche Geschütze der Amerikaner eröffneten das Feuer. Nach wenigen Sekunden war der vorher noch klare Himmel voll von schwarzen Rauchwolken, leuchtenden Blitzen und

Feuerstrahlen. Die Luftabwehr war noch nie so schlagkräftig gewesen; die Geschützbedienungen schlugen Rekorde an Geschwindigkeit.

Die japanischen Flugzeuge kamen, die Flotte gruppenweise umkreisend, heran und suchten den günstigsten Angriffswinkel. Der erste Kamikaze setzte kurz nach Mittag zum Sturzflug an. In Abständen von jeweils ein paar Minuten folgten ihm seine Kameraden. Während die Aufprallblitze auf den Schiffen einander ablösten, trafen weitere Flugzeuge ein. Die Japaner schienen alle ihre Reserven in die Schlacht werfen zu wollen, die sie offenbar als den letzten Opfergang des Feldzuges betrachteten. Es war ihr Schwanengesang.

Die japanischen Piloten operierten in kleinen Einheiten und die Atempausen zwischen den Angriffen waren kurz. Zwar wurden viele ihrer Flugzeuge von den amerikanischen Jägern und der Luftabwehr abgeschossen, aber die Zahl der Angreifer, ihr Elan und ihre Selbstverleugung waren so groß, daß ein paar Dutzend Kamikaze das *Jibaku* gelang.

Im Lauf des Nachmittags ergab eine erste Bilanz folgendes Bild: jedes der Panzerschiffe, die *California* (BB 44) und die *New Mexico* (BB 40) war von mindestens zwei Todesflugzeugen angeschlagen worden. Der leichte Kreuzer *Columbia* (CL 56), drei Zerstörer und ein Versorgungsschiff für Wasserflugzeuge hatten je einen Treffer erhalten. Der Minensucher *Long* (DMS 12) war nach zwei Treffern gesunken. Ein anderer Minensucher, die *Hovey* (DMS 11), und der Transporter *Brooks* (APD 10) waren beide schwer havariert und sanken einige Stunden später. Das zweitemal seit ihrem Einsatz waren die schweren Kreuzer *Australia* und *Louisville* angeschlagen worden.

Die japanischen Angriffe endeten gegen 17 Uhr. Doch hatten sich die amerikanischen Matrosen von der Aufregung des Kampfes noch nicht erholt, als um 17.30 Uhr eine neue japanische Kampfgruppe über dem Golf erschien. Es waren das jene fünf letzten Flugzeuge des 1. Kamikaze-Korps, die um 16.45 Uhr in Mabalacat aufgestiegen waren. Trotz des ungewöhnlich starken Abwehrfeuers führten alle fünf Flieger ihre Sturzangriffe durch. Getroffen wurde ein Kreuzer, ein Panzerschiff und drei große

Transporter. Es war das an diesem Tag der letzte Angriff. Diese gewaltige Schlacht, die bedeutendste des ganzen philippinischen Feldzuges, hatte die Bestände der japanischen Luftwaffe auf dem Archipel aufgebraucht. Dutzende japanischer Piloten hatten in der vergeblichen Hoffnung, dem Vorstoß des Gegners Einhalt gebieten zu können, ihr Leben gelassen. Die Schlußbilanz der Schlacht ergab drei versenkte und elf mehr oder weniger schwer beschädigte Schiffe.

Nur an die zwanzig Flugzeuge hatten die Japaner noch auf den Philippinen. Und von diesen waren einige nicht mehr imstande, vom Boden abzuheben. Nur der unermüdlichen Arbeit der Mechaniker und der grenzenlosen Hingabe des gesamten Bodenpersonals war es zu verdanken, daß eine gewisse Anzahl doch noch in Dienst gestellt werden konnte. Große Unternehmen in der Luft kamen freilich nicht mehr in Frage. Angriffe wurden fortab nur mehr von kleinen Einheiten oder einzelnen Flugzeugen geflogen.

Die 7. amphibische Flotte des Admirals Daniel E. Barbey kreuzte auf hoher See vor Mindoro. Bei Tagesanbruch des 7. Januar gelang es einem japanischen Flieger, die Radars der Amerikaner zu täuschen und sich den Jagdpatrouillen zu entziehen, die mit dem Schutz der Flotte betraut waren. Der Japaner führte den Sturzflug mit solcher Geschwindigkeit durch, daß die völlig überraschte Abwehr kaum noch eingreifen konnte. Die Explosion einer 127-mm-Granate brachte ihn jedoch noch im letzten Augenblick aus der Sturzbahn. Der Kamikaze explodierte auf der Wasseroberfläche in unmittelbarer Nähe des leichten Kreuzers *Boise* (CL 47), auf dem sich General MacArthur befand.

Am Nachmittag wurde die Flotte das Ziel eines neuerlichen Angriffes. Ein einzelner Kamikaze kam hinter einer Wolke hervor und stürzte sich auf einen LSZ-Transporter. Der Aufprall bewirkte eine Detonation, die meilenweit zu hören war. An Bord der anderen Schiffe rechnete niemand damit, daß der getroffene LST überleben würde. Als der Rauch sich verzog, kam der Transporter, zwar völlig verwüstet, aber immer noch auf dem Wasser treibend, zum Vorschein. Er mußte in den nächsten alliierten Hafen abgeschleppt werden.

Ein wenig weiter im Norden überflog ein Todespilot auf einem wieder instandgesetzten *Zero* den Golf von Lingayen. Er machte sich mit äußerster Geschicklichkeit kleine Wolken zunutze und näherte sich so der amerikanischen Flotte. Um das Abwehrfeuer irrezuführen, flog er unregelmäßige Kurven, suchte sich seine Beute aus und griff an. Er zerschellte auf dem Minensucher *Palmer* (DMS 5), der kurz darauf unterging.

Hundert Meilen von Bataan entfernt sichtete ein japanisches Flugzeug am 8. Januar die 7. Flotte des Admirals Barbey und folgte ihr eine Zeitlang. Die Maschine, ein Spezialjäger *Zero*, hielt sich zunächst außerhalb des Schußbereichs der Abwehr und wählte sich dann mit einer Ruhe und bemerkenswerten Kaltblütigkeit, als befände sie sich auf einem Schulungsflug, ihr Ziel aus. Sie durchstieß die Feuermauer der Abwehr, stürzte auf den Geleit-Flugzeugträger *Kadashan Bay* (CVE 76) und setzte ihn außer Gefecht. Das Schiff bot einen schaurigen Anblick und hohe Flammen stiegen aus ihm empor.

Ein zweiter Kamikaze verstand es, sich der Aufmerksamkeit der Amerikaner zu entziehen und wenig später einen Truppentransporter anzufallen. Abermals hätte niemand es für möglich gehalten, daß das mit Menschen vollgepfropfte Schiff den Treffer überleben würde, es blieb flott und setzte seine Fahrt fort. Allerdings war der Verlust von einigen Dutzend Matrosen und Soldaten zu beklagen.

Eine Anzahl japanischer Flugzeuge tauchte an diesem Tage auch über dem Golf von Lingayen auf. Die meisten wurden von amerikanischen Jägern und von der Luftabwehr heruntergeholt. Nur zwei konnten in Angriffsposition gelangen und angreifen. Ihr Opfer war der Kreuzer *Australia*, der innerhalb weniger Tage den dritten und vierten Kamikaze-Treffer erhielt. An Bord des Schiffes waren beträchtliche Schäden entstanden, doch weigerte sich sein Kapitän beharrlich, der dringenden Aufforderung des Admirals Oldendorf nachzugeben und das Schiff aus der Kampfzone herauszunehmen.

Tags darauf, am 8. Januar, wurde auch die Truppen-Transportflotte des Admirals Theodore S. Wilkinson, die auf der Breite von Manila fuhr, von einem einzelnen Flieger angegriffen. Die Sonne war im Untergehen, als das Flugzeug hinter dem Schatten im Osten hervorkam, zum Sturzflug ansetzte und auf dem Geleit-Flugzeugträger *Kitkun Bay* (CVE 71) zerschellte. Seine Explosion entfachte einen heftigen Brand. Das Schiff mußte mit argen Zerstörungen aus dem Verband ausscheren.

Wie von Radio Tokio so erstaunlich vorausgesagt worden war, begann die amerikanische Invasionsflotte am 9. Januar, vor Tagesanbruch, die Landung im Golf von Lingayen. Beim fahlen Schein des Mondes wurden die Landeboote von ihren Kränen herabgelassen und längs der Transporter zur Aufnahme der Truppen aufgereiht. Im Hintergrund, auf hoher See, wurde die Finsternis von den zahllosen Blitzen der Schiffsartillerie zerrissen, die das Gelände, auf dem der Brückenkopf gebildet werden sollte, unter Feuer zu nehmen begann. Das Meer war kaum bewegt, im Osten begann der Horizont sich gelb zu färben.

Kaum daß die Sonne aufgegangen war, wurden drei japanische Kamikaze gesichtet. Mit der Sonne im Rücken von Südost kommend, hatten sie sich unbemerkt genähert; sie griffen an, bevor die Abwehr wirksam reagieren konnte. Der erste hatte es auf einen Geleit-Zerstörer abgesehen, verfehlte ihn, schoß jedoch so knapp über ihn weg, daß er den Mast abriß und in einer Riesenwassergarbe explodierte. Der zweite führte sein *Jibaku* aus und explodierte auf dem Deck des Kreuzers *Columbia.* Das Schiff, das bereits am 6. Januar getroffen worden war, wurde wiederum schwer beschädigt. Der dritte Kamikaze wurde durch einen 127-mm-Volltreffer vernichtet und seine Trümmer flogen brennend in alle Richtungen.

Die gigantische Konzentration der amerikanischen Seestreitkräfte in den engen Gewässern des Golfes von Lingayen hätte für die Japaner ein ideales Angriffsziel bilden können. Sie besaßen aber nicht mehr die Mittel, um sich der Landung zu widersetzen. Die amerikanischen Soldaten gingen an Land, ohne auf ernsthaften Widerstand zu stoßen. Wenige Stunden genügten, um zahlreiche Truppen und enorme Mengen an Material und Verpflegung an Land zu bringen. Der Brückenkopf war nicht mehr zu erschüttern, und die Flugzeuge der amerikanischen Marine und

Armee, die von den auf Mindoro neu eroberten großen Flugfeldern aus operierten, unterstützten den Vormarsch der Truppen und schirmten die amphibische Flotte gegen Luftangriffe ab.

Eine kleine Einheit japanischer Flugzeuge brachte es jedoch am Nachmittag zuwege, alle Hindernisse zu überwinden und zum Angriff zu kommen. Zwei Kamikazes gelang das *Jibaku.* Das Panzerschiff *Mississippi* (BB 41) wurde getroffen und die Besatzung verlor an Toten und Verwundeten nahezu hundert Mann. Der vom Schicksal gezeichnete Kreuzer *Australia* mußte den fünften Kamikaze-Treffer über sich ergehen lassen. Der stolze Kreuzer war kaum noch zu erkennen, so groß waren die auf ihm angerichteten Zerstörungen.

Von ihrem Geheimdienst waren die Amerikaner am 9. Januar 1945 von der Ausweitung des Kamikaze-Prinzips auf alle Formationen der japanischen Streitkräfte unterrichtet worden. Die amerikanischen Infanteristen hatten schon oft Gelegenheit gehabt, den Fanatismus der Japaner kennenzulernen. Daher überraschte sie diese Neuigkeit nicht besonders. Bei der Marine hingegen erweckte der Bericht ein gewisses Unbehagen. Von den großen Überwasserschiffen der schwer mitgenommenen kaiserlichen Marine war eine Bedrohung kaum zu befürchten. Aber es gab sicher noch eine große Anzahl Unterseeboote und kleine Fahrzeuge, die gefährlich werden konnten. In dieser Hinsicht blieben die Amerikaner auf Vermutungen angewiesen, aber im Grunde genommen nahmen sie die Sache doch nicht sehr ernst.

Dennoch wurde für die Nacht vom 9. auf den 10. Januar besondere Wachsamkeit angeordnet. Die Flotte der Landetransporter wurde durch einen schweren Rauchvorhang getarnt. Die großen Schiffe hatten wie jede Nacht die offene See aufgesucht. Viele der amerikanischen Seeleute fanden diese Sicherheitsmaßnahmen überflüssig und lächerlich. Indes machten sich kurz nach Mitternacht auf den Bildschirmen der Radars verdächtige Flecken bemerkbar, die nicht von Flugzeugen stammen konnten. Es mußte sich um kleinere Objekte auf der Meeresoberfläche handeln. Die anfängliche Neugierde verwandelte sich in Unruhe, und alle Wachen wurden alarmiert. Die Artillerie feuerte Leuchtgeschosse in die von den Radars angezeigte Richtung und nun konnte man in einer Entfernung von weniger als fünf Seemeilen ein Geschwader von etwa 70 Liliputfahrzeugen ausmachen, das auf die amerikanischen Transporter zusteuerte. Es handelte sich um kleine Kanus, die jeweils von zwei Mann besetzt und am Bug mit einer starken Sprengladung ausgerüstet waren. Den Antrieb besorgten gewöhnliche, fachmännisch angebrachte Kraftfahrzeugmotoren.

Die Amerikaner eröffneten das Feuer aus allen Geschützen. Der weitaus größte Teil der Boote wurde entweder durch direkte Treffer versenkt oder von den Wasserwirbeln zum Kentern gebracht, die die Explosionen der Granaten verursachten. Nur eine Handvoll Boote konnte an die Schiffe herankommen und sie rammen. Als alles beendet und die nächtliche Stille wieder eingetreten war, stellte man fest, daß ein Infanterietransporter (LCI) in den Fluten versunken und sechs andere Fahrzeuge (Frachter, LST und LCI) stark beschädigt worden waren. Es war dies das erstemal, daß die Japaner „Marine-Kamikazes" eingesetzt hatten. Am 10. Januar erschienen abermals über dem Golf von Lingayen Flugzeuge und griffen die amerikanische Flotte an. Zwei Schiffe wurden getroffen und beschädigt. Ein weiterer Angriff einer kleinen Formation fand am 11. Januar statt. Er war gegen die Hilfsfahrzeuge gerichtet, und einer der Todesflieger zerschellte auf dem Transporter *Belknap* (AOD 34). Das arg havarierte Schiff mußte versenkt werden.

Am Tage darauf, dem 12. Januar, griff eine größere Staffel die Amerikaner vor Lingayen an. Neun Schiffe wurden beschädigt, eine Eindruck erweckende Zahl, auch wenn die zugefügten Schäden nicht in allen Fällen erheblich waren. Am 13. Januar wurden drei weitere Schiffe angeschlagen. Und doch sprachen alle Anzeichen dafür, daß die Japaner ihre letzten Reserven eingesetzt und aufgebraucht hatten. Die immer seltener werdenden Angriffe wurden von einzelnen, bestenfalls von zwei Flugzeugen durchgeführt und hörten mit dem 15. Januar ganz auf.

Nicht die Flieger fehlten, sondern die Flugzeuge. Die japanische Luftwaffe auf den Philippinen hatte zu bestehen aufgehört. Die Verteidigung des Archipels lag nunmehr allein in den Händen der von Marschall Graf Terauchi und General Tomoyuki Yamashita befehligten Landstreitkräften.

AMERIKANISCHE SCHIFFE, DIE DURCH KAMIKAZE-ANGRIFFE AUF DEN PHILIPPINEN VERSENKT WURDEN

Verluste der amerikanischen Marine im Kampf um die Philippinen
(Die Liste enthält nur Schiffe von über 1000 Tonnen)

Schiffstyp/Typenbezeichnung	*Name*	*Datum*	*Gewässer*	*
Leichter Flugzeugträger/CVL 23	*Princeton*	24. 10. 44	Leyte	1
Geleit-Flugzeuträger/CVE 63	*St. Lo*	25. 10. 44	Leytc	2
Zerstörer/DD 526	*Abner Read*	1. 11. 44	Leyte	
Zerstörer/DD 695	*Cooper*	3. 12. 44	Ormoc	3
Schnelltransporter/APD 16	*Ward*	7. 12. 44	Ormoc	
Zerstörer/DD 364	*Mahan*	7. 12. 44	Ormoc	4
Zerstörer/DD 369	*Reid*	11. 12. 44	Ormoc	5
Landungsschiff/LST 472		15. 12. 44	Mindoro	
Landungsschiff/LST 738		15. 12. 44	Mindoro	
Landungsschiff/LST 460		21. 12. 44	Mindoro	
Landungsschiff/LST 749		21. 12. 44	Mindoro	
Tanker/IX 126	*Porcupine*	30. 12. 44	Mindoro	7
Geleit-Flugzeugträger/CVE 79	*Ommaney Bay*	4. 1. 45	Panay	6
Minensuchboot/DMS 11	*Hovey*	6. 1. 45	Lingayen	8
Minensuchboot/DMS 12	*Long*	6. 1. 45	Lingayen	9
Schnelltransporter/APD 10	*Brooks*	6. 1. 45	Lingayen	10
Minensuchboot/DMS 5	*Palmer*	7. 1. 45	Lingayen	11
Schnelltransporter/APD 34	*Belknap*	11. 1. 45	Lingayen	12

* Die in dieser Spalte angeführten Zahlen zeigen auf der Karte Seite 163 die Stelle, an der das Schiff versenkt wurde.

V

DIE ESKALATION

Ausklang einer Niederlage

Die wichtigste Waffe Japans, die Luftwaffe, wurde in dem Kampf um die Philippinen völlig vernichtet, was in der Kriegsgeschichte einmalig dasteht. Seit dem 25. Oktober 1944 war nahezu die Gesamtheit ihrer Flugzeuge mit den uns bekannten unterschiedlichen Ergebnissen bei Kamikaze-Unternehmungen eingesetzt worden. Nach den Aufzeichnungen der japanischen Archive hatten 424 Flugzeuge an den Luftangriffen teilgenommen und ungefähr 500 freiwillige Flieger waren dabei gefallen. Für das kaiserliche Oberkommando war indessen die Zahl der versenkten amerikanischen Schiffe und vor allem die eindrucksvolle Zahl der Schiffe, die wegen schwerer Beschädigungen außer Dienst gestellt werden mußten, sehr ermutigend.

Mit einem vergleichsweise bescheidenen Verlust an Flugzeugen waren dem Gegner sehr bedeutende Ausfälle zugefügt worden. Keiner der Zusammenstöße zur See, die der Schlacht im Korallenmeer im Mai 1942 gefolgt waren, hatte ähnliche Ergebnisse gezeitigt. Auch erinnerten sich die Japaner zu gut der Junischlacht 1944 in den Marianen, in der eine annähernd gleiche Zahl von Flugzeugen verlorengegangen war, ohne daß der Feind nennenswerte Verluste zu verzeichnen hatte. Die Notwendigkeit, die Kamikaze-Angriffe fortzusetzen, lag somit klar auf der Hand.

In Anbetracht der überwältigenden qualitativen und quantitativen Überlegenheit der amerikanischen Kräfte konnte kein Zweifel daran bestehen, daß 424 Flugzeuge niemals die Erfolge hätten erzielen können, wenn sie ihre Angriffe nach konventionellen Methoden durchgeführt hätten. Das Kamikaze-Prinzip war demnach in keiner Weise in Frage gestellt; im Gegenteil, man entwarf Pläne zu seiner Ausweitung und Anwendung bei allen zukünftigen Operationen.

Seit der Katastrophe von Leyte einer leistungsfähigen Marine beraubt und ganz ohne Luftwaffe, organisierten die Japaner auf den Philippinen ein ausschließlich auf den bedeutenden Landstreitkräften beruhendes System der Verteidigung. Gegen Ende Dezember 1944 wurde mit aller Energie an der Erreichung dieses Ziels gearbeitet. Japanische Marinesoldaten waren bereits in die Landarmee eingegliedert worden. Am 24. Dezember, dem Tag, an dem die Luftwaffe ihre letzten Reserven einsetzte, verhandelte Admiral Onishi über die Eingliederung seines Luftwaffenpersonals in Einheiten des Landheeres. So sehr auch die Verwandlung in Infanteristen so manchen japanischen Flieger verbittert haben mag, ihre Begeisterung und Entschlossenheit ließen niemals nach. Im Sinne Onishis, dessen Ansichten von vielen Japanern geteilt wurden, brauchte man nicht Flieger zu sein, um Kamikaze zu werden. Es war in erster Linie ein seelischer Zustand.

Im Namen der Angehörigen der aufgelösten 1. Luftflotte verpflichtete sich Admiral Onishi zur Beteiligung an der Verteidigung von Luzon. Vizeadmiral Sugimoto, Chef der 26. Luftstaffel, und Kapitän zur See Toshihiko Odawara, Stabschef der 1. Luftflotte, arbeiteten die Richtlinien ihres Einsatzes aus. Im Verteidigungsplan war der Rückzug des Gros der Armee in den Nordosten der Insel und die Errichtung einer von Nordwest nach Südost diagonal verlaufenden befestigten Stellung vorgesehen. Der den Fliegern zugewiesene Kampfabschnitt lag etliche Kilometer von Banban, einer kleinen Ortschaft, entfernt, in der sich das Stabsquartier der 1. Luftflotte bereits niedergelassen hatte. Die 2. Luftflotte des Admirals Fukudome, die zu diesem Zeitpunkt noch über eine kleine Anzahl von Flugzeugen verfügte, wurde in diese Anordnung nicht miteinbezogen. In den ersten Januartagen 1945 wurde es offenkundig, daß der Fortbestand der japanischen Luftwaffe als einer einsatzfähigen Formation nur noch eine Frage von Tagen sein konnte. Admiral Onishi war sich dieser Tatsache mehr als jeder andere bewußt. Er hatte zwar den Einsatz aller Flugzeuge bei den Selbstmordunternehmungen befürwortet und war dann auch mit der Eingliederung des verbliebenen Luftwaffenpersonals in das Landheer einverstanden gewesen, aber der Gedanke war ihm unerträglich, daß die Luftwaffe den Feldzug nicht einmal als Korps überleben sollte. Onishi bestand daher darauf, daß der Stab der 2. Luftflotte die Philippinen zu verlassen habe, um neue Einheiten aufzustellen und auszubilden. Der Krieg war nicht beendet, und es würden noch weitere Schlachten folgen. Die auf den Philippinen erworbenen, nicht hoch genug einzuschätzenden Erfahrungen durften unter keinen Umständen verlorengehen, sie sollten zukünftigen Fliegern zugute kommen. Auf einer am 4. Januar abgehaltenen Besprechung übte Onishi, um seinen Plan durchzusetzen, Druck auf die Delegierten der 2. Luftflotte aus. Admiral Fukudome zögerte, einen Entschluß zu fassen, weil er noch einige Flugzeuge zur Verfügung hatte, die er im Kampf um den Golf von Lingayen einsetzen wollte. Bei einer neuerlichen Besprechung am 6. Januar gab er jedoch seine Zustimmung zu Onishis Vorschlag.

Am selben Abend trafen sich die beiden Admirale und die Offiziere ihrer Stäbe um einen langen Tisch im Schutzkeller eines Hauses von Banban. Bei getrocknetem Tintenfisch und mit Sake gefüllten Gläsern nahmen die Offiziere feierlich voneinander Abschied. In der Nacht vom 6. auf den 7. Januar landeten zwei zweimotorige *Mitsubishi* Typ I Bomber[1] auf dem Flugfeld von Clark. Sie waren aus Formosa gekommen, um den Stab der 2. Luftflotte zu evakuieren. Admiral Fukudome und seine Offiziere fuhren in Wagen von Banban nach Clark und bestiegen sofort die Flugzeuge. Die beiden Bomber starteten sogleich, um unter dem Schutz der Finsternis von feindlichen Jägern unbehelligt zu bleiben, und landeten unmittelbar vor Tagesanbruch bei Taïnan auf Formosa.

Verlegung nach Formosa

Admiral Onishi, sein Stab und das Personal der 1. und 2. Luftflotte blieben auf den Philippinen, um sich an der Verteidigung als Infanteristen zu beteiligen. Onishi erfüllte diese Aussicht mit einer gewissen Bitterkeit, aber sein Pflichtgefühl und vor allem die

Entschlossenheit und Ergebenheit seiner Leute geboten ihm, sich der neuen Aufgabe voll und ganz zu widmen. Er wußte, daß sie alle dem sicheren Tod entgegengingen. An eine Räumung zu denken kam nicht in Frage, und es war vorauszusehen, daß der Widerstand gegen die Invasion nur mit der totalen Vernichtung aller japanischen Streitkräfte auf den Philippinen enden würde. Onishi wollte aber vermeiden, daß seine persönlichen Aufzeichnungen und die Berichte über die Selbstmord-Aktionen, die die ganze Geschichte der von ihm geschaffenen und weiter entwickelten Kamikaze enthielten, verlorengingen.

Noch in der Nacht vom 6. auf 7. Januar ließ er den Stabsoffizier Kapitän Tadashi Nakajima zu sich nach Banban kommen und erteilte ihm den Auftrag, alle offiziellen Unterlagen zu sammeln und sie an einen sicheren Ort, zunächst auf Formosa, dann nach Japan zu bringen. Von dem unschätzbaren Wert dieser Aufzeichnungen und ihrer historischen Bedeutung für die Menschheit überzeugt, unterstrich Onishi mit Nachdruck, daß Nakajima nicht nur für die Überbringung der Dokumente die Verantwortung trage, sondern als der lebende Zeuge dieser Heldenepoche auch das japanische Volk über den wahren Kamikaze-Geist unterrichten möge.

Nakajima verbrachte den folgenden Tag mit dem Sammeln der Dokumente, von denen er auch je eine Kopie anfertigen ließ, die er dem Seekadetten Takeshi Shimizu, einem Todesfreiwilligen, anvertraute. Am 8. Januar begaben sich die beiden noch vor der Morgendämmerung zum Flugfeld von Mabalacat. Shimizu und sein Pilot bestiegen einen *Suisei-Bomber*, während ein zweiter Pilot und Nakajima, der die Originaldokumente mit sich trug, in einer zweiten Maschine vom gleichen Typ Platz nahmen. Die beiden Flugzeuge starteten in aller Früh und wandten sich der größeren Sicherheit halber auf verschiedenem Kurs nach Norden. Nakajima, dessen Flugzeug wegen einer leichten mechanischen Störung eine Verzögerung in Kauf nehmen mußte, landete einige Stunden später auf Formosa, wo er erfuhr, daß die Maschine Shimizus in dichten Nebel geraten und am Berg Takao zerschellt war.

Das Luftwaffenpersonal der Philippinen, unter ihnen auch

freiwillige Flieger, zog die Kampfschuhe an, rüstete sich mit Handfeuerwaffen aus und machte sich auf den Weg in die Berge. Die Männer machten einen Gewaltmarsch, um die ihnen zugewiesenen Stellungen ehestens zu besetzen. An die ihnen bevorstehende Odyssee dachte wohl keiner.

Am Nachmittag des 8. Mai traf eine höchst überraschende Botschaft vom Stab der vereinigten Flotte in Banban ein. In einem Diensttelegramm bestätigte Admiral Soemu Toyoda die bezüglich der Verwendung des Personals getroffenen Anordnungen, befahl jedoch dem Stab der 1. Luftflotte, sich mit Piloten und Bordfunkern zur Weiterführung des Kampfes nach Formosa abzusetzen. Admiral Onishi traute seinen Augen nicht; er begriff nicht, weshalb das Oberkommando seine früheren Befehle so durchgreifend geändert hatte. Onishi verließ seine Leute ungern, doch der Befehl ließ ihm keine Wahl.

Es bestand zwar die Möglichkeit, die Angehörigen des Stabes auf dem Luftweg zu befördern, dagegen war es wegen des Mangels an Flugzeugen undenkbar, die Flugzeugbesatzungen den Luftweg nehmen zu lassen. Konteradmiral Sugimoto, Vizeadmiral Ichiba Kondo und Kapitän zur See Chuichi Yoshioka sorgten für die Rückberufung der in der Kampfzone zerstreuten Flieger, die den Befehl erhielten, den Weg nach Tsugegarao im Norden von Luzon einzuschlagen. Dort sollten sie auf ihre Verlegung warten.

In der Nacht vom 9. auf den 10. Januar nahmen alle in Banban anwesenden Offiziere Abschied von Onishi und seinen Mitarbeitern, die sich zum Flugfeld Clark begaben. Am 10. Januar um 3.45 Uhr flog ein großes Flugzeug mit Onishi und dessen Stab an Bord ab. Kurz nach Sonnenaufgang näherte es sich im dichten Nebel Formosa. Als der Pilot nach einer Stelle zur Landung Ausschau hielt, empfing ihn heftiges Abwehrfeuer von der Basis Takao. Er schlug einen Haken, kam in niedriger Höhe wieder zurück und landete. Die Artilleristen von Takao wurden rot vor Scham und Verwirrung über ihren Mißgriff. Wenige Minuten später verwüstete ein amerikanischer Luftüberfall den Flugplatz und erinnerte Onishi, sofern er sich selbst darüber noch nicht klar gewesen sein sollte, daran, daß sich Formosa bereits in der vordersten Kampflinie befand.

Die Insel Formosa (Taiwan) war seit Tagen das Ziel häufiger Bombardierungen durch die Amerikaner, und seine Luftbasen hatten Verluste an Mann und Material erlitten. Unter diesen Umständen war es nicht leicht, neue operative Einheiten zu bilden. Onishi richtete sein Hauptquartier in einem Unterstand auf einer östlich von Takao gelegenen Anhöhe ein und übernahm diese undankbare und schwierige Aufgabe. Zunächst mußte die Verlegung der in Tsugegarao und Aparri wartenden Besatzungen der 1. Flotte durchgeführt werden. Wegen des bereits erwähnten Mangels an Flugzeugen und der starken amerikanischen Blockade schien sie aber unmöglich zu sein.

Was undurchführbar erschienen war, gelang schließlich doch. Die unterschiedlichsten Beförderungsmittel wurden eingesetzt, von recht und schlecht wieder instandgesetzten Flugzeugen bis zu Segelbooten. Alle Flieger wurden nach Formosa gebracht. Unglücklicherweise konnte jedoch das Bordfunkerpersonal, wie dies in den Anordnungen des Admirals Toyoda vorgesehen war, nicht mitgenommen werden.

Innerhalb weniger Tage formierte Onishi eine neue Kamikaze-Einheit, die aus Veteranen der Philippinen und jungen Piloten aus den Schulungszentren Formosas gebildet wurde. Der Einheit wurden einige Dutzend Flugzeuge, in der Mehrheit *Zero-Jagdmaschinen,* und etliche *Suisei-Sturzbomber* überlassen.

Mittlerweile hatten die Angehörigen der Luftwaffe auf Formosa den Kampf gegen die amerikanischen Invasionskräfte aufgenommen. Ihr Kamikaze-Geist ersetzte den Mangel an Erfahrung im Infanteriegefecht. Sie verteidigten jeden Fußbreit Boden und legten eine Tapferkeit an den Tag, die derjenigen ihrer Kameraden der Landarmee nicht nachstand. Manchmal fehlte es ihnen an Munition, oft an Nahrung, und sie mußten dem immer stärker werdenden feindlichen Druck weichen. Ein langer Leidensweg von einer Rückzugsstellung zur anderen begann.

Zu den häufigen amerikanischen Fliegerangriffen auf Formosa, deren Ausgangsbasis Flugzeugträger waren, trat gegen Mitte Januar eine neue, nicht minder gefährliche Bedrohung hinzu. Riesenbomber B-29[2] starteten auf Flugplätzen im freien China und griffen Formosa an. Sie erschienen anfänglich nur in kleiner

Anzahl, und ihre Bomben verfehlten ihr Ziel häufiger, als sie es trafen. Aber sie flogen in großen Höhen, was sie unverwundbar machte, und ihre Bombenladung war stark genug, um schwere Zerstörungen zu bewirken.

Am 20. Januar hob Admiral Onishi die erste Kamikaze-Einheit Formosas aus der Taufe. Ihre Besatzungen waren auf dem Flugplatz von Taiwan versammelt, wo Admiral Onishi in seiner Ansprache die von den Todesfreiwilligen auf den Philippinen gebrachten Opfer pries und sie aufforderte, sich ihrer Vorgänger würdig zu erweisen. Die neue Einheit erhielt neben der offiziellen Bezeichnung „1. Kamikaze-Sonderangriffsverband von Formosa" die praktische Benennung *Staffel Niitaka*[3]. Der Zeremonie folgte das traditionelle Mahl. Die Köche hatten es fertiggebracht, so seltene Speisen wie Rindfleisch, Tintenfischkonserven und örtliche Gemüsesorten zu beschaffen. In jener Zeit der Not wurde ein solcher Schmaus sehr geschätzt und mit Heißhunger verzehrt. Ungeachtet der Tatsache, daß die Unternehmungen der neuen Einheit einem organisierten Selbstmord gleichkommen würden, war die Atmosphäre der Tafelrunde entspannt und herzlich. Admiral Onishi, der sonst eher zurückhaltend und hochmütig zu sein pflegte, war bei dieser Gelegenheit leutselig und sprach mit jedermann. Zum Abschluß des Mahles bot er, einer rituellen Sitte folgend, jedem der Freiwilligen persönlich ein Gläschen Sake an.

Am Abend erhielten die Flieger ihre letzten taktischen Anweisungen, und die Neulinge erkundigten sich bei den Veteranen, die kaum älter waren als sie selbst, nach den auf den Philippinen erprobten Angriffsmethoden. Sie waren voll Eifer, zu lernen und es ihren Vorgängern gleichzutun. Admiral Onishi konnte mit Recht auf seine jungen Helden stolz sein.

Der erste Einsatz

Am Morgen des 21. Januar wurde ein großes amerikanisches Geschwader auf der Fahrt in Richtung auf die Insel gemeldet. Zwar hielt Onishi den Augenblick für den Einsatz des jungen Verbandes für verfrüht, aber er entschloß sich dennoch, ihn zu wagen. In aller Eile formierte er drei Angriffsgruppen. Die erste bestand aus zwei *Suiseis* und zwei *Zeros* für den Angriff und zwei *Zeros* als Geleit. Die zweite aus zwei *Suiseis* und zwei *Zeros* für den Angriff wie die erste, aber mit drei *Geleit-Zeros.* Und die dritte aus zwei *Suisei-Angreifern* und zwei *Geleit-Zeros.* Die Gruppen sollten in verschiedenen Richtungen fliegen und sich wieder sammeln, wenn die Gruppe, die als erste den Gegner gesichtet hatte, das Signal hiezu gab.

Das Wetter war schön und die Sicht ausgezeichnet. Ein paar weiße Wölkchen zogen in 1000 Meter Höhe dahin. Auf dem Flugfeld von Taïnan herrschte reges Treiben. Mechaniker und Pistentrupps liefen hin und her, während die Flugzeugmotoren ihr Gedröhn hören ließen. In wenigen Minuten war alles fertig, und die siebzehn Maschinen starteten unter Donnergepolter. Dann wurde es auf dem Flugplatz wieder still und alle warteten auf das Auftauchen der feindlichen Flugzeuge. Die über die ganze Insel verteilten Wachen erforschten den Horizont, und die Geschützbedienungen der Luftabwehr waren auf ihren Posten.

Auf hoher See kam die mächtige 3. amerikanische Flotte unter Admiral Halsey bedrohlich näher. In 200 Seemeilen Entfernung von Formosa starteten die Flugzeuge auf ihren Trägern, formierten sich und nahmen Kurs auf die Insel. Mehrere hundert Flugzeuge, Sturzbomber, Torpedoflugzeuge und Kampfflugzeuge waren eingesetzt. Nach glaubwürdigen Quellen waren die Amerikaner davon überzeugt, sie würden die Japaner überraschen, und nur wenige rechneten mit der Möglichkeit eines feindlichen Angriffs.

Aus der Meerenge von Bashi kommend näherten sich die amerikanischen Flugzeuge Formosa aus südöstlicher Richtung. Kurz bevor die Wachen von Takao zahllose schwarze Punkte am südlichen Horizont erblickten, wurde Alarm gegeben. Die feindlichen Staffeln wandten sich, in Gruppen aufgeteilt, ihren Zielen zu. In Taïnan regnete es förmlich Bomben, deren Krachen sich mit dem Donner der Abwehrgeschütze und Maschinengewehre vermengte.

Der Angriff richtete schwere Verwüstungen an. Zehn vor Anker liegende Schiffe (Frachter und Tanker) wurden versenkt, andere beschädigt. Auf den verschiedenen Flugplätzen wurden an die sechzig japanische Flugzeuge zerstört oder mehr oder weniger schwer angeschlagen.

Während dieser vernichtende Überfall stattfand, waren die drei Kamikaze-Gruppen unterwegs in Richtung auf die amerikanische Flotte. Ein Beobachter der dritten Gruppe scheint die Flotte zuerst gesichtet und das Signal zum Sammeln gegeben zu haben. Im Kampf gegen die die Flotte abschirmenden *Hellcats* wurden einige Angriffs- und Geleitflugzeuge der Japaner abgeschossen, bevor sie die feindlichen Schiffe erreichen konnten. Vier Piloten der 1. und 3. Gruppe gelang es jedoch, die im Nahkampf entstandene Verwirrung auszunützen und sich auf die Schiffe zu stürzen. Ein erster Kamikaze prallte auf dem Flugzeugträger *Ticonderoga* (CV-14) auf und explodierte in einem auflodernden Blitz. Fast im gleichen Augenblick brachte ein zweiter dem leichten Flugzeugträger *Langley* (CV-27) schwere Beschädigungen bei. Unmittelbar darauf führte ein dritter Todesflieger das *Jibaku* auf die bereits angeschlagene *Ticonderoga* aus, und seine Explosion gab dem an Bord schon herrschenden Brand neue Nahrung. Das vierte Flugzeug verfehlte nur knapp den anvisierten Flugzeugträger und zerschellte auf dem in der Nähe fahrenden Zerstörer *Maddox* (DD-731).

Die angerichteten Schäden waren schwer. Auf der *Langley* konnten die Flammen schnell gelöscht werden, so daß sie ihren Platz im Geschwader zu behaupten imstande war. Dagegen zwangen die auf der *Ticonderoga* und *Maddox* angerichteten Zerstörungen die beiden Schiffe dazu, aus dem Verband auszuscheren und die amerikanische Basis auf Ulithi aufzusuchen.

Die Staffel *Niitaka* hatte bei ihrem ersten operativen Einsatz einen Erfolg erzielt. Drei Stunden nach ihrem Start landeten sechs der sieben *Geleit-Zeros* in Taïnan. Begeistert über die Erfolge ihrer Kamikaze-Kameraden, übertrieben sie in ihren Berichten die Bedeutung der erzielten Ergebnisse und die Zahl der außer Gefecht gesetzten feindlichen Schiffe.

Dieses Übertreiben war aber keineswegs eine nur den Japanern eigene Gewohnheit. Die Flieger jeder im Krieg befindlichen Nation begingen im guten Glauben ähnliche Fehler in der Beurteilung von Erfolgen, wenn sie während des Luftkampfes von den zahllosen Augenblicksproblemen der Lenkung, des Angriffs, der Verteidigung, der Navigation usw. in Anspruch genommen waren. Die von ihnen auszuführenden Offensiv- und Defensivmanöver trennten sie oft mehrere tausend Meter von ihrem Ziel, so daß ihre Beobachtungen nicht mehr verläßlich waren. Und die knapp über dem Meeresspiegel schwebenden Rauchschwaden konnten, aus einer gewissen Höhe betrachtet, leicht den Eindruck erwecken, es seien einem Schiff nicht wiedergutzumachende Havarien zugefügt worden, während der Schaden in Wirklichkeit nur geringfügig war.

Die allgemeine Lage

Durch die Schilderung der Luftoperationen, die für den Feldzug auf den Philippinen bestimmend waren, wurden die gleichzeitigen Kriegsereignisse im Pazifik vernachlässigt. Sie müssen indes erwähnt werden, denn manche von ihnen hatten unmittelbare Rückwirkungen auf die Entwicklung der Kamikazes.

Auf allen Kriegsschauplätzen Südostasiens waren heftige Kämpfe im Gang oder im Begriff auszubrechen. Auf den Philippinen, in China, auf Peleliu oder in Burma, überall sahen sich die Japaner zum Rückzug gezwungen, sofern sie nicht gänzlich aufgerieben wurden. Die japanische Propaganda bemühte sich, die Mißerfolge zu vertuschen oder womöglich in Siege umzuwandeln. Dennoch hatten die meisten japanischen Militärs, auch wenn ihre Einheiten nicht unmittelbar in die Kämpfe verwickelt waren, eine wenigstens teilweise zutreffende Vorstellung von der wahren militärischen Lage. Anfang 1945 begannen viele am Endsieg zu zweifeln, der von Radio Tokio und den zündenden Kommuniqués des Oberkommandos ausposaunt wurde. Trotzdem gab es in Japan keinen Defaitismus, aber ein Gefühl wachsenden Unbehagens begann sich auszubreiten.

Kaiser Hiro-Hito, den die meisten Japaner als göttlich-mystisches Wesen verehrten, nahm lebhaften Anteil an der militärischen Lage seines Landes. Marquis Kido, Geheimsiegelbewahrer und treuer Freund des Kaisers, berichtete dem Kaiser täglich mehrmals über die Ereignisse an den Fronten und ihre Entwicklung. Auch gemäßigte *Jushins*[4] wurden im Palast ausschließlich zur Informierung des Herrschers empfangen. Hiro-Hito war besorgt, doch mußte er wegen der an der Macht befindlichen militärischen Clique, die für den Kampf bis zum letzten Mann eintrat, äußerst vorsichtig sein.

Indes hatte der Kaiser seit Mitte 1944 begriffen, daß am Ausgang des Krieges kein Zweifel mehr bestehen konnte und daß Japan einer in seiner Geschichte noch nie dagewesenen Katastrophe entgegenging. Noch vor Jahresende war Hiro-Hito zur Überzeugung gelangt, daß es, um zu retten, was noch zu retten übrigblieb, nur einen einzigen vernünftigen Ausweg gab: Mit dem Feinde zu verhandeln. In dieser Meinung wurde er von Marquis Kido und den weisen *Jushins* bestärkt. Die phantastischen Argumente des Ministerpräsidenten Kuniaki Koïso und der Anhänger des Generals Hideki Tojo, die beide prominente Vertreter des militärischen Clans waren, vermochten den Kaiser nicht für ihre Meinung zu gewinnen, daß die Fortführung des Krieges um jeden Preis notwendig sei.

Da aber die ausführende Gewalt zur Gänze in den Händen dieses Clans und seiner Kreaturen lag, hatte der Kaiser keine Möglichkeit, sich durchzusetzen. So mußte er gewissermaßen die Rolle eines Führers der politischen Opposition und des geheimen Widerstandes gegen den Clan übernehmen. Er umgab sich mit einer an Zahl und Bedeutung wachsenden Anhängerschaft, die ihn in seinem Streben, einen Weg zu Friedensverhandlungen mit Amerika zu finden, unterstützte.

Der geheime Kampf um die Macht dauerte freilich monatelang, bevor die Bewegung für den Frieden einigen Einfluß gewinnen konnte. Unterdessen dauerte der Krieg nicht nur fort, ja er nahm jetzt eine fanatische und grausame Form an.

Zu den einander folgenden verhängnisvollen Ereignissen an den Fronten traten nunmehr die Auswirkungen hinzu, die den Krieg bis in das Herz des Mutterlandes trugen. Bereits am 15. Juni 1944 hatten strategische Bomber, die in China stationiert waren, die Fabriken Yawata auf Kyushu, der südlichsten Insel des japanischen Archipels, bombardiert. Das war jedoch bloß ein Vorspiel; am 24. November starteten amerikanische Flugzeuge auf Saipan (Marianen) zum ersten Luftangriff auf Tokio. Das von General Curtis Le May befehligte 21. Bomberkommando leitete seine große strategische Luftoffensive ein. Die Angriffe waren zunächst mit einer kleinen Zahl von Flugzeugen unternommen worden und sie waren wenig wirksam gewesen, nun wurden sie stärker und häufiger und hatten vernichtende Wirkung.

Diese neue Art des Krieges hatte zumindest ebenso wichtige psychologische Auswirkungen und politische Folgen wie jene, die sich nach der Niederlage in den Marianen geltend gemacht hatten. Vor allem bestärkten diese Angriffe auf das Mutterland selbst den Kaiser und seine Gefolgschaft in ihrer Überzeugung, daß dem Krieg ehestens ein Ende bereitet werden müsse. Im Augenblick war seine Lage zwar nicht leichter geworden, doch lieferten ihm diese Angriffe neue und eindrucksvolle Argumente. Für den Clan der Militärs dagegen waren diese Überfälle aber nur ein Grund mehr, den Krieg noch fanatischer fortzusetzen.

Auch die japanischen Soldaten waren von der amerikanischen Luftoffensive stark beeindruckt. Die Zerstörungen und die Verluste an Menschenleben, die selbst ihre Familien nicht mehr verschonten, riefen oft entgegengesetzte Reaktionen hervor. Ein Teil der Mannschaften geriet in Zorn und empfand ein heftiges Verlangen nach Rache, das sie dazu anspornte, den Kampf noch härter und zäher weiterzuführen. Andere standen völlig unter dem moralischen Druck der Lage, in die ihr Land geraten war, und begriffen, daß jeder Versuch, sie zu ändern, aussichtslos bleiben mußte. Für sie waren die Schlagworte vom „Endsieg" oder vom „unerschütterlichen Glauben an das Schicksal Japans" nur mehr sinnlose, leere Worte, die auch nur ironisch zu kommentieren sich nicht lohnte. In anderen Ländern hätte eine solche tiefgehende Malaise pazifistische Bewegungen, wenn nicht eine Revolution, hervorgerufen. In Japan, im Land des blinden Gehorsams, wo es als Pflicht galt, Andersdenkende anzuzeigen, schlugen sich diese demoralisierten Männer auch weiterhin mit einer beispielhaften Tapferkeit und Entschlossenheit, bloß um ihren martialischen Überlieferungen die Treue zu wahren.

Die amerikanische Luftoffensive

Die strategischen Bombardements der Amerikaner bewiesen den japanischen Bürgern und Soldaten abermals die unüberwindbare Überlegenheit des Gegners. Mit dem Entsetzen über das Töten, mit der Verzweiflung über die Zerstörungen verband sich sehr bald das Gefühl der Ohnmacht und Ungerechtigkeit. Unzählige Bürger flohen aus den Ballungszentren, Männer verließen Fabriken und Werkstätten und zogen das armselige Leben auf dem Lande den Leiden und dem Sterben in den zerstörten Städten vor. Dieser Exodus der Handarbeiter blieb nicht ohne Auswirkungen auf die Kriegsindustrie und in weiterer Folge auf die mit der Verteidigung des Heimatlandes betraute Luftwaffe.

Der amerikanische Bomber B-29 besaß eine widerstandsfähige Struktur und wurde von zahlreichen gut postierten Geschützen verteidigt. Er flog schnell und hoch, feindliche Abfangjäger konnten ihm nicht viel antun. Japanische Flieger kamen daher bald auf den Gedanken, Kamikaze-Angriffe auf diese Luftriesen zu unternehmen, die in ihrer Heimat Tod und Verderben zu säen begannen. Am 21. November 1944 führte Kapitänleutnant Mikihiko Sakamoto mit einem der B-29-Bomber, die einen Angriff auf die Stadt Sasebo durchführten, einen beabsichtigten Zusammenstoß herbei. Beide Flugzeuge explodierten und lösten sich in glühende Trümmer auf.

Die Flieger des japanischen Landheeres versuchten, ein neues Angriffsverfahren auszuarbeiten; es bestand darin, die B-29 geradeaus anzufliegen, die Steuerungsmechanismen zu sperren und knapp vor dem Zusammenstoß mit dem Fallschirm abzuspringen. Der Absprung des Piloten mußte in nächster Nähe des Gegners erfolgen, um einer allfälligen Kursänderung eines der beiden Flugzeuge im letzten Augenblick zuvorzukommen. Das Verfahren setzte ein auf den Bruchteil einer Sekunde berechnetes Handeln voraus, war daher praktisch sehr schwierig durchzuführen. Sprang der Pilot zu früh ab, konnte es geschehen, daß sein Flugzeug am Bomber vorbeiflog, ohne ihn zu berühren, ließ er sich zu lange Zeit, fiel er der Explosion beim Zusammenstoß zum Opfer.

Am 3. Dezember 1944 wurden zwei B-29 durch einen solchen

Kamikaze-Angriff über Tokio vernichtet, wobei die japanischen Flieger den Boden heil erreichten. Diese neue Angriffsmethode wurde aber nie allgemein eingeführt, ja vom japanischen Oberkommando nicht einmal empfohlen. Angriffe gegen diese Bomber durch Rammen blieben der persönlichen Initiative der Flieger überlassen. Der Grund für diese Haltung lag vielleicht darin, daß das Oberkommando mit einer Landung der Amerikaner auf japanischem Boden rechnete und für den Endkampf möglichst viele Flugzeuge zur Verfügung haben wollte.

Strategische Möglichkeiten

Anfang Februar 1945 hatte das kaiserliche Oberkommando die Gewißheit gewonnen, daß die Amerikaner in ihrem Vormarsch auf Japan einen weiteren Schritt unternehmen würden. Der südliche Pazifik stand unter ihrer Kontrolle, die Inselgruppe der Marianen und die Palau-Inseln wurden in Marinebasen und Materialdepots umgewandelt. Die Eroberung der Philippinen war zwar noch nicht abgeschlossen, doch konnten die Amerikaner den japanischen Seeverkehr genau überwachen, und ihre besonders mobilen *Task Forces* vermochten einzugreifen, wo und wann immer es angezeigt erschien. Das alles deutete darauf hin, daß die Japaner mit einer neuerlichen und größeren Landung rechnen mußten. Offen blieb nur die Frage wo? Die große Insel Kyushu kam in Betracht, doch waren ihre Flanken durch die japanischen Streitkräfte auf Okinawa und Iwo Jima gut geschützt. Aller Wahrscheinlichkeit nach würde sich der nächste Angriff auf eine dieser beiden Inseln richten.

Die kommende amphibische Operation der Amerikaner zu verhindern, fühlten sich die Japaner nicht imstande. Sie trugen sich daher mit dem Gedanken, ein strategisches Unternehmen zu versuchen, das im Falle eines Erfolges auf den Gang des Krieges einen erheblichen Einfluß ausüben konnte. Es war ihnen bekannt, daß die riesige amerikanische Flotte ihre zuvorderst gelegene Basis auf Ulithi, einer Atollgruppe der westlichen Karolinen, eingerichtet hatte. Ulithi bildete den Ausgangspunkt aller ihrer Unternehmungen, mochten diese auch noch so weit entfernt sein. Dorthin kehrten ihre Schiffe zur Durchführung von Reparaturen, Aufnahme von Nachschubmaterial und Entspannung ihrer Besatzung zurück. Der Wunsch, die vor Anker liegende feindliche Flotte zu überfallen, hatte in der Vorstellung vieler japanischer Offiziere Wurzel gefaßt. Die Aussicht auf ein zweites „Pearl Harbour" war so bestechend, daß der Plan auf begeisterte Zustimmung stieß.

Schon seit Monaten hatte man das Problem von allen Seiten untersucht und war dabei auf eine einzige Schwierigkeit gestoßen: die Entfernung. Die Entsendung einer Flugzeugstaffel zur Bombardierung kam überhaupt nicht in Frage, denn keine der japanischen Maschinen hatte die für den Hin- und Rückflug erforderliche Reichweite. Die Entfernung war selbst für ein Selbstmordunternehmen zu groß. Die Lösung des Problems war äußerst schwierig, dafür aber so vielversprechend, daß die Idee mit Hartnäckigkeit weiterverfolgt wurde.

Am 11. Februar ordnete das Oberkommando die Errichtung einer neuen Luftflotte auf Kyushu an. Ihre Aufgabe sollte die Bekämpfung jeder gegnerischen Tätigkeit im Abschnitt Okinawa–Iwo Jima, der voraussichtlichen Ziele der bevorstehenden Offensive, sein. Diese, unter den Befehl des Admirals Kimpei Teraoka, des Vorgängers Onishis auf den Philippinen, gestellte 5. Luftflotte, zog sogleich einen Angriff auf Ulithi in Erwägung. Durchführbar war nur ein Selbstmordunternehmen, und auch dieses nur dann, wenn ein geeigneter Flugzeugtyp zur Verfügung gestellt werden konnte.

Kapitän zur See Riichi Sugiyama, Chef des 601. Geschwaders, wurde von Admiral Teraoka mit der Errichtung dieses Kamikaze-Verbandes betraut. Am 18. Februar stellte Sugiyama die neue Formation dem Admiral vor, der sie am folgenden Tag als *2. Staffel Mitate des Sonderangriffsverbandes* aus der Taufe hob. Die neue Staffel, zu deren Befehlshaber Kapitänleutnant Iroshi Murakawa ernannt wurde, zählte 32 Flugzeuge, die auf fünf Gruppen aufgeteilt wurden. Wie bei anderen Kamikaze-Formationen handelte es sich um Angriffsmaschinen verschiedener Typen und um Geleitjäger.

Am 16. Februar mußte das Projekt Ulithi vorläufig aufgegeben werden, da an diesem Tag große Luftaktivität der Amerikaner über Iwo Jima und Japan eine bevorstehende Großoperation des

Feindes voraussehen ließ. In der Tat landeten drei Tage später amphibische Streitkräfte auf Iwo Jima, denen unbedingt sofort entgegengetreten werden mußte. So kam es, daß die Staffel *Mitate* ihre ersten Unternehmen gegen die unzähligen amerikanischen Schiffe, die vor Iwo Jima kreuzten, richten mußte.

Am Morgen des 21. Februar starteten die fünf Abteilungen der Staffel *Mitate* von ihrer Basis Katori, tankten auf der Insel Hachikishima auf und flogen mit Kurs Iwo Jima weiter. Nach einem langen Flug kam das Ziel am späten Nachmittag in Sicht. Aus der Luft gesehen, war die Insel von einer Kuppel aus Staub und Rauch bedeckt, die durch Luftangriffe, Beschuß durch Schiffsartillerie und Bodenkämpfen verursacht worden war. Die Sicht war durch tiefliegende Wolken behindert, und die ersten Schatten der Abenddämmerung erschienen am Horizont.

Obwohl die Amerikaner mit einer Gegenoffensive dieser Art rechneten, wurden sie dennoch überrascht. Vielleicht lag es am schlechten Wetter oder an der späten Stunde, daß sie an diesem Tag keinen Überfall mehr erwarteten. Die japanischen Flugzeuge traten hinter den Wolken hervor und setzten zum Sturzflug an, ehe noch die Abwehr wirksam reagieren konnte. Gegen 17.00 Uhr wurde der große Flugzeugträger *Saratoga* (CV-3) vom Aufprall eines ersten Kamikaze erschüttert. Die Sicherheitstrupps hatten noch nicht Zeit genug gehabt, einzugreifen, als ein zweiter Kamikaze das Schiff in der Höhe der Wasserlinie traf, es neuerlich erschütterte und ihm ein großes Leck schlug. Der Himmel verfinsterte sich zusehends, während die anderen japanischen Flugzeuge auf der Suche nach einem Ziel über den Schiffen kreisten. Zwei von ihnen stürzten sich sodann auf den Geleitflugzeugträger *Bismarck Sea* (CVE-95) und trafen ihn mit einigen Sekunden Zeitunterschied. Das Aufblitzen der beiden Explosionen war so stark, daß es die Matrosen der in der Nähe befindlichen Schiffe für einige Sekunden blendete. Die *Bismarck Sea* war schwer beschädigt, und das Feuer an Bord breitete sich schnell aus.

Ein weiteres Flugzeug fiel gleich einem Meteor auf den Geleitflugzeugträger *Lunga Point* (CVE-94) herab, verfehlte ihn ganz knapp, glitt längs seines Rumpfes ab und explodierte in der Höhe der Wasserlinie. Die Explosion drückte den Schiffsrumpf ein und durchsiebte das ganze Schiff mit Splittern. Ein anderer Kamikaze durchbrach, ohne Schaden zu nehmen, das Abwehrfeuer und zerschellte unter einer riesigen Feuergarbe auf dem Flugdeck der bereits angeschlagenen *Saratoga.*

Zwei weitere Schiffe wurden getroffen, ohne jedoch größere Beschädigungen davonzutragen. Die japanischen Geleitflugzeuge, die ihre Abschirmungsaufgabe erfüllt hatten, griffen nun ihrerseits die amerikanischen Schiffe an, offensichtlich aber ohne ihnen einen auch nur nennenswerten Schaden zuzufügen.

Dagegen erwiesen sich die Beschädigungen, die die anderen Schiffe erlitten hatten, als sehr beträchtlich. Von den drei ernstlich angeschlagenen Schiffen konnte lediglich die *Lunga Point* ihren Platz in der Formation behaupten. Die *Saratoga* hatte drei Schläge davongetragen: zwei auf dem Flugdeck und einen an der Wasserlinie. Ein gewaltiger Brand hatte das Schiff der ganzen Länge nach erfaßt, und man hatte wenig Hoffnung, es zu retten. Aber die zahlreichen Brandherde wurden hartnäckig bekämpft, und schließlich gelang es doch noch, ihrer Herr zu werden. Die Reparaturarbeiten wurden sogleich in Angriff genommen. 300 Mann seiner Besatzung waren gefallen, und das arg havarierte Schiff fuhr mit verminderter Geschwindigkeit nach Pearl Harbour, wo es drei Monate außer Gefecht gesetzt blieb.

Die *Bismarck Sea* schien trotz der Heftigkeit der Explosionen der zwei Kamikazes nicht so stark in Mitleidenschaft gezogen worden zu sein wie die *Saratoga,* aber das Feuer griff auf die Munitionskammern über. Sie explodierten eine nach der anderen und erschütterten das Gefüge des leichten Schiffes. Als der Brand dann die hintere Munitionskammer erreichte, riß eine ungeheure Explosion das Heck ab. Zwei Stunden nach dem Überfall machte die vom Feuer verwüstete *Bismarck Sea,* in deren Inneren die Explosionen andauerten, Schlagseite; sie kenterte und zog 350 Mann ihrer Besatzung mit sich in die Tiefe.

Der erste Einsatz der *Mitate-Einheit* war von einem eindrucksvollen Erfolg gekrönt worden.

Iwo Jima

Wenn wir uns nun kurz mit dem Kampf auf Iwo Jima selbst befassen, tun wir dies in der Absicht, zu zeigen, auf welche Weise die Japaner ihre Vorstellung vom totalen Krieg dort verwirklichten. Die Schlacht war ein ungeheures Blutbad, weil neue Taktiken angewandt wurden, die auf dem uns nunmehr bekannten Kamikaze-Geist fußten.

Iwo Jima ist eine vulkanische Insel von acht Kilometer Länge und drei Kilometer Breite. Die einzige Anhöhe der Insel, der Vulkan Suribachi, befindet sich an ihrem südöstlichen Ende. Die ganze Oberfläche von Iwo Jima ist eine stark nach Schwefel riechende Mischung von Lawa, Schlacke und Asche. Es gibt fast keine Bäume und kein trinkbares Wasser, die Daseinsbedingungen auf dieser Insel sind nahezu unmenschlich hart.

Die Japaner hatten sich ihrer Fertigkeit im Bau von Befestigungen bedient und aus Iwo Jima eine wahre Festung gemacht. Eine Unmenge unterirdischer Schutzräume, Höhlen, Bunker, kleiner Forts und Geschützstellungen, die untereinander durch zahllose Tunnels verbunden waren, hatten die Insel in ein gigantisches Labyrinth verwandelt.

Auf diesem finsteren, unheilverkündenden und ungastlichen Boden forderten 21.000 unsichtbar eingegrabene Japaner 24.000 amerikanische Marinesoldaten zu einem gnadenlos geführten Kampf heraus. Der Befehlshaber auf der Insel, Generalleutnant Tadamichi Kuribayashi, ein strenger Mann, der kein Mitleid kannte, hatte diese Befestigungen erbaut; er war auch der fanatische Spiritus rector des japanischen Widerstandes. Wenige Tage vor der amerikanischen Invasion hatte er in einer Ansprache an seine Leute gesagt:

„Wir sind hier, um diese Insel bis zum äußersten zu verteidigen. Dieser Aufgabe müssen wir uns voll und ganz widmen. Jeder Schuß von euch muß viele Amerikaner töten. Wir können es nicht dulden, daß der Feind uns gefangennimmt. Wenn unsere Stellungen überrannt werden, werden wir Bomben und Granaten ergreifen und uns unter die Panzer werfen, um sie zu vernichten. Wir werden uns in die Linien des Feindes einschleichen, um ihn auszurotten. Niemand darf sterben, bevor er nicht mindestens zehn Amerikaner getötet hat. Wir werden den Feind durch Guerillaaktionen aufreiben, bis der letzte Mann aus unseren Reihen den Tod gefunden hat. Es lebe der Kaiser!"

Diese Befehle wurden dem Buchstaben nach befolgt. Der Kampf, der 26 Tage dauerte, wurde dank dem unerbittlichen Fanatismus der japanischen Soldaten zu einem der fürchterlichsten dieses Krieges. Die Japaner wußten, daß es keinen anderen Ausweg gab, als an Ort und Stelle zu sterben. Eine Räumung der Insel kam nicht in Frage, und die Aussicht, gefangengenommen zu werden, war so verabscheuenswert und entehrend, daß niemand daran dachte.

Die Schlacht auf Iwo Jima war im wesentlichen eine Wiederholung der Kämpfe von Tarawa, auf den Marianen und auf Peleliu, aber größeren Umfanges, blutiger und weit grausamer. Die japanischen Soldaten auf Iwo Jima kämpften vom gleichen Geist erfüllt wie die Todesflieger, sie waren echte Kamikazes.

Die Operation Tan

Dem Selbstmordangriff vom 21. Februar auf die amerikanische Flotte vor Iwo Jima folgte kein weiterer mehr. Trotz des Erfolges war die japanische Führung der Meinung, die zurückzulegende Strecke sei zu groß und der dadurch bedingte Verbrauch an Treibstoff zu hoch, um ein abermaliges Gelingen zu verbürgen. Den gleichen Einwand hätte man erheben können, als zwei Wochen danach der Gedanke eines Angriffs auf Ulithi wieder aufgegriffen wurde, das vom Ausgangspunkt noch weiter abgelegen war. Offenbar ließen sich von einem Überfall auf Ulithi nachhaltigere Folgen erwarten als von einem Angriff auf die amerikanischen Streitkräfte auf hoher See.

Am 7. März erfuhr das japanische Kommando, daß die amerikanische Flotte, die ihren Auftrag der Unterstützung der Landung auf Iwo Jima durchgeführt hatte, wieder nach ihrer Basis auf Ulithi zurückgekehrt sei. Ein Aufklärer der japanischen Basis auf Truk (im Karolinenarchipel) hatte am 7. März das Atoll überflogen und Lichtbildaufnahmen gemacht, und eine abermalige Beobachtung am 9. März hatte die Richtigkeit der Meldung bestätigt. Der 5. Luftflotte bot sich die Gelegenheit, auf die sie so lange vergeblich gewartet hatte und die jetzt ausgenutzt werden konnte, da etliche Tage vorher einige Flugzeuge eines neuen Typs mit großem Aktionsradius auf Kyushu eingetroffen waren. Innerhalb von 24 Stunden waren alle organisatorischen Vorbereitungen getroffen. Die Angriffsgruppe wurde *Azusa* getauft, das auf den 10. März festgesetzte Unternehmen erhielt die Benennung *Tan-go* oder *Operation Tan.* Von neun Aufklärungsflugzeugen geleitet, starteten am Morgen des 10. März 24 zweimotorige *Gingas,* jedes mit einer Bombe von 800 Kilogramm beladen[5]. Das Unternehmen wurde allerdings von einer Reihe von Widrigkeiten begleitet. Zuerst war eine aus Truk eingelangte Meldung dahingehend falsch ausgelegt worden, daß auf Ulithi nur ein einziger amerikanischer Flugzeugträger gesichtet worden sei. Da unter dieser Voraussetzung ein großes Unternehmen nicht gerechtfertigt erschien, wurden alle Flugzeuge zurückbeordert. Nachdem sie gelandet waren, traf eine weitere Meldung aus Truk ein, die klarer und vollständig war und berichtete, daß in der Lagune auf Ulithi acht große Flugzeugträger und sieben Geleitträger vor Anker lagen.

Der Angriff wurde auf den folgenden Tag verschoben, und am 11. März startete die *Azusa-Einheit* von neuem. Mechanische Störungen zwangen mehrere Flugzeuge zur Landung auf Hilfsflugplätzen auf Kanoya, Okinawa und Miyakojima. Die günstige Witterung ermöglichte es den anderen, die erste Hälfte des langen Weges ohne weitere Zwischenfälle zurückzulegen, aber in der Nähe der kleinen Insel Okinotori Shima verschlechterte sich das Wetter schnell und die Maschinen mußten zahlreichen Regenböen ausweichen. Diese Umwege verlängerten die dem maximalen Aktionsradius der *Gingas* bereits nahegekommene Flugstrecke. Die atmosphärischen Bedingungen wurden dann so schlecht, daß die Piloten nicht mehr nach gegißtem Besteck fliegen konnten und sich verirrten. Die Besatzungen wurden immer besorgter um ihre Treibstoffreserven und befürchteten, sie würden aufgebraucht sein, noch bevor sie ihre Ziele erreicht hätten. Um 18.30 Uhr trennten sich die jetzt überflüssig gewordenen Leitflugzeuge von den *Gingas* und kehrten, wie vorgesehen, nach Kyushu zurück.

Die Piloten der *Gingas* flogen mehr oder weniger aufs Gerate-

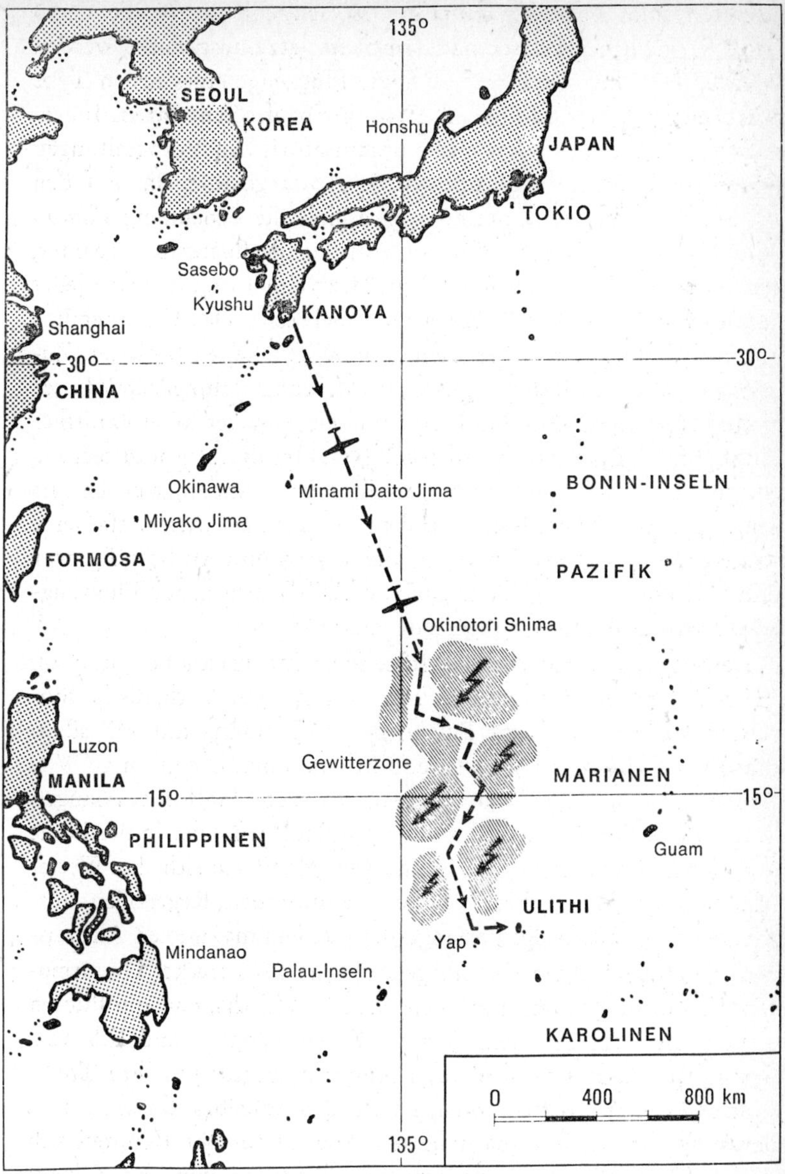

OPERATION TAN, 11. MÄRZ 1945

wohl weiter, bis einer von ihnen glücklicherweise in einer Lücke in den Wolken an ihrer charakteristischen Form die Insel von Yap erkannte. Nun konnten sie ihren Kurs berichtigen und Ulithi anfliegen. Einige *Gingas* waren schon auf die letzten Liter ihres Treibstoffvorrates angewiesen und landeten auf den Inseln Minami Daitojima und Yap. Zwei Maschinen waren nicht mehr imstande, die Hilfsflugplätze zu erreichen und versanken im Meer. Seit dem Abflug hatten dreizehn Flugzeuge mangels Treibstoffs oder aus mechanischen Gründen ausscheiden müssen. Die übrigen elf Maschinen, deren Piloten die Geschwindigkeit gedrosselt hatten, um möglichst wenig Treibstoff zu verbrauchen, waren schon zwölf Stunden in der Luft, als sie in der zunehmenden Dunkelheit Lichter vor sich sahen. Es war Ulithi.

Die Amerikaner hatten das Atoll von Ulithi in eine gigantische Basis für Wiederinstandsetzungen, Instandhaltung und Erholung verwandelt, in der Millionen Tonnen Ausrüstungs- und Versorgungsmaterial aller Art gelagert waren. Ulithi lag weitab von allen Kriegsschauplätzen, und man fühlte sich sicher vor feindlichen Angriffen. Es gab keine Verdunkelung, alles war hell beleuchtet – wie mitten im tiefsten Frieden. In den Werkstätten wurde während der Nacht beim Licht mächtiger Scheinwerfer gearbeitet, und auch auf den vor Anker liegenden Schiffen waren die Lichter nicht gelöscht. An Bord vieler Schiffe fanden Lichtspielvorstellungen statt. Niemand konnte sich vorstellen, daß feindliche Flugzeuge diesen, so weit von jedem Kriegsschauplatz entfernten Hafen des Friedens zu stören vermochten. Und dennoch ...

Eine schwere Schlappe

Die japanischen Flieger machten verzweifelte Anstrengungen, um ihre Ziele zu erreichen, aber die Motoren einiger Maschinen gaben bereits beunruhigende Zeichen und fingen an zu spucken. Um ihre letzten Tropfen Treibstoff zu strecken, flogen sie zum Teil mit einer Geschwindigkeit, die gerade noch ausreichte, um sich in der Luft halten zu können. Ulithi war mittlerweile so nahegerückt, daß der Lichthof über dem Atoll die Flieger bereits zu blenden begann.

Kurz nach 19 Uhr machte der erste der *Gingas* seinen Sturzflug auf einen der in der Lagune verankerten Flugzeugträger. Niemand hatte die Japaner wahrgenommen, und sogar das pfeifende Geräusch des *Jibaku* blieb unbemerkt. Die Überraschung war vollständig.

Der größte Teil der Besatzung des Flugzeugträgers *Randolph* (CV-15) hatte sich im Flugzeughangar unter dem Flugdeck versammelt, um einen Krimi zu sehen. Alles atmete Ruhe und Entspannung. Die Zuschauer waren von der Handlung des Films gefesselt, als mit einem Mal der stählerne Rumpf des Schiffes bebte und eine gewaltige Explosion sich vernehmen ließ. Verwirrt sprangen die Matrosen von ihren Sitzen auf, während die Handlung auf dem Bildschirm ungestört weiterlief.

Der Donner der Explosion löste Alarm aus, und schlagartig erlosch alles Licht auf Ulithi. Atoll und Lagune waren in tiefste Finsternis getaucht. Die amerikanischen Matrosen hatten ihre Gefechtsposten wieder eingenommen und erörterten untereinander die mögliche Ursache dieser unbegreiflichen Explosion. Keiner dachte an einen japanischen Überfall, alle meinten, ein amerikanisches Flugzeug, das in Schwierigkeiten geraten war, müsse auf der *Randolph* zerschellt sein.

Die übrigen japanischen Maschinen konnten in der Dunkelheit kein Ziel finden. Ihre letzten Treibstoffreserven waren erschöpft, und eine nach der anderen stürzten sie in einiger Entfernung vom Atoll ins Meer, ohne auch nur die Aufmerksamkeit der Amerikaner auf sich gelenkt zu haben. Daß dies möglich war, läßt sich nur durch den Heidenlärm der vielen pneumatischen Hämmer erklären, die auf Ulithi bei den Arbeiten zur Wiederinstandsetzung havarierter Schiffe verwendet wurden, und deren Echo in der Lagune widerhallte und das Motorengeräusch der japanischen Flugzeuge übertönt haben dürfte.

Das auf der *Randolph* zerschellte Flugzeug hatte nur noch so wenig Treibstoff in seinen Behältern gehabt, daß es keinen großen Brand entfachen konnte, wie dies bei Kamikaze-Angriffen sonst der Fall war.

Erst am folgenden Morgen, bei der Untersuchung der der *Randolph* zugefügten Schäden, als man zur größten Überraschung die Überreste der japanischen Maschine entdeckte, wurde die Ursache der Explosion geklärt. Das Schiff hatte Schäden davongetragen, deren Reparatur aber bloß einige Tage in Anspruch nahm.

Die *Operation Tan* war ein totaler Mißerfolg. Die Japaner wurden davon durch eine Lichtbildaufnahme von Ulithi überzeugt, die von einem Aufklärer vom Typ *Saïun*[6] am folgenden Tag gemacht worden waren. Ein Vergleich mit den vor dem Unternehmen gemachten Aufnahmen ergab, daß kein einziges amerikanisches Schiff in der Lagune fehlte. Nach dieser Schlappe unterblieben weitere Angriffe auf die amerikanische Flotte vor Ulithi.

Unter dem Druck der Ereignisse

Ende Februar war sich das japanische Oberkommando darüber klargeworden, daß der so verzweifelt geführte Kampf um Iwo Jima dem vordringenden Gegner den Weg nicht mehr lange verlegen werde. Mit der nächsten Stufe seiner Eskalation in der Richtung auf das japanische Mutterland mußte baldigst gerechnet werden. Der Ring um Japan wurde immer enger und ließ sich nicht mehr ignorieren. Auch das japanische Volk gab sich trotz der lügenhaften Propaganda, mit der es immer noch überschüttet wurde, keiner Täuschung mehr hin. Die an Häufigkeit und Intensität zunehmenden Bombardierungen aus der Luft, die Anwesenheit der amerikanischen Flottenverbände, die bereits in den territorialen Gewässern Japans auftauchten, waren eine nicht mißzuverstehende Bedrohung. Selbst der schlecht unterrichtete japanische Bürger legte sich von der Unfähigkeit der Streitkräfte, die verheerende Sturmflut einzudämmen, Rechenschaft ab. Die kaiserliche Marine, der Stolz der Nation, lebte nur noch in der Erinnerung fort. Die wenigen Schiffe, die ihr noch verblieben waren, waren zum Teil havariert oder aus Mangel an Heizmaterial nicht mehr in der Lage, sich an Aktionen zu beteiligen. Die Bodenstreitkräfte, so zahlreich und entschlossen sie auch waren, konnten trotz ihrer Tapferkeit gegen die amerikanische Dampfwalze nicht aufkommen. Die durch riesige Verluste geschwächte und von einer schon gelähmten Industrie abhängige Luftwaffe tat ihr Möglichstes, um das Unabänderliche abzuwenden.

1
Shinto-Priester bei einer religiösen Zeremonie vor einer geweihten Zeder

2
Japanischer General vor dem Kaiser

3 *Japanische Bergarbeiter bei der Anrufung der Ahnen vor der Einfahrt in die Mine*

4 *Das morgendliche Grußritual von Marinekadetten*

5 Der Jäger Mitsubishi A6M5 Zero 52, die bei Kamikaze-Angriffen am häufigsten verwendete Maschine

6 Ein für den Kamikaze-Einsatz umgebauter Bomber vom Typ Yokosuka D4Y. 2 Suisei

7 Ein Zero-Jäger, wenige Sekunden vor dem Aufprall auf einen amerikanischen Kreuzer

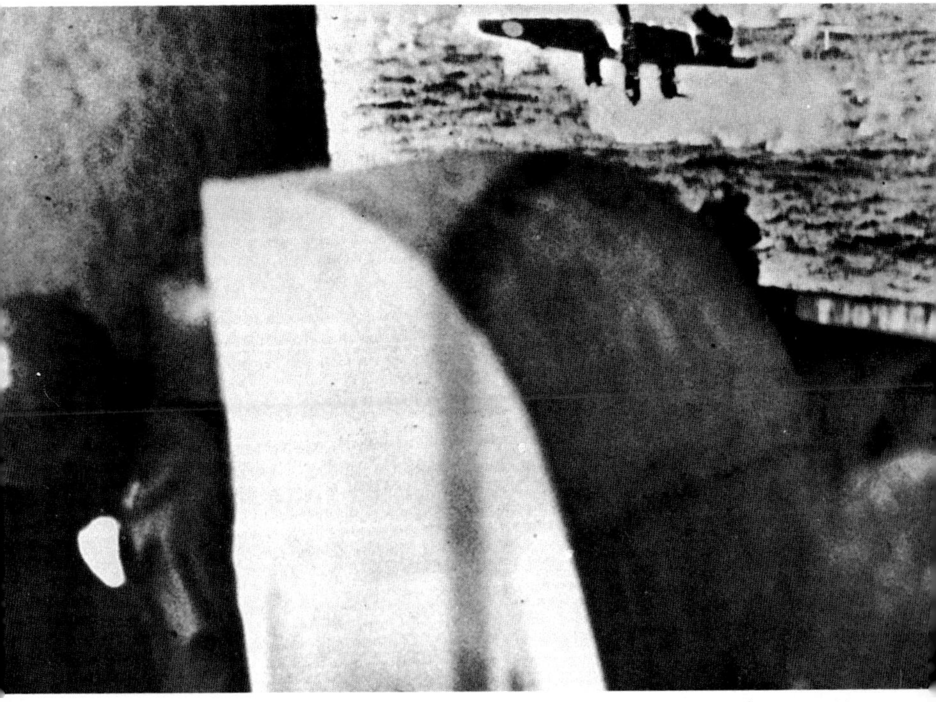

8 Eine zweimotorige Yokosuka P1Y1 Ginga stürzt getroffen ins Meer

9 Das Kamikaze-Flugzeug wurde knapp vor dem Ziel getroffen. Die Maschine brennt, die linke Tragfläche montiert ab

10 Der große amerikanische Flugzeugträger Essex (CV. 9) in dem Augenblick, da ein Kamikaze-Flugzeug auf ihm zerschellt

⟶

11 Der amerikanische Flugzeugträger Franklin (CV. 13), der am häufigsten von Kamikazes getroffen wurde, erhält soeben einen Treffer

12 Links: Konteradmiral Masabumi Arima, das Idol der Kamikaze-Piloten. Rechts: Vizeadmiral Takijiro Onishi, der die Kamikaze-Einheiten auf den Philippinen ins Leben rief

13 Kamikaze-Pilot greift im Sturzflug einen amerikanischen Flugzeugträger an

14 Ein zweimotoriges Kamikaze-Flugzeug stürzt unweit von dem amerikanischen Flugzeugträger Kitkun Bay (CVE. 72) brennend ab

15 und 16 Flaktreffer haben diesem Zero-Jäger schwer zugesetzt. Die rechte Tragfläche ist durchlöchert, das rechte Höhenrunder abgerissen. Außer Kontrolle rast er der Wasseroberfläche entgegen, auf der er in einem Meer von Flammen untergeht

17 Ein Torpedobomber vom Typ Nakajima Tenzan B6N2 versucht das Sperrfeuer der amerikanischen Flak zu durchbrechen

18 Ein zweimotoriger Bomber vom Typ Yokosuka P1Y1 Ginga, der bei der Operation Tan gegen den amerikanischen Flottenstützpunkt von Ulithi eingesetzt wurde

19 Dieses japanische Kleinst-U-Boot vom Typ Fliege 42 lief bei Honolulu auf Strand und wurde von den Amerikanern in Besitz genommen

20 Ohka-Bomben, die von den Amerikanern auf Okinawa erbeutet wurden

Auch in der obersten Führung der Armee gab man sich über das Vermögen der Landstreitkräfte, strategische Erfolge zu erringen, keinen Illusionen mehr hin. Die Idee, sie könnten die Angreifer ins Meer werfen, war längst aufgegeben worden. Seit Tarawa im November 1943 wußte man, daß die amphibischen Streitkräfte der Amerikaner nicht aufzuhalten waren. Die Propaganda wurde zwar in der gewohnt maßlos übertriebenen Weise fortgesetzt, im Grunde genommen trachtete das Oberkommando aber nur mehr, die Loyalität und den Fanatismus seiner Truppen auszunutzen, um das Vordringen des Gegners zu verzögern. Der japanischen Armee fiel somit nur noch eine hinhaltende Rolle zu.

Das Armeehauptquartier hatte wiederholt auf die Marine Druck ausgeübt, um sie zum Einsatz ihrer letzten Schiffe in Verbindung mit Aktionen der Armee bei Opfermissionen zu bewegen. Die Marineleitung weigerte sich jedoch, die noch vorhandenen Schiffe bei Unternehmen vernichten zu lassen, die von vornherein zu Mißerfolgen verdammt waren. Sie lehnte daher die oft auf ironische Weise gemachten Vorschläge des Armeehauptquartiers ab. Im Sinne der Marineleitung sollten die letzten seefähigen Schiffe bis zur endgültigen Entscheidung, bis zur Landung der Amerikaner auf japanischem Boden, erhalten bleiben und nicht in Unternehmungen ohne wirklichen taktischen oder strategischen Nutzen eingesetzt werden. Auch war sich die Marineleitung dessen bewußt, daß sie durch den fast totalen Einsatz ihrer Luftwaffe zur Verteidigung des Landes einen wesentlichen Beitrag geleistet hatte. Wie wir wissen, waren es die Marineflieger gewesen, die das Verfahren der Selbstmordangriffe entwickelt und die ersten Kamikaze-Einheiten gebildet hatten.

Die Einengung der Verteidigungszone und der immer mehr herannahende Endkampf veranlaßten die Marine zur Reorganisierung ihrer Luftwaffe, um sie leistungsfähiger und auch zahlenmäßig stärker zu machen. Am 1. März 1945 wurde die 10. Luftflotte ins Leben gerufen. Ihr wurden die Lehreinheiten, das 11., 12. und 13. Geschwader, als Reserve für die jüngst formierte 5. Luftflotte zugeteilt. Die Einheiten, die diese 10. Luftflotte bildeten, verblieben auf ihren Schulungsbasen, Teile von ihr sollten je nach Bedarf abgezogen werden.

In den ersten Märztagen waren die Luftstreitkräfte der Marine wie folgt verteilt: die reorganisierte und verstärkte 1. Luftflotte auf Formosa zählte 300 Flugzeuge; die 800 Maschinen der 3. Flotte verteilten sich auf mehrere Flugplätze in der östlichen Hälfte Japans; mit ihren 600 Flugzeugen war die 5. Flotte in der westlichen Landeshälfte stationiert, während die 400 Maschinen zählende 10. Flotte über das ganze Mutterland zerstreut war. Insgesamt standen also 2100 Flugzeuge zur Verfügung, eine sehr geringe Zahl, wenn man sie mit den Tausenden von ausgezeichneten Maschinen vergleicht, die die Amerikaner einsetzen konnten. Die Schwäche der japanischen Luftwaffe zeigte sich noch mehr darin, daß sie aus sehr unterschiedlichen Flugzeugtypen zusammengesetzt war, die Versorgung mit Ersatzteilen, Munition und Treibstoff häufig zu wünschen übrigließ und die große Mehrzahl der Flieger eine nur sehr summarische Ausbildung genossen hatte.

Zu diesem Zeitpunkt war nur die 1. Luftwaffe auf Formosa von Admiral Onishi zur Gänze für Selbstmordaufträge bestimmt. Die 5. Luftflotte wies eine Staffel für Sonderangriffe auf, während der Rest ihrer Kräfte an den konventionellen Kampfmethoden festhielt.

Die übrigen Luftflotten besaßen überhaupt keine Kamikaze-Einheiten. Nun war es aber klargeworden, daß angesichts der verhältnismäßig geringen Zahl der Flugzeuge und der Mittelmäßigkeit ihrer Besatzungen klassische Angriffsmethoden kaum noch viel Aussicht hatten, positive und vor allem entscheidende Ergebnisse zu erzielen.

Das Oberkommando stand immer noch unter dem Eindruck der Erfolge, die bei den Kamikaze-Unternehmungen auf den Philippinen von der 1. und 2. Luftflotte erzielt worden waren. Nun gab es offensichtlich keine andere Wahl mehr, als die neue Angriffsmethode allgemein einzuführen. Die Stäbe der 5. und 10. Luftflotte wurden eingeladen, ihre Einheiten in einen Kamikaze-Verband umzuwandeln. Es war bis dahin noch nie vorgekommen, daß zum Ergreifen einer solchen Maßnahme eine Einladung und nicht ein Befehl ergangen war. In der Praxis hatte das wenig zu bedeuten, vom psychologischen Gesichtspunkt aus gesehen, war es dennoch wichtig. Die Chefs der Einheiten machten ihre Flieger mit der „Einladung“ bekannt, und viele Piloten meldeten sich unverzüglich zu Einbahn-Aufträgen, ohne daß auch nur der geringste Zwang auf sie ausgeübt worden wäre.

Die Operation Ten-ichi

Die eine Zeitlang um Iwo Jima konzentrierten amerikanischen Streitkräfte weiteten ihre Aktivitäten in den ersten Tagen des März wieder aus. Die strategischen Bombardements wurden verdoppelt, und die Bewegungen zur See verrieten eine unmittelbar bevorstehende Operation. In der Nacht auf den 10. März erfuhr Tokio ein schweres Bombardement, das viele Menschenleben kostete und große Verwüstungen anrichtete.

Am 16. März hatten die siegreichen Amerikaner die Herrschaft über Iwo Jima gewonnen. Die Insel wurde zur Basis für strategische Luftoffensiven, den Nachschubdienst und große amphibische Unternehmungen ausgestaltet.

Als Vorspiel der Offensive verließen Mitte März die *Task Forces* unter Vizeadmiral Marc A. Mitscher Ulithi in Richtung auf Japan. Ihre Aufgabe war die Durchführung von Angriffen auf japanische Flugfelder, um die Bedrohung durch die feindliche Luftwaffe tunlichst auszuschalten. Am 18. März flogen Hunderte amerikanischer Flugzeuge von den Flugzeugträgern der *Task Force 58* ab und nahmen Kurs auf Kyushu.

Japanische Aufklärer, die ohne Unterlaß Patrouillenflüge über den Ozean ausführten, sichteten die amerikanische Flotte und meldeten ihren Anmarsch. Die Gelegenheit, einen großen Schlag zu führen und die Kamikaze-Einheiten der 5. Luftflotte zu erproben, ergab sich zur rechten Zeit. Die neue Organisation war einsatzbereit und wartete bloß auf das Signal zum Handeln.

Am Morgen des 19. März (18. März bei den Amerikanern) starteten 50 Todesflugzeuge in Begleitung einer entsprechenden Anzahl von Geleitjägern. Die beiden Flugzeugformationen kreuzten sich, ohne einander wahrzunehmen. Mehrere Stunden hindurch griffen die Amerikaner die Flugplätze auf Kyushu an und zerstörten einige Dutzend Flugzeuge am Boden. Indessen näherten sich die japanischen Maschinen der amerikanischen Flotte.

Wie immer wählten sich die Japaner die Flugzeugträger zum Hauptziel aus. Sie setzten zu ihrem *Jibaku* an, während ihre Geleitjäger sich gegen die gefürchteten *Hellcats* wandten, die versuchten, die Angriffsflugzeuge abzuschießen. Innerhalb weniger Minuten wurden die großen Flugzeugträger *Enterprise* (CV-6) und *Franklin* (CV-13) beschädigt, allerdings nicht schwer genug, um sie zu zwingen, aus dem Geschwader auszuscheren.

Am nächsten Tag, dem 19. März (20. bei den Japanern) griffen die Amerikaner erneut die Flugplätze auf Kyushu und den japanischen Seeverkehr in der Nähe der großen Häfen Kobe und Kure an. Es war das erste Mal, daß die Hauptinsel Honshu und das japanische Binnenmeer von Fliegern feindlicher Flugzeugträger heimgesucht wurden.

Diesmal traten die Sonderangriffsverbände der 10. Luftflotte zur Gegenaktion an. Sie entsandten mehrere Gruppen, unter diesen eine aus zwanzig *Suisei-Bombern* bestehende Einheit, zum Angriff auf die amerikanische Flotte. Trotz der starken Luftabwehr gelang es den Japanern, drei große Flugzeugträger zu beschädigen: die *Essex* (CV-9), die *Wasp* (CV-18) und, zum zweiten Mal innerhalb von 48 Stunden, die *Franklin.* Auf der schon mehrmals getroffenen *Franklin* waren die Schäden erheblich. Zwei Kamikazes hatten das Flugdeck durchschlagen und durch ihre Explosion im Flugzeughangar einen gigantischen Brand entfacht. Mit Treibstoff und Bomben beladene Maschinen des Trägers wurden erfaßt und explodierten ihrerseits. Die Katastrophe – und man konnte in der Tat von einer solchen sprechen – war groß, denn über 700 Mann der Besatzung wurden getötet. Es war wie ein Wunder, daß es dem überlebenden Teil der Besatzung doch noch gelang, die an verschiedenen Stellen lodernden Brände zu löschen. Mit starker Steuerbordschlagseite mußte die schwer havarierte *Franklin* ausscheren und aus eigener Kraft nach den USA zurückkehren.

Die beiden Angriffstage hatten die amerikanische Luftwaffe 116 Flugzeuge gekostet. Fügt man die den Schiffen verursachten Beschädigungen hinzu, so kann die Operation *Ten-ichi* als ein Erfolg der Japaner gewertet werden. Erwähnt sei noch, daß die Amerikaner bei den Angriffen auf Kobe und Kure auf heftigen Widerstand der japanischen Kampfflugzeuge gestoßen waren. Das in

Matsunaga auf der Insel Shikoku stationierte und aus Eindeckern vom Typ *Shiden* zusammengestellte 343. Luftkorps hatte unter der Führung des berühmten Kapitäns zur See Minoru Genda an jenem Tag einen glänzenden Sieg davongetragen; mehr als zwei Drittel der im Verlauf des Angriffs verlorengegangenen amerikanischen Maschinen waren von ihm abgeschossen worden.

Die Ohka-Bombe

Am Tage nach den zwei amerikanischen Großangriffen auf Japan, am 21. März, stellte ein japanischer Aufklärer am frühen Morgen mehrere feindliche Flugzeugträger 320 Meilen (590 Kilometer) südöstlich von Kyushu fest. Da eine Wiederholung der Angriffe befürchtet wurde, ergriff das Kommando der Luftwaffe sofort Gegenmaßnahmen.

Das Kommando über die gesamten Luftstreitkräfte auf Kyushu, einschließlich der 5. Luftflotte, hatte Vizeadmiral Matome Ugaki inne, der erst vor kurzem auf die Insel gekommen war. Als ehemaliger Stabschef von Admiral Yamamoto war Ugaki als energische und dynamische Persönlichkeit bekannt. Schon immer ein überzeugter Anhänger der Luftwaffe, war er in dieser schwierigen Zeit mehr denn je entschlossen, Luftangriffe so vernichtend wie nur möglich zu führen.

Als ihm der Bericht des Aufklärungsflugzeuges übergeben wurde, faßt er sogleich den Entschluß, die neuen *Ohka-Bomben* einzusetzen. Offenbar wollte er die sich bietende Gelegenheit nicht versäumen, die neue Waffe zu erproben und ihren taktischen Wert kennenzulernen. Kapitän zur See Motoharu Okamura, Befehlshaber der *Ohka-Einheit*, organisierte das Unternehmen. Okamura hatte die Idee der *Ohka-Bombe* von allem Anfang an unterstützt und sich für die beschleunigte Aufnahme ihrer Serienerzeugung eingesetzt. Er glaubte an die Wirksamkeit dieser von Selbstmordpiloten gelenkten Bombe, die seiner Meinung nach den Krieg zur See revolutionieren würde.

Okamura verlangte daher, daß die Flugzeuge, die die *Ohka-Bombe* trugen, ein starkes Geleit erhalten sollten, damit den Selbstmordpiloten der Bombe die größtmöglichen Aussichten auf einen

Erfolg geboten würden. An diesem Tag standen aber nur dreißig *Zero-Jäger* zur Verfügung, und Okamura erklärte diese Zahl für unzureichend. Mit einem so kleinen Geleit würden die Trägerflugzeuge nicht nahe genug an das Ziel herankommen können, um den Erfolg der *Ohka-Bombe* zu garantieren.

Korvettenkapitän Goro Nonaka, ein Torpedofachmann, wurde zum Leiter des Unternehmens bestimmt. Er teilte zwar Okamuras böse Ahnung, doch setzte Admiral Ugaki seinen Willen durch; zum Handeln entschlossen, setzte er sich über alle Bedenken hinweg und gab Befehl zum Start. Okamura war verstimmt und wollte seine Bomberbesatzungen nicht zu einem so gewagten Unterfangen starten lassen, ohne ihr Schicksal zu teilen. Und darum entschloß er sich, die Angriffsgruppe persönlich anzuführen. Dem widersetzte sich jedoch Nonaka. Mit respektvoller, aber fester Entschlossenheit gab er zu verstehen, daß das Schicksal nun einmal so entschieden habe und niemand ihn daran hindern könne, seine Mission zu erfüllen. Okamura blieb nichts übrig, als sich zu fügen. Der Tradition gemäß stellten sich die *Ohka-Piloten* und die Besatzungen der Trägerflugzeuge unter dem Dröhnen von Trommeln – eine Zeremonie, die dem Abflug von Helden zur Schlacht voranging – längs der Startbahn auf.

In Anwesenheit von Admiral Ugaki starteten um 11.35 Uhr achtzehn zweimotorige Mitsubishi-Bomber und ihre dreißig Geleitjäger auf der Basis von Kanoya. Die Geleitjäger ordneten sich ober und hinter den Trägermaschinen ein. Von diesen führten nur sechzehn *Ohka-Bomben* mit, die restlichen zwei hatten für die Navigation und die Funkübertragung der ganzen Gruppe zu sorgen.

Gegen 14 Uhr, als die Angriffsgruppe nach den Berechnungen der Navigatoren etwa 50 Meilen (93 Kilometer) vom Ziel entfernt war, kamen mit einemmal etwa fünfzig *Hellcat-Jäger* hinter den Wolken hervor und stürzten sich auf die Japaner. Die dreißig *Zeros* lösten sich von der Formation ab und warfen sich den *Hellcats* entgegen.

Überwältigt von der Zahl, aber auch von der Kühnheit der amerikanischen Flieger, die wohl vermutet hatten, daß die ungewöhnliche japanische Formation eine unbekannte, aber ernst-

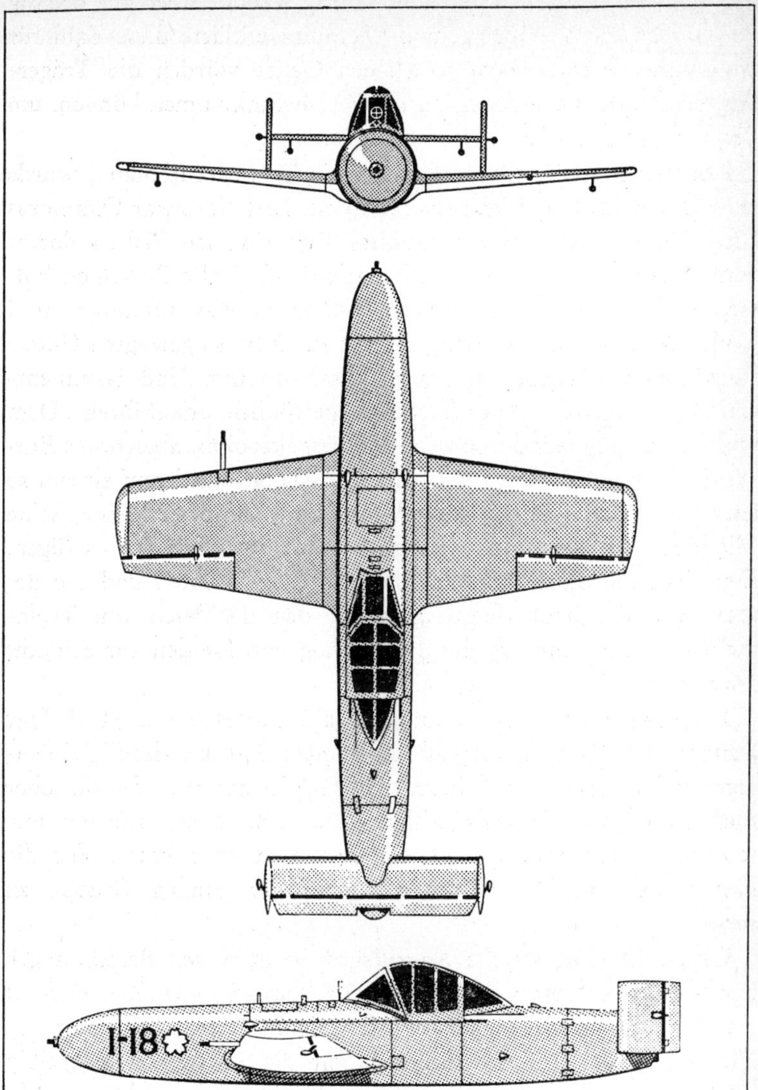

2 Die bemannte Ohka-Bombe Fuji MXY-8 Ohka

liche Bedrohung bedeuten müsse, waren die *Zeros* nicht imstande, ihre Gegner auf die Dauer zu binden. Sie wurden ohnmächtige Zeugen eines Massakers der Bomberflugzeuge. In der Hoffnung, hinter den Wolken Schutz zu finden, hatten diese ihre *Ohka-Bomben,* die von ihren Piloten noch nicht besetzt waren, abgeworfen, um schneller steigen zu können; fünfzehn wurden abgeschossen, bevor sie die Wolken erreichten. Die übrigen drei hatten zwar in den Wolken Zuflucht gefunden, wurden aber später dennoch abgefangen und vernichtet. Auch die *Zeros* wurden nicht verschont; fünfzehn wurden abgeschossen und stürzten ins Meer. Andere, die im Luftkampf beschädigt worden waren, stürzten auf dem Rückflug ab. Das erste Ohka-Unternehmen endete mit einem totalen Fiasko.

Die japanische Industrie hat außer den *Ohka-Bomben* auch eine Reihe anderer für Selbstmordangriffe bestimmte Flugzeuge fertiggestellt, praktisch eingesetzt wurden diese aber nicht.

Seit Ende 1943 hatten viele japanische Flieger die Hoffnung aufgegeben, jemals die Initiative im Kampf zurückgewinnen zu können; die Überlegenheit der Amerikaner wurde immer größer. Schon im Verlauf der zahlreichen Luftkämpfe um Rabaul (auf Neu-Britannien im Bismarck-Archipel) hatte die Mehrzahl der Flieger eingesehen, daß nur mehr ein unvermutetes Ereignis oder eine außergewöhnliche Taktik der japanischen Luftwaffe die Erfolge der vergangenen Jahre wiederbringen könnten. Manche träumten von neuen Flugzeugtypen, die jeden feindlichen Widerstand überwinden würden, und ähnlichen Wunderwaffen. In den meisten Fällen war dies alles nur ein Wunschdenken, aber einer, der Seekadett Mitsuo Ota, hatte konkrete Vorstellungen, die er seinen Vorgesetzten unterbreitete. Ota behauptete nicht, ein Allheilmittel gefunden zu haben, um den Krieg über Nacht zu gewinnen; sein Projekt trug der tatsächlichen Lage Rechnung und berücksichtigte auch die industriellen Möglichkeiten Japans. Vielleicht lag hierin der Grund dafür, daß seine Idee nicht von vornherein auf kategorische Ablehnung, sondern auf wohlwollende Gleichgültigkeit stieß.

Ota wußte, daß es technisch unmöglich war, innerhalb einer

3 Eine Mitsubishi G4M-2E Modell 22 („Betty"), das Trägerflugzeug für die Ohka-Bombe

kurzen Spanne Zeit ein Flugzeug zu entwickeln und in Serien herzustellen, das der Flugwaffe des Gegners überlegen sein würde. Ihm war auch nicht unbekannt, daß die japanischen Luftwaffeneinheiten bei Angriffsunternehmungen, die bloß bescheidene oder keine Erfolge brachten, stets steigende Verluste erlitten. Seine Idee war die Konstruktion einer großen, gleitenden und von einem Piloten gelenkten Bombe, die von einem zweimotorigen Bomber bis in die Nähe des Zieles transportiert werden sollte. Da der Bomber nicht den ganzen Weg bis zum Ziel zurückzulegen hatte, würde er weit bessere Aussichten haben, zu seiner Basis zurückzukehren und eine neue Aufgabe übernehmen zu können. Der Pilot der mit Tragflächen versehenen Bombe würde diese in schnellem Gleitflug auf das feindliche Schiff zusteuern. Ihre ungeheure Geschwindigkeit würde ein Abschießen so gut wie unmöglich machen, und ihre große Sprengladung würde schwere Beschädigungen bewirken.

Monate vergingen und brachten neue Niederlagen und immer schwerere Verluste. Die Japaner hatten nur noch die Wahl, entweder ihre Flieger in den nutzlosen Tod zu schicken oder die Flugzeuge durch amerikanische Bomber am Boden zerstören zu lassen. Der Seekadett Ota aber verteidigte sein Projekt weiter mit einer solchen Beharrlichkeit, daß seine Vorgesetzten ihn schließlich im Frühjahr 1944 zu einer Fahrt nach Japan ermächtigten, um dort seine für jene Zeit immer noch etwas revolutionären Gedanken vorzutragen.

Niemand glaubte so richtig an sie, aber jedermann fühlte, es müsse etwas geschehen. Mit dieser Einstellung empfing man den jungen Ota, als er sich im Ministerium für industrielle Produktion vorstellte. Sein Projekt stieß auf keinen grundsätzlichen Widerstand und wurde schließlich, nach einiger Zeit, dem Büro für aeronautische Studien der Kaiserlichen Universität vorgelegt, das die ersten Entwürfe schuf und unter der Bezeichnung *Marudaï* die taktischen Möglichkeiten des Projekts untersuchte.

Im Juni 1944 beschleunigte die katastrophale Niederlage in den Marianen die Entwicklung des Projekts. Die Pläne wurden dem Marineamt für aeronautische Untersuchungen in Yokosuka unterbreitet. Das Projekt wurde streng geheimgehalten, und außer einigen Eingeweihten und Fachmännern war niemand vom Bestehen des Projektes *Marudaï* unterrichtet. Verwirklicht wurden die ersten fliegenden Bomben im August 1944 noch vor der Aufstellung der ersten Kamikaze-Verbände durch Admiral Onishi auf den Philippinen.

Im September wurde Kapitän zur See Motoharu Okamura zum Befehlshaber einer Einheit ernannt, die zur Schulung des Personals im Einsatz der neuen Bombe bestimmt war. Der Bombe waren inzwischen zwei Namen gegeben worden, der poetische Name *Ohka*, was Kirschblüte[7], und der eher martialische Name *Jinraï*, was göttlicher Donner bedeutet. Auf Konoïke stationiert, wurde der Einheit die Bezeichnung *Jinraï Butaï* – „Göttliches Donnerkorps" – verliehen. Sie begann sogleich mit der Erprobung der Prototypen im Flug. Die in aller Stille rekrutierten Freiwilligen erlernten mit Begeisterung die Bedienung der heiklen *Ohka-Bomben*.

Der *Jinraï* besaß einen langen, spindelförmigen Rumpf von sechs Meter Länge mit kurzen Flügeln von fünf Meter Spannweite, einen horizontalen und zwei vertikale Stabilisatoren. Der Rumpf hatte an der Spitze ein geschoßförmig gestaltetes Abteil, das eine Sprengladung von 1200 Kilogramm Trinitroanisol, ähnlich dem von den Amerikanern verwendeten Trinitrotoluol (TNT), enthielt. Die Ladung war nach dem Vorbild einer schweren Schiffsgranate in einem starken Gehäuse eingeschlossen, um eine durchschlagende Explosion zu erzielen.

Im anschließenden Abteil, im Schwerpunktszentrum, waren der Zünder für die Ladung und die Kontrollgeräte des Piloten untergebracht; an der oberen Seite befand sich der Ring, mit dem die *Ohka-Bombe* am Trägerflugzeug aufgehängt wurde. Die Führerkabine war mit einer tropfenförmigen, durchsichtigen Haube bedeckt, vor der sich eine kreuzförmige Visiervorrichtung befand. Die Fluginstrumente waren rudimentär und auf das Notwendigste beschränkt.

Im hintersten Abteil waren die Raketen angeordnet, die die Sturzgeschwindigkeit erhöhen sollten, um die Maschine den Einwirkungen der feindlichen Jäger und der Artillerieabwehr zu entziehen. Diese Antriebsvorrichtung bestand aus fünf Raketen, deren Behälter sich hinter dem Pilotensitz befanden. Zwei Raketen[8] waren an der Bodenfläche dieses Abteils und die drei anderen, etwas kleineren, über ihnen, in einer einzigen Ausstoßdüse angebracht. Die Raketen entwickelten einen Schub von 800 Kilogramm während neun Sekunden und brachten die Maschine auf eine Geschwindigkeit, die je nach dem Fallwinkel zwischen 925 und 1055 Stundenkilometer variierte. Für die damalige Zeit war dies eine enorme Geschwindigkeit.

Für die Fertigung in großen Serien bestimmt, war die *Ohka* aus Holz und Metall sehr leicht gebaut, ihre Festigkeit daher eher gering. Das Mißverhältnis zwischen den kleinen Tragflächen und dem Gewicht machte die Lenkung schwierig. Von einem Trägerflugzeug sollte sie bis auf dreißig Kilometer an ihr Ziel befördert und in einer Höhe zwischen 6000 und 8000 Meter abgelassen werden. Den ersten Teil der Angriffsstrecke führte der *Jinraï*, wie die Bombe nun hieß, im Gleitflug unter einer Neigung von einigen Graden zur Horizontalen und einer Geschwindigkeit von 400 Stundenkilometern aus; hatte er sein Ziel ausgesucht, zündete er die Raketen und ging unter einem Winkel von fünfzig Grad zum Sturzflug über.

Obgleich viele Schwierigkeiten im Funktionieren der Bombe und in der Ausbildung der Piloten bewältigt werden mußten, wurde im September 1944 die Serienfertigung beschlossen und einer

Anzahl von Fabriken und Marineeinrichtungen übertragen. Die ersten, den Prototypen genau nachgebauten *Ohkas* verließen das Fließband Ende Oktober als *MXY-8 Ohka, Modell 11.*

Gleichzeitig wurde für die Schulung der Piloten eine Ausführung ohne Raketen und ohne Sprengladung, die die Typenbezeichnung MXY 7 oder auch K 1 führte, von der Firma Nihon Hikoki K. K. hergestellt. Diese Ausführung war unter dem Rumpf mit einem breiten, skiförmigen Gestell ausgestattet, um die Landung nach Schulungsflügen zu ermöglichen. Später wurden auch zwei Prototypen einer zweisitzigen Variante, MXY 7 K 1 Kai genannt, gebaut, jedoch nicht in Serienerzeugung übernommen.

Als Transportflugzeuge, auch Mutterflugzeuge genannt, wurden mehrere zweimotorige Bomber in Erwägung gezogen. Das Flugzeug mußte sich mit der Last der 2140 Kilogramm der *Ohka* vom Boden abheben können und ihr Fahrgestell eine Spurweite besitzen, die für die fünf Meter betragende Spannweite der *Ohka* ausreichte. Verschiedene Bombertypen entsprachen diesen Bedingungen; man entschied sich für den *Mitsubishi GFM Typ 1,* weil von ihm eine große Anzahl verfügbar war.

Die Firma Mitsubishi nahm an dem Bomber die notwendigen Änderungen vor, und die für den Transport der *Ohka* bestimmte Ausführung wurde unter der Typenbezeichnung G4M2E Modell 22 bekannt. Die *Ohka* war in der Bombenkammer des zweimotorigen Trägerflugzeuges aufgehängt, in die sie zum Teil hineinragte und deren Türen entfernt worden waren. Eine Telefonverbindung sorgte für die Möglichkeit der Verständigung zwischen dem *Ohka-Piloten* und der Besatzung des Transporters. Schließlich hatte man noch in der Bombenkammer des Trägerflugzeuges, der Kabine der *Ohka* gegenüber, eine kleine Tafel mit einem roten und grünen Signallicht zur Übermittlung von Befehlen des Flugzeugführers montiert.

In der Theorie sollte die Entfernung der Freigabestelle der *Ohka* vom Ziel genügen, um es dem Mutterflugzeug zu ermöglichen, feindlichen Abfangjägern und dem Abwehrfeuer auszuweichen. Von seiner Last befreit, würde es seine Höchstgeschwindigkeit schnell wiedergewinnen und sich der Verfolgung durch feindliche Jäger entziehen können. Die Praxis sah allerdings anders aus.

Viele Mutterflugzeuge wurden nach dem Abwurf der *Ohka-* oder *Jinraï-Bombe* abgeschossen.

Die große Geschwindigkeit und das Vernichtungspotential der *Ohka* gaben der fliegenden Bombe in den Augen der Amerikaner einen teuflischen Aspekt. Gegen die „normalen“ Kamikazes hatten sie wirksame Verfahren zur Verteidigung entwickelt; gegenüber den *Ohkas* fühlten sie sich hilflos, es sei denn, daß es gelang, das Mutterflugzeug vor dem Abwurf der *Ohka* abzuschießen. Die abgeworfene *Ohka* konnte dank ihrer Geschwindigkeit ihr Ziel unbehindert erreichen.

Es sollte sich noch zeigen, daß die *Jinraïs* im Lauf des Feldzuges auf Okinawa eine psychologische Wirkung erzielten, die den „klassischen“ Kamikazes versagt blieb. Vor den Todesflugzeugen hatten die Amerikaner ihre Furcht überwunden und die Zahl der Abfangjäger und das Feuer der Abwehr vervielfacht. Angesichts der neuen japanischen Bombe aber fühlten sie sich machtlos. Sie vermochte zwar nicht, die Amerikaner in Panik zu versetzen, aber diese begannen, das Schlimmste zu befürchten. Das zu erreichen, hatten die Japaner ja gehofft. Sie setzten ihre Hoffnung auf die *Ohka* nicht nur, um den Gegner zu vernichten, sondern um ihm Angst einzuflößen und ihm dadurch den Mut zu einer weiteren Eskalation auf das japanische Mutterland zu nehmen.

Für die Amerikaner waren die *Ohkas* eine Offenbarung des teuflischen Geistes der Japaner. Sie entliehen der japanischen Sprache das Wort *baka,* blödsinnig, und nannten die *Ohka* die *Bakabombe.*

VI

KAMIKAZE ZUR SEE

Bisher haben wir uns vorwiegend mit der japanischen Marine-Luftwaffe beschäftigt, denn sie war es ja, die den Kamikaze-Gedanken auf die Spitze trieb. Wir haben auch die Bodentruppen erwähnt, die in aussichtlosen Situationen bis zum letzten kämpften; wenig jedoch war bisher von der Marine die Rede. Dabei begannen die japanischen Seeleute ihre Kamikaze-Operationen zu einem früheren Zeitpunkt als Luftwaffe und Heer.

Die Zwerg-Unterseeboote, die am 7. Dezember 1941 an dem Angriff auf Pearl Harbour teilnahmen, waren ja tatsächlich zu einem Kamikaze-Unternehmen ausgelaufen, ehe der Ausdruck überhaupt noch geprägt war. Obwohl in dem Operationsplan nicht ausdrücklich erwähnt wurde, daß die Besatzungen der winzigen U-Boote dem sicheren Tod geweiht waren, so wußten diese Männer doch, daß die Vorsorge, die angeblich zu ihrer Bergung getroffen war, keinerlei praktische Bedeutung hatte. Sie machten sich keine Illusionen über ihr Schicksal, und obwohl sie ganz sicher wußten, daß es für sie keine Rückkehr gab, zögerten sie doch keinen Augenblick, sich zu dem Sonderkommando zu melden. Sie waren bereits Kamikaze, ja vielleicht mehr als das, denn zu jenem Zeitpunkt war Japan mächtig und hatte keinen Gegner zu fürchten. Jenes Himmelfahrtskommando vom 7. Dezember 1941 konnte also gewiß nicht als Verzweiflungstat gewertet werden.

Nun war der U-Boot-Angriff auf Pearl Harbour ein reiner Mißerfolg; das Vernichtungswerk ging allein auf das Konto der Luftwaffe. Dennoch war das japanische Oberkommando seither der Ansicht, mit den Zwerg-U-Booten eine wirksame Waffe entwickelt zu haben. Immerhin hatte sich herausgestellt, daß ein ganz kleines Unterseeboot in einen feindlichen Hafen eindringen konnte, wie stark geschützt dieser auch sein mochte. Seine Winzigkeit erlaubte es dem U-Boot, unbemerkt durch alle Verteidigungsanlagen zu schlüpfen.

Wahrscheinlich glaubten die Japaner nicht allzusehr daran, dem Feind mit dieser Waffe tatsächlich fühlbare Schäden zufügen zu können, sondern mehr an den moralischen Effekt, nämlich an die Erzeugung von Unsicherheit und Angst, zumal man auf diese Weise Ziele angreifen konnte, die weit vom Kriegsschauplatz entfernt waren. Wenn die Miniaturboote dort zusätzlich noch Zerstörungen erzielten, dann war ihr Wert allerdings unschätzbar.

Miniaturkrieg

Aus diesen Überlegungen plante die japanische Admiralität im Frühjahr 1942 neue Unternehmungen mit Zwerg-U-Booten. Es handelte sich darum, die großen japanischen Siege durch psychologische Maßnahmen zu untermauern. Überdies ging es der Admiralität darum, die überaus tüchtigen Besatzungen der „Fliegen"[1] nicht in Untätigkeit verharren zu lassen.

Zu diesem Zeitpunkt waren die Alliierten von allen wichtigen Stützpunkten im Fernen Osten vertrieben worden. Diejenigen, die ihnen verblieben waren, waren weit entfernt. Allerdings waren sie bisher von feindlichen Angriffen verschont geblieben und die Alliierten konnten dort Kräfte für eine Gegenoffensive konzentrieren. Die Japaner befürchteten, daß diese Stützpunkte früher oder später als Sprungbrett zur Rückgewinnung der verlorenen Positionen dienen würden, und tatsächlich wiesen Geheimdienstberichte und die Ergebnisse von Erkundungsflügen darauf hin, daß der Gegner in Sydney und in Diego-Suarez auf Madagaskar rege Tätigkeit entfaltete.

Im Rahmen der „Operationen der zweiten Phase" der großen japanischen Expansion beschloß die Admiralität, die beiden so weit voneinander entfernten Stützpunkte gleichzeitig anzugreifen. Das Schwergewicht des Plans lag offensichtlich in der psychologischen Wirkung: Der Feind sollte merken, daß die Kaiserliche Marine allgegenwärtig war.

Unter dem Oberbefehl von Konteradmiral Ishizaki wurde die Achte U-Boot-Flottille aufgestellt; Ende April begann sie mit ihren Sonderübungen. Jedes große U-Boot wurde mit der nötigen Ausrüstung versehen, eine zweisitzige „Fliege" des Typs A mitzuführen. Beide Angriffe wurden auf die frühen Morgenstunden des 31. Mai 1942 festgesetzt.

Der Angriff auf Diego Suarez

Die drei für den Angriff ausgewählten U-Boote, *I-16, I-18* und *I-20,* hatten einen Aufenthalt in Penang, dann noch einen zweiten, zwecks technischer Überprüfung, in einem geheimen, zeitweilig an der Westküste Burmas eingerichteten Stützpunkt. Von dort nahmen sie Kurs auf Madagaskar. Sie sollten sich der gleichen Taktik bedienen, die schon vor sechs Monaten in Pearl Harbour angewendet worden war. Die großen U-Boote sollten sich der Hafeneinfahrt von Diego Suarez so weit wie möglich nähern und dann die „Fliegen" zu Wasser lassen. Diese sollten die U-Boot-Verteidigungsanlagen durchbrechen und vor Anker liegende Schiffe angreifen. Danach sollten die Besatzungen sie versenken.

Theoretisch war – wie in Pearl Harbour – vorgesehen, daß die beiden Besatzungsmitglieder jeder „Fliege" danach zum Mutter-U-Boot zurückkehren sollten. In Wirklichkeit aber war dieser Teil des Plans nicht mehr als ein Alibi, dazu bestimmt, der Admiralität und dem Kaiserlichen Hauptquartier jegliche Verantwortung abzunehmen. Wenn man auch annahm, daß die Besatzungen den feindlichen Unterwasserbomben entgingen, so konnte man doch sicher sein, daß sie am Ende ihres tollkühnen Unternehmens mit den Nerven am Ende waren. Sie sollten also nicht nur unzählige Male auf- und untertauchen, sondern danach auch noch die Kraft haben, ihr Boot zu versenken und in der Dunkelheit die zehn bis fünfzehn Kilometer zu den großen U-Booten zurückzuschwimmen. Das scheint kaum vorstellbar.

Am 30. Mai 1942 um Mitternacht erreichten die drei großen U-Boote den vorgesehenen Endpunkt ihrer Fahrt etwa 20 km nördlich der Hafeneinfahrt von Diego Suarez. Eine weitere Annäherung war ihnen aus Sicherheitsgründen verwehrt.

Die Besatzungen bestiegen ihre winzigen Boote, und die „Fliegen" wurden zu Wasser gelassen, als erste die von *I-18*. Der Motor ließ sich aber trotz aller Bemühungen nicht starten. Gleichzeitig gingen die „Fliegen" von *I-16* und *I-20* ohne Schwierigkeiten auf Kurs. Einige Seemeilen vor der Hafeneinfahrt jedoch holte eine davon plötzlich Wasser und sank innerhalb weniger Minuten. Die Ursache des Schadens wurde nie bekannt.

Der einzige übriggebliebene Angreifer setzte seine Fahrt fort. Die Nacht war still, und die See glatt. Das bis zur Periskophöhe[2] getauchte kleine U-Boot gelangte ungesehen durch die Einfahrt. Die Engländer, die Madagaskar vor kurzem besetzt hatten, dachten nicht im entferntesten an einen feindlichen Angriff dieser Art. Sie hatten sich nicht einmal die Mühe genommen, die veralteten Küstenbatterien instandzusetzen.

Der japanische Offizier, der die „Fliege" befehligte, hatte die Spezialkarten von Diego Suarez so genau studiert, daß er genau die Küstenlinie, die er sich eingeprägt hatte, entlangfahren konnte. Nachdem sein Boot ein Vorgebirge umrundet hatte, gelangte er in den Hafen, aber im Gegensatz zu den Meldungen eines Aufklärungsflugzeuges vom Vortag sah er an dieser Stelle kein einziges Schiff. Er gab aber nicht auf, sondern nahm Kurs auf die kleinen Buchten am anderen Ende des Hafens.

Als die „Fliege" ein kleines Kap umschifft hatte und in eine der Buchten einfuhr, sah der japanische Offizier vor sich in weniger als 200 Meter Entfernung einen großen Tanker. Die Silhouette hob sich klar gegen den Nachthimmel ab. Natürlich wußte der Japaner, daß sein eigenes Boot beschädigt werden konnte, wenn er sein Torpedo auf diese kurze Entfernung abschoß. Er entschloß sich dennoch dazu. Das Torpedo brauchte knapp zehn Sekunden, um den Tanker zu erreichen. Es traf ihn mittschiffs.

Der blendenden Stichflamme folgte eine gewaltige Explosion. Eine der von ihr ausgelösten Sturzwellen erreichte die japanische Nußschale und wirbelte sie hoch wie der Sturm ein Blatt. Beinahe wäre die „Fliege" gekentert; die beiden Besatzungsmitglieder wurden gegen die Bordwände geschleudert, und die Akkumulatoren begannen nun auszusetzen. Giftgase begannen auszuströmen, und der Motor lief nur mehr mit geringer Kraft. Aber der japanische Offizier wollte nicht sterben, ehe er nicht sein zweites Torpedo abgefeuert hatte, und steuerte sein Boot in langsamer Fahrt in eine andere Bucht, wo er den britischen Kreuzer *Ramillies* entdeckte. Das feindliche Kriegsschiff, das weniger als 2000 Meter entfernt war, war im Flammenschein des brennenden Tankers klar auszunehmen. Kaum je hat es ein besseres Ziel gegeben.

Das zweite Torpedo verließ das Rohr, aber in dem japanischen Zwerg-U-Boot konnte niemand mehr seinen Lauf verfolgen. Der Offizier und sein Maschinist erstickten an den Giftgasen, die aus den Akkumulatoren ausströmten. Das kleine U-Boot kam an die Oberfläche und wurde später angetrieben.

Der britische Kreuzer erhielt zwar einen Treffer, sank aber nicht. Er konnte den Hafen Durban an der Ostküste Afrikas anlaufen und repariert werden. Der Tanker hingegen brannte wie eine Fackel und sank.

Fehlschlag auf Sydney

Zur selben Zeit entwickelte sich die zweite Operation Tausende von Seemeilen entfernt planmäßig. Unter dem Kommando von Kapitän zur See Sasaki näherten sich fünf andere Unterseeboote der 8. Flottille Sydney. Es waren *I-21, I-22, I-24, I-27* und *I-29. I-21* führte ein zerlegbares Wasserflugzeug mit sich, das zu Aufklärungsflügen eingesetzt werden sollte. Aus Platzmangel hatte dieses U-Boot daher keine „Fliege“ an Bord.

Am Nachmittag des 30. Mai überquerte die Flottille die große Korallenbarriere und nahm Kurs nach Westen, in Richtung auf den Hafen von Sydney. 7 Seemeilen, rund 13 Kilometer von Sydney war der Punkt erreicht, an dem die „Fliegen“ zu Wasser gelassen werden sollten. Die gelotete Wassertiefe betrug an dieser Stelle 200 Meter. Es war 16.30 Uhr. Die „Fliegen“ wurden losgemacht und setzten sich in Bewegung. In langsamer Fahrt näherten sie sich der Küste. Bald darauf erblickten ihre Besatzungen durchs Periskop im Mondlicht[3] das Vorgebirge von Outer North Head, danach Inner South Head und den schwach strahlenden Leuchtturm von Hornby.

Die vier „Fliegen“ erreichten nun das U-Boot-Netz, und bald bemerkten die Japaner, daß es nicht geschlossen war. Es stand ihnen also nichts im Wege, in den Hafen einzudringen. Eines der kleinen Boote kam jedoch vom Kurs ab, stieß gegen das U-Boot-Netz und blieb hängen. Die Besatzung gab sich alle Mühe, es wieder loszumachen, jedoch vergeblich.

Die drei anderen Boote setzten ihre Fahrt fort. Bald tauchten die Silhouetten ankernder Schiffe auf, unter ihnen zweier schwerer Kreuzer. Es waren die amerikanische *Chicago* und die australische *Canberra*. In geringer Entfernung von den beiden Kriegsschiffen bemerkten die Japaner ein großes Versorgungsschiff. Alles war still. Die Überraschung würde vollkommen sein. Die drei U-Boote kamen bis auf die richtige Schuß-Entfernung an die Ziele heran.

Der erste Angriff sollte sich gegen den Kreuzer *Chicago* richten. Der junge japanische Seekadett betätigte den Auslösemechanismus. Im selben Augenblick schoß eine Stichflamme empor, und in einem Geiser von Wasser und Schaum wirbelten Trümmer auf. Der Donner der Explosion und deren Echo hallten durch den ganzen Hafen. Das Torpedo hatte entweder einen Fabrikationsfehler gehabt oder war verklemmt gewesen. Jedenfalls war es im Rohr krepiert und hatte die „Fliege“ geradezu pulverisiert.

Auf den vor Anker liegenden Kriegsschiffen reagierte man sofort. Die Schiffsgeschütze eröffneten das Feuer, zuerst aufs Geratewohl, dann mit größerer Genauigkeit. Die Kommandanten der beiden anderen „Fliegen“ nahmen sich, von der überraschenden Explosion und dem darauffolgenden Geschützfeuer verwirrt, gar nicht erst die Zeit, sorgfältig zu zielen, und feuerten ihre Torpedos einfach ab. Das Wasser des Hafenbeckens wurde von Hunderten Geschossen durchpflügt. Die 203-mm-Granaten aus den Geschützen der beiden Kreuzer schlugen in unmittelbarer Nähe der zwei verbliebenen Zwerg-U-Boote ein, und der dadurch entstandene Strudel trieb die „Fliegen“ an die Oberfläche. Dort wurden sie binnen kurzem in Trümmer geschossen. Kein einziges ihrer Torpedos hatte sein Ziel getroffen. Eines davon traf ein harmloses Fährschiff, das binnen weniger Minuten sank. Der Angriff auf Sydney war vollständig fehlgeschlagen.

Eine Waffe versagt

Noch mehrmals während der folgenden Kriegsjahre kamen die Zwerg-Unterseeboote zum Einsatz, aber immer nur in kleiner Anzahl und offenbar mit ebenso geringem Erfolg. Sie wurden deshalb immer seltener eingesetzt. In den ersten Monaten des Jahres 1945 stellte man sie überhaupt außer Dienst. Die letzte Einheit, die aus vier „Fliegen“ bestand, war in Dumaguete auf den Philippinen stationiert. Sie wurde am 20. März 1945, als die Amerikaner ihren Angriff auf Davao begannen, aufgelöst. Die Miniatur-Unterseeboote wurden versenkt, ihre Besatzungen den Landtruppen zugeteilt.

Im wesentlichen hatten bereits die Angriffe auf Pearl Harbour, Diego Suarez und Sydney dem japanischen U-Boot-Kommando den Mut genommen, sich weiterhin auf diese Waffe zu verlassen. Die Kaiserliche Marine war in psychologischer und taktischer Hinsicht dem gleichen Wandel unterworfen wie Luftwaffe und Heer. Zu Beginn des Krieges hatte die Marine mit konventionellen Mitteln spektakuläre Siege erfochten, aber nach und nach hatte sie sich immer mehr auf Sonderunternehmen beschränken müssen, die nur geringfügige Erfolge brachten und den Besatzungen so gut wie keine Überlebenschance boten.

Die japanischen Zwerg-U-Boote waren nicht das Produkt einer revolutionären technischen Neuerung. Sie waren auch nicht die einzigen, die es während des Zweiten Weltkriegs gab. So bauten und benützten auch die Engländer und die Deutschen derartige U-Boote. Nur waren die Japaner zweifellos die ersten, die sie zu Kampfhandlungen einsetzten.

Mit dem Studium dieser Waffe hatten die Japaner schon einige Jahre vor dem Krieg begonnen. Die ersten beiden Versuchsmodelle Nr. 1 und 2 des *Typs A* (auch *Typ Ko* genannt) waren 1938 auf der Werft von Kure gebaut worden. Nachdem sie sich in Versuchen zur See bewährt hatten, wurden zwei Boote eines anderen Prototyps gebaut: *Ha 1* und *Ha 2*. Anstelle der flachen Kabine des *Typs A* besaß der *Typ Ha* einen richtigen Turm. Ansonsten waren die beiden identisch. Sie konnten zwei Mann Besatzung tragen, waren 24 Meter lang und hatten eine Wasserverdrängung von 46 Tonnen. Mit gedrosseltem Motor und infolgedessen verringerter Geschwindigkeit von 2 Knoten (3,7 Stundenkilometer) konnten sie 80 Seemeilen (150 km) zurücklegen. Sobald sie mit Höchstgeschwindigkeit liefen – 19 Knoten (35 Stundenkilometer) – blieben sie 55 Minuten in Fahrt und legten in dieser Zeit 32 Kilometer zurück.

Infolge ihrer Kleinheit und ihres geringen Aktionsradius mußten sie von einem größeren Schiff in Zielnähe transportiert werden. Praktisch waren diese Transportfahrzeuge schon aus Gründen der Geheimhaltung stets größere U-Boote vom *Typ C. 1* (der Klasse *I-16).* Zwecks Unterbringung des Zwerg-U-Boots war auf dem Achterdeck des Träger-U-Boots eine Art Hangar montiert.

Auf dem Bug der Zwerg-U-Boote waren je zwei selbstfahrende Torpedos des Kalibers 557 mm befestigt. Der Sitz der beiden Besatzungsmitglieder befand sich direkt unter dem Turm. Dort waren auch sämtliche Instrumente angebracht. Der Elektromotor wurde durch Akkumulatoren betrieben. Letztere mußten entweder in einem Stützpunkt oder von einem dazu ausgerüsteten Schiff aus aufgeladen werden.

Die Produktion begann mit einer Serie von 42 Booten, die die Nummern *Ha 3* bis *Ha 44* trugen, in Urazaki in der Nähe von Kure. Aus dieser Serie stammten die „Fliegen“, die die Angriffe auf Pearl Harbour, Diego-Suarez und Sydney durchführten.

Während des Kriegs wurden verschiedene kleine Verbesserungen an den Booten angebracht, insbesondere Stahlschienen an den Bordwänden und an Deck, die das Fahrzeug stabiler machen sollten. Ferner brachte man vor dem Bug und vor dem Turm gezahnte Schienen an; sie sollten dazu dienen, etwaige Hindernisse, die dem Turm und dem Periskop gefährlich werden konnten, wie Unterseekabel und U-Boot-Netze, zu zerschneiden.

Im Frühjahr 1942 beschlossen die Japaner, die Zwerg-Unterseeboote zur Küstenverteidigung einzusetzen. Eine neue Serie von 16 Booten, *Ha 46* bis *Ha 61,* wurde gebaut. Diese Modelle wiesen weitere Verbesserungen auf, die jedoch auf Kosten der Geschwindigkeit gingen. Diese U-Boote wurden Ende 1944 und Anfang 1945 in der Schlacht um die Philippinen eingesetzt, vor allem in

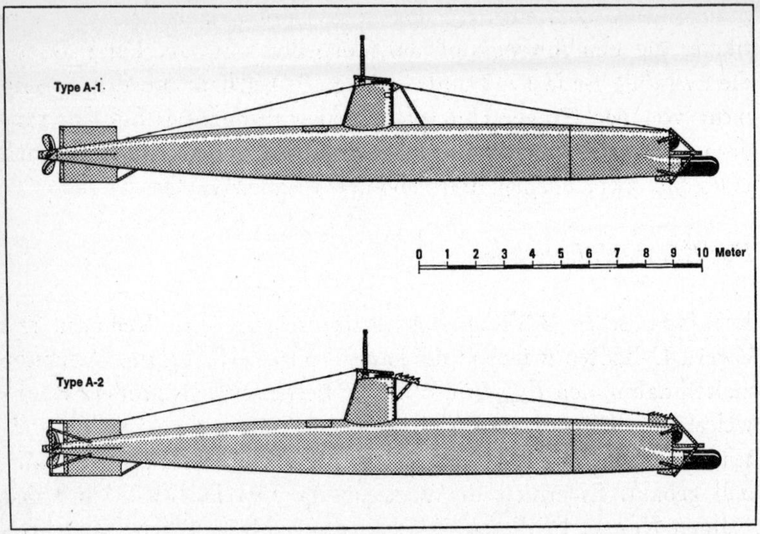

4 *„Fliegen“, japanische Kleinst-Unterseeboote*

der Meerenge von Surigao und vor Mindanao. Aber auch ihnen waren offenbar keine nennenswerten Erfolge beschieden.

Im Oktober 1942 wurde ein anderes Modell erprobt. Es hieß *Typ B (Typ Otsu)* und trug die Nummer *Ha 45*. Es war etwas länger und schwerer als *Typ A*. Die Länge betrug 24,5 Meter, die Wasserverdrängung 50 Tonnen. Es sollte 3 Mann Besatzung mitführen und war im Gegensatz zum *Typ A* mit einem Dieselaggregat versehen, so daß es seine Akkumulatoren selbst aufladen konnte. Dadurch vergrößerte sich der Aktionsradius. Das Boot konnte aufgetaucht 350 Seemeilen (650 km) mit einer Geschwindigkeit von 6 Knoten (11 Stundenkilometer) zurücklegen, getaucht 120 Seemeilen (220 km) mit einer Geschwindigkeit von 4 Knoten (7,5 Stundenkilometer).

Diese beachtlichen Verbesserungen veranlaßten die Admiralität, eine Serie von 15 Stück in Auftrag zu geben. Sie entsprach dem *Typ B* bis auf den Umstand, daß sie nur für 2 Mann gebaut war. Das Modell erhielt die Bezeichnung *Typ C (Typ Hei)*, die Boote trugen die Nummern *Ha 62* bis *Ha 76* und fielen durch zwei

Stahlschienen auf: eine, die das ganze Boot umgab, und eine vertikale, die den Sprengkopf der Torpedos schützte. Diese Boote, die zwischen Ende 1942 und Anfang 1944 gebaut wurden, sollten nicht von den Träger-Unterseebooten transportiert werden, sondern von 1500-Tonnen-Landungsschiffen des *Typs 1*, von denen jedes mit zwei Klein-Unterseebooten beladen wurde.

Das Koryu-Unterseeboot

Die japanischen Schiffbau-Ingenieure setzten ihre Versuche mit Zwerg-U-Booten während des ganzen Krieges fort. Diese Versuche zielten dahin, den *Typ C* insofern zu verbessern, als größere Reichweite und wirksamere Einsatzmöglichkeiten erzielt werden sollten. Zwischen Juni 1944 und Januar 1945 wurde ein größeres Modell gebaut. Es erhielt die Bezeichnung *Typ D Ha 77* und den Namen *Koryu.* In diesem Boot sollten 5 Mann Platz finden. Besonderer Wert wurde darauf gelegt, daß die Akkumulatoren rascher aufgeladen werden konnten. Das Boot war 26,20 Meter lang und hatte eine Wasserverdrängung von 60 Tonnen. Es konnte aufgetaucht 1000 Seemeilen (1850 km) zurücklegen, wenn es mit einer gedrosselten Geschwindigkeit von 8 Knoten (15 Stundenkilometer) fuhr, oder in getauchtem Zustand 320 Seemeilen (590 km), wenn es bis zu der zulässigen Tiefe von 100 Meter unter Wasser mit Höchstgeschwindigkeit fuhr: 16 Knoten (30 Stundenkilometer).

Von diesem Modell gab die Admiralität 540 Stück in Auftrag. Sie sollten zur Verteidigung von Okinawa eingesetzt werden. Technische Schwierigkeiten und Materialknappheit verlangsamten die Produktion aber so sehr, daß bis zu Kriegsende nur 115 Boote dieses Typs in Dienst gestellt werden konnten.

Die *Koryu* sollten entweder mittels Gleitschienen von Schiffen zu Wasser gelassen werden oder mittels Kranen direkt von der Küste.

Offenbar wurden diese Boote nicht in größerer Zahl eingesetzt, denn sie hatten kaum Verluste. Während der letzten Kriegsmonate, als die Erzeugung von Torpedos ins Stocken geriet, wurden die *Koryus* umgebaut. Statt der üblichen zwei Torpedos wurde am Bug ein Vorbau angebracht. Der Zwischenraum wurde mit einer großen Sprengladung versehen. Die Absicht dabei war zweifellos, daß das *Koryu-Boot* ein feindliches Schiff rammen sollte, auf dieselbe Art wie die Kamikaze-Flugzeuge. Einige *Koryu-Boote* wurden abgezogen und dienten als Übungsfahrzeuge für Todeskommandos. Sie waren mit einem zweiten Periskop für den Schulungsoffizier ausgerüstet.

Die Kairyu-Boote

Auch an der Verbesserung des *Typs A* wurde indessen weitergearbeitet. Ende 1943 entwickelten die Werften von Urazaki und von Yokosuka ein neues Modell, dessen einzige Verbesserung darin bestand, daß auf der Höhe des Turms beiderseitig je eine Flosse angebracht war. Diese Vorrichtung sollte dem Boot größere Stabilität geben und das Tauchmanöver erleichtern.

1944 entwickelten die japanischen Schiffbauingenieure in zahlreichen Versuchen den *Typ Kairyu*, einer verbesserte und sogar noch verkleinerte Form des *Typs A*.

Das *Kairyu-Boot* war 17 Meter lang, seine Wasserverdrängung betrug nur wenig mehr als 19 Tonnen. Es konnte an der Meeresoberfläche 450 Seemeilen (830 km) mit einer Geschwindigkeit von 5 Knoten (9 Stundenkilometer) zurücklegen, in getauchtem Zustand 36 Seemeilen (67 km) mit einer Geschwindigkeit von 3 Knoten (5,5 Stundenkilometer). Die Ausrüstung bestand aus zwei Torpedos vom Kaliber 457 mm, die unterhalb des Schiffbodens beiderseits des Kiels montiert waren. Das kleine 2-Mann-U-Boot war für seine Größe sehr stabil und konnte mit der Torpedolast 100 Meter tief tauchen, ohne Torpedos 146 Meter tief. Für die Fahrt über Wasser war es mit einem 85-PS-Benzinmotor (dem *Isuzu-Automotor)* ausgestattet, für die Fahrt unter Wasser mit einem 80-PS-Elektromotor.

Die Erzeugung der *Kairyus* begann im Februar 1945. Die Einzelteile wurden in drei verschiedenen Werken hergestellt und dann in Yokosuka montiert. Die ersten 20 Boote wurden als Schulschiffe verwendet. Auch sie waren mit zwei Periskopen und einem vergrößerten Turm ausgestattet.

Ebenso wie bei den *Koryus* führte die Knappheit an Torpedos auch bei den *Kairyus* zum Umbau. Sie erhielten ebenfalls einen Vorbau, der mit einer Sprengladung von 600 kg TNT gefüllt wurde. An Stelle der Torpedos wurden zwei lange Rohre montiert, deren beide Enden stromlinienförmig verliefen. Sie enthielten entweder Ballast zu Tauchzwecken oder zusätzlichen Treibstoff.

1945 war man mit der Entwicklung eines weiteren Modells beschäftigt. Es sollte eine Wasserverdrängung von 40 Tonnen haben, wurde aber nie gebaut, weil das Kriegsende kam, bevor mit der Produktion begonnen werden konnte.

Das Kaiten-Torpedo

Durch den Kriegsverlauf wurde die Taktik aller japanischen Waffengattungen drastisch beeinflußt, insbesondere die der Marine. Es ging nicht mehr um kluge strategische Planung, sondern immer mehr um verzweifelte Anstrengungen zur Aufrechterhaltung der Verteidigung von Gebieten, die in zunehmendem Maß dem Druck der feindlichen Übermacht ausgesetzt waren.

Ursprünglich waren die verschiedenen Typen der Zwerg-Unterseeboote durchaus konventionelle Waffen, dies auch insofern, als der Tod der Besatzungen im Einsatz nicht absolut unvermeidlich war. Aber die Verschlechterung der militärischen Situation und gleichermaßen die Stimmung unter den japanischen Seeleuten brachte auch die Marine zu dem Entschluß, ausschließlich für Todeskommandos bestimmte Waffen zu entwerfen und in Produktion gehen zu lassen. Der erste Schritt in dieser Richtung war bereits der Umbau der *Koryu-* und *Kairyu-Boote* zu Sprengkörpern, die keine andere Funktion hatten als die Kamikaze-Flugzeuge.

Die Knappheit an Torpedos in den letzten Kriegsmonaten war nur einer der Gründe für die Marine, die Einsatztaktik der Zwerg-Unterseeboote so radikal zu ändern. Es gab noch einen anderen Grund, der mindestens ebenso wichtig war. Als die Taten von Admiral Onishis Kamikaze-Piloten bei den Philippinen bekannt wurden, überschwemmte eine Art emotioneller Flutwelle die Angehörigen sämtlicher japanischer Waffengattungen. Zahlreiche Marineangehörige wünschten dem Beispiel von Selbstaufopferung, das die Kamikaze-Flieger gegeben hatten, zu folgen. Sie konnten einfach nicht verstehen, daß man sie bei der Verteidigung des japanischen Mutterlands, für das sie so viel tun zu können meinten, tatenlos zusehen ließ. Sie bedrängten ihre Vorgesetzten, ebensolche Todeskommandos zu schaffen wie die Kamikaze-Einheiten über den Philippinen. Der Umbau der *Koryu-* und *Kairyu-Boote* war eine Teilantwort auf diese dringenden Wünsche. Dann aber begannen japanische Ingenieure über die technischen Möglichkeiten zum Entwurf und Bau echter Todesfahrzeuge nachzudenken. Diese Überlegungen führten zur Konstruktion der *Kaiten-Torpedos*[4], die bezeichnenderweise in aller Welt „menschliche Torpedos" genannt wurden. An dieser Stelle muß ein weitverbreiteter Irrtum richtiggestellt werden. Vielfach war man der Meinung, daß der japanische Todesfreiwillige seine „teuflische Zigarre" bestieg und wie ein Pferd ritt. Das Kaiten war zwar ein bemanntes Torpedo, aber der Fahrer befand sich in seinem Inneren, und es war vorgesehen, daß er es verließ, ehe das Torpedo aufs Ziel aufschlug.

Das Kaiten war eine Weiterentwicklung des üblichen *Torpedos 93.* Es hatte die gleiche Sprengladung von 1550 kg TNT, die gleichen Luftkammern und den gleichen Motor. Das *Kaiten-Torpedo* des *Typs 1* war ein zylindrischer Körper von 14,70 Meter Länge und 99 Zentimeter Durchmesser. Es verdrängte 8300 kg Wasser. Da es ursprünglich zum Zweck der Küstenverteidigung gebaut war, waren Reichweite und Geschwindigkeit proportional veränderlich. Die Reichweite betrug von 23 Kilometer mit 30 Knoten (56 Stundenkilometer) bis zu 78 Kilometer mit 12 Knoten (22 Stundenkilometer) Geschwindigkeit. Der Antrieb von 550 PS erfolgte durch eine Mischung von Benzin und Sauerstoff.

Das *Kaiten* vom *Typ 1* war also ein ganz normales Torpedo, das nur folgende Veränderungen aufwies: Die automatische Steuerung war durch einen Hohlraum mit einem Sitz für den Piloten ersetzt, ferner trug es einen ganz kleinen Turm mit einem kurzen Periskop. Ferner – und das ist von besonderer Wichtigkeit – befand sich unter dem Hohlraum eine Luke, die der Pilot mittels Knopfdruck öffnen und durch die er das Torpedo verlassen konnte, sobald es rund fünfzig Meter vom Ziel entfernt war. Hätte diese Möglichkeit nicht bestanden, dann hätte die Marine im Februar

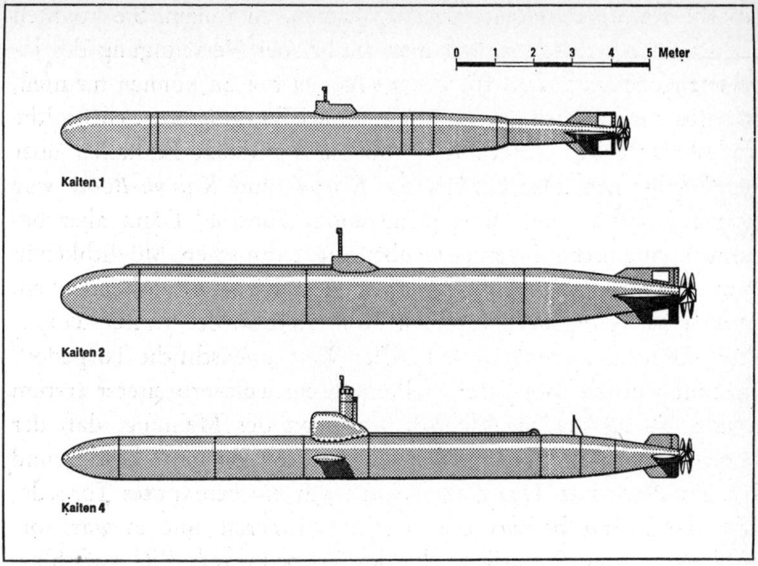

5 Kaiten, bemannte Torpedos

1944 die Entwicklung und den Bau der *Kaitens* vermutlich nicht gestattet.

Obwohl die *Kaitens* ursprünglich nur für die Küstenverteidigung bestimmt waren, wurden später auch U-Boote mit Vorrichtungen ausgerüstet, die es ihnen möglich machten, je nach ihrer Größe vier bis sechs *Kaitens* zu transportieren. U-Boote der Klasse *I-54* zum Beispiel führten fünf *Kaitens* mit, zwei auf dem Vorderdeck und drei auf dem Achterdeck.

Die Flucht-Luke im Boden des *Kaiten* gestattete einen neuartigen Einsatz. Die Luke war mittels eines Durchgangsrohrs und einer Flutkammer mit dem Inneren des U-Boots verbunden. Der Pilot konnte also, während das U-Boot getaucht war, seinen Platz im *Kaiten* einnehmen und zur Fahrt auf sein Ziel starten. Dadurch wurde die Gefahr vorzeitiger Entdeckung verringert.

Fast in allen Fällen, in denen die *Kaitens* zum Einsatz kamen, blieben die Piloten bis zuletzt in ihrem Todesfahrzeug und explodierten zusammen mit diesem. Nur ganz wenige machten den

Versuch, die „offiziell" zum Ausstieg vorgesehene Luke überhaupt zu öffnen. Um des Treffers sicher zu sein, mußten sie jedenfalls so lange in ihrem Torpedo bleiben, bis es das Ziel beinahe erreicht hatte. Auf diese Entfernung wären sie von der durch die Explosion ausgelösten Flutwelle ohnehin erreicht und höchstwahrscheinlich getötet worden. Das war aber nicht der einzige Grund, warum kaum ein japanischer *Kaiten-Pilot* den Fluchtmechanismus betätigte. Der Hauptgrund war die Geisteshaltung der Freiwilligen. So wurde das *Kaiten* zu einem echten Selbstmordinstrument.

Die *Kaitens* vom *Typ 1* wurden von mehreren Schiffswerften, wie die in Yokosuka, Hikari, Maizuru, Kure und Sasebo in Massen produziert. Der *Typ 1* war das weitaus am meisten eingesetzte Modell, vielleicht sogar das einzige, denn die späteren Modelle gingen erst gegen Kriegsende in Produktion, und wahrscheinlich wurden sie nur in geringer Anzahl hergestellt.

Diese späteren Modelle der *Typen 2, 3* und *4* waren größer, schwerer und schneller. Sie waren 16,76 Meter lang, hatten einen Durchmesser von 1,37 Meter und waren 18,3 Tonnen schwer. Sie konnten eine Höchstgeschwindigkeit von 40 Knoten (75 Stundenkilometer) erreichen. Sie wurden durch einen Wasserstoff-Hyperoxyd-Motor angetrieben, der 1500 bis 1800 PS entwickelte, und trugen eine Sprengladung von 1500 bis 1800 kg TNT. Im Gegensatz zum *Kaiten 1* waren sie doppelsitzig, hatten einen größeren Turm und horizontale Flossen. Ihre außerordentliche Geschwindigkeit konnte herabgesetzt werden, so daß die Reichweite größer wurde.

Die Kikumizu-Einheit

Es ist unmöglich, alle *Kaiten-Einsätze* zu schildern. Wir beschränken uns auf einige, um die Wirkungsweise der *Kaitens* zu zeigen.

Ende Oktober 1944 war der *Typ 1* hinreichend erprobt. Trotz zahlreicher tödlicher Unfälle waren die wirksamsten Einsatzmethoden ausgearbeitet, und die Schulung der Piloten beendet. Die Admiralität gab Befehl, die erste Operations-Einheit aufzustellen. Dies geschah am 8. November 1944. Die *Kikumizu-Einheit* bestand aus drei U-Booten, *I-36, I-37* und *1-47,* welche die *Kai-*

tens mit sich führen sollten. Kurz danach erging der Befehl zum ersten Einsatz. *I-36* und *I-47* sollten den großen amerikanischen Stützpunkt Ulithi angreifen, gleichzeitig sollte der Angriff von *I-37* auf den amerikanischen Ankerplatz im Kossol-Kanal in den Palau-Inseln erfolgen.

Während die drei U-Boote zu ihren Zielgebieten unterwegs waren, teilten die *Kaiten-Piloten* das tägliche Leben der Mannschaften. Sie wirkten zuversichtlich, entschlossen und von Todesverachtung erfüllt. Sie benahmen sich betont höflich zu den Besatzungsmitgliedern, die sie ihrerseits mit größtem Respekt behandelten.

Am Abend des 19. November hatten *I-36* und *I-47* die vorgesehene Position vor der Küste von Ulithi erreicht. Wie aus Tokio gemeldet wurde, hatte die Luftaufklärung bestätigt, daß in Ulithi eine große Anzahl feindlicher Schiffe vor Anker lagen.

Am nächsten Morgen um 4.30 Uhr wurden vier *Kaitens* von *I-47* und eines von *I-36* startbereit gemacht. Kurz vor der Abfahrt bedankte sich der rangälteste *Kaiten-Pilot* voll Herzlichkeit beim Kapitän von *I-47* dafür, daß er ihn und seine Kameraden sicher an ihren Startplatz gebracht habe. Er wünschte ihm ein langes Leben und gab der Hoffnung Ausdruck, daß auch künftige *Kaiten-Piloten* große Erfolge erzielen würden.

Die fünf *Kaitens* fuhren durch den Einfahrtskanal in die große Lagune ein. Eine Schaumspur an der Meeresoberfläche erregte die Aufmerksamkeit eines amerikanischen Ausgucks, der sofort Großalarm auslöste. Die Schiffsgeschütze eröffneten das Feuer, und zahlreiche leichte Kriegsschiffe warfen Wasserbomben ab. Zuerst spielte sich das alles in größter Verwirrung ab, aber bald hatten sich die Amerikaner eingeschossen. Binnen weniger Minuten wurden vier *Kaitens* versenkt, ehe sie zum Angriff ansetzen konnten.

In der ganzen Lagune krepierten Granaten und Wasserbomben, und das Licht von hunderten Scheinwerfern überflutete die ganze Wasseroberfläche. Deshalb wahrscheinlich nahm sich der Pilot des letzten verbliebenen *Kaiten* nicht die Zeit, auf den Flugzeugträger, den er ausgemacht hatte, zuzusteuern, sondern suchte sich das nächstgelegene Schiff, das nur wenige hundert Meter entfernt war, als Ziel aus. Er steuerte sein *Kaiten* geradewegs darauf zu.

Die Explosion hallte über das ganze Atoll hin. Der Tanker *Mississinewa* (AO 59) verwandelte sich in eine gewaltige brennende Fackel und sank mit 150 Mann Besatzung. Das *Kaiten-Torpedo* hatte seinen ersten Sieg errungen.

Das Unternehmen gegen die Palau-Inseln hingegen erwies sich als vollkommener Fehlschlag. *I-36* hatte sein Zielgebiet ebenfalls am Abend des 19. November erreicht und war eben dabei, seine *Kaitens* zu Wasser zu lassen, als es von zwei amerikanischen Geleit-Zerstörern entdeckt wurde. Es tauchte sofort, so tief es konnte, hatte aber keine Möglichkeit mehr, zu entkommen. Die beiden Zerstörer *McCoy Reynolds* (DE-440) und *Conklin* (DE-439) peilten es mittels Sonar[5] an und warfen gezielt Wasserbomben. *I-37* brach in Stücke und sank.

Ehe wir den Bericht über das erste *Kaiten-Unternehmen* abschließen, wollen wir doch nicht darauf verzichten, einen Vorfall zu erwähnen, der sich im Zusammenhang mit dem Angriff auf Ulithi abspielte.

Die amerikanische Marine war ihrer Verteidigungsmaßnahmen, bestehend aus gut ausgebildeten Wachen, U-Boot-Netzen und ständigen Patrouillen innerhalb und außerhalb der Lagune so sicher, daß sie einfach nicht glauben konnte, es sei japanischen U-Booten tatsächlich gelungen, in den Hafen einzudringen. Die einzig mögliche Erklärung schien diesen Marineangehörigen zu sein, daß die japanischen U-Boote seit der Eroberung des Atolls an Ort und Stelle gewesen seien und unter Wasser auf eine Gelegenheit anzugreifen gewartet hätten. Ulithi war am 23. September erobert worden, und der Angriff hatte am 20. November stattgefunden. Es ist nicht recht vorstellbar, wie die Japaner in ihren Miniatur-Unterseebooten acht Wochen hindurch geduldig auf die Gelegenheit zum Losschlagen gewartet haben könnten!

Die Kongo-Flottille

Trotz des teilweisen Mißerfolgs der Unternehmen vom 20. November wurde im Dezember eine neue Einheit, die Kongo-Flottille, aufgestellt. Ihr gehörten 6 der neuesten U-Boote an, über die die Kaiserliche Marine verfügte: *I-36*, *I-47*, *I-48*, *I-53*, *I-56* und

I-58. Wie im Fall der *Kikumizu-Einheit* waren auch hier mehrere gleichzeitige Angriffe auf weit voneinander entfernte Ziele geplant, um einen desto größeren psychologischen Effekt zu erzielen. Ulithi, Hollandia, die Admiralitäts-Inseln, die Palau-Inseln und Guam sollten an ein und demselben Tag angegriffen werden.

In der zweiten Dezemberhälfte begannen die Vorbereitungen. Das Unternehmen selbst war für den 11. Januar 1945 angesetzt. Am 29. Dezember wurden die Unterseeboote zusammengezogen, um die *Kaitens* und deren Piloten an Bord zu nehmen. Die Ausfahrt gestaltete sich zu einem festlichen Ereignis. Eine ganze Flotte kleiner Boote schwärmte durch die gesamte Bucht und gab den U-Booten, als sie in See stachen, Geleit. Die Insassen all der Boote sangen die Namen der *Kaiten-Piloten* im Chor und wiederholten die Namensliste unzählige Male, um die Männer, die bald sterben sollten und bei Lebzeiten schon zu Helden geworden waren, zu feiern.

Die Piloten standen im Cockpit ihrer *Kaitens.* Ihre Oberkörper ragten über die niedrigen Türme hinaus. Um den Kopf hatten sie weiße Schärpen gebunden, um damit die Reinheit ihres patriotischen Entschlusses zu symbolisieren, und als Entgegnung auf die Hochrufe schwangen sie ihre Säbel. Viele, die zu Augenzeugen dieser Szene wurden, konnten die Tränen tiefer Bewegung nicht zurückhalten.

Die großen U-Boote verließen das Innere Meer und fuhren durch die Bungo-Straße in den Pazifik hinaus. Dort trennten sie sich, und jedes nahm Kurs auf seinen Bestimmungsort. Amerikanische Funkmeldungen, die aufgefangen worden waren, wiesen darauf hin, daß der Feind nun schon von der Existenz der *Kaitens* wußte und nun, nach dem 20. November, seine Wachsamkeit verdoppelt hatte. Daher manövrierten auch die U-Boote mit größter Vorsicht und legten nun den Großteil der Fahrt unter Wasser zurück.

Die *Kaiten-Piloten,* alles junge Männer, waren guten Muts, still und von festem Glauben an ihren Sieg erfüllt. Während der Fahrt boten sie den Mannschaften immer wieder an, ihnen bei ihrem Dienst zu helfen, stießen aber ebenso oft auf freundliche Zurückweisung. Sie waren bereits zu legendären Helden geworden. Dabei hätte man sie in ihrer zuversichtlichen, stets höflichen Art für eine Gruppe wohlerzogener Studenten halten können.

I-58 hatte Befehl, seine *Kaitens* zum Angriff auf Guam am 11. Januar loszumachen, und am 10. wurde dieser Befehl nochmals über Funk bestätigt. Da der Feind aber in der Luft und zu Wasser äußerst aktiv war, verzögerte sich die Ankunft am festgesetzten Punkt, und der Kapitän entschloß sich, das Unternehmen auf den frühen Morgen des kommenden Tags zu verschieben. Am Abend des 11. lud er die Freiwilligen zum Essen ein, und man nahm mit dem traditionellen Glas Saki Abschied voneinander.

Um 23 Uhr stiegen die Piloten der *Kaitens Nr. 2* und *3* an Deck, schüttelten noch einmal feierlich die Hand des Kapitäns und nahmen ihre Plätze in den *Kaitens* ein. In der Ferne konnte man bereits die dunkle Masse der Insel Guam ausnehmen. *I-58* tauchte und steuerte auf den für den Abschuß vorgesehenen Punkt zu. Um 2 Uhr früh des 12. Januar erhielten auch die Piloten der *Kaitens 1* und *4* Befehl, sich auf ihre Plätze zu begeben. Da *I-58* noch immer auf Tauchstation war, konnten sie nur von unten herauf in ihre *Kaitens* gelangen. Aber auch nachdem die wasserdichte Luke schon geschlossen war, blieb der Kapitän in telefonischer Verbindung mit den Freiwilligen. Die letzten Vorbereitungen wurden getroffen, und um drei Uhr früh gab der Kapitän das Zeichen für den Start des ersten *Kaitens.* Dessen Pilot rief durchs Telefon: „Es lebe der Kaiser! Dreimal hoch!" Danach herrschte Stille. Die Telefonverbindung war unterbrochen, und das *Kaiten-Torpedo* war unterwegs.

In Abständen von wenigen Minuten folgten die *Kaitens 2, 3* und *4. I-58* blieb weiterhin getaucht. Kurz nachdem der letzte *Kaiten* losgemacht hatte, hörte die Besatzung des U-Boots eine mächtige Explosion. Das U-Boot tauchte auf, aber es war nichts zu sehen. Offenbar war das *Kaiten-Torpedo* einem Unfall zum Opfer gefallen. *I-58* kreuzte vor dem Hafen Apra, dem Ziel der *Kaitens,* bis elf Uhr abends, wartete aber vergeblich auf irgendwelche Anzeichen dafür, daß die *Kaitens* Erfolg gehabt hatten. Dann ging es auf Heimatkurs.

Inzwischen hatten die meisten anderen U-Boote der Kongo-Flottille ihre Ziele erreicht. *I-36* setzte seine *Kaitens* vor Ulithi ab, aber kein einziges davon erzielte einen Treffer. Vier *Kaitens* hatten vor dem Hafen Hollandia auf Neu-Guinea am 12. Januar zwischen 4 und 4.30 Uhr von *I-47* losgemacht, aber es blieb unbekannt, was mit ihnen geschehen war. *I-53* erreichte sein Ziel in den Palau-Inseln und setzte vier *Kaitens* ab. Zwei davon sanken kurz nach dem Start, die beiden anderen setzten ihre Fahrt in Richtung auf die feindliche Flotte fort. Aber auch in diesem Fall wurde nichts über das Ergebnis des Angriffs bekannt.

I-56 wurde in der Nähe der Admiralitäts-Inseln von feindlichen Seeverteidigungskräften gestellt. Nachdem es dreimal ohne Erfolg durchzubrechen versucht hatte, mußte es aufgeben und zu seinem Stützpunkt zurückkehren. *I-48* schließlich war infolge Maschinenschadens aufgehalten worden und ließ seine *Kaitens* erst am 20. Januar gegen Ulithi los. Das U-Boot wartete in der Nähe der Küste. Es ließ sich aber keinerlei Explosion feststellen. Am 23. Januar, schon auf dem Heimweg nach Japan, wurde es angegriffen und nordöstlich der Insel Yap von drei amerikanischen Zerstörern, der *Corbesier* (DE-438), *Raby* (D-698) und *Conklin* (DE-439) versenkt.

In all der Zeit wurde in all den Stützpunkten, die angegriffen worden waren, nichts von amerikanischen Verlusten bekannt. Die gesamte Operation der Kongo-Flottille war ergebnislos verlaufen.

Die Kaitens in Iwo Jima

Dieses Ergebnis war zwar enttäuschend, aber die Japaner hatten keine Wahl. Sie mußten die Unternehmungen dieser Art einfach fortsetzen, da die eigentliche Flotte einer größeren Aktion nicht mehr fähig war. Unter der Bedrohung der bevorstehenden Invasion von Iwo Jima stellte die Marine eine neue *Kaiten-Gruppe* auf, die *Chibaya-Einheit,* die aus drei Unterseebooten bestand: *I-44, I-368* und *I-370.* Die Nachricht, daß amerikanische Streitkräfte bereits auf der Insel gelandet seien, kam am 19. Februar 1945 und beschleunigte die Vorbereitungen. Am 22. und 23. liefen die drei U-Boote aus und nahmen Wartepositionen vor der Küste von Iwo Jima ein.

Am 26. Februar wurde *I-370* südlich der Insel von dem amerikanischen Geleitzerstörer *Finnegan* (DE-307) ausgemacht und in einem vernichtenden Unterwasserbomben-Angriff binnen weniger Minuten versenkt. Am nächsten Tag wurde *I-368* aus der Luft von einem U-Boot-Jäger, der vom Flugzeugträger *Anzio* (DVE-57) aufgestiegen war, westlich von Iwo Jima entdeckt. Es versuchte schnell zu tauchen, aber eine Unterwasserbombe zerschmetterte seinen Bug, so daß es kurz darauf sank.

Als *I-44* gerade einen günstigen Punkt erreicht hatte, um seine *Kaitens* starten zu lassen, wurde es von einem Geleitzerstörer gesichtet. Es konnte noch rechtzeitig tauchen und wurde nicht mit Wasserbomben angegriffen. Es mußte jedoch beinahe 48 Stunden auf Tauchstation bleiben, da die amerikanischen Patrouillen nun alarmiert waren und in diesem Gebiet zusammengezogen wurden. Die Lebensbedingungen im Unterseeboot wurden unerträglich. Die ganze Mannschaft lag vor Hitze, Feuchtigkeit und Sauerstoffmangel darnieder. Die Leute waren drauf und dran, zu ersticken. Manche konnten sich kaum mehr rühren, einige verloren das Bewußtsein, andere wieder zeigten Anzeichen von beginnendem Irrsinn.

Die Situation wurde schließlich so kritisch, daß der Kapitän sich dazu entschloß, das Unternehmen abzublasen und nach Japan zurückzukehren. *I-44* entfernte sich weit genug von Iwo Jima, um seinen Verfolgern zu entkommen, und konnte dann endlich aufsteigen und Frischluft tanken. Einige Mitglieder der Besatzung blieben jedoch noch wochenlang krank, nachdem sie an Land gegangen waren.

Für den Admiral, der die japanische U-Boot-Flotte befehligte, waren die Qualen, die die Mannschaft von *I-44* ausgestanden hatte, keine Entschuldigung für deren Rückkehr, ohne seinen Befehl ausgeführt zu haben. Er sprach von Feigheit vor dem Feind und enthob den Kapitän seines Kommandos. Diese ungerechte Bestrafung zeigt wieder einmal deutlich, was die japanische Militärhierarchie unter Befehlsgewalt und Gehorsam verstand.

Trotz des katastrophalen Endes der *Chibaya-Einheit* wurde gleich wieder eine *Kaiten-Einheit* aufgestellt: die *Kamitake-Einheit* mit den U-Booten *I-36* und *I-58*, und wieder war das Ziel Iwo Jima. Die Einheit lief am 1. März 1945 von Kure aus. Es gab eine große Abschiedszeremonie, und die *Kaiten-Piloten* wurden mit begeisterten Hochrufen gefeiert.

In der Nacht des 3. März näherte sich *I-58* der Küste von Iwo Jima. Es konnte aber nicht nahe genug herankommen, weil es von feindlichen Flugzeugen und Schiffen nur so wimmelte. Tagelang versuchte *I-58* vergeblich, den Ausgangspunkt seiner Operationen zu erreichen. Wegen der vielen Umwege und Tauchmanöver, die nötig waren, um sich der Aufmerksamkeit des Feindes zu entziehen, dauerte dies bis 7. März, Mitternacht. Eine halbe Stunde später, als der Kapitän gerade Befehl zum Start der *Kaitens* geben wollte, erreichte ihn ein Funkspruch mit der Anweisung, das Unternehmen abzubrechen und Kurs auf Okinawa zu nehmen. *I-58* sollte in einem für den 11. März geplanten Unternehmen als Funk-Relais dienen.

Bei *I-36* zeigte sich ein Maschinengebrechen, so daß das Boot schon kurz nach seinem Auslaufen nach Kure zurückkehren mußte.

Diese aufeinanderfolgenden Fehlschläge konnten weder den Bau weiterer *Kaitens* noch die Begeisterung der Freiwilligen eindämmen. Die *Kaiten-Unternehmungen* wurden unentwegt fortgesetzt, immer in der Hoffnung auf baldigen Sieg.

Pannen über Pannen

Ende März war klargeworden, daß die Amerikaner demnächst in Okinawa landen würden. Zahlreiche amerikanische Schiffe kreuzten in der Nähe der Insel, und die vorbereitenden Bombardements hatten bereits eingesetzt. Die Japaner entschlossen sich, zuzuschlagen, ehe der Feind noch all seine Kräfte konzentriert hatte. Drei U-Boote, *I-8, Ro-41* und *Ro-46* liefen am 22. März in Richtung Okinawa aus, gerieten aber in das engmaschige Netz der amerikanischen Seeverteidigung.

Am 23. März wurde *Ro-41,* das noch weit von seinem Bestimmungsort entfernt war, vom amerikanischen Zerstörer *Haggard* (DD-555) entdeckt und gejagt. Der Zerstörer versenkte das U-Boot 320 Seemeilen vor Okinawa.

I-8 konnte viel näher an die Insel herankommen, mußte sich aber wegen starker feindlicher Tätigkeit tagelang still verhalten.

Schließlich wurde es am 30. März abends, um etwa 22.30 Uhr, von den Zerstörern *Stockton* (DD-646) und *Morrison* (DD-560) angegriffen. Es tauchte sofort, dennoch fügten explodierende Unterwasserbomben dem Schiffsrumpf gefährliche Lecks zu. Als es so tief getaucht war, wie es nur konnte (135 m), hatte es sich bereits um 35 Grad geneigt, da das Seewasser sich im Heck sammelte. Da der hohe Druck in dieser Tiefe die Lecks noch vergrößerte, war die Situation überaus gefährlich. Der Kapitän entschloß sich aufzutauchen[6] und den Feind mit seinem 140-mm-Geschütz zu bekämpfen. Als *I-8* an die Oberfläche kam, betrug der Neigungswinkel nur mehr 20 Grad. Die Artilleristen rannten auf Gefechtsstation, aber zugleich schlugen schon die ersten feindlichen Granaten ein. Die Männer auf Deck wurden durch Maschinengewehrfeuer von den sich rasch nähernden Zerstörern niedergemäht. Am 31. März, 2.30 Uhr früh, kenterte *I-8* und sank.

Das dritte U-Boot, das an diesem Unternehmen beteiligt war, *Ro-46,* wurde angegriffen und beschädigt, ehe es seine *Kaitens* starten konnte; es gelang ihm jedoch, nach Kure zurückzukehren.

Inzwischen waren die U-Boote *I-44, I-47, I-56* und *I-58* zu einer neuen, *Tatara* genannten Einheit zusammengezogen worden.

I-47 war als erstes startbereit und lief am 29. März von Kure aus, aber kaum hatte es die Bungo-Straße passiert, wurde es bereits von amerikanischen Flugzeugen angegriffen. Tags darauf wurde es von Zerstörern gesichtet und mußte einen Unterwasserbomben-Angriff über sich ergehen lassen. Die Beschädigungen waren unbedeutend bis auf eine: *I-47* verlor Öl. Im Schutz der Dunkelheit tauchte das Boot in der Nähe der Insel Tanega auf. Dort wollte der Kapitän das Leck in der Brennstoffleitung reparieren lassen. Es wurde jedoch von einem amerikanischen Nachtjäger ausgemacht und bombardiert. Eine Bombe, die in unmittelbarer Nähe des Boots etplodierte, vergrößerte den Schaden, und der Ölverlust nahm zu. *I-47* war nicht mehr imstande zu tauchen und kehrte nach Kure zurück.

I-44 und *I-47* liefen am 3. April mit Kurs auf Okinawa aus. In Anbetracht des dichten feindlichen Verteidigungsgürtels hatten die U-Boote Befehl, in der Nähe der Insel zu kreuzen und eine günstige Gelegenheit abzuwarten. Auf diese Weise verbrachten sie zwei Wochen ohne Aussicht, den amerikanischen Verteidigungsring zu durchbrechen, und wurden während dieser Zeit ununterbrochen von feindlichen Kriegsschiffen und Flugzeugen gejagt. Zwar konnten sie sich den Angriffen immer wieder entziehen, aber da die Amerikaner von der Gegenwart japanischer U-Boote in diesem Raum alarmiert waren, setzten sie immer mehr Kriegsschiffe und Flugzeuge ein.

Dieser Sondereinsatz machte sich bald bezahlt. Am 18. April wurde *I-56* östlich von Okinawa von fünf Zerstörern eingekreist; es waren die Zerstörer *Mertz* (DD-691), *McCord* (DD-534), *Collett* (DD-730), *Heermann* (DD-532) und *Uhlmann* (DD-687). *I-56* wurde mit zahllosen Unterwasserbomben eingedeckt, konnte jedoch die Nacht auf Tauchstation überstehen. Erst tags darauf wurde es von einer Maschine des Flugzeugträgers *Bataan* (CVL-29) versenkt.

Auch *I-44* war vielfach angegriffen worden. Es hatte bisher keine größeren Beschädigungen erlitten, anderseits aber auch keine Gelegenheit zum Angriff gefunden. Am 29. April ließ der Kapitän in der Meinung, er sei für den Augenblick sicher, das Boot auftauchen, um die Akkumulatoren aufladen zu lassen. Diese Arbeit hatte kaum begonnen, als einige Flugzeuge, die niemand hatte kommen sehen, im Sturzflug auf das U-Boot niedergingen. Eine dieser Maschinen vom Flugzeugträger *Tulagi* (CVE-72) erzielte einen Volltreffer, als das Boot schon halb getaucht war. Die Bombe explodierte in unmittelbarer Nähe des Kommandoturms und riß ein riesiges Leck. *I-44* kam nie wieder an die Oberfläche.

I-58 war am 2. April mit Kurs auf Okinawa ausgelaufen, wurde jedoch von Anfang an ununterbrochen von feindlichen See- und Luftstreitkräften angegriffen, so daß es nach vier Tagen nicht weiter gekommen war als bis zur Insel Amami O Shima. In dieser Zeit konnte es sich nie länger als vier Stunden über Wasser halten. Um den feindlichen Patrouillen zu entwischen, wich es nach Norden aus und nahm dann neuerlich Kurs auf Okinawa. Am 14. April waren seine Vorräte an komprimierter Luft gefährlich zusammengeschmolzen, und es hatte noch immer keine Angriffsmöglichkeit gefunden. In unmittelbarer Nähe der Insel Okinawa konnte es überhaupt nur mehr für jeweils höchstens anderthalb

Stunden auftauchen. Diese Zeit reichte aber nicht aus, die Akkumulatoren aufzuladen und die Vorräte an komprimierter Luft zu erneuern. Die *Kaiten-Piloten* an Bord verloren jede Hoffnung, jemals Gelegenheit zum Angriff zu bekommen. Da das U-Boot die längste Zeit in getauchtem Zustand verharren mußte, war die nötige Wartung der *Kaitens* unmöglich geworden, so daß sie allmählich unbrauchbar wurden. Am 25. April endlich erhielt *I-58* über Funk den Befehl zur Heimkehr. Es lief am 29. April in Kure ein, ohne einen einzigen Angriff vorgetragen zu haben.

Eine Reihe anderer Unterseeboote, die *Kaitens* an Bord hatten, waren inzwischen der unerbittlichen Jagd der amerikanischen Patrouillen zum Opfer gefallen. So war es dem U-Boot *Ro-109* zwar gelungen, bis in unmittelbare Nähe von Okinawa zu gelangen, aber am 25. April wurde es von dem Schnellboot *Horace A. Bass* (APD-124) ausgemacht und versenkt.

Nun, da die U-Boote knapp wurden, entschloß sich die Marineleitung dazu, das große Transport-Unterseeboot *I-300* in einen *Kaiten-Träger* umzuwandeln. Es wurde jedoch offenbar nie zu einem *Kaiten-Unternehmen* eingesetzt, denn in den japanischen Kriegsarchiven ist nichts davon erwähnt.

Die Marine war jedoch nach wie vor entschlossen, sich der Waffe, in die sie so große Hoffnungen gesetzt hatte, zu bedienen. Da sich herausgestellt hatte, daß die *Kaiten-Angriffe* auf vor Anker liegende Schiffe mehr oder minder sinnlos geworden waren, entschloß man sich nun dazu, die Schiffe auf hoher See angreifen zu lassen. Zu diesem Zweck wurde die *Amatake-Einheit* aufgestellt. Sie bestand aus den U-Booten *I-36* und *I-47*. Jedes davon führte sechs *Kaitens* mit.

I-47 lief am 12. April aus, *I-36* am 20. April. Beide erreichten die vorgesehenen Gebiete bei Okinawa und ließen acht von ihren zwölf *Kaitens* zu Wasser. Kein einziges davon traf sein Ziel. Die beiden U-Boote wurden vielfach angegriffen, konnten aber in den Stützpunkt zurückkehren.

Am 5. Mai lief *I-367* nach Okinawa aus. Es startete zwei seiner *Kaitens* mit keinen besseren Ergebnissen als seine Vorgänger. *I-361* fuhr am 23. Mai aus und kreuzte östlich Okinawa, ohne Gelegenheit zum Angriff zu finden. Auf der Rückfahrt nach Kure wich es weit nach Süden aus, wurde aber trotz dieser Vorsichtsmaßnahme am 30. Mai von einer Maschine des Flugzeugträgers *Anzio* 400 Seemeilen südöstlich Okinawa geortet. Es tauchte sofort so tief wie möglich, wurde jedoch von einer Unterwasserbombe getroffen und versenkt. *I-363* kreuzte vergeblich in der Nähe der amerikanischen Verbindungslinien zwischen Ulithi und Okinawa. Bei seiner Rückkehr war es kein einziges *Kaiten* losgeworden.

Der einzige erfolgreiche *Kaiten-Angriff* in diesem ganzen Zeitraum ereignete sich mehr oder minder zufällig. In der zweiten Julihälfte war ein Träger-Unterseeboot nach den Philippinen unterwegs. Es hatte den Auftrag, vor der Nordostküste von Luzon zu kreuzen. Am 24. Juli sah der Kapitän durch sein Periskop in der Ferne einen amerikanischen Zerstörer. Er näherte sich ihm langsam, blieb unentdeckt, und startete eins seiner *Kaitens* aus einer Entfernung von etwa 1000 Meter.

Als das *Kaiten* bis auf 200 Meter herangekommen war, sah man auf dem amerikanischen Zerstörer *Underhill* (DE-682) offenbar sein Kielwasser, denn der Zerstörer vergrößerte seine Geschwindigkeit und eröffnete das Feuer. Ein paar Granaten explodierten an der Wasseroberfläche, ohne Schaden zu tun. Die *Underhill* versuchte, ihren Bug dem Angreifer zuzuwenden, aber ehe dieses Manöver noch beendet war, schlug das *Kaiten* auf. Die Explosion riß den Rumpf des Zerstörers auf. Er sank sofort.

Neuorientierung

Noch immer waren die Ausfahrten der *Kaitens* von großen Feierlichkeiten begleitet. Jedesmal, wenn ein Unterseeboot mit einer Ladung menschlicher Torpedos auslief, wurde es meilenweit von einem Schwarm kleiner Boote begleitet. Die Zuschauer grüßten und bejubelten die todgeweihten Piloten, wiederholten endlos deren Namen und machten sie zu Gestalten von Heldensagen, obwohl sie noch am Leben waren. Von allen Masten flatterten Fahnen und Spruchbänder zu Lob und Preis des Muts und des patriotischen Fanatismus der Todespiloten.

Trotz allen Heldentums jedoch erwiesen sich die *Kaitens* als ebenso große Enttäuschung wie vor ihnen die Zwerg-Unterseeboote. Die mageren Ergebnisse wogen den Preis, der für sie gezahlt wurde, keineswegs auf.

Der Hauptgrund für den Entschluß, den „Miniaturkrieg" dennoch fortzusetzen, war der Umstand, daß einfach nicht genügend neue japanische Schiffe gebaut werden konnten. Vielleicht hätte man sich mit dieser Art Kriegführung gegen jeden anderen Gegner als die Vereinigten Staaten durchgesetzt, aber im letzten Kriegsjahr war die amerikanische Pazifikflotte mit ihrer ungeheuren Stärke, der Überlegenheit ihres Materials und ihrer technischen Einrichtungen so übermächtig, daß sie zweifellos auch die gesamte Seemacht jedes anderen Landes geschlagen hätte.

Die japanische Admiralität war nicht blind für die Welle patriotischer Begeisterung, von der die Truppe erfaßt worden war. Sie sah die Situation objektiv und erwog sorgfältig ihre letzte Chance. Die überwältigende materielle Überlegenheit des Gegners ergab die Notwendigkeit, jede, auch die ungewöhnlichste Möglichkeit zum Widerstand zu prüfen. So beschloß man in der Admiralität, über die Zwerg-Unterseeboote und die gelenkten Torpedos hinaus neue Selbstmord-Waffen herstellen zu lassen. Zwar wußte die japanische Führung, daß die bisherigen Waffen dieser Art praktisch wirkungslos geblieben waren, doch hoffte sie, daß eine Kombination der verschiedenen Angriffsarten letzten Endes doch erfolgreich sein würde. So gab man der japanischen Kriegsmarine im Oktober 1944 zwei neue Waffen in die Hand.

Ende Oktober wurde Kapitän Toshio Miyazaki, Leiter der Torpedoschule von Opama, nach Kawatana versetzt. Dort war einige Monate vorher eine neue Torpedoboot-Schule errichtet worden.

Die Japaner hatten diese Waffe in früherer Zeit vernachlässigt. Aber als die Lage immer ungünstiger wurde, und als man die Durchschlagskraft der amerikanischen Torpedoboote erkannt hatte, war die neue Schule eröffnet worden. In keinem Land der Welt läßt sich ein technischer Rückstand über Nacht aufholen. In Japan war dies zu jener Zeit ganz gewiß nicht möglich. Torpedoboote von der erforderlichen Schnelligkeit und Widerstandsfähigkeit konnten von den japanischen Rüstungsfabriken einfach nicht erzeugt werden. Die Manövereinsätze verliefen so enttäuschend, daß die Führung sich fragte, ob die vorhandenen Boote überhaupt für den kriegsmäßigen Einsatz herangezogen werden konnten. Dennoch wurden in Kawatana weiterhin Torpedobootsmannschaften ausgebildet.

Das Projekt, neue Arten von Todeskommandos aufzustellen, ließ auch die Torpedoboot-Waffe in einem neuen Licht erscheinen. Zwar waren die Boote, über die die Marine zur Zeit verfügte, zu langsam, um mit einigen Chancen auf Erfolg eingesetzt zu werden, doch konnte man ja kleinere bauen und, mit Sprengstoff beladen, zu Rammstößen gegen feindliche Schiffe aussenden. Dieser Plan wurde gebilligt, und Kapitän Miyazaki war eben zu dem Zweck nach Kawatana entsandt worden, ihn den Schülern der Torpedoboot-Schule zu erläutern.

Am Morgen nach seiner Ankunft vergatterte er die 400 Schüler, beschrieb ihnen die neuen Boote und die Art, in der sie eingesetzt werden sollten. Er erläuterte eine weitere Angriffsmethode, die gerade im Planungsstadium war: Froschmänner in leichten Taucheranzügen sollten an verankerten Schiffen Sprengladungen mit Verzögerungszündern anbringen. Sie sollten in leichten Booten bis nahe ans Ziel herangebracht werden, die letzte Wegstrecke auf dem Meeresgrund zurücklegen und nach getaner Arbeit zu den Booten zurückgehen.

Lautlos folgten die Schüler Miyazakis Ansprache. Sie waren von seinen Ankündigungen sichtlich erschüttert, aber keineswegs verängstigt.

Als Miyazaki geendet hatte, sprach Kapitän Tameichi Hara, der Leiter der Schule:

„Ich habe keine Befehle für euch. Ihr seid hiehergekommen, um zum Dienst auf konventionellen Torpedobooten ausgebildet zu werden. Wie ihr eben gehört habt, soll nun hier die Ausbildung an zwei weiteren Waffen beginnen. Von morgen an steht euch jeder dieser drei Ausbildungswege offen. Es ist vollständig euch überlassen, welcher Klasse ihr angehören wollt. Ihr sollt euch je nach Fähigkeit und Vorliebe entscheiden. Niemand wird irgendeinen Einfluß oder gar Druck auf euch ausüben. Ihr sollt die Entscheidung ganz nach eurem eigenen Gewissen treffen. Ich bin heute den ganzen Nachmittag und Abend in meinem Büro, so lang es nötig ist. Jeder von euch wird sich bei mir melden und mir seine Entscheidung mitteilen. Es werden keine Fragen gestellt und keine Erklärungen verlangt werden. Das ist alles[7]."

An diesem Nachmittag kamen alle 400 Torpedoboot-Schüler einer nach dem andern in Kapitän Haras Büro. Das ging den ganzen Abend und die ganze Nacht so weiter. Als der letzte ging, war es vier Uhr früh. Hara erstattete Miyazaki Bericht. Die Hälfte der Schüler hatte sich zur Fortsetzung der Ausbildung auf konventionellen Torpedobooten entschlossen, 150 hatten sich freiwillig für die Todesboote entschieden und 50 wollten Froschmänner werden. Mit der neuartigen Ausbildung wurde unverzüglich begonnen. Die Todesboote bekamen bald den Namen *Shinyo*[8], die Froschmänner den Namen *Fukuryu*[9].

Die Shinyo-Boote

Als der Plan auftauchte, kleine Überwasserboote zu Todeskommandos gegen im Hafen liegende feindliche Schiffe einzusetzen, hielt man es in der Marine für das beste, Luxusboote aus dem Besitz von Zivilisten zu requirieren. Damit hätte man ohne weiteren Verzug eine Menge Boote zur Verfügung gehabt und hätte sofort damit beginnen können, sie mit Sprengsätzen zu beladen. Es hätte aber auch bedeutet, daß man Boote sehr verschiedener Typen verwenden hätte müssen; jeder Bootstyp hatte aber andere Eigenschaften und mußte anders bedient werden, und das hätte für die Ausbildung der Freiwilligen eine zusätzliche Schwierigkeit bedeutet. Man ließ den Plan daher fallen und gab drei Typen speziell entworfener Boote in Produktion.

Die beiden verbreitetsten Typen bestanden aus einem mit Sperrholzplatten verkleideten Holzgerüst. Sie waren 4,90 Meter bis 5,20 Meter lang und ohne Ladung 1125 bis 1700 kg schwer. Die Besatzung bestand aus einem Mann. Angetrieben wurden sie von einem Automotor, der eine Höchstgeschwindigkeit von 26 Knoten (48 Stundenkilometer) gestattete. Die im Bug verstaute Sprengladung bestand aus 1500 kg TNT.

Der dritte *Shinyo-Typ* war ein bißchen größer und bestand

aus einem mit Leichtmetall verkleideten Stahlrahmen. Er war 5,50 Meter lang und unbeladen 2150 kg schwer. Bei diesen Booten erfolgte der Antrieb durch zwei Automotoren, die eine Höchstgeschwindigkeit von 30 Knoten (56 Stundenkilometer) erbrachten. Die Sprengladung bestand aus 2000 kg TNT. In einigen Modellen war die Sprengladung durch zwei Unterwasserbomben von etwa gleicher Explosionskraft ersetzt.

Bei allen drei Typen war der Pilotensitz in Hecknähe angebracht. Er war mit Lenkrad und Gashebel ausgestattet, ferner mit einem Hebel, den der Pilot ein paar hundert Meter vor dem Ziel zu bedienen hatte: mit diesem Hebel wurde die Zündung der Sprengladung eingeleitet.

Die *Shinyo-Boote* wurden in vielen verschiedenen Fabriken gebaut. Ende 1944 gab es ein paar hundert davon, und bei Kriegsende war die eindrucksvolle Gesamtzahl von 6000 *Shinyos* erreicht worden.

Zum erstenmal wurden die neuen Todesboote bei den Philippinen eingesetzt. Anfang Januar 1945 trafen sie in Luzon ein und wurden samt ihren Piloten an der Nordwestküste konzentriert, um die drohende amerikanische Landung im Lingayen-Golf zu erwarten. Wie schon im IV. Kapitel beschrieben, griffen 70 von ihnen in der Nacht des 9. Januar die amerikanische Invasionsflotte an. Die meisten wurden durch Artilleriefeuer versenkt, einige kehrten um oder gingen in der Dunkelheit verloren, aber sechs kamen durch und griffen die ersten Schiffe, deren sie ansichtig wurden, an. Zwei LCI-Infanterietransporter und vier Landefahrzeuge wurden getroffen. Einer der Infanterietransporter sank im Lauf der Nacht.

Am 31. Januar griff eine andere Gruppe Shinyos eine Gruppe amerikanischer Hilfsschiffe an. Die Verteidigung setzte sofort wirksam ein, aber eines der *Shinyos* entkam dem Gemetzel und versenkte den U-Boot-Jäger PC-1129.

Am 15. Februar landeten amerikanische Amphibien-Streitkräfte auf der Halbinsel Bataan, um die Japaner im Rücken anzugreifen und die Rückeroberung Luzons zu beschleunigen. An jenem Abend gelang es drei *Shinyos*, im Zwielicht bis zur amerikanischen Versorgungsflotte durchzudringen. Als sie im letzten Augenblick entdeckt wurden, eröffneten hunderte Geschütze das Feuer. Zwei *Shinyos* wurden bald versenkt. Das dritte traf ein Schiff und beschädigte es schwer.

Zur Vorbereitung der Invasion Okinawas hatten die Amerikaner die Besetzung der Kerama-Inseln beschlossen. Auf diese Weise wollten sie sich eine Ausgangsbasis schaffen, die in nur geringer Entfernung südwestlich von ihrem Hauptziel entfernt war. Am 26. März landeten Truppen der 77. Division und kämpften den japanischen Widerstand binnen 48 Stunden nieder. Die Japaner waren so überraschend angegriffen worden, daß sie beinahe alle fielen, ehe sie Zeit gefunden hatten, die Verteidigungsanlagen zu zerstören.

So entdeckten die Amerikaner ungefähr 400 *Shinyos*, die in kleinen Buchten versteckt waren und offenbar gegen die Invasionsflotte eingesetzt werden hätten sollen.

Auf Okinawa hatten die Japaner zwei *Shinyo-Stützpunkte* errichtet: einen großen auf der Halbinsel Motobu im Nordteil der Insel, und einen zweiten in Hagushi, im Zentrum. Dort waren allerdings nur ein paar hastig gezimmerte Landungsstege in der Mündung des kleinen Bisha-Gawa-Flusses vorhanden. Die Japaner wollten die *Shinyos* loslassen, sobald die amerikanische Invasionsflotte bis unmittelbar an die Küste herangekommen war. Sie waren sicher, daß der Feind in Hagushi landen würde.

Das geschah tatsächlich. Als die ersten Schiffe der amerikanischen Amphibien-Streitkräfte sich in der Nacht des 31. März näherten, wurden die 50 *Shinyos* in Marsch gesetzt. Die Boote liefen mit Höchstgeschwindigkeit aus der Flußmündung in die offene See aus, und die phosphoreszierenden Streifen ihrer Kielwasser glitzerten im Mondlicht. So wurden sie auf den amerikanischen Schiffen sofort gesehen, und die Amerikaner eröffneten das Feuer. Die meisten *Shinyos* brachen unter Volltreffern auseinander, andere kenterten in den Sturzwellen, die von explodierenden Granaten hervorgerufen worden waren. Offensichtlich kam nur eins von ihnen durch. Das Landungsschiff LSM-12 wurde von einer heftigen Explosion erschüttert. Es stoppte, und die Mannschaft bemühte sich, das Leck in seiner Flanke dicht zu machen.

Für kurze Zeit wurde die LSM-12 wieder seetüchtig gemacht. Dennoch sank sie am 4. April.

Diese beiden Angriffe waren die einzigen *Shinyo-Unternehmen* des ganzen Krieges. Obwohl auch ihre Erfolge enttäuschend waren, wurden die *Shinyos* doch in großer Zahl an verschiedenen Punkten der japanischen Küste konzentriert. Man gedachte sie für die große japanische Gegenoffensive zu verwenden, zu der es niemals gekommen ist.

Fatale Ohnmacht

Trotz des Einsatzes ihrer Zwerg-Unterseeboote, ihrer gelenkten *Kaiten-Torpedos* und zuletzt ihrer *Shinyo-Todesboote* war die japanische Marine außerstande gewesen, jenes Ziel zu erreichen, das ihre Überwasserflotte schon nicht mehr zu erreichen vermochte: die unbesiegbare, mächtige amerikanische Marine zu vernichten.

Allein die Konstruktion solcher Waffen war der eindeutige Beweis dafür, daß die japanische Schwerindustrie nicht in der Lage war, die gestellte Aufgabe zu erfüllen. Es waren die Waffen des Schwächeren, der letzte Ausweg einer Militärmacht, deren Hilfsquellen nicht ausreichten, den Krieg zu bestehen, und die daher die konventionellen großen Waffen durch den Einsatz einer Vielfalt kleinerer Waffen zu ersetzen suchte. Der Krieg im Pazifik bewies, daß es kein Mittel gab, gegen die Vorherrschaft zur See und in der Luft aufzukommen, und daß ohne diese Vorherrschaft jeder Versuch, Erfolge zu erzielen, zum Scheitern verurteilt war.

An und für sich betrachtet hätten die Zwerg-Unterseeboote, *Kaitens* und *Shinyos*, die von Piloten von außerordentlichem Mut und ebensolcher Einsatzfreude gesteuert wurden, die japanische Hoffnung schon rechtfertigen können – jene Hoffnung, daß sie genügend Zerstörungen anrichten konnten, um der Kriegslage die entscheidende Wendung zu geben. Aber diese Hoffnung gründete sich auf die Annahme, daß die Miniaturwaffen imstande sein würden, ihre Ziele zu erreichen. Die Japaner rechneten nicht mit der technischen Überlegenheit der Amerikaner, die wesentlich dazu beitrug, ihnen die Vorherrschaft zur See und in der Luft zu sichern.

Vielleicht setzten die Japaner ihre Miniaturwaffen nicht nur ein, weil sie die Verteidigungskraft des Gegners unterschätzten. In eben demselben Maße waren sie wohl verblendet von dem Glauben an die Kraft ihrer moralischen Überlegenheit.

Die meisten Todesfreiwilligen fielen, ehe sie dazukamen, ihre Angriffe durchzuführen. Es ist traurig, an die ungeheure Verschwendung von so viel bewundernswertem Mut und patriotischer Begeisterung zu denken. Selbst wenn wir vor der ruhigen Todesbereitschaft dieser Männer erschrecken, so müssen wir uns doch klarmachen, daß sie echte Helden waren.

VII

DIE KIKUSUI VON OKINAWA

Der Krieg wird zum kollektiven Selbstmord

Zu Jahresanfang 1945 sah sich das kaiserliche Hauptquartier vor die Frage gestellt, welche der drei südlichen Inseln des Archipels im weiteren Vordringen der Amerikaner auf das Mutterland Japan die nächste Etappe sein würde: Formosa, Okinawa oder Iwo Jima. Eine Zeitlang befürchtete man einen Großangriff auf Formosa; die Invasion Iwo Jimas im Februar gab die wirklichen Absichten des Feindes deutlich zu erkennen. Auf Grund seiner geographischen Lage kam als nächste Etappe nur mehr Okinawa in Betracht.

Da Japan so nahe war und die Konzentration der erforderlichen amerikanischen Streitkräfte viel Zeit beanspruchen würde, nahmen die maßgebenden militärischen Kreise an, der Landungsversuch werde nicht vor Juni, vielleicht erst im Juli erfolgen. Bis dahin mußten alle Maßnahmen zur Vorbereitung des Widerstandes auf Okinawa getroffen werden. Sobald Okinawa in die Hände der Amerikaner fiel, waren die Hauptinseln des japanischen Archipels unmittelbar bedroht. Von der erfolgreichen Verteidigung der Insel hing die Zukunft Japans ab. Alles mußte getan werden, um diese Kraftprobe erfolgreich bestehen zu können.

Diese Überlegung führte in Verbindung mit der in den japanischen Streitkräften herrschenden Gesinnung zwangsläufig dazu, daß die Verteidigung Okinawas im Geist der totalen Aufopferung organisiert wurde. Da eine Niederlage unannehmbar war, wurden alle Vorbereitungen unter der Voraussetzung getroffen, daß Soldaten, Matrosen und Flieger mit jener bedingungslosen Entschlossenheit kämpfen würden, die eine wohlerwogene Selbstaufopferung als selbstverständlich hinnahm. Für den Fall, daß es sich als unmöglich erweisen sollte, den Feind zum Stehen zu bringen, wurden keine Vorkehrungen für eine Evakuierung der Insel getroffen. Die für die Marine und die Luftwaffe ergangenen Anordnungen ließen keine Operationen nach konventionellen Methoden zu.

Die Verteidigung Okinawas war der rund 100.000 Mann starken XXXII. Armee übertragen worden. Sie stand unter dem Befehl von Armeegeneral Mitsuru Ushijima, dem als Chef des Generalstabes Generalleutnant Isamu Cho zugeteilt wurde. General Ushijima hatte Anfangs März seine Truppen mit Rundschreiben über die Lage unterrichtet; darin wies er mit seltener Offenheit darauf hin, daß jede Art Naivität oder Verblendung aus dem Denken der japanischen Soldaten ausgeschaltet werden müsse: „Wir besitzen nicht die Stärke des Gegners. Ihr müßt wissen, daß in diesem Kampf die materielle Überlegenheit gegenüber dem moralischen Vorzug Vorrang hat. Es ist klar, daß die Bewaffnung und die materiellen Mittel des Feindes den unsrigen überlegen sind. Rechnet auch nicht damit, durch eure Charakterstärke diesen Feind zu besiegen. Legt vor allem mit äußerster Genauigkeit eure Kampfmethoden fest. Dann werdet ihr euer moralisches Übergewicht, das unsere Stärke ausmacht, beweisen können.

Eine noch nie dagewesene Strategie

Die Japaner hatten auf Okinawa in der Tat eine neue defensive Strategie ins Auge gefaßt. Die XXXII. Armee war angewiesen worden, keine starken Gegenangriffe zu führen, um den Feind ins Meer zurückzuwerfen, sondern ihn möglichst lange Zeit zu binden. Solange der Gegner auf der Stelle treten müsse, werde er gezwungen sein, rund um die Insel beträchtliche Seestreitkräfte zu unterhalten, die von der japanischen Luftwaffe angegriffen werden würden. Die Luftwaffe hatte den Befehl erhalten, intensive Kamikaze-Angriffe zu unternehmen, um möglichst viele amerikanische Schiffe außer Gefecht zu setzen. Der offensive Sektor in der Verteidigung war also Sache der Luftwaffe.

Kurzum, Okinawa sollte als Köder dienen und für längere Zeit eine große Zahl amerikanischer Schiffe in seinen Gewässern festhalten, so daß die Kamikazes lediglich auf sie herabstürzen brauchten. Ziel der neuen Strategie war somit nicht nur die Verteidigung von Okinawa, sondern die Schwächung der amerikanischen Flotte, die ja bei einer künftigen, gegen das japanische Mutterland gerichteten Offensive den wichtigsten Faktor bilden mußte. Anordnungen und Absichten der Land- und Luftstreitkräfte waren also koordiniert. Die japanische Marine behielt sich die Art und Weise ihres Vorgehens in einer noch festzulegenden Form vor. Im Hinblick auf ihre Schwäche war sie nicht in der Lage, ihre Operationen im voraus genau zu planen. Genau genommen blieb ihr nichts anderes übrig, als nach den gleichen verzweifelten Grundsätzen zu handeln wie die anderen Waffengattungen.

Was auf den Philippinen nicht durchgesetzt werden konnte, sollte auf Okinawa unter Einsatz aller Kräfte versucht werden. Das enge Zusammenwirken zwischen den Aktionen des Heeres und jenen der Luftwaffe wurden zum Kern aller japanischen Operationsvorhaben auf Okinawa, dem letzten Bollwerk vor den Küsten des Mutterlandes. Der Kampf um Okinawa wurde zum Kamikaze aller Waffen.

Die Kikusui-Flieger[1]

Vizeadmiral Matome Ugaki, der im März die Befehlsgewalt über alle Luftstreitkräfte auf Kyushu übernommen hatte, wurde beauftragt, diese in enger Zusammenarbeit mit dem Heer zur Verteidigung Okinawas einzusetzen. Die 3., 5. und 10. Luftflotte waren zu einer einzigen Luftarmada zusammengefaßt worden, sie gab sich den Namen *Kikusui-Luftstreitkräfte.* Da sämtliche *Kikusui-Flieger* Todesfreiwillige waren, verfügte Ugaki über eine starke und fanatisch entschlossene Streitmacht. (Die Bezeichnung *Kikusui* erhielten später die Angehörigen aller an der Verteidigung von Okinawa beteiligten Waffengattungen.)

Die *Kikusui-Formationen* waren über die zahlreichen Flugplätze auf Kyushu verteilt; die wichtigste Basis war der Flugplatz von Kanoya, der auch zum Haupt-Stützpunkt der *Kikusui* wurde, da er am südlichsten, Okinawa am nächsten gelegen war. Kein Mittel wurde gescheut, um die Flugzeuge der Entdeckung durch amerikanische Aufklärer und der Zerstörung am Boden zu entziehen. Die Flugzeuge wurden unter Bäumen und künstlichem Laubwerk versteckt; alle Unebenheiten des Geländes wurden ausgenutzt, um die der Unterkunft von fliegendem und Boden-Personal dienenden Baracken zu tarnen; schließlich wurden in entsprechender Entfernung von den Pisten und Verstecken zahlreiche Flugzeugattrappen aufgestellt, damit die Amerikaner ihre Bomben auf sie verschwendeten.

Admiral Ugaki war sich darüber klar, daß der Einsatz seiner Kräfte zur Verteidigung Okinawas in weit größerem Ausmaß erfolgen müsse als auf den Philippinen. Andererseits mußte er berücksichtigen, daß die Produktion von Flugzeugen mit den Verlusten nicht mehr Schritt halten konnte und daß die Piloten unzureichend geschult waren. Auch anderswo mußten Schlachten ausgetragen werden, weshalb es notwendig war, erfahrene Piloten für die Ausbildung und Führung der Jüngeren zu schonen; sie sollten vor allem für die letzte Auseinandersetzung zurückgehalten werden, für den Augenblick, in dem das Mutterland selbst zum Angriffsziel der Amerikaner werden sollte.

Diese Überlegungen veranlaßten Ugaki dazu, seine Luftstreitkräften auf andere Weise einzusetzen, als es Onishi auf den Philippinen getan hatte. Hatten erfahrene und bewährte Piloten immer schon Schwierigkeiten gehabt, wenn sie als Kamikaze-Flieger eingesetzt werden wollten, so wurden sie von nun ab als solche überhaupt nicht mehr zugelassen. Sie sollten junge Todesflieger zu ihren Zielen begleiten und sobald diese zum Sturzflug ansetzten, zum Heimathafen zurückkehren, um neuen Angriffsgruppen Geleit zu geben.

Onishi hatte sich bei seinen Aktionen neuer oder in gutem Zustand befindlicher Flugzeuge bedient, was natürlich dazu beitrug, daß die Bestände an Maschinen immer geringer wurden. Admiral Ugaki zog Massenunternehmungen in Erwägung und beschloß, zu diesem Zweck auch die ältesten Flugzeuge der unterschiedlichsten Typen zu verwenden. Er richtete an die Luftfahrtbehörden Japans die dringende Aufforderung, ihm sämtliche Maschinen, die noch flugtauglich waren, unverzüglich zukommen zu lassen. Mitte März häuften sich auf Kyushu eine Unmenge von Flugzeugen; Jagdmaschinen vom ältesten Typ, zweimotorige Bomber, Aufklärer, Wasserflugzeuge und sogar Schuldoppeldecker.

Wegen der Knappheit an Treibstoff wurden den jungen Fliegern nur wenige Flugstunden zusätzlicher Schulung zuteil. So manche von ihnen, die gerade aus der Fliegerschule entlassen worden waren, fanden selbst zu einem Übungsflug keine Gelegenheit mehr und wurden sogleich nach ihrem Eintreffen auf dem Stützpunkt einem Todeskommando zugeteilt.

Die Tokubetsu

Bisher war stets nur von Marinefliegern die Rede. Die Luftwaffe des Heeres begann an das Kamikaze-Verfahren erst zu denken, als es bei der Marine schon längst eingeführt und Gemeingut geworden war. Sicherlich waren die Heeresflieger nicht weniger kampfbeseelt als ihre Kameraden von der Marine; der Grund für diese Verzögerung war in der Rivalität zwischen den beiden Luftwaffengattungen zu suchen, die seit jeher bestanden und ihr Zusammenwirken stets beeinträchtigt hatte. Diese Rivalität, die auch in anderen Ländern fühlbar wurde, hatte in Japan solche Formen angenommen, daß sie fast an offene Feindschaft grenzte. Wenn die Marine eine Entscheidung traf, widersetzte sich ihr sofort die Heeresleitung, auch wenn davon die Interessen des Landes berührt wurden. Natürlich handelte die Marine auf die gleiche Weise. Diese Rivalität hatte die japanischen Operationen nicht erst im Zweiten Weltkrieg, sondern auch schon in früheren Konflikten nachteilig beeinflußt. Trotz gemeinsamer Aktionen und Interessen befanden sich die beiden Waffengattungen selten in Übereinstimmung. Ihre leitenden Persönlichkeiten befehdeten einander dauernd, auch innerhalb der Regierung, wobei jeder danach trachtet, über dem Nebenbuhler politisch die Oberhand zu gewinnen. Diese Einstellung übertrug sich mit der gleichen Schärfe, allerdings auf andere Weise, selbst auf die Mannschaften. Wiederholt kam es zu heftigen, ja blutigen Streitereien zwischen Soldaten und Matrosen; die höheren Befehlsstellen sahen sich gezwungen, dafür zu sorgen, daß die Stationierung im Kampfgebiet auf eine Weise stattfand, die eine Berührung zwischen den beiden Parteien ausschloß. Aus diesem Grunde wurden einzelne Außenposten auf den Inseln bald vom Heer, bald von der Marine verteidigt.

Als sich die Lage der Japaner im Verlauf des Krieges zunehmend verschlechterte, kamen sich die beiden Waffengattungen näher, aber auch das mehr durch den Zwang der Umstände als auf Grund echter Versöhnung. Der Gegensatz blieb bestehen, doch waren die Angehörigen des Heeres, der Luftwaffe und der Marine dem gleichen Druck ausgesetzt. Die prekäre militärische Situation legte allen ein gewisses stillschweigendes Übereinkommen nahe.

Das Heer hatte sich das Kamikaze-Prinzip im Kampf am Boden bereits zu eigen gemacht. Viele Soldaten verhielten sich auf dem Schlachtfeld wie die Todesfreiwilligen der Marine-Luftwaffe. Sie warfen sich mit an ihrem Körper befestigten Sprengladungen unter die feindlichen Panzer, führten Selbstmord-Angriffe durch oder nahmen sich das Leben, um nicht in Gefangenschaft zu geraten. Die Heeresluftwaffe dagegen begnügte sich auch weiterhin mit konventionellen Taktiken.

Im März 1945 veranlaßte die Kriegslage, die Gewißheit bevorstehender feindlicher Großoffensiven und der von der Marine ausgeübte Druck endlich eine Überprüfung dieses Verhaltens durch die Heeresleitung. Die Vorstellung, daß ihre Flieger nicht dieselben Opfer bringen sollten, wie sie die Marine schon seit Monaten auf sich genommen hatte, konnte nicht länger geduldet werden. So wurde mit der Aufstellung von Selbstmordeinheiten nach dem Vorbild der Kamikaze-Verbände der Marine begonnen. Die neuen Einheiten wurden *Tokubetsu* (Sondereinheiten) genannt.

Die *Tokubetsu-Formationen* des Heeres wurden im Rahmen der Operationen der *Kikusui* eingesetzt. Sie wurden dem Befehl des Generals Miyoshi unterstellt, der seinerseits Weisungen von Admiral Ugaki erhielt. Diese Abhängigkeit, die noch vor einiger Zeit als unzulässig betrachtet worden wäre, war die Folge der einschneidenden Verschlechterung der militärischen Lage.

Wie dem auch sei, die Armee kooperierte von diesem Zeitpunkt an eng mit der Marine und stellte einen Teil ihrer Kräfte in den Dienst der *Kikusui*. Allerdings war die Zahl der Freiwilligen für diese Art des Einsatzes geringer als in der Marine. Während der ersten Wochen fanden sich zwar noch genügend Bewerber um die Einteilung zu Todeskommandos, aber mit der Zeit wurde ihre Rekrutierung zu einem Problem.

Die Invasion beginnt

Die amerikanischen Streitkräfte, die am 26. März auf den Kerama-Retto-Inseln, unweit von Okinawa, gelandet waren, hatten die schwache japanische Besatzung schnell überwältigt und Basen für die folgenden Operationen errichtet.

Am 31. März entging eine japanische Todesmaschine, die erste einer ganzen Serie, der Aufmerksamkeit der amerikanischen Abwehr und Jagdflieger. Sie stürzte sich auf den schweren Kreuzer *Indianapolis* (Ca-35), das Flaggschiff des Vizeadmirals Raymond A. Spruance. Die Bombe schlug im Innenraum des Schiffs ein und riß zwei Löcher in den Rumpf. Der Kreuzer mußte nach vorläufiger Reparatur auf Kerama Retto den Weg nach den USA nehmen. Spruance hißte seine Flagge auf dem alten Panzerschiff *New Mexico* (BB-40).

Die große Invasion lief am Sonntag, den 1. April 1945, an. Kurz nach 8.30 Uhr faßten die amphibischen Kräfte Fuß am Strand von Hagushi, in der Nähe der japanischen Flugplätze von Yontan und Kadena.

Die Amerikaner erwarteten eine hartnäckige Verteidigung, die aber, so unglaublich es schien, ausblieb. Sie drangen, ohne in Kämpfe verwickelt zu werden, mehrere Kilometer vor, und nur einzelne Schüsse verrieten die Anwesenheit japanischer Soldaten. Die Amerikaner rückten weit über ihre ersten Ziele hinaus vor, Artillerie und Stäbe konnten vor dem ursprünglich festgesetzten Tag an Land gesetzt werden.

Wohl aber wurde dieser erste Tag der amerikanischen Invasion auf Okinawa durch die Einleitung einer großen Kamikaze-Offensive gekennzeichnet, die *Kikusui-Verbände* durchführten. Von Norden her griff eine Formation am Abend die Schiffe an, die vor dem Landekopf kreuzten. Viele amerikanische Geschütze der Boden-Luftabwehr befanden sich bereits an Land, doch litt die Koordinierung der Feuerleitung unter der fehlenden Erfahrung der Artilleristen. Die *Kikusui* konnten mit nur geringen Verlusten an die Schiffe herankommen. Ein erster Kamikaze fiel über das alte Panzerschiff *West Virginia* (BB-48) her, explodierte an einem der großen Geschütztürme und richtete erheblichen Schaden an. Ein anderer Kamikaze explodierte mitten auf dem Landefahrzeug LST-884, tötete 16 Mann, verwundete 37 und entfachte einen Brand, der die Munitionskammer in die Luft gehen ließ. Das Fahrzeug wurde geräumt, während die Sicherheitstrupps die Brandherde bekämpften. Nachdem der Brand gelöscht war, ging die Besatzung wieder an Bord. Ein drittes Flugzeug prallte auf dem Angriffstransporter *Hinsdale* (APA-120). Manövrierunfähig und den Flammen ausgeliefert, schien die *Hinsdale* dem Untergang geweiht zu sein, doch dem schnellen Eingreifen der Besatzung gelang es auch hier, das Schlimmste zu verhindern. Das Schiff wurde in Schlepptau genommen und in eine Reparaturwerft gebracht.

Zum ersten Mal kooperierte im Krieg in den Gewässern des Pazifik ein britisches Geschwader mit den Amerikanern. Gemäß den zwischen Winston Churchill und F. D. Roosevelt geschlossenen Abkommen hatte Großbritannien ein Geschwader unter den Befehl von Vizeadmiral Sir Bernard Rawlings, das aus zwei Panzerschiffen, vier Flugzeugträgern, fünf Kreuzern und zehn Zerstörern zusammengesetzt war, in den Pazifik entsandt. Das Geschwader, die *Task Force* 57, hatte im Rahmen der Operationen gegen Okinawa die Aufgabe erhalten, zur Deckung der linken Flanke des amerikanischen Vorstoßes im Südwesten der Linie Formosa–Okinawa zu patrouillieren.

Die britische *Task Force* wurde am 1. April von aus Formosa gekommenen Kamikazes angefallen. Der erste traf einen Zerstörer, der durch den Aufprall erheblichen Schaden davontrug, aber dessen ungeachtet seinen Platz in der Formation behaupten konnte. Der zweite Kamikaze explodierte mitten auf dem Flugdeck des Flugzeugträgers *Indefatigable,* der jedoch dank seiner widerstandsfähigen Struktur nur oberflächlichen Schaden aufwies. Die übrigen japanischen Flugzeuge waren abgeschossen worden, noch ehe sie die Abwehr durchbrechen konnten.

Die britischen Flugzeugträger waren den besonderen Bedingungen des Krieges im Pazifik in mancher Hinsicht weniger gut angepaßt als die amerikanischen Schiffe dieser Kategorie. Sie führten weniger Flugzeuge mit und besaßen auch weniger Einrichtungen für die Instandhaltung ihrer Maschinen; ihr Flugdeck dagegen war gepanzert, während es bei den Amerikanern aus verhältnismäßig leichtem Eisenblech, das mit Holzlatten bedeckt war, bestand. Auf den amerikanischen Trägern war bloß das Deck des Flugzeughangars gepanzert, um Beschädigungen des unter der Wasserlinie befindlichen Schiffsteils vorzubeugen. Für die britischen Flugzeugträger war daher ein Kamikaze-Angriff leichter zu ertragen, und der Aufprall einer Todesmaschine bewirkte in den meisten Fällen nur eine Anhäufung von Trümmern, die einfach über Bord gefegt wurden.

Am 2. April ging der Vormarsch der Amerikaner ebenso leicht vor sich wie am Vortag. Das amerikanische Kommando war nervös geworden, weil man sich dieses seltsame Verhalten des Gegners nicht erklären konnte. Begreiflicherweise witterte man eine gefährliche Falle. Aber die beiden Flugplätze von Yontan und Kadena befanden sich in amerikanischer Hand, ein Landekopf war ausgebaut, ausgedehntes Gelände besetzt worden, die bis dahin erlittenen Verluste waren kaum nennenswert. Man verfügte über ausreichende Kräfte, der Landekopf auf Okinawa galt als unbezwingbar, und jeder Versuch der Japaner, den Feind von der Insel zu vertreiben, mußte für aussichtslos gehalten werden. Einige Kamikazes tauchten auch an diesem Tag auf und überfielen die amerikanischen Schiffe vor Hagushi. Das einzige Opfer war der schnelle Zerstörer-Transporter *Dickerson* (APD-21), der schwer getroffen und manövrierunfähig wurde. Er ging zwar nicht sofort unter, doch war er so schwer havariert, daß er zwei Tage später versenkt werden mußte.

Angesichts der Angriffe aus der Luft und des Fehlens jedes feindlichen Widerstandes am Boden nahm die Unsicherheit im amerikanischen Lager zu. Wenn auch die bis dahin durch die Kamikaze-Überfälle verursachten Verluste nicht sehr bedeutend waren, so war dennoch klar, daß die Japaner fanatische Anstrengungen machen würden, Okinawa um jeden Preis zu verteidigen. Beunruhigt wartete man auf die weitere Entwicklung der Dinge.

Admiral Richmond Kelly Turner, der für die amphibischen Operationen die Verantwortung trug, war aufgefallen, daß die feindlichen Luftformationen stets von Norden kamen; er beschloß daher, ein vorgeschobenes Abfangsystem zu organisieren, damit die Abwehr vor dem Auftauchen der japanischen Todesflieger rechtzeitig genug gewarnt werden könne. Er zweigte von seinen eigenen Geleitschiffen 15 mit Luftradar ausgerüstete Zerstörer ab und ordnete ihre bogenförmige Aufstellung in zwei Gruppen an, die eine 75, die andere 35 Meilen nord-nordöstlich von Kap Bolo (auch Kap Zampa genannt). Dieses Kap lag einige Kilometer nördlich vom Landekopf von Hagushi. Die Zerstörer sollten einander ablösen, um ununterbrochene Beobachtung zu gewährleisten. Das System bewährte sich sehr gut, so daß während des ganzen Kampfes um Okinawa die amerikanische Abwehr immer frühzeitig alarmiert wurde.

Die große Bedrohung durch die Kamikaze

Sogleich nach dem Eintreffen der Meldung vom Beginn der amerikanischen Offensive gegen Okinawa beschlossen Ugaki und sein Stab, die verfügbaren *Kikusuis* voll und ganz einzusetzen. Zum Ersatz geopferter Flugzeuge wurden gleichzeitig Verstärkungen angefordert.

Admiral Ugaki plante den Einsatz seiner Todesflieger in so starken Formationen, daß die Aussicht auf Überwindung der feindlichen Abwehr gegeben war. Natürlich war das Geleit durch eine große Anzahl von Jagdflugzeugen zu ihrer Beschirmung vorgesehen. Die Operation mit dem Ziel, einen großen Teil der amerikanischen Flotte zu vernichten, war demnach eingeleitet worden; Bezeichnend hiefür war die nachstehende Stelle in Ugakis Tagesbefehl:

„... Ihr müßt zwanzig Panzerschiffe oder Flugzeugträger versenken oder beschädigen, um das strategische Gleichgewicht wiederherzustellen ...“

Das Ausmaß des geplanten Unternehmens und die große Zahl der teilnehmenden Einheiten machten so umfangreiche Vorbereitungen erforderlich, daß die Operation nicht früher als für den

8. April festgesetzt werden konnte. Man wollte den Amerikanern einen so harten Schlag versetzen, daß ihnen die Lust, den Krieg fortzusetzen, genommen wurde. Im japanischen Oberkommando gab man sich noch immer der Hoffnung hin, eine Position der Stärke gewinnen zu können, die, wenn schon nicht zum Endsieg, zumindest zu einem ehrenvollen Frieden führen würde.

Die für die Vorbereitung der Gegenoffensive festgelegte Frist von einer Woche war unter anderem notwendig, um auf den südlichen Basen von Kyushu mehr als 400 Flugzeuge zu sammeln. Die Schwierigkeiten der Versorgung mit Ersatzteilen, Munition und Treibstoff sowie der prekäre Zustand des japanischen Transportwesens machten selbst diese Frist zu einem Wettlauf gegen die Zeit. Dazu kam noch, daß die Flugzeuge möglichst gut getarnt werden mußten, da amerikanische Maschinen fast ständig über Kyushu kreisten.

Am 4. April stellten amerikanische Aufklärer die große Zahl der auf den Flugplätzen wartenden Maschinen fest, wobei ihnen die erstaunliche Verschiedenheit der Typen auffiel. Eine so ungewöhnliche Ansammlung konnte nur zu Kamikaze-Angriffen bestimmt sein; dringende Meldungen wurden unverzüglich an das Flottenkommando weitergeleitet. Admiral Spruance war sich sogleich der Gefahr bewußt, die diese feindlichen Flugzeuge für die Flotte bedeuteten. Er gab den Befehl zu starken Luftangriffen auf Kyushu, und bei Tagesanbruch des 6. April hoben hunderte Maschinen von ihren Flugzeugträgern ab; im Lauf des Morgens griffen sie sämtliche Flugplätze auf Kyushu an.

Wie üblich, übertrieben die Piloten in ihren Berichten die Ergebnisse der Angriffe; sie meldeten die Zerstörung von über 200 japanischen Flugzeugen am Boden. Die Meldung war natürlich falsch; die Tarnung war so ausgezeichnet, und die Zahl der Verstecke so groß, daß in Wirklichkeit bloß einige Dutzend Flugzeuge zerstört oder beschädigt worden waren. Aber die Heftigkeit des amerikanischen Angriffs und die Gefahr einer Wiederholung zwangen die Japaner zu einer Vorverlegung der geplanten Operation. Um weiterer Vernichtung der mit solcher Mühe herbeigeschafften Maschinen am Boden zuvorzukommen, wurde die Durchführung der großen Offensive für sofort angeordnet.

Kaum waren die Bombentrichter aufgefüllt, wurden die zur Teilnahme an der Offensive bestimmten Flieger in Gruppen vergattert; sie traten in Reih und Glied an, um die letzten Ratschläge der Geschwaderchefs und die gebräuchliche feierliche Ansprache der Stützpunktkommandanten anzuhören. Das Gelände von Kanoya glich einem summenden Bienenkorb; überall herrschte lebhaftes Treiben und ein gewaltiges Durcheinander. Die Männer der Pistentrupps zogen die Flugzeuge aus ihren Verstecken oder aus ihren Tarnnetzen hervor, füllten ihre Tanks auf und beluden die Maschinen mit Bomben.

Die vorverlegte Durchführung der Operation *Kikusui* brachte jedoch auch Unordnung in die Abwicklung der Vorbereitungen. Vor allem hatten die zur Beschirmung bestimmten Jagdformationen nicht Zeit genug, ihre Abflugbasen zu erreichen. Das Geleit der Sondereinheiten war daher weniger stark als ursprünglich vorgesehen, was ihre Sicherheit beeinträchtigte. Und schließlich mußten infolge des beschleunigten Aufbruchs auch die rituellen Zeremonien des Mahls und des Trankopfers, die dem Abflug der Kamikaze-Formationen stets vorangingen, unterbleiben. Mehr als man meinen sollte, beeinflußte dies die Haltung vieler Todesflieger; durch das Ausbleiben der erwarteten Ehrung fühlten sie sich frustriert, was ihre Entschlossenheit beeinträchtigte.

In den ersten Vormittagsstunden des 6. April flogen die japanischen Formationen von den verschiedenen Flugplätzen ab. Auf zwei Angriffswellen verteilt, starteten an diesem Tag 355 Flugzeuge. Der Marine gehörten 195 Maschinen an, davon 80 Kamikaze unterschiedlicher Typen, 8 *Ohka-Träger-Bomben* vom Typ 1 und 107 Geleitjäger. Sie starteten von Kanoya (Gruppe Okamura) und von Shikoku (Gruppe Takuma). Die Heeresluftwaffe entsandte wenig später 160 *Tokubetsus,* die den Kern der zweiten Welle bildeten.

Mehrere Formationen *Zero-Jäger* waren bereits vorher gestartet; gemäß dem tausendjährigen Brauch schlugen die Trommeln zur feierlichen Verabschiedung der in den Kampf ziehenden Krieger. Nun reihten sich die *Mitsubishi-Bomber* Typ 1 am Ende der Piste auf. Am Rumpf der acht Mutterflugzeuge hingen die *Ohkas* und erzitterten unter den auf vollen Touren laufenden Motoren.

Die sieben Männer der Besatzung jedes Trägerflugzeuges waren auf ihren Posten und warteten das Startsignal ab.

Das Signal wurde erteilt und unter dem Dröhnen der entfesselten Motoren rollten die Maschinen an. Entlang den Startbahnen wohnten die zurückbleibenden Flieger und das gesamte Bodenpersonal dem Start bei; ehrfurchtsvoll winkten sie den ihren Opfergang antretenden Kameraden zu.

Die große Kamikaze-Offensive vom 6. April

Auf Kyushu wartete man, die Kopfhörer am Ohr, mit Spannung und Besorgnis auf die Berichte von den am Unternehmen beteiligten Flugzeugen. Die verantwortlichen japanischen Stellen hatten große Hoffnungen in das Gelingen der Offensive gesetzt, mußten sich aber sagen, daß eine kräftige Reaktion der Amerikaner nicht ausbleiben konnte. Es war die erste große Kamikaze-Offensive des Krieges und ihr Ausgang würde die Auffassungen Ugakis bestätigen oder entkräften. Auch war es zum zweiten Mal, das *Ohkas* an einem Angriff teilnahmen; die Schlappe vom 21. März hatte niemand vergessen können.

Im Norden Okinawas, wo Admiral Turners Zerstörer Wache hielten, sorgten Beobachter und Radarbedienung für die ständige Suche nach dem Feind. Alle hatten sie die Wichtigkeit der ihnen obliegenden Aufgabe erfaßt und wußten, daß das Schicksal der Flotte von ihnen abhing. Sie hatten die verheerenden Wirkungen feindlicher Selbstmordangriffe schon miterlebt und waren fest entschlossen, in ihrer wichtigen Aufgabe als Wachhunde nicht zu versagen.

Auf dem Zerstörer *Colhoun* (DD-801) nahm der Radarmann um 14 Uhr auf dem Schirm seines Gerätes eine Menge leuchtender Punkte wahr. Kurz darauf bestätigten andere Radarbeobachter den Kontakt mit dem Gegner. Die Zerstörer erhöhten ihre Geschwindigkeit und begannen in den ihnen zugewiesenen Abschnitten zu lavieren. Patrouillierende amerikanische Jäger warfen sich unverzüglich dem Feind entgegen, weitere hoben sich von ihren Flugzeugträgern zum Gegenangriff ab.

Gegen 14.30 Uhr signalisierten die an der Spitze fliegenden

Maschinen der japanischen Formation das Herannahen zahlreicher amerikanischer Jagdflugzeuge. Wenige Minuten später war der Luftkampf in vollem Gang, und schon verrieten schwarze Rauchschwaden den Absturz einiger japanischer Flugzeuge, die wegen der Überbelastung durch ihre Bomben unfähig waren, sich erfolgreich zu verteidigen. Die japanischen Piloten begriffen sogleich, daß nur die amerikanischen Zerstörer die frühzeitige Alarmierung der Jagdflieger ausgelöst haben konnten und damit den Überraschungseffekt zunichte gemacht hatten. Sie entschlossen sich daher dazu, sich mit einem Teil ihrer Kräfte den Zerstörern zuzuwenden, während die übrigen den Flug in Richtung auf das Gros der amerikanischen Flotte fortsetzten.

Nicht weniger als 40 Japaner stürzten sich auf den Zerstörer *Bush* (DD-529). Das amerikanische Schiff beschrieb mit 45 Grad Krängung die tollsten Wendungen, um die Angreifer in Verwirrung zu bringen, während seine Geschütze ihre Schußgeschwindigkeit auf ein Höchstmaß steigerten. Der Aufprall eines Kamikaze konnte indes nicht verhindert werden. Das Schiff erzitterte wie Espenlaub und verlangsamte seine Fahrt. Zwei andere Kamikaze nutzten dies aus, und rammten ebenfalls die *Bush.*

Der benachbarte Zerstörer *Colhoun* eilte der *Bush* zu Hilfe; als er jedoch an Ort und Stelle eintraf, sah er die *Bush* bereits sinken. Die Japaner nahmen sich nun die *Colhoun* zum Ziel, und wenn es dieser auch gelang, fünf Flugzeuge abzuschießen, wurde auch sie das Opfer gleich dreier Kamikaze, die sie versenkten.

Unterdessen dauerte der gigantische Luftkampf zwischen der japanischen Formation und den Jägern der amerikanischen Abwehr fort. Die Japaner erlitten schwere Verluste, fünf der acht *Ohka-Mutterflugzeuge* waren in Flammen abgestürzt; aber die Amerikaner konnten nicht alle japanischen Einheiten gleichzeitig angreifen, und so war es einigen zehn gelungen, durch die Maschen des Abwehrnetzes zu schlüpfen. Ungefähr um 14.45 Uhr sandte ein japanischer Bomber neuerlich eine Meldung aus: „Es ist uns gelungen, den feindlichen Jägern zu entkommen. Sind im Begriff, die *Ohkas* loszulassen. Das Ziel ist in Sicht."

Auf Kyushu stießen die japanischen Offiziere beim Einlangen dieser Meldung einen Seufzer der Erleichterung aus; der Angriff würde also kein solches Fiasko werden wie die Mehrzahl der vorangegangenen. Das gesamte Bodenpersonal hatte zu arbeiten aufgehört und sich um die Lautsprecher geschart, die die Meldungen von dem Unternehmen wiedergaben. Das Echo der Schlacht drang aus der Ferne zu ihnen, hin und wieder von Ausrufen der Piloten unterbrochen. Sie hörten gespannt zu, manchmal bebend vor Angst, dann wiederum lächelnd, wenn ein Erfolg gemeldet wurde.

Der japanische Angriff hatte sich ausgeweitet, und die Kämpfe wüteten in verschiedenen Abschnitten. Die Japaner hatten sich in drei Hauptgruppen aufgeteilt und griffen zugleich die Invasionsflotte vor Hagushi an, die Zerstörer im Norden von Okinawa und die *Task Force* von Admiral Spruance. In all diesen Abschnitten war der Himmel voll schwärzlicher Explosionen und verdüstert vom Rauch der getroffenen Flugzeuge.

Die von unerfahrenen Piloten schlecht gesteuerten und von zu wenig Geleitmaschinen abgeschirmten japanischen Flugzeuge wurden in großer Zahl abgeschossen; allein in der ersten Phase des Angriffs gingen 135 verloren. Viele Piloten vollführten ihr *Jibaku*, aber ohne ihr Ziel zu treffen, weil ihre Genauigkeit beim Sturzflug ungenügend war, die Explosion einer Granate sie vom Kurs abgebracht hatte, oder auch, weil sie während des Fluges verwundet oder getötet worden waren. Immerhin hatte ihre große Zahl die Überwindung der amerikanischen Abwehr ermöglicht, wie Ugaki erwartet hatte. Beim Kommando der Amerikaner liefen von allen Seiten Meldungen über Verluste und Zerstörungen ein. Das schnelle Minensuchboot *Emmons* (DMS-22) war versenkt, der Angriffstransporter *Logan Victory* (APA-196) durch die Explosion der von ihm mitgeführten Munition in zwei Teile zerrissen worden, so daß er in wenigen Minuten sank. Der von mindestens zwei Kamikaze angeschlagene Panzerwagentransporter LST-447 verschwand gleichfalls in den Wellen.

Getroffen, aber nicht versenkt wurden der große Flugzeugträger *Hancock* (CV-19), der leichte Träger *San Jacinto* (CVL-30), elf Zerstörer, vier Geleitfahrzeuge und fünf Minenleger. Unter diesen mehr oder weniger schwer havarierten Schiffen waren die Zerstörer *Haynsworth* (DD-700) und *Taussig* (DD-746) durch den Aufprall von jeweils zwei Kamikaze manövrierunfähig gemacht worden. Etwa eine Stunde nach Einbruch der Nacht, gegen 20 Uhr, fand der japanische Angriff ein Ende. Seine Wirkungen auf die amerikanische Flotte waren ernstlicher Natur; abgesehen von den versenkten Schiffen mußte eine Anzahl anderer beschädigter Fahrzeuge die Flotte verlassen und eine Reparaturbasis aufsuchen. Die Notwendigkeit, ihnen ein Geleit mitzugeben, vermehrte, wenn auch nur für eine gewisse Zeit, den Ausfall von Schiffen der Flotte. Die an diesem Tag abgeschossenen oder sonstwie verlorengegangenen japanischen Flugzeuge wurden mit 248 beziffert. Wegen der vielfachen Angriffe und des ausgedehnten Kampfgebiets war es schwierig, diese Zahl genau zu überprüfen; fest stand jedoch, daß man auf den Basen von Kyushu nur einige Dutzend Geleitjäger und ein einziges *Mitsubishi-Mutterflugzeug*, dem es gelungen war, sich dem Massaker zu entziehen und in den Wolken Unterschlupf zu finden, am späten Nachmittag zurückkehren sah. Die Verluste waren also hoch.

Die japanische Luftwaffe hatte einen kräftigen Aderlaß erlitten. Aber für die Führung waren die Ergebnisse des Tages ermutigend; man war der Meinung, daß etwa zehn Angriffe dieser Art die Amerikaner veranlassen würden, ihre Flotte aus den Gewässern von Okinawa zurückzunehmen und so die an Land gesetzten Truppen auf Gnade und Ungnade den Truppen General Ushijimas auszuliefern.

Die riesige Operation brachte noch eine weitere Folgeerscheinung mit sich: die psychologische Wirkung auf die amerikanischen Matrosen. Auf vorhergegangene Kamikaze-Angriffe, die bestenfalls von einigen zehn Flugzeugen ausgeführt worden waren, hatten sie mit erstaunlicher Gelassenheit, mit Mut und Kaltblütigkeit reagiert; dieser massive Angriff jedoch hinterließ bei ihnen einen beunruhigenden Eindruck, und so mancher fragte sich, wozu dieser patriotische Fanatismus noch führen werde, und wie lange man ihn überleben konnte. Die Schiffsverluste waren so erheblich, daß sie nicht mehr als normal und unbedeutend bezeichnet werden konnten. Und wenn die überwiegende Mehrheit der Matrosen auch weiterhin mit Erbitterung kämpfte, tat sie dies mit wachsender innerer Unruhe, die sich von dem gewiß berechtigten Gefühl der Überlegenheit nicht mehr ganz unterdrücken ließ. Die amerikanischen Befehlsstellen begannen, zum ersten Mal im Krieg, die eigenen Verluste in ihren Kommuniqués zu verharmlosen.

Die ausschlaggebende Bedeutung der Verteidigung von Okinawa, die Sorgen erweckende Untätigkeit der Kaiserlichen Flotte seit der Schlacht von Leyte und der von der Heeresleitung immer wieder ausgeübte Druck hatten die Marineleitung bewogen, die noch vorhandenen Reste der Flotte in der *Kikusui-Offensive* einzusetzen. Der Entschluß war am 5. April gefaßt worden; die Dringlichkeit der Lage und die verheerenden Angriffe der Amerikaner vom 6. April auf Kyushu gaben auch hier Veranlassung zur Vorverlegung des ursprünglich geplanten Datums der Durchführung. Die 2. Flotte sollte am späten Nachmittag des 6. April in See stechen.

Der Befehlshaber der Kaiserlichen Flotte, Admiral Soemu Toyoda und sein Stabschef, Vizeadmiral Ryunosuke Kusaka, hatten diese Entscheidung schweren Herzens getroffen. Die Aufopferung der letzten Schiffe bedeutete für sie das Ende, den Zusammenbruch aller Träume von der Größe Japans. Der Schmerz war um so tiefer, als sie von der Nutzlosigkeit und Aussichtslosigkeit der Operation *Ten-go* überzeugt waren. Das Unternehmen war nichts weiter als ein Opfer, das selbst Hoffnungen ausschloß, wie sie von den Kamikaze-Fliegern nicht zu Unrecht gehegt wurden.

Operation TEN-GO – 7. April 1945

Organisation und Gliederung der japanischen 2. Flotte:

Oberbefehlshaber: Vizeadmiral Seiichi Ito
Chef des Stabes: Konteradmiral Nobuei Morishita
Flaggschiff: Linienschiff *Yamato*, Kommandant: Konteradmiral Kosaku Aruga

2. Zerstörergeschwader
Befehlshaber: Konteradmiral Keizo Komura
Flaggschiff: leichter Kreuzer *Yahagi*, Kommandant: Kapitän zur See Tamaichi Hara

17. Zerstörerdivision
Befehlshaber: Kapitän zur See Kiichi Shintani
Isokaze, Kommandant: Saneo Maeda
Hamakaze, Kommandant: Isamu Mukoi
Yukikaze, Kommandant: Masamichi Terauchi

21. Zerstörerdivision
Befehlshaber: Kapitän zur See Hisao Kotari
Asashimo, Kommandant: Yoshiro Sugihara
Kasumi, Kommandant: Hirao Yamana
Hatsushimo, Kommandant: Masazo Sato

41. Zerstörerdivision
Befehlshaber: Kapitän zur See Masayoshi Yoshida
Fuyutsuki, Kommandant: Hidechika Sakuma
Suzutsuki, Kommandant: Shigetaka Amano

Was war nun das Ziel des *Ten-go-Planes?*

Die 2. Flotte sollte mit Kurs auf Okinawa in See gehen, den Durchbruch durch die amerikanische Verteidigung erzwingen, am Ufer der Insel die Schiffe auf Strand setzen und mit ihren Geschützen das Feuer fortsetzen. Sollten sich die Schiffe in einem Zustand befinden, der es ihnen unmöglich machen würde, diese Aufgabe zu erfüllen, dann hätten ihre Besatzungen an Land zu gehen, im Rücken der Amerikaner Landeköpfe zu errichten, möglichst viel Material zu zerstören und möglichst viele Amerikaner zu töten, bevor sie selbst getötet wurden. Die Schiffe sollten ferner nur den für die Hinfahrt benötigten Treibstoff erhalten. Es handelte sich demnach um ein ausgesprochenes Todeskommando.

Offiziere und Matrosen waren bestürzt, als sie erfuhren, daß das Oberkommando beschlossen hatte, die letzten Schiffe und insbesondere das Schlachtschiff *Yamato*[2], den Stolz der japanischen Marine, zu opfern. Es fehlte ihnen weder an Mut noch an der Bereitwilligkeit zu sterben, aber der Gedanke, dieses Linienschiff, das größte und stärkste auf der Welt, zu verlieren, war unerträglich. Für dieses Schiff hegte die Marine eine fast religiöse Ehrerbietung und auch viele Japaner betrachteten es als einen integrierenden Bestandteil des Landes. Das Schiff dem Untergang geweiht zu wissen, erzeugte überall das Gefühl bitterer Enttäuschung.

Am Morgen des 5. April lag die Flotte in der Bucht von Tokuyama[3] vor Anker. Die höchsten Offiziere der Marine waren gekommen, um die Organisation des Geschwaders, sowie die taktischen und strategischen Aspekte der Operation *Ten-go* auszuarbeiten. Alle Divisionschefs und Schiffskommandanten waren aufgefordert worden, zu erscheinen. Die Zusammenkünfte nahmen um 11.30 Uhr ein Ende, und jeder begab sich wieder auf sein Schiff zurück.

Konteradmiral Keizo Komura versammelte zu Mittag die Kommandanten der Formationen und Schiffe seines Geschwaders an Bord des Kreuzers *Yahagi* und setzte ihnen seine Meinung über die bevorstehende Operation *Ten-go* auseinander:

„Sie alle haben gesehen, daß auf dem Panzerschiff des Admirals das Signal zur Durchführung der Operation *Ten-go* gehißt wurde. Vizeadmiral Ryunosuke Kusaka, Stabschef der Vereinigten Flotte, ist aus Kanoya gekommen, um die Mission zu organisieren. Er schlägt einen außergewöhnlichen Angriff vor, der darin besteht, daß die 2. Flotte ohne jeden Geleitschutz in der Luft und nur mit Treibstoff für die Hinfahrt versehen, nach Okinawa ausläuft. Mit einem Wort, wir sollen zu einer Kamikaze-Mission eingesetzt werden. Im Gegensatz zu solchen Missionen der Luftwaffe haben wir nicht die geringste Aussicht, ein wichtiges Ziel zu vernichten. Ich habe mir erlaubt, dem Admiral zu sagen, daß diese Operation der reine Selbstmord ist und nichts weiter. Manche Schiffskommandanten haben den Auftrag bereits übernommen, aber was mich betrifft, kann ich nicht den gleichen Entschluß fassen, ohne Sie zu konsultieren. Ich fühle mich wirklich nicht berechtigt, Sie unter solchen Umständen in den Tod zu führen. Mein persönliches Schicksal hat nichts zu sagen; ich kenne die dramatische Situation unseres Landes, und ich erinnere Sie daran, daß ich mit der Flotte des Admirals Ozawa an der Schlacht von Cap Engano, die uns vier Flugzeugträger gekostet hat, teilgenommen habe. Ich habe daher um eine Frist gebeten, ehe ich meine Antwort erteile."

Admiral Komura hatte Tränen in den Augen[4] und erwartete

sichtlich, daß jemand das Wort ergreife. Die Atmosphäre war zum Bersten angespannt. Eine Stimme erhob sich, dann eine andere. Einige Sprecher kritisierten die Operation, mißbilligten sie als sinnloses Opfer von Menschenleben und Schiffen, kritisierten das Oberkommando, das diese Operation ausgearbeitet hatte. Andere Offiziere gaben ihrer Zustimmung Ausdruck. In der eisernen Regel des blinden Gehorsams der Kaiserlichen Marine hatte sich da etwas geändert; Reaktionen dieser Art wären noch vor einem Jahr unvorstellbar gewesen.

In Wirklichkeit waren auch die Gegenredner weder feig, noch hatten sie Angst vor dem Tode; sie hatten ihrer Mißbilligung nur deshalb Ausdruck verliehen, weil sie nicht wollten, daß ihr Opfer nutzlos sei. Einzelne Offiziere schlugen vor, die letzten Schiffe der Flotte für Aufgaben einzusetzen, die ihnen mehr zweckentsprechend zu sein schienen, wie z. B. Angriffe auf amerikanische Schiffe, die den Nachschub besorgten.

Gegen 13 Uhr begab sich Konteradmiral Komura an Bord des Schlachtschiffes *Yamato*, um den höheren Offizieren die Ansichten seiner Untergebenen auseinanderzusetzen. Unterdessen wurde an Bord nahezu aller Schiffe über den Sinn des bevorstehenden Unternehmens debattiert; es wurde allgemein sehr skeptisch beurteilt, was aber der unerschütterlichen Entschlossenheit der Besatzungen keinen Abbruch tat. Im Westen hätten ähnliche Zweifel genügt, den Entschluß zu kämpfen, geschweige denn zu sterben, zu untergraben. Als Admiral Komura drei Stunden später an Bord des Kreuzers *Yahagi* zurückkehrte und das Deck betrat, wußte jedermann über den Ausgang der neuerlichen Besprechung Bescheid. Komura begab sich in den Versammlungsraum der *Yahagi*, wo ihn die Schiffskommandanten erwarteten. Mit düsterem und fahlem Gesicht betrachtete der Admiral schweigend seine Untergebenen und fing dann an zu sprechen:

„Ich habe mich den Befehlen, die sofort in Kraft treten, gefügt. Über eine Stunde lang habe ich mich bemüht, Ihre Ansichten auseinanderzusetzen und betont, daß ich sie teile. Alle Befehlshaber haben mich angehört. Admiral Kusaka hat sodann das Wort ergriffen und uns erklärt, die Operation *Ten-go* sei ein Ablenkungsmanöver, dessen Ziel es sei, die Aufmerksamkeit der amerikanischen Luftwaffe auf sich zu lenken, damit die *Kikusui* ihrer Flotte ungestört einen schweren Schlag zufügen können. Kusaka hat sein Wort dafür gegeben, daß die Operation von einer nie dagewesenen Wirkung sein werde. Offenbar glauben unsere obersten Chefs im Generalstab nicht mehr an den Endsieg und trachten, dem Gegner Verluste zu verursachen, die ihn zur Einleitung von Verhandlungen über einen ehrenvollen Frieden mit Japan bewegen. Anderseits könnte aber auch das japanische Volk, gleich unseren Chefs, den Gedanken nicht ertragen, daß die *Yamato* das Ende des Krieges überlebe, ohne ihre schweren Geschütze gegen den Feind zu richten."

Übermannt von seinen eigenen Worten schwieg Admiral Komura. Totenstille herrschte im Saal. Dann erhob sich eine Stimme, die wie ein frischer Windstoß wirkte:

„Das Land bietet uns die Gelegenheit, würdig zu sterben. Ein *Samurai* ist stets bereit, sein Leben zu geben!"

Die Offiziere an Bord der *Yahagi* gaben einer nach dem anderen ihr Einverständnis mit dem Standpunkt Komuras kund. Sie bestätigten damit einen der grundlegenden Charakterzüge japanischen Soldatentums. Da ihre Einwände und Gegenvorschläge kein Gehör gefunden hatten, hatte niemand mehr das Recht, etwas zu sagen, es blieb bei der Operation, wenn der Befehl auch dem zum Selbstmord gleichkam. Einige Schiffskommandanten, unter ihnen Kapitän zur See Tameichi Hara, schlugen noch vor, diejenigen ihrer Männer, die von den zusätzlichen Erläuterungen nicht überzeugt worden waren oder meinten, ihrem Land auf andere Weise einen besseren Dienst erweisen zu können, an Land zu setzen und an der Operation *Ten-go* nicht teilnehmen zu lassen.

Noch am selben Nachmittag wurden die Schiffe der 2. Flotte mit Treibstoff, Wasser, Lebensmitteln und Munition versehen, ihre Bewaffnung wurde kontrolliert. Am Abend fanden Abschiedsmahle mit den üblichen Trankopfern statt.

Am Morgen des 6. April setzten die Besatzungen die Arbeiten fort, Waffen und Instrumente wurden nochmals überprüft, alles, was an Bord für den Auftrag unnötig war, wurde ausgeladen, die jungen Offiziersschüler und Kranken an Land gebracht. Am frühen Nachmittag war die 2. Flotte bereit, die Anker zu lichten.

Die Operation Ten-go

In der leichten Dünung der Binnensee drehten sich die Schiffe sanft um ihre Anker. Es war ein klarer Tag, und die Matrosen konnten die kleinen Fischerdörfer, die terrassenartig angelegten Felder und die unzähligen blühenden Kirschbäume an der Küste sehen.

Um 16 Uhr wurde auf der *Yamato* die Flagge gehißt: Befehl zum Ankerlichten. Der Kreuzer *Yahagi* setzte sich als erster in Bewegung, gefolgt von der *Yamato* und den acht Zerstörern. Die 2. Flotte fuhr mit einer Geschwindigkeit von 12 Knoten Kurs Südost in Richtung auf die Bungo-Straße. Gegen 18 Uhr fuhren die Schiffe in die zwischen den Inseln Shikoku und Kyushu gelegene Meerenge ein. Treibminen und die Anwesenheit amerikanischer Unterseeboote empfahlen erhöhte Aufmerksamkeit, doch erreichte die Flotte ohne Zwischenfall um Mitternacht das offene Meer.

Die Fahrgeschwindigkeit wurde erhöht, als zwei viermotorige Bomber B-29 einige Bomben abwarfen, die weit entfernt von den Schiffen ins Wasser fielen. Der Angriff hatte indes den Japanern verraten, daß der Gegner mitten in der Nacht die Bewegung der Flotte entdeckt haben mußte; man wurde abermals an das gut funktionierende Radarsystem der Amerikaner und den Rückstand der japanischen Technik in diesem Bereich erinnert. Bloß die *Yamato* und zwei Zerstörer besaßen ein Luftradargerät, dessen Reichweite und Genauigkeit jedoch denjenigen der Amerikaner unterlegen waren. Die *Yahagi* war mit einem Horizontradar ausgestattet; ein Artillerieradar, das es ermöglichte, zu schießen, ohne das Ziel zu sehen, war auf keinem der Schiffe vorhanden. Der kurze, wenn auch harmlose Luftangriff war kein gutes Vorzeichen gewesen. Von ihren sorgenvollen Gedanken wurden die Schiffsbesatzungen durch das Signal zum Antreten abgelenkt. Die Schiffskommandanten hatten die Weisung erhalten, eine soeben eingelangte Botschaft von Admiral Soemu Toyoda, dem Oberbefehlshaber der Kaiserlichen Flotte, ihren Untergebenen bekanntzugeben:

„Die Kaiserliche Flotte unternimmt in Verbindung mit dem Heer und der Luftwaffe eine große Offensive gegen den Feind auf Okinawa. Diese Operation soll eine Wende im Krieg herbeiführen. Jedes Schiff, jeder einzelne Mann muß sich voll und ganz zur Vernichtung des Gegners einsetzen und dadurch die Fortdauer des ewigen Reiches der aufgehenden Sonne sichern. Das Schicksal unseres Landes hängt vom Gelingen dieses Unternehmens ab."

Die meisten der Schiffskapitäne fügten der Botschaft einige Worte hinzu. Kapitän zur See Tameichi Hara erklärte an Bord der *Yahagi:*

„Wie ihr wißt, haben Hunderte von Kameraden der Luftwaffe seit Monaten mit Flugzeugen, die mit Sprengstoff beladen wurden, *Jibaku-Angriffe* auf Schiffe der amerikanischen Marine unternommen. Tausende warten noch darauf, daß die Reihe an sie komme, um denselben Auftrag ohne Aussicht auf Heimkehr zu erfüllen. Hunderte Kameraden der Marine sind willens, ähnliche Aktionen an Bord menschlicher Torpedos oder mit Sprengladung versehener Boote auszuführen. Der uns heute erteilte Auftrag hat den gleichen Charakter: Er ist ein Todeskommando. Ich möchte jedoch betonen, daß ihr ihn nicht als einen nutzlosen Selbstmord betrachten dürft, sondern als eine Aktion, die den Sieg herbeiführen soll. Ihr seid keine Schafe, denen der Hals abgeschnitten wird, sondern wütende Löwen, die sich auf den Feind stürzen. Ihr braucht euch nicht aufzuopfern, wenn ihr von der Notwendigkeit dazu nicht voll überzeugt seid. Wenn dieses Schiff versenkt werden sollte, dann zögert nicht, euch zu retten, denn es folgen noch weitere Schlachten, an denen ihr teilnehmen müßt. Eure Aufgabe ist nicht zu sterben, sondern zu siegen."

Die Besatzung verhielt sich zunächst schweigsam. Dann meldete sich einer der Offiziere zu Wort und fragte den Kapitän:

„Auf der Marineschule hat man mir eingetrichtert, daß ein Offizier mit seinem Schiff leben und sterben muß. Sinkt das Schiff, hat er mit ihm unterzugehen. Wie läßt sich diese Belehrung mit dem vereinen, was Sie uns soeben gesagt haben?"

Kapitän Hara, dem diese Frage nur gelegen kam, erwiderte; „Was man euch gelehrt hat, bleibt gültig, aber die Lage hat sich geändert. Der Feind besitzt eine solche materielle Überlegenheit, daß wir nur in seinem Sinn handeln würden, wenn wir auf diese Weise handeln. Wir leiden unter Materialmangel, es fehlt uns vor allem an qualifiziertem Personal, das viel kostet und viel Zeit für die Ausbildung benötigt. Wenn unser Schiff versenkt wird, werden unsere Werften neue bauen, wir dagegen werden nicht ersetzt, wenn wir uns opfern. Der *Bushido-Kodex* der *Samurai* lehrt uns, daß wir zu sterben immer bereit sein müssen, was aber nicht sagen will, daß wir die erstbeste Gelegenheit zum Selbstmord suchen müssen. Unsere Tradition verlangt, daß wir auf eine Weise leben und kämpfen, die uns im Augenblick des Sterbens Selbstvorwürfe erspart. Die Operation *Ten-go* gibt uns die Möglichkeit, das Schlachtenglück zu wenden, und wenn wir dabei unser Leben lassen müssen, so wird dies eine Folge unseres Handelns und nicht unser Ziel sein. Seid ihr mit dieser Antwort zufrieden?“

Der junge Offizier, der die Frage gestellt hat, antwortete: „Kapitän, ich danke Ihnen. Darf ich bemerken, daß wir die Dinge so sehen wie Sie?!“

Die Flotte setzte die Fahrt nach Süden fort, simulierte Angriffs- und Verteidigungsmanöver mit Höchstgeschwindigkeit, nahm dann ihren Kurs wieder auf und fuhr mit Marschgeschwindigkeit im Zickzack weiter.

Das über Wasser fahrende amerikanische Unterseeboot *Hackleback* (SS-295) stellte gegen 2.45 Uhr auf seinem Radarschirm das feindliche Geschwader vor der Südostküste von Kyushu fest. Es fuhr näher heran, bis es die massive Silhouette der *Yamato* erkennen konnte. Der Kommandant gab sofort Meldung über die Kontaktnahme, die auch von den Funkern an Bord der japanischen Schiffe aufgefangen wurde. Die Japaner unternahmen jedoch keine Jagd auf das Boot, das auch seinerseits nicht angriff. Admiral Ito beschloß, die Fahrt tunlichst nahe der Küste fortzusetzen, damit sich die Radarechos der Flotte mit denjenigen der Küste vermischten.

An Bord des amerikanischen Admiralschiffs klopfte um 3 Uhr ein Funker an die Tür der Kabine von Admiral Spruance und meldete dem Kommandanten der 5. Flotte, daß das Schlachtschiff *Yamato* aus seiner Basis ausgelaufen sei. Spruance warf schnell einen Blick auf die Karte, auf der die Positionen der verschiedenen amerikanischen Geschwader eingetragen waren. Als hervorragender Taktiker erfaßte er sofort die Lage. Zur Überraschung des Bordfunkers sagte er ihm dann, er solle die Meldung an Admiral

Mitscher weitergeben, der sich mit der Sache befassen möge, und begab sich in aller Ruhe wieder zu Bett.

Während die japanischen Wachen den Himmel und das Meer durchforschten, verschwand der Mond hinter dichten Wolkenmassen. Das Wetter verschlechterte sich in den ersten Stunden des 7. April zusehends und die See begann rauh zu werden. Die japanische Flotte umfuhr die südöstliche Spitze von Kyushu mit der Geschwindigkeit von 20 Knoten in unregelmäßigen Zick-Zack-Bewegungen, um allfälligen Angriffen amerikanischer Unterseeboote auszuweichen[5]. Um vier Uhr ordnete Ito Kurswechsel West-Nordwest an. Die Kursänderung war eine Kriegslist, die die amerikanischen Beobachter glauben machen sollte, daß seine Flotte Kurs auf die Westküste von Kyushu in Richtung auf Sasebo nehme. Der dadurch bedingte Umweg verzögerte zwar den Anmarsch, konnte jedoch den Feind irreführen. Eine neue Kursänderung in südwestlicher Richtung und die Erhöhung der Geschwindigkeit auf 24 Knoten wurde um 7 Uhr befohlen. Die 2. Flotte fuhr jetzt in einem Kreis von einem Halbmesser von 2000 Metern um die *Yamato* angeordnet, im Zick-Zack weiter. Das Wetter besserte sich nicht, und schwere Wolken verdunkelten den Himmel.

Zwanzig *Zero-Jäger* der 5. Luftflotte sorgten von 7.30 Uhr bis 11 Uhr für die Luftdeckung. Kurz nach dem Eintreffen dieser Flugzeuge war der Befehl empfangen worden, die an Bord befindlichen Maschinen zur Rückkehr auf den Stützpunkt Ibusuki zu katapultieren. Ein Wasserflugzeug hob von der *Yamato* und ein zweites von der *Yahagi* ab; die Maschinen nahmen Kurs auf Kyushu.

Um 8 Uhr setzte ein feiner Sprühregen ein, und die Sicht wurde noch geringer. Die japanischen Funker hörten wenig später Gespräche ab, die zwischen amerikanischen Flugzeugen und Schiffen geführt wurden; sie bewiesen, daß der Gegner am Radar die Bewegungen der 2. japanischen Flotte ständig verfolgte. Die Umwege und umständlichen Zick-Zack-Manöver von Admiral Ito waren vergeblich gewesen. Die Amerikaner hatten in ihrer Überwachung der Flottenbewegung nicht nachgelassen.

Die von den Amerikanern im Laufe der Nacht eingeleiteten Schiffsbewegungen begannen sich allmählich auszuwirken. Mitschers Trägerflotte hatte um 4 Uhr morgens Kurs Nord-Nordost eingeschlagen, um an den Gegner heranzukommen. Vor Sonnenaufgang waren Aufklärer von den Decks der Flugzeugträger und vom Stützpunkt Kerami Retto gestartet. Die aus 6 Panzerschiffen, 7 Kreuzern und 21 Zerstörern bestehende Flotte von Konteradmiral Morton Deyo hatte sich inzwischen nach Nord-Nordost gewandt, um sich zwischen den Feind und die Schiffe der Invasionsflotte zu legen. Das Geschwader hatte die Weisung, zum Angriff anzusetzen, sollten die geplanten Luftangriffe nicht von Erfolg gekrönt sein.

Die letzte Seeschlacht

Ein Aufklärer vom Flugzeugträger „Essex" hatte um 8 Uhr den ersten Radarkontakt mit der japanischen Flotte aufgenommen. Eine halbe Stunde später meldete er, daß er den Gegner in Sicht habe. Von da an wurde der Kontakt durch einander ablösende Flugzeuge dauernd aufrechterhalten. Admiral Mitscher, der einen großen Sieg vorausahnte, gab Befehl, sämtliche Flugzeuge, 386 Maschinen in zwei Angriffswellen aufgeteilt, bereitzustellen.

Gegen 9 Uhr widerfuhren dem japanischen Zerstörer *Asashimo* Maschinenschäden, die seinen Kommandanten, Fregattenkapitän Yoshiro Sugihara, zur Minderung der Geschwindigkeit zwangen. Die Bordmechaniker gaben sich alle Mühe, den Schaden zu beheben, aber das Schiff blieb immer mehr hinter dem Gros des Geschwaders zurück. Admiral Ito ließ um 9.10 Uhr abermals eine Kursänderung nach Nord-Nordwest vornehmen, um der *Asashimo* den Anschluß zu ermöglichen, doch gelang es dieser nicht, die Flotte einzuholen. Um 10 Uhr wurde sie aus der Sicht verloren; sie blieb von da an weit hinter dem Geschwader zurück und konnte ihre Höchstgeschwindigkeit nicht mehr erreichen.

Um 10 Uhr hatte die *Task Force 58* Admiral Mitschers den für den Beginn des Luftangriffs festgelegten, von der feindlichen Position etwa 200 Meilen entfernten Punkt erreicht. Die ersten Flugzeuge hoben von ihren Trägern ab, und eine halbe Stunde später war die Vergatterung der ersten Angriffswelle vollzogen. Die große amerikanische Formation flog ihrem Ziel zu.

Die japanischen Bordfunker fingen weitere feindliche Nachrichten auf; auch die letzte Kursänderung der 2. Flotte war den amerikanischen Aufklärern nicht entgangen. Admiral Ito befahl daher um 11.15 Uhr Kurs nach Südwest, unmittelbar in Richtung auf das Ziel. Eine Viertelstunde später nahmen die japanischen Wachen, ohne darüber erstaunt zu sein, ein feindliches Wasserflugzeug wahr, das außerhalb der Reichweite ihrer Geschütze einen parallelen Kurs verfolgte. Der von der Basis auf Kerami Retto entsandte Aufklärer konnte mit der Flotte Fühlung halten und dem amerikanischen Kommando Nachrichten über ihre Bewegung übermitteln. Zur gleichen Zeit erreichte das japanische Geschwader eine Funkmeldung der Wache auf Amami O'Shima, die besagte, daß ca. 250 Flugzeuge um 11.20 Uhr an der Insel vorbeigeflogen seien. (Amami O'Shima liegt auf halbem Weg zwischen Kyushu und Okinawa.)

Schweigend sahen Admiral Komura und Kapitän Hara einander an. In etwa einer Stunde würden die Flugzeuge über ihnen sein. Mit bitterem Lächeln bemerkte Komura: „Sie sind da."

Admiral Ito ließ die Meldung an sämtliche Schiffe durchgeben und befahl, die Gliederung der Flotte bis auf einen Halbmesser von 5000 Metern zu erweitern. Die japanischen Matrosen, die sich über den voraussichtlichen Ausgang des bevorstehenden Angriffs im klaren waren, erfüllten ihre Pflicht mit Ruhe und einem bemerkenswerten Phlegma. Sie verzehrten ihr Mittagmahl in einer gespannten, aber stillen Atmosphäre und dachten an die kommende Schlacht, die für viele von ihnen die letzte sein würde.

Das Radar auf der *Yamato*, das bis dahin keine besonderen Dienste geleistet hatte, fing um 12.15 Uhr an, die feindlichen Flugzeuge anzuzeigen. Vom Admiralsschiff wurde unverzüglich durchgegeben: „Zahlreiche nicht identifizierte Flugzeuge in 30.000 Meter Entfernung 35 Grad Backbord. Geschwindigkeit auf 30 Knoten erhöhen und sich auf die Abwehr starken Luftangriffes vorbereiten."

Das Wetter war noch immer trüb; dicke Wolken hingen in Höhen von weniger als 1500 Meter. Ein Platzregen nahm den Japanern für ein paar Minuten so gut wie jede Sicht. Schlechtere atmosphärische Bedingungen für die Abwehr eines Luftangriffs hätte man sich nicht vorstellen können. Die Amerikaner waren in der Lage, aus verhältnismäßig geringer Entfernung anzugreifen, so daß die Abwehr nicht genug Zeit finden würde, mit Erfolg zu reagieren. Um 12.30 Uhr brüllte eine Wache auf der *Yamato:* „Zwei Flugzeuge vorne backbord!"

Sogleich wurde Alarm gegeben. Nach und nach tauchten aus den flockigen Wolkenhaufen wie aus dem Nichts hervorbrechend die amerikanischen Flugzeuge auf. Sie ließen sich Zeit, kreisten knapp unter der Wolkendecke, stets außerhalb der Reichweite der gegnerischen Geschütze und wählten sich bedächtig ihre Ziele aus.

Um 12.32 Uhr eröffnete die japanische Artillerie das Feuer, das jedoch wegen seiner Sinnlosigkeit bald wieder eingestellt wurde. Das ganze hatte etwas Unwirkliches an sich. Die Flugzeuge schienen ein riesiges Ballett unter dem Himmel aufzuführen, während die Schiffe unter ihnen mit voller Geschwindigkeit fuhren und mit ihren Vordersteven weiße Schaumberge aufwühlten. Es war wie ein Karussell, das anzuschauen ein Vergnügen bereitet hätte, wäre es nicht das Vorspiel zu einem furchtbaren Drama gewesen.

Um 12.34 Uhr griffen *Hellcat-Jäger, Helldiver-Sturzbomber* und *Avenger-Torpedoflugzeuge* gleichzeitig an. Durch die schlechte Sicht behindert und die Vielfalt der Ziele überwältigt, war die Abwehr nicht imstande, eine undurchdringliche Barriere zu errichten. Die Schiffe manövrierten wie toll, um den Bomben und Torpedos zu entkommen. Die *Hellcats* rasten über die Schiffe hinweg, überschütteten mit 12,7-mm-Geschossen Aufbauten und Decks und töteten viele Besatzungsmitglieder. Die abwechselnden Angriffe von *Helldivers* und *Avengers* machten Ausweichmanöver nahezu aussichtslos; war ein Schiff einer Torpedogarbe ausgewichen, stellte es sich in die Angriffsrichtung eines Sturzbombers und umgekehrt. Die *Yamato* war natürlich das Hauptziel der Amerikaner, verschont wurde indessen keines der anderen Schiffe, nicht einmal der noch immer 20 Meilen hinter der Flotte fahrende Zerstörer *Asashimo.*

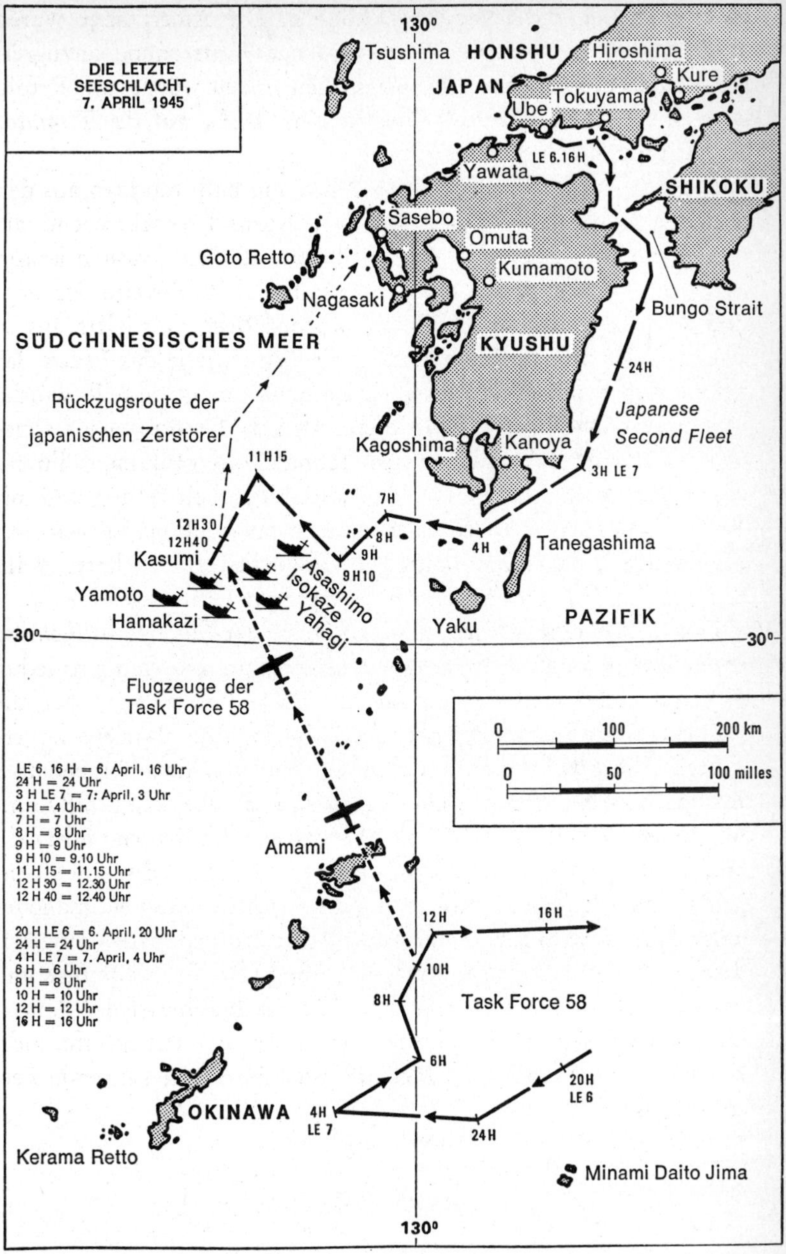

DIE LETZTE SEESCHLACHT, 7. APRIL 1945
130°
Tsushima
HONSHU
Hiroshima
Kure
JAPAN
Tokuyama
Ube
LE 6.16 H
Yawata
SHIKOKU
Sasebo
Omuta
Goto Retto
Kumamoto
Nagasaki
Bungo Strait
SÜDCHINESISCHES MEER
KYUSHU
24H
Rückzugsroute der japanischen Zerstörer
Japanese Second Fleet
Kagoshima
Kanoya
11 H 15
3H LE 7
7H
12 H 30
12 H 40
8H
Kasumi
9H
4H
Tanegashima
9 H 10
Asashimo
Isokaze
Yahagi
Yamoto
Hamakazi
Yaku
PAZIFIK
30°
30°
Flugzeuge der Task Force 58
0
100
200 km
0
50
100 milles
LE 6. 16 H = 6. April, 16 Uhr
24 H = 24 Uhr
3 H LE 7 = 7. April, 3 Uhr
4 H = 4 Uhr
7 H = 7 Uhr
8 H = 8 Uhr
9 H = 9 Uhr
9 H 10 = 9.10 Uhr
11 H 15 = 11.15 Uhr
12 H 30 = 12.30 Uhr
12 H 40 = 12.40 Uhr
Amami
20 H LE 6 = 6. April, 20 Uhr
24 H = 24 Uhr
4 H LE 7 = 7. April, 4 Uhr
6 H = 6 Uhr
8 H = 8 Uhr
10 H = 10 Uhr
12 H = 12 Uhr
16 H = 16 Uhr
12H
16H
10H
8H
Task Force 58
6H
20H LE 6
OKINAWA
4H LE 7
24H
Kerama Retto
Minami Daito Jima
130°

Das Ende einer Marine

Die *Yamato* erhielt den ersten Treffer. Um 12.40 Uhr explodierten zwei Bomben am Fuß des Kommandoturms, bewirkten schwere Schäden und töteten die Bedienung der Luftabwehr-Maschinengewehre. Wenige Minuten später durchbrach ein Torpedo die Flanke des großen Schlachtschiffs. Die amerikanischen Flugzeuge gaben dem Schiff keine Atempause und ein Schlag folgte dem andern.

Mehrere japanische Schiffe waren schon so schwer getroffen, daß ihr Los so gut wie besiegelt schien. Der Kreuzer *Yahagi* hatte mit viel Geschick laviert und vielen Angriffen entkommen können, allein um 12.45 Uhr traf ihn ein Torpedo mittschiffs unter der Wasserlinie. Kurz darauf mußte er stoppen, seine Maschinen waren außer Betrieb gesetzt. Die Angriffe auf die *Yahagi* wurden nun noch häufiger, und kurz nacheinander traf eine Bombe am Bug und eine zweite am Heck. Der Kreuzer geriet in Schlagseite. Durch seine Unbeweglichkeit war er ein leicht zu treffendes Ziel geworden. Die genaue Zahl der Bomben und Torpedos, die ihn getroffen hatten, läßt sich schwer ermitteln, wahrscheinlich waren es mehr als zehn.

Mittlerweile waren auch die Angriffe auf die *Yamato* fortgesetzt worden. Stark nach Steuerbord geneigt, war das mächtige Schlachtschiff nur mehr eine ungeheure Masse verbogenen und ausgeglühten Metalls. Viele Männer seiner Besatzung hatten den Tod gefunden, zum größten Teil verstümmelt oder in Stücke gerissen. Leichen und Ströme von Blut glitten das schiefe Deck hinab ins Meer. In diesem Zustand fand die zweite amerikanische Angriffswelle die *Yamato* vor. Weitere Bomben und Torpedos vollendeten die Verwüstungen; die Schlagseite wurde so stark, daß eine der Schiffsschrauben über dem Wasser lag.

Vizeadmiral Ito ordnete um 14.05 Uhr die Räumung an; die Überlebenden sprangen ins Wasser, der Admiral und der Kommandant des Schiffes, Kapitän Aruga, weigerten sich trotz der Bitten ihrer Offiziere, das Schiff zu verlassen. Um 14.17 Uhr traf ein elftes Torpedo die *Yamato* und riß abermals eine Bresche in seine Flanke. Um 14.20 Uhr betrug die Schlagseite 20 Grad: es war das Ende. Explosionen im Inneren erschütterten den Rumpf des Riesen, der sich ein letztesmal aufbäumte. In eine große Wolke von Rauch eingehüllt grub er sich sein feuchtes Grab in einem ungeheuren Strudel, dessen gewaltiger Sog noch viele der in seiner Nähe schwimmenden Überlebenden mit sich in die Tiefe riß. Fast die ganze Besatzung der *Yamato*, 2498 Mann, hatten im Lauf des Kampfes oder durch Ertrinken den Tod gefunden. Der Kreuzer *Yahagi* war um diese Zeit bereits untergegangen. Die Zerstörer *Isokaze, Kasumi, Hamakaze* und *Asashimo* waren vom Gegner entweder ganz vernichtet oder so schwer havariert worden, daß sie von ihren Kampfgenossen versenkt werden mußten. Die drei Zerstörer *Fuyutsuki, Suzutsuki* und *Yukikaze* waren mehr oder weniger schwer beschädigt, doch war es ihnen gelungen, noch vor dem Ende des Luftangriffs Kurs auf Sasebo zu nehmen. Die *Suzutsuki*, deren Bug von einem Torpedo weggerissen war, mußte mit nach vorn gerichtetem Heck fahren, da sonst der Wasserdruck die wasserdichten Schotten eingedrückt hätte. Nur der Zerstörer *Hatsushimo* war annähernd unbeschädigt und das einzige Schiff, das auf dem Schlachtort zurückblieb, um die Überlebenden aufzufischen. Mit Hunderten Schiffbrüchigen traf er am 8. April in Sasebo ein.

Diese Schlacht, die in die Geschichte unter dem Namen „Schlacht von Bonomisaki" eingegangen ist, die letzte Seeschlacht des Krieges im Pazifik, war beendet. Das dem Unternehmen gestellte Ziel war nicht erreicht und 3665 japanische Offiziere und Matrosen waren vergeblich geopfert worden. Mit dem Untergang der *Yamato*, der *Yahagi* und der Zerstörer hatte die stolze Kaiserliche Marine zu bestehen aufgehört.

Bei den Amerikanern betrugen die Verluste dagegen bloß zehn der an dem Angriff beteiligten Flugzeuge. Auch diese zehn waren nicht alle von der Abwehr abgeschossen worden, einige stürzten durch Zufall ab. Der große Sieg hatte die Amerikaner nur das Leben von zwölf Fliegern gekostet.

Als die überlebenden Japaner an Bord der *Hatsushimo* in Sasebo an Land gingen, wurde Admiral Komura eine Botschaft von Admiral Toyoda überreicht. Ihr Text war lang und endete mit der Phrase: „Das heroische Opfer der Flotte hat es den Fliegern der Sondereinheiten ermöglicht, große Erfolge zu erzielen."

Komura las die Botschaft und reichte sie ohne Kommentar, mit einem krampfhaften Lächeln, das seinen Unmut und seine Enttäuschung ausdrückte, an seine Untergebenen weiter.

Im *Ten-go-Plan* war vorgesehen gewesen, daß das Auslaufen der 2. Flotte von einem massiven Angriff der *Kikusui-Luftstreitkräfte* begleitet werden sollte. Infolge der am 6. April erlittenen Verluste konnte das Kommando der Luftwaffe am 7. aber nur mehr 114 Flugzeuge, darunter 60 Geleitjäger, einsetzen. Die Formation traf am späten Nachmittag in der Nähe von Okinawa ein. Die alarmierten amerikanischen Jagdflieger fingen sie unter günstigen Bedingungen ab und zerschlugen sie.

Einige wenige Kamikaze, die die Abwehr hatten durchbrechen können, tauchten über der *Task Force 58* auf. Einer prallte auf dem Flugzeugträger *Hancock* (CV-19) auf, tötete 43 Mann der Besatzung und verursachte schwere Schäden. Der Flugzeugträger war gezwungen, sich aus der Formation zurückzuziehen, um den Stützpunkt Ulithi aufzusuchen. Ein anderer Kamikaze explodierte auf dem Panzerschiff *Maryland* (BB-46) und fügte ihm so schwere Schäden zu, daß es seine Rettung nur den vereinten Bemühungen seiner und der Besatzungen zur Hilfeleistung herbeigeeilter Schiffe zu verdanken hatte. Verwüstet und von einem riesigen Brand verheert, konnte das Linienschiff seinen Platz in der Formation nicht behaupten; es mußte zur Durchführung der Reparatur nach den Vereinigten Staaten zurückkehren. Drei weitere Schiffe der Amerikaner wurden bei Einbruch der Nacht von Selbstmordflugzeugen beschädigt, unter ihnen die Zerstörer *Gregory* (DD-802) und *Bennet* (DD-473). An die hundert japanische Flugzeuge gingen an diesem Tag verloren.

Die japanische Luftoffensive vom 7. April war nicht das gigantische und zermalmende Unternehmen, das von den japanischen Befehlshabern angekündigt worden war. Vor allem stand es in gar keinem Verhältnis zur Aufopferung der Flotte. Es hat sogar den Anschein, als wäre diese angebliche Koordinierung zwischen Luftwaffe und Flotte nur ein Vorwand gewesen, der das Auslaufen der Flotte rechtfertigen sollte. Die unerklärliche zeitliche Nichtübereinstimmung der beiden Unternehmen scheint diese Annahme zu bestätigen. Die Position der *Task Force 58* war ungefähr bekannt und auch der Zeitpunkt des Eingreifens der amerikanischen Flotte war unschwer vorauszusehen gewesen. Es hätte sich also eine wirkliche Koordinierung ohne weiteres erzielen lassen, um so mehr, als die *Kikusui-Luftstreitkräfte* einsatzbereit waren. Ob die Ergebnisse der Operation viel besser gewesen wären, ist eine andere Frage, aber sie hätte zumindest das Moment der Gleichzeitigkeit gehabt, was sich auf die an ihr beteiligten Männer sicherlich günstig ausgewirkt hätte. Wir möchten annehmen, daß die leitenden Persönlichkeiten der japanischen Admiralität weder an einen Nutzen noch an einen potentiellen Erfolg des der 2. Flotte erteilten Auftrages geglaubt hatten. Die Operation war beschlossen worden, damit die letzten noch verfügbaren Kräfte der Kaiserlichen Flotte nicht untätig und nur dazu erhalten blieben, um womöglich erst im Falle eines unvermuteten Endes des Krieges versenkt werden zu müssen. Vielleicht wollte man auch die sarkastischen Bemerkungen der Armee zum Schweigen bringen und der öffentlichen Meinung Rechnung tragen, die über die Untätigkeit der Marine seit der Schlacht von Leyte immer mehr aufgebracht gewesen war. Die Operation *Ten-go* hätte dann nur zum Ziel gehabt, die Ehre der Kaiserlichen Flotte zu retten, nachdem sie doch nutzlos geworden war.

VIII

DAS SÜHNEOPFER

Während der im vorhergehenden Kapitel geschilderten Luft- und Seegefechte begann sich im Ablauf der Kämpfe auf Okinawa ein Umschwung abzuzeichnen. Bis zum 4. April hatten die Amerikaner ihren Vormarsch, der für sie beunruhigend leicht vonstatten ging, ohne Verluste fortsetzen können. Nach diesem Tag stießen sie auf einzelne Widerstandsnester, deren Bewältigung mit immer noch unbedeutenden Verlusten nicht schwerfiel. Erst vom 8. April an wurde der japanische Widerstand auf der Halbinsel Motobu im Norden und im Gebiet von Machinato im Süden mit jedem Tag hartnäckiger.

Der Vormarsch der Amerikaner verlangsamte sich und ihre Verluste wurden immer schwerer.

Diese Taktik entsprach dem Operationsplan der Japaner, die Amerikaner auf Okinawa Fuß fassen zu lassen und auf der Insel festzuhalten, während Kamikaze-Angriffe den größeren Teil ihrer Flotte außer Gefecht setzen sollten. Die Truppen General Ushijimas hätten es dann leicht, die ohne ausreichende Unterstützung ihrer Flotte auf Okinawa verbliebenen amerikanischen Bodenstreitkräfte in die See zu werfen.

Ushijima hatte daher den ganzen mittleren Teil der Insel geräumt, im Norden nur schwache Kräfte zurückgelassen und nahezu alle seine Truppen im südlichen Teil der Insel, wo auch die Bodengestaltung eine Verteidigung in der Tiefe begünstigte, konzentriert. Ein großer Teil dieser Truppen war in stark befestigten Stellungen auf mehreren Hügelketten angeordnet. Die Soldaten waren über ihre Lage unterrichtet und wußten, was auf dem Spiel stand; sie waren fest entschlossen, eher zu sterben als auch nur einen Fußbreit Bodens aufzugeben. Das Verteidigungssystem von

Okinawa war auf den Erfahrungen von Tarawa, Saipan, Peleliu und Iwo Jima aufgebaut.

Die Invasion Okinawas erwies sich als hart und kostspielig. Wenn nach der fast unbehinderten Landung der Vormarsch die Amerikaner zunächst weit über die gesteckten Ziele hinausgeführt hatte, änderten sich die Dinge doch sehr bald. Der Rückstand der Truppen beim geplanten Vormarsch übertraf selbst die vorsichtigsten Schätzungen, und die Verluste wurden mitunter alarmierend. Die japanischen Soldaten legten übermenschlichen Heroismus an den Tag, der bei den Amerikanern ein aus Haß und Bewunderung gemischtes Gefühl hervorrief. Viele Japaner schlichen in der Nacht in die feindlichen Stellungen, um möglichst viel Amerikaner zu töten oder Material zu vernichten, bevor sie von Maschinengewehrsalven niedergemäht wurden. Andere banden sich Sprengkörper um den Leib und warfen sich unter die amerikanischen Fahrzeuge. Dieser patriotische Fanatismus war so überwältigend, daß für den Selbsterhaltungsinstinkt kein Raum mehr blieb.

Die Kikusui-Angriffe vom 12. April

Die schweren japanischen Verluste bei den Unternehmungen vom 6. und 7. April bereiteten Admiral Ugaki große Schwierigkeiten bei der Aufstellung neuer Angriffsverbände. An Todespiloten war kein Mangel, wohl aber an Flugzeugen. Über dringende Anforderung Ugakis stellte ihm die Admiralität abermals eine bedeutende Anzahl von Flugzeugen aller Typen zur Verfügung; so war Ugaki wieder in der Lage, einen neuerlichen massiven Angriff auf die Seestreitkräfte der Amerikaner von Okinawa zu organisieren.

Am Morgen des 10. April beobachteten die amerikanischen Wachen eine auffallende Zunahme der japanischen Aufklärungsflüge; eine neue Luftoffensive stand offensichtlich bevor. Zur Vorsicht fuhren die amerikanischen Schiffe weiter ins Meer hinaus, um sich über einen größeren Raum zu zerstreuen.

Am Morgen des 12. April starteten die ersten *Kikusui-Gruppen* von den Stützpunkten im Süden von Kyushu, zumeist von Kanoya. Auf mehrere Wellen verteilt, waren über 350 Flugzeuge zu dem Unternehmen eingesetzt: etwa 100 Kamikaze der Marine, 60 *To-*

kubetsu des Heeres, etliche Bomber mit *Ohkas* und mehr als 150 Geleitflugzeuge. Auch eine Anzahl für konventionelle Angriffe bestimmter Maschinen nahm an dem Unternehmen teil.

Die ersten Staffeln erschienen gegen Mittag über den wachhabenden amerikanischen Zerstörern. Einige warfen Dyppelstörstreifen ab und störten die Radarfahndung der Amerikaner[1]. Amerikanische Jagdmaschinen warfen sich dem Gegner entgegen, erzielten indes wegen mangelhafter Koordinierung nicht die gewohnten Ergebnisse. In mehreren Gruppen griffen die Japaner gleichzeitig die Schiffe der *Task Force 58*, jene der Invasionsflotte und die Zerstörer an. Es kam zu zwei großen Angriffen: kleinere Gruppen überfielen die amerikanische Flotte während des ganzen Nachmittags und die Überfälle hörten erst mit Einbruch der Dunkelheit auf.

Die großen Flugzeugträger *Enterprise* (CV-6) und *Essex* (CV-9), das Panzerschiff *Missouri* (BB-63) und zwei Zerstörer wurden beschädigt. Dem Zerstörer *Kidd* (DD-661) hatte ein Kamikaze eine große Bresche geschlagen, die aber noch dicht gemacht werden konnte. In der Nähe von Okinawa waren die Panzerschiffe *New Mexico* (BB-40), *Tennessee* (BB-43) und *Idaho* (BB-42) von jeweils einem Aufprall ernstlich havariert worden. Außerdem wurden der leichte Kreuzer *Oakland* (CL-95), zehn Zerstörer, drei Geleitzerstörer, drei Minensuchboote, zwei Kanonenboote und ein Landefahrzeug zu Opfern der Todesflugzeuge: zwar sank keines von ihnen, doch zwangen die erlittenen Beschädigungen diese Kriegsschiffe zum Verlassen der Kampfzone.

Der einzige Totalverlust des Tages war von einem *Ohka-Jinrai* herbeigeführt worden. Die Besatzung des Zerstörers *Mannert L. Abele* (DD-733), die gerade das Feuer auf einen herannahenden japanischen Bomber eröffnen wollte, sah, wie sich von ihm der *Ohka* löste und wie ein Pfeil auf das Schiff herabstürzte.

Überlebende berichteten, der Angriff sei so blitzartig erfolgt, daß die Abwehr nicht mehr imstande gewesen war zu schießen. Der *Ohka* zerschellte mitschiffs auf dem Zerstörer, und die Explosion brach ihn wie ein Stück Holz auseinander. Die *Mannert L. Abele* versank binnen weniger Sekunden.

Rund 330 japanische Flugzeuge kehrten an diesem Tag nicht zu ihren Stützpunkten zurück. In kleinerem Umfang fanden am folgenden Morgen weitere *Kikusui-Unternehmen* statt, die aber keine Erfolge erbrachten; Jagdflieger und Abwehr hatten rechtzeitig einschreiten können.

Der Leidensweg der amerikanischen Flotte

Obwohl die amerikanischen Verluste noch nicht als katastrophal bezeichnet werden konnten, machten sich ihre Folgen doch unangenehm bemerkbar. Die Zahl der Schiffe, die den Kriegsschauplatz verlassen mußten, nahm auf alarmierende Weise zu; erschwerend wirkte der Umstand, daß sie das Geleit von einem, manchmal auch von zwei unbeschädigten Schiffen erforderten.

Die neuerliche Bombardierung der japanischen Flugplätze auf Kyushu war daher ein logischer Entschluß. Allerdings war seine Verwirklichung nicht so einfach, wie es auf den ersten Blick zu sein schien. Die Flugplätze auf Kyushu waren zahlreich, zerstreut und stark geschützt. Es war anzunehmen, daß jeder Angriff die Amerikaner teuer zu stehen kam und angesichts der ausgezeichneten Tarnungstechniken der Japaner durchaus nicht immer von Erfolg begleitet war.

Die Dringlichkeit der Situation gebot indes schnelles Handeln, und Admiral Spruance dampfte mit seiner *Task Force* nach Norden. Am 15. April hoben sich Hunderte von Flugzeugen von ihren Trägern ab und griffen die Flugplätze im Süden von Kyushu an. Die Angriffe wurden tags darauf wiederholt. Ihre Ergebnisse waren dürftig: 55 am Boden zerstörte japanische Flugzeuge.

Auch die Kamikaze-Unternehmen wurden durch diese Bombardements nicht beeinträchtigt. Noch am 16. April entsandte Admiral Ugaki, der über den bevorstehenden zweiten Angriff der Amerikaner informiert worden war, eine Kamikaze-Formation zu einem Überfall auf die *Task Force 58* und die Ankerplätze vor Okinawa. Diese Formation war von den Amerikanern nicht entdeckt worden.

An diesem Unternehmen waren 155 Flugzeuge des Heeres und der Flotte beteiligt, die den feindlichen Schiffen zu einem großen Teil schwere Verluste zufügten. Der Flugzeugträger *Intrepid*

(CV-1) wurde von mindestens zwei Kamikaze angegriffen, manövrierunfähig gemacht und von einem gewaltigen Brand so weitgehend verheert, daß er zurückgenommen werden mußte. Der Zerstörer *Pringle* (CC-477) wurde so schwer getroffen, daß er binnen weniger Minuten sank, das Minensuchboot *Harding* (DMS-28) so schwer beschädigt, daß eine Wiederinstandsetzung aussichtslos erschien. Drei Zerstörer, zwei Minensuchboote, zwei Kanonenboote und ein Tanker erlitten gleichfalls Beschädigungen.

Im Lauf der folgenden vierzehn Tage erfolgten weitere Selbstmordangriffe, aber geringeren Umfangs; sie waren eher dazu bestimmt, die nervöse Spannung der Amerikaner aufrechtzuerhalten, als Schiffe zu vernichten. Weitere amerikanische Schiffe wurden beschädigt, aber bloß das Minensuchboot *Swallow* (AM-65) so stark angeschlagen, daß es versenkt werden mußte.

Ende April leiteten die *Kikusui* eine neue Offensive ein, die in der Nacht auf den 28. April begann. Von Kyushu starteten 65 Kamikaze und 50 *Tokubetsu* zum abermaligen Angriff auf die *Task Force 58* und die Invasionsflotte. Das erste Opfer war der Zerstörer *Hutchins* (DD-476), der von seiner Besatzung verlassen werden mußte. Ferner wurde noch ein Frachter versenkt.

Schwache Verbände setzten die Angriffe am 28. April auch unter Tags fort. Fünf Zerstörer, ein Transporter und mehrere andere Fahrzeuge wurden in Mitleidenschaft gezogen. In der Nacht zum 29. April prallte ein Kamikaze auf dem Lazarettschiff *Comfort* (AH-6) auf, obwohl es voll beleuchtet und das Rote Kreuz deutlich erkennbar war. Die Zahl der Opfer war nicht erheblich, um so größer die Empörung der Amerikaner.

Das letzte Opfer der bis zum Morgen des 29. April weitergeführten Angriffe war der Zerstörer *Haggard* (DD-555), der kurz nach dem Aufprall eines Kamikaze versank. Im ganzen waren zu diesen Angriffen Ende April 200 japanische Flugzeuge eingesetzt worden.

Der Einsatz vom 4. Mai

Im südlichen Okinawa waren die amerikanischen Truppen mittlerweile auf die im Shuri-Bergmassiv angelegten starken japanischen Befestigungen gestoßen. Sie waren an vielen Stellen in die feindlichen Linien eingedrungen, konnten jedoch den japanischen Widerstand nicht brechen. Die Generale Ushijima und Cho beschlossen die Lage zu einem kräftigen Gegenstoß auszunutzen. Die Operation wurde auf den 4. Mai festgesetzt. Am 3. Mai sollten die *Kikusui-Luftstreitkräfte* bei Tagesanbruch mit ihren Angriffen beginnen und sie den ganzen Tag hindurch fortsetzen, um die Offensive am Boden für den 4. Mai vorzubereiten.

Noch in der Nacht zum 3. Mai bombardierten die Japaner den Flugplatz von Yontan, die Basis einer großen Anzahl amerikanischer Flugzeuge, ohne jedoch nennenswerten Schaden anzurichten. In der Morgendämmerung starteten alle amerikanischen Flugzeuge, um sich den von den Wachezerstörern gemeldeten neuen japanischen Angriffsformationen entgegenzuwerfen. Diese Zerstörer suchten sich die Japaner als erstes Ziel aus, um mit den „Spitzeln“ endlich einmal abzurechnen. Vier Kamikaze stürzten sich auf den Zerstörer *Little* (DD-803), der in ein rauchendes Wrack verwandelt wurde und sogleich versank. Zwei andere Kamikaze bohrten den Zerstörer *Luce* (DD-522) in Grund.

Nahe der Küste von Okinawa wurde das Hilfsschiff der Invasionsflotte LSMR-195 versenkt, während nicht weniger als sechs Todesflieger den Zerstörer-Minenleger *Aaron-Ward* (DM-34) verwüsteten. Er wurde in eine formlose Masse verbogenen und geschwärzten Eisens verwandelt, und seine Besatzung hatte erhebliche Verluste zu verzeichnen. Er ging zwar nicht unter, aber man verzichtete auf eine Wiederinstandsetzung. Weitere Schiffe, unter ihnen ein Minenleger und ein LCS wurden beschädigt, aber ohne ihren Posten verlassen zu müssen.

Kurz nach Mitternacht warf eine Formation von 60 konventionellen Bombern große Mengen Dyppelstörstreifen ab und griff dann die Truppen der 10. amerikanischen Armee an. Die Bomben fielen mehr oder weniger aufs Geratewohl und verursachten nur geringe Verluste.

In der Morgendämmerung des 4. Mai wurde gleichzeitig mit der Offensive der japanischen Bodentruppen auf Okinawa jene der Luftwaffe von Kyushu wieder aufgenommen. Auf dem Zerstörer *Morrison* (DD-560) prallten kurz nacheinander vier Flugzeuge auf; er sank gleich nach dem Zusammenstoß. Vor der Landebrücke von Hagushi wurden zwei Schiffe, die LSMR-190 und die LSMR-194, fast gleichzeitig versenkt. Der Geleit-Flugzeugträger *Sangamon* (CVE-26) wurde in Brand gesetzt und so schwer beschädigt, daß eine Wiederinstandsetzung nicht mehr in Betracht kam.

Der Zerstörer-Minenleger *Shea* (DM-30) wurde von einer *Ohka*-Bombe verwüstet, doch konnte das ausgebrochene Feuer gelöscht werden, bevor es das Munitionsmagazin erreicht hatte. Die *Shea,* der Kreuzer *Birmingham* (CL-62), zwei Zerstörer, ein Minenleger und ein LCS mußten aus dem Kampfgebiet zurückgenommen werden.

Die Luftwaffe hatte bei den Angriffen vom 3. und 4. Mai 75 Kamikaze und 50 *Tokubetsu,* 120 Geleitjäger und 60 Bomber konventionellen Typs eingesetzt. Ihre Verluste beliefen sich auf mehr als 290 abgeschossene oder auf ihren Zielen zerschellte Maschinen.

Der erbarmungslose Monat Mai

Japanische Luftangriffe, die meisten von Todespiloten unternommen, gehörten zu den alltäglichen Begebenheiten der Kampagne auf Okinawa. Es sollen aber hier nur die wichtigsten, die der amerikanischen Flotte größere Verluste beibrachten, Erwähnung finden. Wie bis dahin machten sich die Japaner zuerst an die Schiffe der Vorposten heran, bevor sie sich der Invasionsflotte oder der *Task Force 58* zuwandten.

Am 9. Mai durchbrachen Formationen von einigen Dutzend Flugzeugen die gegnerische Abwehr und näherten sich Admiral Turners Flotte. Die Geleitzerstörer *Oberrender* (DE-344) und *England* (DE-635) wurden so schwer verwüstet, daß sie nach Kerama Retto abgeschleppt werden mußten, wo ihre Wiederinstandsetzung als zwecklos beurteilt wurde.

Auf Okinawa hatten die amerikanischen Streitkräfte am 11. Mai eine Generaloffensive eingeleitet, die von den Japanern am Asa-Kawa-Fluß zum Stehen gebracht wurde. Zwei japanische Luftwaffenverbände griffen am 11. Mai in gutem Zusammenwirken die Vorpostenschiffe und die *Task Force 58* sowie die britische Flotte vor den Sakishima-Inseln an.

Der große Flugzeugträger *Bunker Hill* (CV-17), Admiral Mitschers Flaggschiff, wurde von zwei Kamikaze schwer beschädigt und verlor 400 Mann seiner Besatzung an Toten. Durch Brand total verwüstet, mußte das Schiff aus dem Gefecht gezogen werden. Das Panzerschiff *New Mexico,* auf dem die Schäden vom 12. April noch nicht beseitigt waren, wurde abermals angeschlagen. Ein LCS konnte nur dank des energischen Einsatzes seiner Besatzung vor dem Untergang gerettet werden. Die Zerstörer *Evans* (DD-552) und *Hugh W. Hadley* (DD-774) waren wie von einer stählernen Riesenfaust zertrümmert worden. Auch sie wurden nach Kerama Retto abgeschleppt, wo man auf ihre Wiederinstandsetzung verzichtete.

Von der britischen Flotte wurden die Flugzeugträger *Victorious* und *Formidable* von Kamikaze angegriffen, aber auch diesmal erwiesen sich die Panzerdecks als so widerstandsfähig, daß die Schäden unbedeutend waren.

Die an diesen Operationen beteiligten japanischen Formationen, die 70 Kamikaze und 80 *Tokubetsu* zählten, wurden total aufgerieben.

Am 21. Mai schlüpfte ein kleiner Verband von Todesmaschinen durch die äußere Abwehr der Amerikaner, war jedoch nicht imstande, an die großen Schiffe heranzukommen. Nur der U-Boot-Jäger PC-1603 wurde versenkt.

Admiral Ugaki hatte inzwischen ein weiteres Großunternehmen vorbereitet. In der Nacht zum 25. Mai flogen 160 Flugzeuge von den Basen auf Kyushu in Richtung Okinawa ab. In den ersten Stunden des 25. Mai gingen sie mit besonderem Ungestüm zum Angriff über. Scheinwerfer, Granatexplosionen und Leuchtspurgeschosse erhellten den Himmel. Ab und zu erfaßte der Lichtkegel einer der Scheinwerfer eine Maschine im Sturzflug; kurz danach konnte man das Aufblitzen der Explosion auf einem getroffenen

Schiff oder, öfter noch, eine riesige, regenbogenfarbige Wassergarbe an der Stelle wahrnehmen, an der ein Flugzeug in den Fluten unterging.

Der Zerstörer-Transporter *Bates* (APD-47) und die LSM-135 wurden versenkt. Von acht anderen Schiffen, die Beschädigungen unterschiedlichen Grades erlitten hatten, mußte auf eine Reparatur des Zerstörer-Transporters *Barry* (APD-29) und des schnellen Minensuchbootes *Butler* (DMS-29) verzichtet werden. Die *Barry* sank noch im Laufe des Vormittags.

Schwächere und eher sporadische Kamikaze-Überfälle fanden in den folgenden Tagen statt. Am 27. Mai zerschellte ein Kamikaze auf dem schnellen Zerstörer-Minensuchboot *Forrest* (DMS-24) und beschädigte es so schwer, daß es aus der Schiffsliste gestrichen wurde. Tags darauf sank der Zerstörer *Drexler* (DD-741) unter dem Aufprall von zwei Kamikaze, die kurz nacheinander auf ihm explodiert waren. Am 29. Mai, an dem Tag also, da das 29. Marineinfanterieregiment Naha die in Trümmern liegende Hauptstadt von Okinawa besetzte, tauchten Kamikaze abermals über den Vorpostenschiffen auf. Die Mehrzahl von ihnen wurde abgeschossen, einem war es jedoch gelungen, sich dem Abwehrfeuer zu entziehen und sich auf den Zerstörer *Shubrick* (DD-639) zu stürzen. Der Aufprall war so heftig, daß das ganze Schiff erzitterte und manövrierunfähig wurde. Seine starke Konstruktion ließ es zwar flott bleiben, doch machte die auf ihm angerichtete Verheerung einen weiteren Einsatz unmöglich.

Eine psychologische Wende

Die Amerikaner und ihre Verbündeten konnten die fast tägliche Wiederholung der Todesangriffe nicht mehr als Routineangelegenheit hinnehmen. Im Gegenteil, im Verlauf der Monate April und Mai nahm ihre Besorgnis ständig zu. Die von den Kamikaze-Unternehmungen verursachten Verluste an Menschen und die Ausfälle an Schiffen hatten ein alarmierendes Ausmaß angenommen. Mehrere hundert Schiffe waren versenkt worden oder hatten das Operationsgebiet verlassen müssen. Die auf Okinawa kämpfenden Truppen litten unter der mangelnden Unterstützung durch die

Flotte, die noch verbliebenen Schiffe wurden verwundbarer. Unter den Offizieren der Marine waren manche der Ansicht, die ganze amerikanische Flotte würde sich zurückziehen müssen, sollten die Angriffe der Japaner mit der gleichen Regelmäßigkeit bis Mitte Juni andauern. In technischer Hinsicht gut ausgestattete Arsenale, Reparaturbasen und schwimmende Docks standen zwar in großer Zahl zur Verfügung, sie waren jedoch weitgehend überfordert. Seit Beginn der Gegenoffensive hatte sich die amerikanische Marine noch nie in einer so kritischen Lage befunden.

Die psychologischen Auswirkungen der Selbstmordangriffe, die in den Überlegungen der Japaner von allem Anfang an einen wichtigen Faktor gebildet hatten, machten sich immer stärker geltend. Die amerikanischen Matrosen hatten ihr gewohntes Selbstvertrauen verloren, die Art und Weise der Angriffe flößte ihnen Furcht ein, hatte sie mürbe gemacht. Viele Matrosen hatten das nervenzerrüttende Pfeifen der auf sie herabstürzenden Flugzeuge über sich ergehen lassen müssen, das Erzittern des Schiffs unter dem Aufprall und die folgende Explosion unter ihren Füßen gespürt und gesehen, wie Kameraden gleich zerstückelten Puppen in die Luft geschleudert wurden. Daß sie nun seelisch aufgewühlt waren, keinen Schlaf mehr finden konnten und ihren Dienst wie Automaten verrichteten, läßt sich begreifen. Und die Männer in den Maschinenräumen waren keineswegs besser daran als ihre Kameraden am Deck. War ein Angriff im Gange, mußten sie in einer überhitzten Atmosphäre alle ihre Kräfte aufwenden, um die Antriebsmaschine auf vollen Touren zu halten, damit ihr Schiff einem angreifenden Flugzeug rechtzeitig ausweichen könne. Sie waren am Ende ihrer physischen und moralischen Kräfte angelangt, und vom ständigen Druck, der Ermüdung oder der Hitze hervorgerufene Ohnmachtsanfälle waren nicht selten.

Zu all dem kam noch das Gefühl der Hilflosigkeit gegenüber dem Vorgehen der Japaner. Die amerikanischen Matrosen wußten nur zu gut, daß ungeachtet des mutigen Einsatzes ihrer Kampfflieger und der mörderischen Dichte des Abwehrfeuers ein und der andere Kamikaze die Barriere durchdringen würde und ihnen zum Verhängnis werden könne. Die unbarmherzige Hartnäckigkeit des Feindes nahm ihre Nerven bis zum Zerreißen in Anspruch.

Das materielle Problem und die wachsende Demoralisierung der Matrosen war in den Reihen der Amerikaner zu einem höchst beunruhigenden Element geworden.

Tiefgehender Wandel

Im japanischen Lager waren die psychologischen Auswirkungen des Krieges anderer Natur, aber nicht weniger wahrnehmbar. Sie traten in der Rekrutierung der Todesfreiwilligen, der Gemütsverfassung und dem Betragen einer gewissen Anzahl der Angeworbenen und der Angst vieler Piloten der *Tokubetsu* des Heeres in Erscheinung.

Die Heldentaten und Siege der *Kikusui* auf Okinawa, die von einer lauthals betriebenen Propaganda in allen Bevölkerungskreisen verbreitet wurden, fanden ein spontanes aber unzureichendes Echo. Der enorme Verschleiß an Menschen hatte nahezu alle Sonderformationen dezimiert. Für schnellen und in regelmäßigem Turnus eintreffenden Ersatz mußte gesorgt werden. Nach einigem Zögern beschloß die Regierung, sich an die Studenten der Universitäten zu wenden. In feurigen Reden und ultrapatriotischen Versammlungen wurden sie aufgefordert, sich um Aufnahme in die „Sonderangriffseinheiten" zu bewerben. Viele Studenten leisteten dieser Aufforderung Folge.

Eine zwar logische, aber doch eigenartige Auswahl wurde unter den Bewerbern getroffen: Studenten der Mathematik und technischer Fächer wurden in die Fabriken und Forschungszentren geschickt, während Studenten der Fakultäten Jus und Freie Künste sofort in die Schulungsformationen der Todesflieger aufgenommen wurden. Man hatte es mit Freiwilligen zu tun, aber mit solchen, die sich mehr aus jugendlich-patriotischem Elan als auf Grund klarer Erkenntnis der zu erfüllenden militärischen Aufgaben um die Aufnahme beworben hatten. Diesen jungen Menschen wurde eine sehr summarische und beschleunigte Schulung zuteil, ehe sie in die Todeseinheiten eingereiht wurden. Bestenfalls imstande, eine Maschine im Flug zu halten, waren sie unfähig, allein zu navigieren, und viele Unfälle ereigneten sich noch während der Ausbildung.

Auch zahlreiche andere junge Burschen ließen sich anwerben, teils einem plötzlichen Impuls folgend, teils unter kaum bemänteltem Zwang. Das Ergebnis war ein Verhalten und eine Gemütsverfassung, die sie von ihren Vorgängern merklich unterschieden. Sie machten den Eindruck, als gehörten sie einer Herde an, die zur Schlachtbank geführt wird.

Die meisten dieser neu angeworbenen Freiwilligen waren wie vor den Kopf geschlagen, als sie sich über die ihnen zugedachte Rolle klar wurden. Aber die Mehrzahl dieser Studenten kam nach einer gewissen Zeit wieder zu sich und widmete sich mit Selbstverleugnung ihren Obliegenheiten. Die uralte kriegerische Tradition der Japaner war eben stärker als ihr individuelles Empfinden. Sie wurden zu entschlossenen Männern, die überzeugt davon waren, daß sie ihre Unerfahrenheit durch unerschütterlichen Glauben wettmachen mußten. Es gab indes auch solche, die ihren Entschluß bedauerten und sich nicht zurechtfinden konnten. Sie hielten sich zwar an den Grundsatz des unbedingten Gehorsams und machten keinen Versuch, ihren Entschluß zu widerrufen. Sie gaben sich jedoch dem Suff hin, um ihr Los zu vergessen, begingen sogar Diebstähle und ähnliche, ihrer unwürdige Taten, als fühlten sie sich am Rande einer Gesellschaft, an der sie sich rächen mußten.

Die Mentalität der jungen Freiwilligen stand in krassem Gegensatz zu jener der Kamikaze der ersten Stunde. Sie legten nicht die Würde, die moralische Sauberkeit und das Bewußtsein des tausendjährigen Erbes an den Tag, das ihre Vorgänger zu wahren Helden gemacht hatte. Man darf allerdings mildernde Umstände nicht unerwähnt lassen. Der Mangel an Lebenserfahrung, die Unzulänglichkeit ihrer Ausbildung und ihre geringe kämpferische Entschlossenheit zwangen sie förmlich dazu, in dünkelhafter Zurückhaltung, die ihre jugendliche Unbeständigkeit bemänteln sollte, Zuflucht zu suchen. Und die Haltung der Bevölkerung trug auch nicht dazu bei, ihre besten Triebe zu ermuntern. Von der Propaganda über die Taten der Sondereinheiten aufgeputscht, verhätschelte sie diese jungen Menschen, überschüttete sie mit Geschenken und Aufmerksamkeiten, erwies ihnen übertriebene Ehrerbietung, um nicht zu sagen einen religiösen Kult. Daß viele der neuen Freiwilligen eitel, hochmütig und arrogant wurden, kann nicht wundernehmen. Aber durchaus nicht alle Freiwilligen des Frühjahres 1945 benahmen sich wie verwöhnte und verzogene Kinder; es gab auch unter ihnen echte Helden, Männer, deren Rechtschaffenheit und seelische Kraft sie zu würdigen Nachfolgern von Onishis fliegenden *Samurais* bei den Philippinen werden ließ.

Es sei bloß das Beispiel des Seekadetten Tatsuya Ikariyama erwähnt, der am 4. Mai 1945 dem *Takuma-Geschwader* auf Shikoku zugeteilt worden war. Nach Beendigung der üblichen Eintrittsformalitäten wurde ihm mitgeteilt, daß er schon am folgenden Morgen an einem Todeskommando teilzunehmen habe. Am Abend suchte er drei Studienkollegen auf, von deren Anwesenheit im Stützpunkt er Kenntnis erhalten hatte. Von ihnen aufgefordert, das Wiedersehen durch ein Trinkgelage zu feiern, weigerte er sich mit den Worten: „Es tut mir leid, aber ich mache morgen einen Sonderangriff mit und muß daher in Form bleiben."

Ikariyama startete am nächsten Tag mit seiner Einheit und kehrte nicht wieder zurück.

Die Tragödie der Tokubetsu

Die Rekrutierung der *Tokubetsu*, die von Anfang an weniger zahlreich waren als die Kamikaze, war mittlerweile bereits zu einem schwierigen Problem geworden. Die seit Beginn des Kampfes um Okinawa fast täglich durchgeführten Sonderangriffe hatten die Zahl der Todesfreiwilligen der Heeresluftwaffe bald erschöpft. Um nicht hinter der Marine, die sich das Recht auf Anwerbung von Studenten der Hochschulen vorbehalten hatte, zurückzustehen, griff die Heeresleitung zu willkürlichen Methoden. Anfangs Mai wurden den Sondereinheiten der Luftwaffe auch Flieger zugewiesen, die sich nicht freiwillig gemeldet hatten.

Die Bedeutung dieses Bruchs mit den grundlegenden Richtlinien des Kamikaze-Geistes kann nicht genug betont werden. Das Dogma der blinden Unterordnung war zwar so tief verankert, daß keiner der für die *Tokubetsu-Einheiten* bestimmten Piloten den Gehorsam verweigerte oder auch nur seine Mißbilligung äußerte, man kann sich jedoch vorstellen, wie die Piloten über diese Maßnahme ihrer obersten Führung dachten.

General Miyoshi, Chef der *Tokubetsu-Einheiten* auf Kyushu war über diese Vorgangsweise empört und legte bei General Sugiwara, dem Oberbefehlshaber der Tokubetsu-Verbände, Protest ein. Sugiwara leitete den Protest an das Kaiserliche Oberkommando weiter, das ihn zu den Akten legte.

Wenn diese unfreiwilligen Todespiloten bei Selbstmordaktionen auch die gleiche Todesverachtung bewiesen wie die echten Freiwilligen, so war ihr Betragen am Boden weniger einwandfrei. Manche zogen sich ganz in sich zurück, wurden schweigsam und ließen tiefgehende Verbitterung erkennen. Andere gaben sich wüsten Trinkgelagen hin, verursachten Skandale und Raufereien, gingen sogar so weit, daß sie in trunkenem Zustand zu Selbstmordunternehmen aufbrachen. Das waren freilich nicht mehr die von Onishi inspirierten Helden, sondern in Verzweiflung geratene Menschen, die es vermeiden wollten, über ihr trauriges Los nachzudenken.

Das Materialproblem

Die Japaner hatten enorme Verluste an Flugzeugen der Angriffseinheiten und nicht viel weniger an jenen der Geleitformationen erlitten. Die von Admiral Ugaki zur Erneuerung des Materials getroffenen Vorkehrungen konnten mit dem Tempo des Verbrauchs nicht mehr Schritt halten. Ende Mai wies die Bilanz bereits eine fühlbare Verringerung der für Sonderangriffe verfügbaren Flugzeuge auf. Infolge des Rückgangs der industriellen Erzeugung, der bereits erfolgten Entnahme von Flugzeugen aus den Beständen der klassischen Einheiten und der unabdingbaren Notwendigkeit, eine entsprechend große Zahl von Maschinen für den Fall einer Invasion des Mutterlandes zurückzuhalten, konnten Ugaki nicht so viele Flugzeuge zur Verfügung gestellt werden, wie er dringend benötigt hätte. Ugaki mußte den Umfang und die Häufigkeit der Todeskommandos einschränken.

Die japanische Flugzeugindustrie, die sich seit Herbst 1944 mit der Entwicklung von Flugzeugen befaßte, die auch für Selbstmordaktionen geeignet waren, begann zunächst mit der Herstellung von Varianten der bestehenden Modelle. Diese Maschinen besaßen ein gesteigertes Vernichtungsvermögen und mehr Eignung für Kamikaze-Angriffe, doch reichte ihre Zahl noch nicht aus, um wirksam in Erscheinung zu treten. Dies war zum Beispiel der Fall beim *Yokosuka D4Y* Modell 43 *Suisei Kai*, dessen Geschwindigkeit im Sturzflug jene des ursprünglichen Typs übertraf, und das eine doppelt so starke Sprengladung mitführte wie das klassische Modell. Andere Flugzeugwerke nahmen die Erzeugung von ausschließlich für Selbstmordangriffe bestimmten Maschinen auf, aber die Mehrzahl dieser Maschinen war erst im Sommer 1945 einsatzbereit, zu spät, um am Verlauf der militärischen Ereignisse noch etwas zu ändern. Wir kommen hierauf noch zurück. Im Rahmen der *Kikusui-Luftoperationen* hatten die Japaner alle einsatzfähigen Flugzeuge der unterschiedlichsten Typen verwendet. Die Aufgabe der Geleitformationen wurde dadurch schwieriger, und die ganze Formation leichter verwundbar. Die Teilnahme an den Angriffen von langsamen Maschinen, wie Schulflugzeugen oder Wasserflugzeugen, erforderte eine Herabsetzung der Fluggeschwindigkeit, wodurch die Abfangaussichten der Amerikaner stiegen. Aber man hatte sich mit diesem Handikap und den damit verbundenen Risiken abgefunden, um die Zahl der angreifenden Flugzeuge tunlichst groß zu halten.

Admiral Ugaki hielt auch weiterhin an seinem Standpunkt fest, daß nur ein massiver Angriff die Gewähr für einen Erfolg bot und daß nur eine genügend große Zahl von Angreifern die Abwehr durchbrechen und an die feindliche Flotte herankommen konnte. In dieser seiner Auffassung wurde Ugaki durch die Ereignisse der ersten zwei Monate des Kampfes um Okinawa bestärkt; viele Angriffe waren von schwächeren Gruppen ausgeführt worden; die meisten brachten Mißerfolge, weil die schwachen Einheiten aufgerieben wurden, bevor sie noch ihre Ziele überhaupt erreicht hatten.

Das Ende von Okinawa

In den ersten Junitagen hatte die amerikanische Offensive eine ziemlich gerade Linie längs des 138. Längengrads knapp südlich der Stadt Naha erreicht. Ein Blick auf die Landkarte hätte nicht annehmen lassen, daß die Eroberung des kleinen, noch in japanischen Händen befindlichen Teils der Insel, so schwerfallen würde, und dennoch . . .

Vor allem war da die Halbinsel Oroku (auch Kuroku genannt), die, wie man wußte, von Einheiten der unter dem Befehl von Admiral Ota stehenden Marine gehalten wurde. Die amerikanische Führung beabsichtigte keinen frontalen Angriff, doch hätte die Insel früher oder später eine gefährliche Bedrohung der Flanke ihrer nach Süden vorstoßenden Truppen gebildet. In der Nacht zum 4. Juni überschritten daher Teile des 4. Marineinfanterieregiments den Kokuba-Fluß, während das Gros der amerikanischen Kräfte weiter in südlicher Richtung, auf die Anhöhen von Yaesu Dake und Yusa vordrang.

Auf der Halbinsel Oroku entwickelten sich von den Japanern mit besonderer Erbitterung geführte Kämpfe, und die Amerikaner waren sehr erstaunt, als am 12. Juni über den japanischen Stellungen weiße Fahnen sichtbar wurden, was bei den Kämpfen im Pazifik bis dahin noch niemals vorgekommen war. Die Annahme, die Japaner seien bereit, sich zu ergeben, erwies sich jedoch als irrig. Japanische Unterhändler erschienen und baten ihre Gegner, das Feuer einzustellen, damit ihre Marinesoldaten sich ungestört das Leben nehmen könnten. Die Amerikaner vermuteten zunächst eine Falle, gaben jedoch schließlich ihre Einwilligung. Vorsichtig näherten sie sich dem Rand der steil abfallenden Klippen und sahen zu, wie die japanischen Soldaten auf den tiefer liegenden Hängen Selbstmord begingen. Die einen erschossen sich, andere sprengten sich mittels Handgranaten in die Luft und zwei Japaner sah man auf einer Sprengstoffkiste sitzend den Zünder betätigen.

Weiter im Süden, im bergigen Massiv von Yaesu Dake, hatten zahlreiche Japaner in Höhlen Obdach gefunden. Viele von ihnen waren verwundet oder krank, Tote, die man weder wegschaffen noch begraben konnte, verwesten an Ort und Stelle. Wenn die Japaner Ausfälle unternehmen wollten, wurden sie vom Feuer der Infanterie, Artillerie und von den Fliegern der Amerikaner unter schweren Verlusten am Boden festgenagelt. Die Kämpfe wurden auf beiden Seiten mit äußerster Härte geführt, und auch die Amerikaner mußten jeden Schritt vorwärts teuer bezahlen.

Der Befehlshaber der X. Armee, General Simon Bolivar Buckner, fand am 18. Juni, gelegentlich einer Inspizierung, den Tod.

In den Höhlen und Tunnels des letzten japanischen Bollwerks war die Lage kritisch geworden, an manchen Stellen hatte sie ein unvorstellbares Ausmaß des Grauens erreicht. In einer von Verwesung verpesteten Atmosphäre traten die Lebenden auf den Leichnamen ihrer Kameraden herum. Medikamente waren keine mehr vorhanden, und schon nahmen sich viele Soldaten das Leben, nur um den Amerikanern nicht in die Hände zu fallen. Eine Gruppe junger Mädchen der Insel, die sich als Hilfsschwestern hatten anwerben lassen, verübte Selbstmord, indem sie am 22. Juni von einem das Wasser überragenden Felsen ins Meer sprang. Kurz darauf vollzogen die Generale Ushijima und Cho das rituelle *Seppuku* in der reinsten Tradition der *Samurai.* Sie knieten auf einem weißen Tuch nieder, stießen sich ihre Säbel in den Bauch und gaben einen kurzen Laut von sich, worauf ihre Ordonnanzen ihnen die Köpfe abhieben. Okinawa war erobert.

Der unnachgiebige Ugaki

In den ersten Juniwochen, da die japanische XXXII. Armee in Agonie lag, blieb Admiral Ugaki nicht untätig. Wegen der Schwierigkeiten in der Erneuerung von Mannschaften und Material seiner Sonderverbände mußte er auf massive Angriffe verzichten; er ließ jedoch Selbstmordangriffe von schwächeren Sondereinheiten Tag und Nacht ausführen. Diese waren mehr eine Belästigung als eine Offensive großen Stiles, immerhin hatten die Amerikaner neuerlich Verluste zu verzeichnen.

Eine dieser Sondereinheiten erreichte am 3. Juni den amerikanischen Landekopf auf Okinawa. Ein Transporter wurde beschädigt, aber nicht versenkt. Am folgenden Tag wurde ein Frachter manövrierunfähig gemacht und mußte zum nächsten Reparaturhafen abgeschleppt werden.

Der 5. Juni wurde zu einem tragischen Tag für die amerikanische Marine. In den frühen Morgenstunden beschädigten Kamikaze und *Tokubetsu* das Panzerschiff *Mississippi* (BB-41), den schweren Kreuzer *Louisville* (CA-28), den Zerstörer *Anthony* (DD-

515) und ein Minensuchboot. Ein wenig später wurde die Flotte von einem Taifun von unvorstellbarer Heftigkeit überrascht. Der gewaltige Sturm hatte sich mit großer Geschwindigkeit genähert und verwüstete buchstäblich alles, was ihm in den Weg geriet. Die Panzerschiffe *Massachusetts* (BB-59), *Indiana* (BB-58) und *Alabama* (BB-60), die Flugzeugträger *Hornet* (CV-12), *Bennington* (CV-20), *Windham* (CVE-92) und *Salamaua* (CVE-96), die Kreuzer *Baltimore* (CA-68), *Duluth* (CL-87) und *Pittsburgh* (CA-72), 13 Zerstörer, darunter *Conklin* (DE-439) und *Mac Kee* (DE-358) und mehrere andere Schiffe erlitten Beschädigungen verschiedenen Grades. Einige konnten an Ort und Stelle instandgesetzt werden, aber die Mehrzahl mußte in die Arsenale nach den Vereinigten Staaten zurückkehren. Diese Katastrophe ereignete sich glücklicherweise erst, nachdem die japanische Flotte bereits ausgeschaltet war; es ergaben sich also keine schwerwiegenden Folgen für die Amerikaner. Aber die durch die Auswirkungen des Taifuns beeinträchtigte Unterstützung der Bodentruppen berührte auch deren Moral.

Ugaki erfuhr sehr bald von den Verheerungen, die diese Naturkatastrophe angerichtet hatte, und beschloß, ihnen noch weitere hinzuzufügen. Am nächsten Tag ordnete er für den 6. Juni ein Selbstmordunternehmen an, an dem sich mehr Flugzeuge beteiligten als sonst. Aber die amerikanische Abwehr war wie immer wirksam, und nur einem der japanischen Flugzeuge gelang es, einen erfolgreichen Schlag zu führen. Es zerschellte auf dem leichten Minenleger *J. William Ditter* (DM-31), machte ihn manövrierunfähig und nicht wiederinstandsetzbar. Am 7. Juni griff ein schwacher Verband Admiral Turners Hilfsflotte an. Trotz starker Abwehr prallte ein Kamikaze auf dem Geleitflugzeugträger *Natoma Bay* (CVE-62) auf, und das Schiff mußte den Kriegsschauplatz verlassen.

Von diesem Zeitpunkt an wurden Angriffe nur mehr sporadisch geführt. Die Gefahr war zwar noch nicht völlig beseitigt, aber die Amerikaner spürten merklich, daß der Gegner geschwächt war. In der Zeit vom 3. bis zum 7. Juni hatte Ugaki alles in allem bloß 20 Kamikaze und 30 *Tokubetsu* einsetzen können. Das japanische Oberkommando war damit befaßt, Flugzeugreserven aufzubauen, um der kommenden entscheidenden Landung der Amerikaner in Japan die Stirn zu bieten. Ugaki mußte sich dem fügen.

Nach zwei Tagen Untätigkeit tauchten am 10. Juni japanische Flugzeuge über der amerikanischen Vorpostenkette im Meer auf. Einer der Angreifer stürzte sich auf den Zerstörer *William D. Porter* (DD-579). Eine riesige Explosion schleuderte Schiffstrümmer auf hunderte Meter weit weg, und das Schiff versank in den Fluten. Der nächste Angriff erfolgte erst am 16. Juni; Kamikaze und *Jinrai-Ohka* fielen die gegnerischen Schiffe in den Gewässern um Okinawa an. Es entwickelte sich ein Luftkampf, in dessen Verlauf die amerikanischen Jäger *Vought F4U Corsair* sich besonders auszeichneten und einen großen Teil der Angreifer abschossen. Ein Kamikaze und ein *Ohka* durchbrachen die Abwehr; es muß wohl ein zufälliges Zusammentreffen gewesen sein, daß beide den Zerstörer *Twiggs* (DD-591) angriffen, der den Zusammenprall nur wenige Minuten lang überlebte.

Am 21. Juni, dem letzten Tag der Kämpfe um Okinawa, entzog sich ein *Ohka,* von Wolke zu Wolke gleitend, der Verfolgung und versenkte das kleine Landefahrzeug LSM-59.

Epilog

Die blutige Schlacht von Okinawa hatte ihr Ende gefunden. Mit Ausnahme des Kampfs um Guadalcanar war die Eroberung von Okinawa die längste, blutigste und teuerste Episode des Krieges im Pazifik. Noch nie war den Amerikanern ein so fanatischer, so entschlossener Gegner gegenübergestanden.

Die amerikanischen Landstreitkräfte zählten 4500 Gefallene und 18.000 Verwundete, das Marinekorps 2900 Gefallene und 13.600 Verwundete, die Marine 4900 Gefallene und 4800 Verwundete. Die Gesamtverluste betrugen somit 12.300 Gefallene und 36.400 Verwundete.

Im japanischen Lager hatte die selbstmörderische Art der Verteidigung weit mehr Opfer gefordert: Die japanische Garnison war völlig aufgerieben worden und einschließlich 40.000 Angehörigen der Zivilbevölkerung, die von beiden Seiten ins Feuer geraten waren, gab es auf Okinawa 130.000 tote Japaner.

Die Amerikaner hatten 3400, meistenteils Verwundete, gefangengenommen. Diese Zahl, so gering sie auch war, bezeichnete immerhin einen Wandel in der Haltung des Feindes. Die Japaner, die sich ergaben, taten es entweder einzeln oder in sehr kleinen Gruppen, oft mitten in der Schlacht, so daß es von ihren eigenen Leuten nicht bemerkt wurde; sie wußten, daß ihre Offiziere, ja sogar ihre Kameraden, sie augenblicklich erschossen hätten, wäre ihre Absicht, die Waffen zu strecken, bekannt geworden.

Auch in materieller Hinsicht waren die japanischen Verluste unverhältnismäßig größer als jene der Amerikaner. Die Luftwaffe von Heer und Marine verzeichnete den Verlust von rund 7600 Flugzeugen gegenüber 763 verlorengegangenen Maschinen der Amerikaner. Die meisten dieser Flugzeuge waren von Selbstmordpiloten gelenkt worden (nach japanischen Archiven 4615 Flieger, davon 2630 von der Marine und 1985 vom Heer); 40 amerikanische Schiffe waren von ihnen vernichtet, 368 weitere mehr oder weniger schwer beschädigt worden. Trotz der Grausamkeit der Bodenkämpfe hatte die amerikanische Marine die schwersten Verluste an Menschenleben erlitten. Dies und die Verringerung der Bestände an verfügbaren Schiffen hatte zur Folge, daß die ursprüngliche Planung der künftigen Operationen stark abgeändert werden mußte.

Nach Beendigung der Bodenkämpfe hielt die militärische Tätigkeit der Amerikaner noch einige Tage an; es ging darum, die letzten, mitunter schwer erreichbaren Widerstandsnester der Japaner zu säubern. Die Besatzungstruppen schritten sodann zu einer langwierigen Sanierung der Insel. Mit Leichnamen gefüllte Höhlen mußten desinfiziert oder zugemauert werden, um einer Epidemie vorzubeugen, denn Okinawa sollte zur strategischen Basis für die kommende Eroberung des japanischen Mutterlandes ausgestaltet werden. Die Flugplätze von Yontan, Kadena, Oroku und Ie Shima wurden weiter ausgebaut und modernisiert und die Insel in ein gigantisches Arsenal von Material, Waffen und Versorgungsgütern umgewandelt. Zur Durchführung und Unterstützung dieses Planes verblieben daher noch viele amerikanische Schiffe in den Gewässern von Okinawa. Diese maritime Präsenz war der Aufmerksamkeit Ugakis nicht entgangen. Angesichts der feindlichen Angriffe auf die südlichen Flugplätze von Kyushu waren die Sondereinheiten auf Luftbasen im Norden und auf die Insel Shikoku zurückgenommen worden. Dadurch wurde allerdings die Entfernung nach Okinawa größer und Zahl und Umfang der Angriffe mußten abermals herabgesetzt werden. Ugaki wollte jedoch dem Gegner immer noch Schläge zufügen, um ihm klarzumachen, daß ihn ein Angriff auf die Inseln des japanischen Mutterlandes teuer zu stehen kommen würde.

Auch im Laufe des Monates Juli wurde daher die amerikanische Flotte vor Okinawa durch Angriffe behelligt; desgleichen wurden die vielen, in den japanischen Gewässern kreuzenden amerikanischen Schiffsformationen von Kamikaze-Einheiten angefallen. Am 19. Juli wurde der Zerstörer *Thatcher* (DD-514) manövrierunfähig gemacht und außer Gefecht gesetzt. Am 28. Juli überflog eine Gruppe Kamikaze ein amerikanisches Geschwader und durchdrang, nicht ohne Verluste, die Abwehr; ein Todesflugzeug zerschellte auf dem Zerstörer *Callaghan* (DD-792), der, wie von einer Riesenfaust zerschlagen, kurz nach dem Aufprall unterging. Es war das letzte Schiff der Amerikaner, das im pazifischen Krieg versenkt worden ist. (Verlustliste der amerikanischen Flotte während der Kampagne um Okinawa siehe Seite 292 f.)

Japan in Agonie

Kein Land der Welt hätte so schwere Verluste, wie sie der amerikanischen Flotte vor Okinawa widerfahren waren, ertragen können, ohne die Fähigkeit zur Fortsetzung des Krieges einzubüßen. Die Kampfkraft der amerikanischen Flotte war freilich immer noch stark genug, aber die Zahl der vernichteten und für mehr oder weniger lange Dauer nicht einsatzfähigen Schiffe war doch so erheblich, daß das Oberkommando das Konzept der für die nächste Zeit geplanten Operationen den gegebenen Verhältnissen anpassen mußte. Zur Vollendung der Eskalation in Richtung auf das japanische Mutterland waren zwei große amphibische Operationen vorgesehen. Diese beiden Landungsunternehmen, *Olympic* (Landung auf Kyushu) und *Coronet* (Landung auf Honshu, der größten der vier japanischen Inseln) benannt, beanspruchten bedeutende Streitkräfte. Sie wurden um einige Monate hinausgeschoben, die erste auf November 1945, die zweite auf März 1946. Dank dem Einsatz einer neuen, revolutionären Waffe durch die Amerikaner und der dadurch beschleunigten Wende der politischen Lage in Japan ist es zu diesen Operationen nicht mehr gekommen.

Mit dem Fall von Okinawa befanden sich all die Bollwerke, die das Mutterland abgesichert und als unüberwindbar gegolten hatten, in den Händen der Amerikaner. In Japan wurden die Landstreitkräfte entlang der Küsten in Stellung gebracht, um mit dem einige Hundert Flugzeugen zählenden Rest der Luftwaffe den bevorstehenden Angriff abzuwehren. Die bewaffnete und von der patriotischen Propaganda geprägte Bevölkerung bereitete sich auf die letzte Auseinandersetzung und den Tod vor.

Die Regierung des Premierministers Kantaro Suzuki verdoppelte ihre Bemühungen um den Frieden und trachtete durch Fühlungnahme mit den Vereinigten Staaten den Krieg zu beenden. Sie stieß jedoch immer noch auf die blinde und fanatische Halsstarrigkeit des militaristischen Clans, der die Feindseligkeiten um jeden Preis fortsetzen wollte. Auch Kaiser Hiro Hito, der an den Beratungen aktiven Anteil nahm, konnte nur geringe Fortschritte erzielen, da die Herrschaft des Clans über die Armee zu mächtig war.

Die Bemühungen zur Herbeiführung von Friedensverhandlungen wurden auch durch die zweideutige Haltung der Sowjets, die als Vermittler gewählt worden waren, sehr beeinträchtigt. Die Russen, die die Absicht hatten, sich eines Teils des japanischen Territoriums zu bemächtigen, ihre Pläne aber vor Beendigung des Kriegs mit Hitler nicht verwirklichen konnten, mußten nach dem Fall des Dritten Reichs ihre Streitkräfte neu aufbauen und dann an das andere Ende ihres so ausgedehnten Reichs befördern. Diese umfangreichen Truppenbewegungen nahmen viel Zeit in Anspruch und verzögerten die russische Intervention im Fernen Osten. Auch wollte Stalin seinem Volk einen neuen, großen Krieg ersparen, weshalb er es vorzog, den Zeitpunkt abzuwarten, der Rußland für einen möglichst geringen Preis die größtmöglichen Vorteile bringen würde. Er sorgte daher dafür, daß sich die diplomatischen Schritte Japans in die Länge zogen.

Die pazifistischen Bemühungen des Kaisers und der Anhänger Kantaro Suzukis stockten folglich Wochen, während derer sich die militärische Lage zusehends verschlechterte. General Korechika Anami, Kriegsminister und Führer des fanatischen Clans, war nach wie vor davon überzeugt, durch den Einsatz aller verfügbaren Kräfte den Endsieg erreichen zu können. Sein Widerstand gegen jede Form der Kapitulation fußte auf diesem Argument und auf der Tatsache, daß Japan im Lauf seiner langen Geschichte noch niemals besiegt worden war. Für den Clan war dies eine grundsätzliche Frage und Sache des nationalen Stolzes. In den Augen Anamis und seiner Anhänger war jeder Japaner, und wäre es der Kaiser selbst, der an die Möglichkeit einer Kapitulation dachte, ein gemeiner Verräter.

Die japanische Armee hatte einen solchen Einfluß auf alle Schichten der Bevölkerung, daß die Friedensbemühungen auch weiterhin erfolglos blieben. Auch als am 6. August 1945 die erste Atombombe die Stadt Hiroshima vernichtete, unzählige Opfer und noch nie dagewesene Zerstörungen verursachte, blieben die Mitglieder des Clans allen Argumenten der Pazifisten gegenüber blind und unzugänglich.

Erst als drei Tage danach eine zweite Atombombe die Stadt Nagasaki dem Erdboden gleichgemacht hatte, war es möglich geworden, den Einfluß der Militaristen allmählich zu überwinden und Schritte zu Friedensverhandlungen einzuleiten. Obwohl der Clan auch jetzt noch zu kämpfen entschlossen war, und sein Widerstand die Gestalt eines gegen den Kaiser gerichteten Aufstands anzunehmen drohte: der Prozeß war nun einmal im Gange. Er führte schließlich zur bedingungslosen Kapitulation Japans gemäß den Bedingungen des alliierten Ultimatums von Potsdam. Tiefgreifende politische Vorgänge und zahlreiche Selbstmorde, unter ihnen jener des Generals Korechika Anami, kennzeichneten die letzten Tage des Reichs der aufgehenden Sonne.

Verluste der amerikanischen Marine im Kampf um Okinawa

Schiffstyp/Typenbezeichnung	*Name*	*Datum*	*Bemerkung*
Schnelltransporter/APD 21	*Dickerson*	2. 4. 45	versenkt
Zerstörer/DD 529	*Bush*	6. 4. 45	
Zerstörer/DD 801	*Colhoun*	6. 4. 45	
Zerstörer/DD 481	*Leutze*	6. 4. 45	irreparabel
Zerstörer/DD 417	*Morris*	6. 4. 45	irreparabel
Zerstörer/DD 586	*Newcombe*	6. 4. 45	irreparabel
Minensuchboot/DMS 22	*Emmons*	6. 4. 45	
Landungsschiff/LST 447		6. 4. 45	
Angriffstransporter/APA 196	*Logan Victory*	6. 4. 45	
Zerstörer/DD 733	*Mannert L. Abele*	12. 4. 45	durch Baka-Bombe
Zerstörer/DD 477	*Pringle*	16. 4. 45	
Minensuchboot/DMS 28	*Harding*	16. 4. 45	irreparabel
Minensuchboot/AM 65	*Swallow*	22. 4. 45	irreparabel
Zerstörer/DD 476	*Hutchins*	27. 4. 45	irreparabel
Zerstörer/DD 555	*Haggard*	29. 4. 45	irreparabel
Zerstörer/DD 803	*Little*	3. 5. 45	
Zerstörer/DD 522	*Luce*	3. 5. 45	
Landungsschiff/LSMR 195		3. 5. 45	
Minenschiff/DM 34	*Aaron Ward*	3. 5. 45	irreparabel
Zerstörer/DD 560	*Morrison*	4. 5. 45	
Landungsschiff/LSMR 190		4. 5. 45	
Landungsschiff/LSMR 194		4. 5. 45	
Geleitzerstörer/DE 344	*Oberrender*	9. 5. 45	irreparabel
Geleitzerstörer/DE 635	*England*	9. 5. 45	irreparabel
Zerstörer/DD 522	*Evans*	11. 5. 45	irreparabel
Zerstörer/DD 774	*Hugh W. Hadley*	11. 5. 45	irreparabel

Schiffstyp/Typenbezeichnung	*Name*	*Datum*	*Bemerkung*
U-Bootjäger/PC 1603		21. 5. 45	
Schnelltransporter/APD 47	*Bates*	25. 5. 45	
Schnelltransporter/APD 29	*Barry*	25. 5. 45	irreparabel
Landungsschiff/SM 135		25. 5. 45	
Minensuchboot/DMS 29	*Butler*	25. 5. 45	irreparabel
Minensuchboot/DMS 24	*Forrest*	27. 5. 45	irreparabel
Zerstörer/DD 741	*Drexler*	28. 5. 45	
Zerstörer/DD 639	*Shubrick*	29. 5. 45	irreparabel
Minensuchboot/DM 31	*J. William Ditter*	6. 6. 45	irreparabel
Zerstörer/DD 579	*William D. Porter*	10. 6. 45	
Zerstörer/DD 591	*Twiggs*	16. 6. 45	durch Baka-
Landungsschiff/LSM 59		21. 6. 45	Bombe
Zerstörer/DD 514	*Thatcher*	19. 7. 45	irreparabel
Zerstörer/DD 792	*Callaghan*	28. 7. 45	

Zu diesen 40 versenkten oder nicht mehr reparierbaren Schiffen kommen noch 368 Schiffe mit leichteren Beschädigungen.

IX

EWIGES JAPAN

Bereits 1941 hatte die japanische Industrie nahezu ihre volle Kapazität erreicht. Während des ganzen Kriegs war sie, von wenigen Ausnahmen abgesehen, nicht in der Lage, ihre Produktion auszuweiten; alles, was sie tun konnte, war, ihre Kapazität aufrechtzuerhalten. 1944 war die Flugzeugproduktion leicht angestiegen, sank aber von da an rapid. Die Schwierigkeiten, mit denen die Flugzeugindustrie zu kämpfen hatte, waren die Folge von feindlichen U-Boot-Angriffen auf die japanische Schiffahrt. Dazu kamen später die Angriffe der amerikanischen strategischen Bomberkommandos. Schließlich zwang der Treibstoffmangel die japanische Führung zur Kontingentierung von Benzin. Dies führte zur Verminderung der Flugstunden der in Ausbildung begriffenen Piloten und behinderte die Entwicklung neuer Modelle. Die Versuche mit neuen Prototypen mußten aus diesem einfachen Grund eingestellt werden.

In dieser katastrophalen Situation entschloß man sich zu den ersten Kamikaze-Unternehmen. In der Schlacht um die Philippinen wurden zu diesen Todeskommandos normale Flugzeuge eingesetzt, aber bald begannen Kommandeure und Piloten Maschinen anzufordern, die eigens für Angriffe dieser Art konstruiert waren. Die japanische Flugzeugindustrie stellte sich also darauf ein, Maschinen des gewünschten Typs zu bauen.

Zunächst brachte man an bereits vorhandenen Modellen bestimmte Veränderungen an. Dies war zum Beispiel bei den Typen *Mitsubishi A6M 7 (Zero)*[1] und *Aichi-Yokosuka DAY 4* der Fall.

Der Umbau erfolgte in der Weise, daß die Maschinen eine schwerere Bombenlast mitführen konnten, da der übliche Auslösemechanismus fehlte, denn die Maschinen waren ja ohnehin dazu bestimmt, samt ihrer Bombenlast am Ziel zu zerschellen. Aber diese nur leicht veränderten Maschinen genügten den Ansprüchen nicht ganz, sie wurden als halbe Lösung angesehen. Die Luftwaffe verlangte also weiterhin wirksamere Modelle, und so begann man sich mit der Planung solcher Maschinen zu beschäftigen, die ausschließlich für Todeskommandos bestimmt waren.

Die Entwicklung der von Hand gesteuerten *Ohka-Jinrai-Bombe*[2] war schon im Sommer 1944 vollendet. Obwohl sie die einzige Waffe dieser Art war, die während der Kriegshandlungen tatsächlich eingesetzt wurde, legten doch zahlreiche Rüstungsfirmen absolut neuartige Entwürfe vor, und einige dieser Prototypen wurden auch Flugtests unterworfen. Die meisten dieser Modelle waren neuartig und ungewöhnlich und geben Zeugnis vom Zustand der japanischen Flugzeugindustrie und von der Richtung, die ihr Denken genommen hatte.

Die Tsurugi-Maschine

Die Nakajima-Werke, nach dem Mitsubishi-Syndikat die größten Flugzeugwerke in Japan, gaben die Konstruktion einer neuen Maschine in Auftrag. Sehr bald traten sie mit dem Plan einer Kamikaze-Maschine hervor, die bald unter dem Namen *Nakajima Ki. 115 Tsurugi*[3] bekannt wurde. Die Tatsache, daß die Maschine bei ihrem einzigen Einsatz ohnehin der Vernichtung anheimfallen sollte, die Metallknappheit und die Erfordernis einer möglichst rasch zu bewerkstelligenden und einfachen Bauweise veranlaßten die Ingenieure der Nakajima-Werke dazu, für das Gerüst und die Verkleidung der Maschine Holz zu nehmen. Die Maschine war so konstruiert, daß die Einzelteile von vielen verschiedenen Hilfsfirmen gebaut werden konnten. Diese Teile konnten dann auf dem Fließband rasch montiert werden.

Die *Tsurugi-Maschine* war ein Einsitzer mit niedrig angebrachten Tragflächen. Den Antrieb besorgte ein Motor, der bereits in großer Anzahl lieferbar war: der 1130-PS-Makajima Ha. 115 Sakae („Glücksstern")-Motor. Der Pilotensitz, dessen Mittelteil durch einen Glasschirm geschützt war, war hinter dem Brennstofftank angebracht, auf gleicher Höhe mit dem Hinterrand der Tragflächen. Dadurch wurde das Blickfeld des Piloten größer. Eine 500-Kilo-Bombe war an der Unterseite der Maschine zur Hälfte in deren Rumpf eingebaut und verriegelt. Das Fahrwerk war ausschließlich zum Start bestimmt. Sobald das Flugzeug vom Boden abgehoben hatte, drückte der Pilot auf einen Knopf: das Fahrwerk löste sich von der Maschine, fiel auf die Erde und wurde zwecks späterer Wiederverwendung geborgen. Da die Maschine auf diese Weise von unnötigem Ballast befreit war, konnte der Pilot ihre Geschwindigkeit steigern.

Die theoretischen Vorarbeiten für das *Tsurugi-Modell* waren im Februar 1945 beendet. Gleich darauf begann der Bau einiger Versuchsmodelle, die Ende April vom Fließband kamen, und Ende Juni wurde das Modell für einsatzfähig erklärt. Zu diesem Zeitpunkt waren auch schon eine Anzahl Piloten am *Tsurugi-Modell* ausgebildet. Aber obwohl die *Tsurugi-Maschine* ohne große Schwierigkeiten herzustellen war, bewährte sie sich nicht übermäßig gut. Die Geschwindigkeit blieb hinter den Erwartungen zurück, die Maschine war empfindlich und schwer zu fliegen, und das, obwohl sie gerade für unerfahrene Piloten gedacht gewesen war. Eine Anhäufung tödlicher Unfälle verzögerte den Einsatz.

Es wurden zusätzliche Tragflächen montiert, was aber die Stabilität der Maschine dennoch nicht merklich verbesserte. Die *Tsurugi-Maschine* blieb weiterhin eine Todeskiste und war schuld am vorzeitigen Freitod – wenn sich das so sagen läßt – zahlreicher Kamikaze-Flieger. Nichtsdestoweniger bauten die Nakajima-Werke das *Tsurugi-Modell* weiter. Es gab zwei Typen davon: *Ki. 115 A* und *Ki. 115 B*, die sich aber nur unwesentlich voneinander unterschieden.

Die *Tsurugi-Maschine* hätte von den Todespiloten der *Tokubetsu-Einheiten* des Heeres geflogen werden sollen. Von März bis August wurden 105 Maschinen gebaut, es gibt aber kein Zeugnis dafür, daß sie jemals eingesetzt worden sind.

Inzwischen hatte die Marine ihr Interesse an der Maschine bekundet und ein Modell getestet, das mit einem stärkeren Motor ausgerüstet war. Aber die Ergebnisse waren um nichts ermutigender als diejenigen des Heeres.

Die *Tsurugi-Maschine* hatte eine Spannweite von 8,60 Meter, eine Länge von 8,55 Meter, ein Leergewicht von 1690 kg, beladen 2630 kg. Die Höchstgeschwindigkeit betrug 550 km/h, der Aktionsradius 1200 km.

Die Nakajima-Werke gingen an die Entwicklung eines neuen Modells der *Ki. 230*, waren aber zur Zeit der Kapitulation Japans über die Vorstudien nicht hinausgekommen.

Die Nakajima-Kikka-Maschine

Diese Maschine war das direkte Ergebnis der Zusammenarbeit zwischen den Mitgliedern der Achse Tokio–Berlin. Im Sinne des Pakts machten die Deutschen ihre fernöstlichen Alliierten mit ihren technischen Geheimnissen bekannt. Als die Japaner begannen, sich für Düsenantrieb zu interessieren, ersuchten sie die Deutschen, ihnen die Pläne und wesentlichen Teile ihrer besten Düsenmaschinentypen, die zu jener Zeit revolutionär waren, zur Verfügung zu stellen. Die Deutschen ließen das Gewünschte in U-Booten nach Japan bringen, und die japanischen Ingenieure machten sich an die Arbeit.

Den Japanern erschien der Messerschmitt-„Sturmvogel" *Me 262* am vielversprechendsten. Sie entschlossen sich aber dazu, das Modell aus Gründen ihrer Produktionsprobleme und ihrer besonderen Ansprüche zu verändern: sie dachten dabei vorwiegend an den Kamikaze-Einsatz. Ende 1944 entwarfen die Nakajima-Werke eine Düsenmaschine mit zwei Antriebsaggregaten, die äußerlich dem Sturmvogel ähnlich waren. Man gab ihr den Namen *Kikka* („Chrysantheme"), sie wurde aber auch als *Kitsuka* („Orangenblüte") bekannt. Sie war sowohl für konventionellen Einsatz als auch für Kamikaze-Angriffe gebaut.

Inzwischen waren die amerikanischen Bombenangriffe so häufig geworden, daß man immer mehr davon abging, normale Flugplätze zu benützen. Die Startbahnen wurden vielfach in Höhlen verlegt; man vergrößerte die Höhlen und verwandelte sie in bombensichere Hangars. Natürlich gab es dort trotzdem wenig Platz, und es wurde zu einem schwierigen Problem, die Maschinen bereitzustellen. Die Marineflugzeuge mit zusammenklappbaren Tragflächen waren leichter unterzubringen als andere Typen. Aus diesem Grund und nicht zu dem Zweck, mit Hilfe von Flugzeugträgern eingesetzt zu werden, wurde auch das *Kikka-Modell* mit zusammenklappbaren Flügeln entworfen.

Die Arbeit machte rasche Fortschritte. Am 28. Januar 1945 wurde eine *Kikka-Atrappe* in natürlicher Größe Angehörigen der Marine-Stäbe vorgeführt, und diese beschlossen, das Modell in Produktion gehen zu lassen. Allerdings war das Problem des Antriebs noch nicht gelöst. Die Deutschen hatten den Japanern einige ihrer neuen *BMW-003-Düsenaggregate* geschickt. Die japanischen Ingenieure zerlegten sie, um sich mit ihrer Arbeitsweise vertraut zu machen, und fertigten dann eine Kopie an, das *Me 12 (Tr 12)-Aggregat.* Aber dessen Rückstoßkraft von 690 Pfund reichte nicht aus. Eine verbesserte Version, das *Me-20-Aggregat,* das 1054 lb (475 kg) Rückstoßkraft entwickelte, war dem deutschen Originalmodell noch immer unterlegen, wurde aber schließlich akzeptiert und in einen Prototyp eingebaut. Dieser wurde in den Nakajima-Werkstätten von Koitsumi montiert und am 30. Juni 1945 zum erstenmal am Boden erprobt.

Die Maschine wurde wieder zerlegt und zum Marinestützpunkt Kisaragu an der Küste der Tokio-Bucht transportiert. Wieder wurde die Maschine montiert und überprüft, und Anfang August war sie startbereit. Am 7. August kletterte ein Testpilot der Nakajima-Werke, in Anwesenheit einer Gruppe von Ingenieuren und Technikern, in die Pilotenkanzel und startete das erste japanische Düsenflugzeug. Die Maschine behielt lange Zeit Bodenhaftung, ehe sie genügend Geschwindigkeit entwickelte, hob aber doch ab. Der Flug dauerte etwas weniger als zwanzig Minuten, in einer Höhe von 600 Metern. Auf Grund des Berichts des Piloten wurden einige Verbesserungen an dem Modell, darunter Hilfsdüsen, angebracht.

Der 2. Testflug fand am 11. August statt, diesmal vor Angehörigen der Marineführung. Die *Kikka-Maschine* rollte an, die Düsen wurden gezündet. Die Maschine zog eine mächtige weiße Rauchfahne hinter sich her, hob aber nicht ab. Als die Antriebsraketen ausgebrannt waren, rollte die Maschine weiter und zerschellte schließlich weit jenseits der Startbahn. Die nachfolgende Untersuchung zeigte, daß der Antriebsstrahl offenbar in falscher

Richtung geleitet worden war. Vier Tage später war der zweite Prototyp startbereit, aber an diesem Tag erfolgte bereits die Kapitulation Japans.

Die wichtigsten Eigenschaften des *Kikka-Modells* waren: Spannweite 10 m, Länge: 9,25 m, Höhe: 3,05 m, Leergewicht: 2300 kg, Gesamtgewicht: 4080 kg; die Höchstgeschwindigkeit war mit 676 km/h angegeben, die Durchschnittsgeschwindigkeit mit 556 km/h, die Landegeschwindigkeit mit 159 km/h. Die Maschine konnte in 12 Minuten 6 Sekunden auf 6000 m Höhe steigen, die höchste zulässige Höhe betrug 10.700 m, der Aktionsradius 890 km. Die Bombenlast, die unter der Maschine angebracht wurde, war 500 bis 800 kg schwer.

Die Baika-Maschine

In den letzten Kriegsmonaten waren fast alle Planungsbüros der japanischen Flugzeugindustrie mit der Entwicklung von Todesmaschinen beschäftigt. Diese Flugzeuge sollten billig, zuverlässig und leicht herstellbar sein. Eine ganze Menge von Modellen wurde vorgeschlagen, aber keins wurde als ideal befunden, was zum Teil auf die großen Schwierigkeiten, unter denen die japanische Flugzeugindustrie bei ihrer Produktion zu jener Zeit litt, zurückzuführen war.

Wieder kam eine Anregung von deutscher Seite. Im Kaiserlichen Luftfahrtinstitut in Tokio wurde die deutsche „Vergeltungswaffe", die *V 1*, sorgsam studiert, insbesondere das nur theoretisch entwickelte lenkbare Modell *V 4*. Es war mit einem neuartigen Antrieb, dem Düsenaggregat mit Unterbrecher, ausgerüstet. Die japanischen Ingenieure beeilten sich, es nachzubauen. Es war mit Luftklappen versehen, die sich mehrmals in der Sekunde öffneten und schlossen und dadurch den von der Verbrennungsmaschine erzeugten Rückstoß unterbrachen[4].

Im Juli 1945, als die Professoren Ichiro und Taichiro Ogawa vom Luftfahrtinstitut ihre Vorarbeiten beendet hatten, ging man in den Kawanashi-Werken daran, unter Berücksichtigung der bestehenden Probleme Prototypen dieser Maschine zu bauen. Man entschloß sich zu einer Massenproduktion, die in der Weise vor-

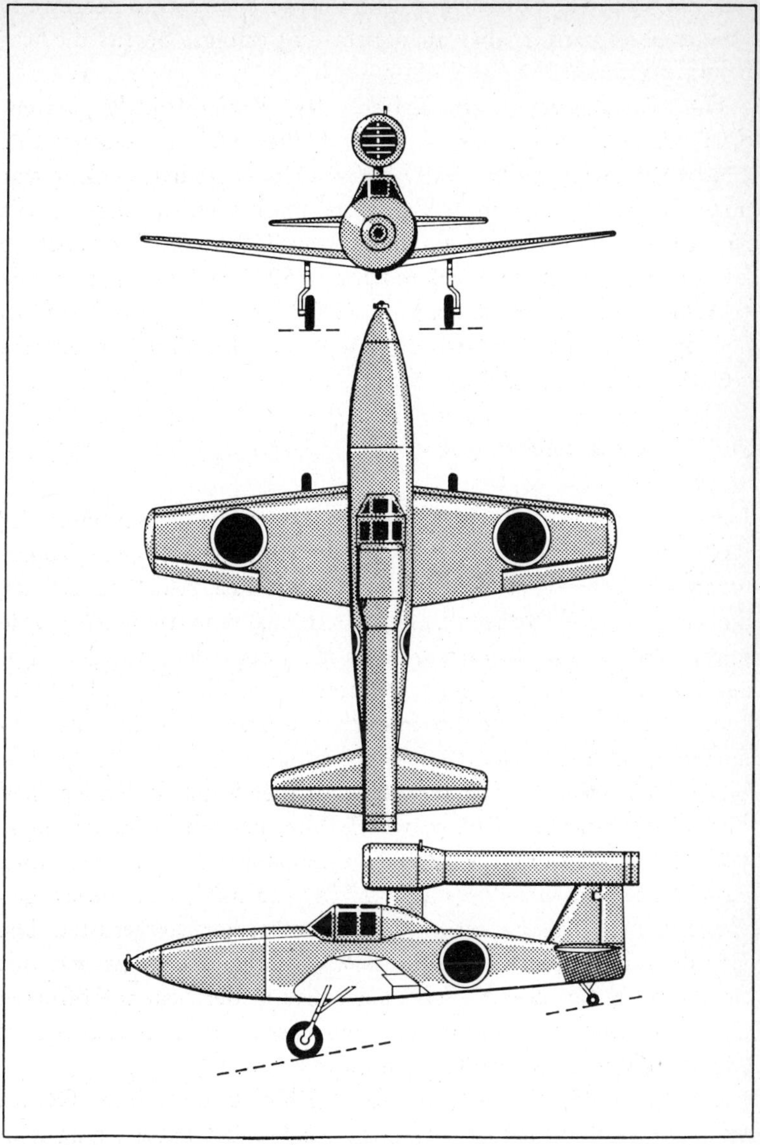

6 Kawanishi Baika mit Düsenantrieb

genommen werden sollte, daß viele Werkstätten mit relativ ungelernten Arbeitern die Einzelteile herstellten.

Die endgültige Konstruktion wurde *Baikwa* oder *Baika* genannt („Pflaumenblüte"). Es war ein kleiner Einsitzer mit niedrig angebrachten Tragflächen und ähnelte stark der deutschen *V 4*. Das Unterbrecher-Aggregat war über dem Tank und hinter der Pilotenkanzel angebracht. Die Bombenlast variierte zwischen 100 und 250 kg und war vor dem Piloten verstaut. Das dem deutschen Modell nachgebaute Aggregat erhielt die Bezeichnung *Maru-Ka 10*. Aber die Produktion der *Baikas* hatte noch nicht begonnen, als die Feindseligkeiten eingestellt wurden.

Der seltsame Shinryu-Gleiter

Anfang 1945 entwarfen Ingenieure der Marineluftwaffe in Yokosuka ein Todes-Gleitflugzeug, das dazu bestimmt war, während der feindlichen Invasion des japanischen Mutterlands zu Angriffen auf Panzer eingesetzt zu werden. Man hielt ein Gleitflugzeug für diesen Zweck für um so geeigneter, als es sich ja nur über eine kurze Strecke in der Luft halten mußte.

Die Maschine hieß *Shinryu* („Göttlicher Drache") und hatte einen vierkantigen Rumpf, die hoch angebrachten Tragflächen waren rechteckig beschnitten. Auf Grund dieser einfachen Bauweise konnte das Flugzeug von einer großen Zahl kleiner Werkstätten gebaut werden. So schien die Massenproduktion auch ohne spezielle Maschinen gesichert. Die Mizuno-Werke sollten die Produktionsplanung übernehmen.

Die *Shinryu-Maschine* sollte von einer Raketenbatterie abgeschossen werden und auf diese Weise die nötige Flughöhe erreichen. Der Pilot, der vor den Tragflächen saß, sollte im Gleitflug einen feindlichen Panzer ansteuern und die Maschine durch den Zusammenprall zur Explosion bringen. Es bestand auch der Plan, die Reichweite des *Shinryu-Gleiters* zu vergrößern, indem man ihn von einem zweimotorigen Flugzeug des Typs *Yokosuka PIY 1 Ginga* in Zielnähe schleppen ließ. Diese Prozedur wurde allerdings nie ausprobiert. In seinem Rumpf, an seinem Schwerpunkt, trug der Gleiter eine 100-kg-Bombe. Sie lag hinter dem Pilotensitz.

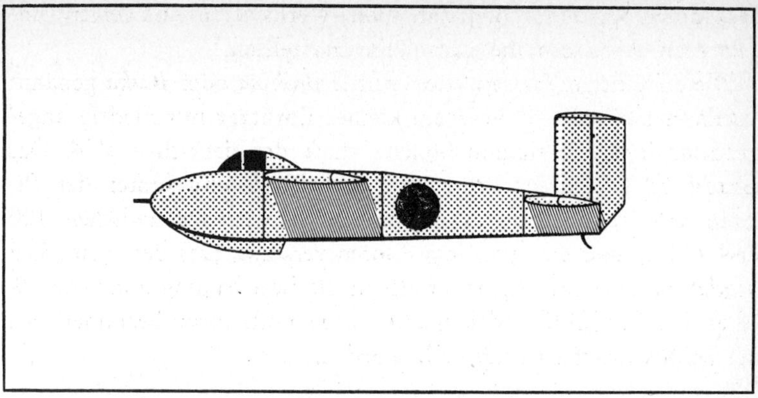

7 Yokosuka-Mizuno Shinryu

Der erste und einzige Prototyp war im Juli 1945 fertig. Sein einziger Testflug fand einige Tage vor der Kapitulation Japans auf dem Luftwaffenstützpunkt Kasumigaura statt. Der *Shinryu-Gleiter* hob ab und flog mehrere Minuten. Bei der Landung wurde er beschädigt.

Offene Fragen

Die erfolglose Suche nach der idealen Kamikaze-Maschine macht einige der Probleme deutlich, denen sich die Japaner gegenübersahen. Zunächst zeigt sie die Schwäche im Stand ihrer Technik und den Mangel an schöpferischer Erfindungskraft. Ihre aussichtsreichsten Versuche stützten sich auf deutsche Vorbilder. Alle anderen verliefen besonders enttäuschend. Die ständige Bemühung um Vereinfachung der Bauweise und die Möglichkeit dezentralisierter Produktion illustriert die Situation der japanischen Flugzeugindustrie während der letzten Kriegsmonate.

Die Japaner beschäftigten sich offenbar kaum mit dem Gedanken an unbemannte Maschinen oder Geschosse, dies zu einer Zeit, in der andere Staaten auf diesem Gebiet bereits große Fortschritte gemacht hatten. Warum setzten die Japaner weiterhin lieber Todespiloten ein als ein automatisches Steuerungssystem? Waren sie einfach nicht imstande, ein wirksames Kontrollsystem aufzubauen, oder bestand die militärische Führung auf der Weiterverwendung von Todesfreiwilligen, obwohl es andere Möglichkeiten gegeben hätte?

Erstere Erklärung erscheint als wahrscheinlicher, denn die Japaner hatten keinerlei Hemmungen, technische Einrichtungen einzusetzen, wenn sie die Möglichkeit dazu hatten. Es könnte aber auch sein, daß die militärische Führung auch für den Fall, daß die Errichtung eines wirksamen Kontrollsystems möglich war, auf der Weiterverwendung der Todespiloten bestand, um den Feind mit dieser Demonstration moralischer Überlegenheit in die Knie zu zwingen. Wir wissen es nicht. Die Antwort ist vielleicht in der japanischen Seele beschlossen und in dem zähen Weiterwirken uralter Mythen.

Fast alle Kamikaze-Angriffe wurden mit konventionellen Maschinen, die nur teilweise umgebaut waren, unternommen. Während der Kampfhandlungen kamen weniger als hundert bemannter *Ohka-Bomben* zum Einsatz, und nur die Hälfte davon traf ihr Ziel. Wären die Japaner in der Lage gewesen, eine große Flotte Todesmaschinen von hinreichender Geschwindigkeit und Stabilität zu bauen, hätte dies der Situation vielleicht eine Wende gegeben. Eine solche Todesflotte hätte die amerikanische Luftverteidigung zweifellos erschwert, und demzufolge hätten auch weit mehr Kamikaze-Maschinen ihre Ziele getroffen.

Die untergehende Sonne

Der Abwurf der zweiten Atombombe auf Nagasaki stärkte die Friedenspartei innerhalb der japanischen Regierung wesentlich. Viele, die bisher noch schwankend gewesen waren, unterstützten sie nun. Die fanatischen Militaristen verloren jedoch nichts von ihrer Entschlossenheit, und bislang war ihre Macht ungebrochen.

Kaiser Hirohito dagegen hielt eine Fortsetzung des Krieges für sinnlos, zumal die Leiden, die sein Volk zu erdulden hatte, ihm nicht unbekannt waren. So unternahm er Schritte, um an Stelle der Sowjetunion einen anderen Vermittler zu finden. Zu diesem Zeitpunkt wurden die japanischen Streitkräfte im Süden von den

Amerikanern, im Nordwesten – in der Mandschurei und in Korea – von den Sowjets Schritt für Schritt zurückgedrängt. Die Industrie war durch die Bombenangriffe und die Blockade lahmgelegt, das ganze Volk war unterernährt, und die Verluste an Zivilisten stiegen sprunghaft an.

Die Anfragen nach Friedensverhandlungen wurden von Schweden und der Schweiz den Alliierten übermittelt. Unmittelbar darauf brach in Tokio zwischen den beiden einander feindlich gesinnten Faktionen innerhalb der Regierung eine heftige Auseinandersetzung aus.

Die meisten in der Heimat stationierten Offiziere spürten, daß sich bedeutsame Veränderungen anbahnten. Es gehörte nicht mehr viel Verstand dazu, um zu erkennen, daß der Krieg verloren und das Ende nahe war. Die einen hofften, daß Japan noch nicht seinen letzten Trumpf ausgespielt hatte, die anderen warteten auf die offizielle Bestätigung des Wunsches nach Frieden. Die Generale und Admirale wurden über den Verlauf der Verhandlungen informiert. Die militärische Führung hatte sich ebenso gespalten wie die Regierung. Die eine Gruppe erkannte, daß Verhandlungen den einzigen Ausweg boten, die andere weigerte sich strikt, der Wahrheit ins Gesicht zu sehen.

Die Gegnerschaft zwischen diesen beiden Gruppierungen erreichte zuweilen den Punkt, in dem sie in offene Gewalt überging. Es kam zu Gefechten zwischen ganzen Militäreinheiten. In der Nacht des 14. August kam es sogar innerhalb des Kaiserpalastes zu einem mörderischen Kampf. Der Kaiser mußte um sein Leben fürchten. Japan glich dem mythischen Drachen, der sich im Todeskampf in den eigenen Schwanz beißt.

Eine Anzahl hoher Würdenträger, Militärs wie Zivilisten, erkannten, daß die Fortsetzung des Krieges illusorisch geworden war, und begingen Selbstmord, teils in ihren vier Wänden, teils in der Öffentlichkeit. Da ihnen klar war, daß der Krieg nur mit Sieg oder Tod enden konnte, handelten sie nach dem ererbten *Bushido-Kodex.*

Am 15. August mittags verlas der Kaiser selbst im Rundfunk die Proklamation der Kapitulation. Er verkündete dem japanischen Volk, daß er und seine Regierung sich entschlossen hätten, den hoffnungslosen Krieg zu beenden, um der Bevölkerung noch größere Leiden zu ersparen. Millionen Japaner hörten diese Botschaft, und die meisten weinten. In ihre tiefe Bewegung mischte sich auch das Gefühl der Demütigung: hatte man doch ihren Kaiser dazu gebracht, die ihnen als schmachvoll erscheinende Proklamation selbst zu verlesen.

Es folgte eine wahre Flut von Selbstmorden. Tausende Japaner, Männer und Frauen, jung und alt, nahmen sich das Leben, um die Schande der ersten japanischen Niederlage seit Jahrhunderten nicht zu überleben. Streng nach dem Ritus brachten sich Zivilisten, Offiziere und einfache Soldaten um: zu Hause, in ihren Garnisonen, auf der Straße oder – zum Zeichen ehrfürchtiger Unterwerfung – im Angesicht des Kaiserpalastes.

Admiral Ugakis Opfertod

In den letzten Stunden der Nacht des 14. August befahl Admiral Matome Ugaki einem seiner Offiziere, die Maschinen zu einem Angriff auf Okinawa auftanken zu lassen. Sein Ton und seine Haltung ließen keine Zweifel über seine Absicht. Obwohl er es nicht ausgesprochen hatte, war doch klar, daß er vorhatte, an dem Angriff selbst teilzunehmen. Als Kapitän Takashi Miyazaki, der I A der 5. Luftflotte, davon erfuhr, ging er zum Admiral.

Ugakis Quartier war ein kleines Abteil in der Höhle, in der sein Befehlsstand untergebracht war. Miyazaki verbeugte sich, als er eintrat, und sagte mit gepreßter Stimme:

„Der Offizier vom Dienst teilt mir mit, daß Sie Vorbereitungen für einen Trägerangriff angeordnet haben. Darf ich nach Ihren Plänen fragen, Herr Admiral?“

Ugaki hatte ihn mit unbewegter Miene angehört, aber nun, als er antwortete, nahm sein Gesicht einen gelösten Ausdruck an:

„Ich nehme an dem Angriff teil. Geben Sie diesen Befehl weiter.“

Miyazaki wußte zwar, daß seine Frage ungebührlich gewesen war. Dennoch konnte er sich nit zurückhalten, weiterzugehen:

„Ich verstehe Ihre Gefühle vollkommen, Herr Admiral“, sagte er, „aber ich bitte Sie, zu bedenken, daß eine solche Aktion nicht durchführbar ist.“

„Sie haben meinen Befehl“, sagte Ugaki fest. „Führen Sie ihn bitte aus.“

Miyazaki konnte sich hiezu jedoch nicht überwinden. Er ging zu Konteradmiral Toshiyuki Yokoi, dem Chef des Stabes. Yokoi war krank und lag im Bett, aber als er die Neuigkeit erfahren hatte, stand er auf, ging zu Ugaki und versuchte ihn umzustimmen. Aber Ugaki antwortete ihm nur ruhig:

„Ich bitte Sie, mir das Recht einzuräumen, mir meinen Tod selbst auszusuchen.“

Auch Konteradmiral Takatsugu Jojima machte noch einen Versuch, den Admiral von seinem Vorhaben abzubringen. Aber auch er hatte keinen Erfolg.

„Es ist meine einzige Möglichkeit, als Soldat zu sterben“, sagte Ugaki. „Diese Möglichkeit muß man mir belassen. Mein Nachfolger ist bereits bestimmt. Er weiß, was er zu tun hat.“

In Ausführung von Ugakis Befehlen hatte Leutnant Tatsuo Nakatsuru drei Sturzkampfbomber für den Angriff ausrüsten lassen. Das hatte einige Stunden in Anspruch genommen, und zu Mittag wurde die Proklamation der Kapitulation durch Lautsprecher auf dem ganzen Stützpunkt übertragen. Aber auch das änderte nichts an Ugakis Entschluß. Mitten am Nachmittag kam er auf den Flugplatz. Er hatte sämtliche Rangabzeichen von seiner Uniform entfernt. Er war überrascht, als er nicht, wie befohlen, drei Maschinen startbereit stehen sah, sondern elf Sturzkampfbomber mitsamt ihren Mannschaften.

Admiral Ykoi, der Ugaki begleitete, richtete an Leutnant Nakatsuru die Frage: „Sollten laut Befehl nicht nur drei Maschinen bereitgestellt werden?“

Mit sichtlicher Bewegung antwortete Nakatsuru:

„Wer könnte es ertragen, daß nur drei Maschinen zu dem Angriff aufsteigen sollen, in dem unser Kommandeur im Todessturz auf den Feind sein Soldatenleben beenden will? Jede Maschine dieser Staffel wird ihm folgen!“

„Ihr seid also alle entschlossen, mit mir zu sterben?“ fragte Admiral Ugaki seine Männer, und alle 22 Mann antworteten mit ja.

Leutnant Nagasaki bestieg die Pilotenkanzel des Leitflugzeugs, und Ugaki setzte sich als Beobachter hinter ihn. Im letzten Augenblick meldete sich der Maat Akiyoshi Endo, der normalerweise Nakatsurus Beobachter gewesen wäre, und bestand darauf, mitzufliegen. Als Ugaki ihm ruhig den Befehl gab, zurückzubleiben, verblüffte er alle Anwesenden durch Befehlsverweigerung. Er erkletterte die Maschine und hockte zwischen den beiden Sitzen nieder.

Kurz nach dem Start mußten vier Maschinen wegen Motorschadens umkehren. Die anderen behielten ihren Kurs bei. Schließlich konnte man auf dem Stützpunkt eine letzte Funkbotschaft Admiral Ugakis empfangen:

„Ich allein bin dafür verantwortlich zu machen, daß es uns nicht gelungen ist, das Vaterland zu verteidigen und den anmaßenden Feind zu vernichten. Alle Entschlossenheit, aller Mut und alles Heldentum meiner Offiziere und Mannschaften während der vergangenen sechs Monate sind vergeblich gewesen.

Ich fliege nun zum Angriff auf Okinawa, wo meine Männer gefallen sind wie Kirschblüten. Dort werde ich mich auf den verfluchten Feind stürzen und ihn vernichten, in echtem *Bushido-Geist,* im unerschütterlichen Glauben an den ewigen Bestand des japanischen Kaiserreichs.

Ich bin fest überzeugt davon, daß die Angehörigen aller unter meinem Kommando stehenden Einheiten meine Motive verstehen werden. Sie alle werden die harte Zukunft meistern und am Wiederaufbau unseres großen Vaterlands arbeiten. Unser Vaterland ist ewig! Lang lebe Seine Kaiserliche Majestät! Banzai!"

Etwas später, um 19.24 Uhr traf noch ein kurzer Funkspruch ein: „Wir greifen an!"

Hintereinander folgten sechs gleichlautende Meldungen.

Es ist niemals bekannt geworden, ob Ugakis sieben Maschinen tatsächlich bis Okinawa vorgedrungen sind. Kein einziges amerikanisches Schiff meldete an diesem Tag einen Kamikaze-Angriff. Es steht jedoch fest, daß Admiral Ugaki als echter Samurai gelebt hat und gestorben ist. Sein Tod entsprach voll und ganz seiner Überzeugung und dem Kamikaze-Geist, der aus der soldatischen Überlieferung seines Volks hervorgegangen ist.

Onishis Ende

In den letzten Kriegsmonaten war Admiral Takijiro Onishi, der mit dem Einsatz der Kamikaze-Flieger auf den Philippinen begonnen hatte, Stellvertretender Chef des Admiralstabs. Sein großes Fachwissen, seine strategischen Fähigkeiten und seine unerschütterliche patriotische Treue wurden allgemein anerkannt und hatten ihn in diese hohe Position gebracht.

Onishi war einer der Verfechter des Kriegs bis zum Ende. In dieser Gesinnung verband er sich mit der militärischen Faktion innerhalb der Regierung. Ihm ging es nicht um persönlichen Stolz oder um die Befriedigung seines Ehrgeizes. Was ihn bewegte, war die Seelengröße und die hohe Moral der Samurais. Mit allen Mitteln, von Überredungsversuchen bis zu Drohungen, versuchte er, die Regierung zur Rücknahme der Kapitulation zu bringen. Er führte diesen vergeblichen Kampf bis zum letzten Augenblick fort.

Am Nachmittag des 15. August, nachdem die Kapitulation bekanntgegeben worden war, schien Onishi seine Ruhe wiedergewonnen zu haben. Er lud einige Offiziere in sein Haus ein, sie unterhielten sich und tranken bis Mitternacht, dann gingen sie. Er begab sich in sein Arbeitszimmer und schrieb einen Brief. Dann kniete er nieder und stieß sich einen Säbel in den Bauch. So fand man ihn später, noch bei Bewußtsein, aber schon im Sterben. Er lehnte jede Hilfe ab und erduldete zwölf Stunden lang die schrecklichsten Schmerzen, ehe er starb. Danach entdeckte man den Brief, den er geschrieben hatte:

„Es ist mein Wunsch, meiner tiefen Verehrung für die Seelen der tapferen Todespiloten Ausdruck zu geben. Sie kämpften mutig und fielen im Glauben an den Endsieg. Mit meinem Tod wünsche ich zu sühnen, daß es uns nicht gelungen ist, diesen Sieg zu erringen. Ich bitte die Seelen dieser toten Flieger und ihre verwaisten Familien um Verzeihung.

Ich wünschte, daß Japans Jugend in meinem Tod einen Sinn erkennen möchte. Mit Achselzucken ist nur dem Feind gedient. Haltet euch immer und beharrlich an den Geist, in dem der Kaiser seine Entscheidung getroffen hat. Vergeßt nie euren berechtigten Stolz darauf, Japaner zu sein.

Ihr seid das kostbarste Gut der Nation. Kämpft mit der ganzen Begeisterung jener Todespiloten für das Gedeihen Japans und für den Frieden in der ganzen Welt!“

Im Urteil der Geschichte

Trotz der intensiven propagandistischen Verherrlichung der Kamikaze-Flieger und ihrer Taten waren die Japaner nicht einmütig davon überzeugt, daß der Einsatz von Todeskommandos notwendig oder zu rechtfertigen sei. Aber es scheint ziemlich sicher zu sein, daß die Admirale Onishi und Ugaki ihren Selbstmord nicht als Sühnehandlung auffaßten, oder daß sie sich umbrachten, um die Schande der Niederlage nicht zu überleben, wie dies bei so vielen anderen Japanern der Fall war. Bei ihnen handelte es sich um etwas ganz anderes. Sie hatten den Gedanken der Kamikaze-Angriffe in die Tat umgesetzt und Tausende Soldaten in den Tod geschickt. Alle, die sie kannten, hatten stets den Eindruck, daß diese Kommandeure sich bei jedem Start wie zerrissen fühlten, daß ein Teil ihres Selbst jeden Freiwilligen begleitete. Ihre zur Schau getragene Fühllosigkeit gehörte zum Gehaben des Kommandeurs. Es scheint klar, daß sie stets die Absicht gehabt hatten, am Ende des Krieges ihren Männern in den Tod nachzufolgen. Ihre Haltung war unabhängig von Sieg und Niederlage. Wahrscheinlich hätten sie genauso gehandelt, wenn Japan gesiegt hätte.

Niemand in Japan war von der Nachricht ihres Selbstmords überrascht. Das ganze Volk wäre erschüttert gewesen, wären sie am Leben geblieben. Der Tod der beiden Kamikaze-Führer entsprach ganz dem Heldengeist dieses Korps.

So erschien er als der natürliche Abschluß dieses ganzen erregenden Epos.

Die Männer

Im ganzen Verlauf dieses Epos, denn so kann es wahrhaftig genannt werden, folgten die Männer einander der Reihe nach in den Untergang. Sie alle flogen in den Tod, in der Hoffnung, den Feind zu vernichten, aber sie hatten nicht alle die gleiche Gesinnung.

Keinesfalls darf man in den Fehler verfallen, sie als fanatische Roboter ohne menschliche Regung anzusehen.

Natürlich ist es unmöglich, das Temperament und die Haltung jedes einzelnen dieser Freiwilligen zu untersuchen, aber wir können in psychologischer Hinsicht drei Haupttypen unterscheiden. Da waren zunächst die spontanen Helden, Männer, die von Kindheit an tief mit der japanischen Soldatentradition verwurzelt waren. Meist gehörten sie der streng nationalistischen Aristokratie an oder dem unteren Mittelstand, der den Institutionen des Militarismus besonders ergeben war und dessen Angehörige oft von Samurais stammten. Für diese Männer war die Erfüllung der nationalen Pflicht mehr als jede andere Überlegung; den Tod hatten sie bereits stillschweigend in Kauf genommen, als sie sich unter die Soldaten des Kaisers eingereiht hatten. Männer dieses Schlages begründeten, ohne es zu wissen, bereits zu Anfang des Krieges das Kamikaze-Korps, indem sie aus eigenem Entschluß ihre Maschinen an feindlichen Zielen zerschellen ließen.

Die zweite Kategorie entstammte verschiedenen Gesellschaftsschichten; diese Männer glichen einander nur in einem: sie alle hatten streng religiöse Grundsätze: shintoistische, buddhistische oder konfuzianische. Ihnen ging es nicht um die bedenkenlose Loyalität der patriotischen Pflicht gegenüber, es war vielmehr so, daß ihre religiöse Überzeugung sie für den Gedanken der Selbstaufopferung als eines Mittels, geistliche Erhabenheit und die Vereinigung mit den verehrten Ahnen zu erreichen, empfänglich machte.

Diese Männer waren auch am empfänglichsten für das Beispiel. Sie ließen sich von den Erzählungen über die Taten früherer Kamikaze-Piloten hinreißen, von der ruhigen Entschlossenheit jener, die ebenfalls bald sterben würden, von den aufpulvernden Ansprachen ihrer Offiziere und von dem ganzen psychischen Klima, das der Krieg geschaffen hatte. Zumindest teilweise steckte auch Stolz hinter ihrem Entschluß, sich freiwillig zu melden. Sie schämten sich, zurückzustehen, während andere sich mit Ruhm bedeckten und zu legendären Helden wurden.

Eine dritte Gruppe meldete sich aus weniger subjektiven Gründen freiwillig. Diese Männer beurteilten die Kamikaze-Unternehmen nach ihrer Wirksamkeit; sie gingen nicht in den Tod, um sich zu rechtfertigen. Im Gegensatz zu den beiden anderen Kategorien könnte man sie beinahe als Freidenker bezeichnen, die nichtsdestoweniger im Rahmen der japanischen Traditionen blieben. Sie waren für das Beispiel der Helden nicht ganz unempfindlich, aber die logische Überlegung beeinflußte sie mehr.

Diese Freidenker sahen die militärische Situation klar, ohne patriotischen Fanatismus oder religiöse Exaltation; um so stärker waren sie beeindruckt. Sie wußten, daß die konventionellen Angriffsmethoden sinnlos geworden waren. Ihre Folge waren nur schreckliche japanische Verluste, mit denen keinerlei merkbare Schädigung des Gegners erkauft wurde. Man mußte also zu neuen Methoden greifen. Der Gedanke der Todeskommandos erschien diesen Männern nicht als der Weg zum Heldentum, zur Unsterblichkeit, sondern als das einzige Mittel, dem Gegner tatsächlich Abbruch zu tun. Sie alle wußten genau, daß ein einziger Todespilot einem feindlichen Schiff mehr Schaden zufügen konnte als der konventionelle Angriff eines ganzen Geschwaders. Daß sie dafür auch den eigenen Tod in Kauf nahmen, mag dem westlichen Beobachter noch immer als fremdartig erscheinen, aber es wird ihm nicht vollkommen unverständlich sein. Es war der Hauptbeweggrund für viele Kamikaze-Freiwillige, vielleicht sogar für deren größten Teil.

Was die Heerespiloten angeht, die zur Teilnahme an Todeskommandos bestimmt wurden, ohne sich freiwillig gemeldet zu haben, so hat es den Anschein, daß sie nach Überwindung des durchaus verständlichen ersten Schocks einen Standpunkt eingenommen haben, der einem der geschilderten entspricht.

Wir sind bei der psychologischen Analyse der Kamikaze-Piloten nicht ganz auf Spekulation angewiesen. Viele von ihnen schrieben vor ihrem Tod Briefe. Andere überlebten, weil der Krieg zu Ende war, ehe sie zum Todeseinsatz kamen. Das Zeugnis dieser Überlebenden ist wertvoll; aber in den letzten Briefen der Männer, die kurz darauf in den Tod fliegen sollten, ist besondere Unmittelbarkeit spürbar. Hauptsächlich stammen sie von Reserveoffizieren, die kurz vorher noch an der Universität gewesen waren. Sie sind um so bedeutsamer, als die Absender sich nicht in blindem Fanatismus oder in übersteigertem religiösem Eifer zum Opfer brachten.

Wir zitieren zwei dieser Briefe. Der erste stammt von Fähnrich Teruo Yamaguchi, der Marinepilot wurde, nachdem er die Kokugakuin-Universität Tokio absolviert hatte:

„Mein lieber Vater!

Im Angesicht des Todes bedaure ich nur, daß ich Ihnen nie im Leben etwas Gutes tun konnte. Ich bin ganz unerwartet zu einer Sondereinheit abgestellt worden und gehe heute nach Okinawa ab. Da ich nun einmal den Befehl zum Flug ohne Wiederkehr erhalten habe, ist es mein aufrichtiger Wunsch geworden, diese letzte Pflicht zu erfüllen. Dennoch hänge ich mit allen Fasern meines Seins an Japan, diesem herrlichen Land. Ist das Schwäche?

Als ich wußte, daß meine Zeit gekommen sei, schloß ich die Augen und sah Ihr Gesicht vor mir, die Gesichter der Mutter, der Großmutter und meiner engsten Freunde. Der Gedanke an euer aller Wunsch, daß ich tapfer sei, hat mich erhoben. Ich werde tapfer sein, ja!

Mein Soldatenleben hinterläßt mir keine schönen Erinnerungen. Es ist ein Leben voll Resignation und Selbstverleugnung, bestimmt nichts Angenehmes. Seine einzige Berechtigung sehe ich für mich darin, daß es mir Gelegenheit gibt, für mein Vaterland zu sterben. Wenn dies mir als so bitter erscheint, dann darum, weil ich die Schönheit des Lebens kennengelernt habe, ehe ich zu den Soldaten kam.

Neulich erhielt ich Leutnant Otsubos Philosophie über Leben und Tod, die Sie mir so freundlicher Weise geschickt haben. Der Verfasser dürfte der Wahrheit nahegekommen sein, aber er war wohl zu sehr mit oberflächlichen Betrachtungen über das militärische Dasein beschäftigt. Es hat nicht viel Sinn, jetzt davon zu reden, aber in den 23 Jahren meines Lebens habe ich mir meine eigene Philosophie zurechtgelegt.

Ich muß Ihnen sagen, daß ich ein bitteres Gefühl nicht unterdrücken kann, wenn ich an unsere Politiker, die unsere Mitbürger irreführen, denke. Dennoch werde ich ihnen gehorchen, da sie mir ihre Befehle durch ihre ausführenden Organe, meine militärischen Vorgesetzten, übermitteln, denn ich glaube an das ewige Japan. Ich liebe seine Geschichte, seine Vergangenheit, seine Traditionen und die Kaiserfamilie, das Symbol seiner Unvergänglichkeit. Ich bin der Gesinnung nach kein Militarist, aber ich bin stolz darauf, zur Verteidigung unseres Erbes auserwählt worden zu sein. Ich weiß, daß Okinawa mein Grab sein wird und sehe den Augenblick nahe, da meine Mutter mich in ihr Königreich führen wird. Ich habe keine Angst mehr vor dem Sterben, und mein höchster Wunsch ist es, daß Sie möglichst lange am Leben bleiben, um für meine Schwestern, denen ich Sie meine ewige Liebe zu überbringen bitte, zu sorgen. Ich möchte mir wünschen, daß Sie ein neues Japan erstehen sehen, ein großes und friedliches Japan. Wir gehen durch ein großes Unglück, aber ich bin sicher, daß das japanische Volk es überstehen wird. Erlauben Sie mir bitte, im Geist bei Ihnen, der so oft an den Tod denken muß, zu weilen. Ich muß schließen, wir werden zum Befehlsstand gerufen. Wir starten. Ich widme Ihnen mein letztes *Haiku*[5].

Ihr Sohn Teruo.

Mögen wir sterben
Wie im Frühling
Die Kirschblüten
Rein und strahlend."

Der zweite Brief stammt vom Offiziersanwärter Susumu Kijitsu vom Genzan-Geschwader. Er stammte aus Omura und hatte sich mit 22 Jahren zu einer Sondereinheit gemeldet. Vorher hatte er an der Technischen Hochschule in Nagoya sein Diplom gemacht.

„Meine teuren Eltern, meine teuren Brüder Takeshi und Hiroshi, meine teure Schwester Eiko!

Ohne daß Ihr es wußtet, habe ich Euch vor einigen Tagen Adieu gesagt, als ich Euer Haus überflog. Die Schatten meiner Tragflächen sind über das Dach geglitten, und all meine Gedanken galten Euch.

Ich weiß, daß mir bald die Stunde schlägt, aber ich habe keine Angst vor dem Sterben. Ich mache mir nur Sorgen darüber, ob es mir tatsächlich gelingen wird, einen feindlichen Flugzeugträger zu versenken. Wenn meine Kameraden und ich miteinander sprechen, sind wir alle davon überzeugt, daß wir Erfolg haben werden. Wir sind absolut nicht unglücklich, im Gegenteil: Die Haltung aller Freiwilligen ist erstaunlich, und ich glaube, daß ich wie sie bin: Wir sind ganz ruhig, wir machen oft Witze und vertreiben uns die Zeit mit Kartenspielen. Glaubt Ihr nicht auch, daß Japan mit Männern dieses Schlags die Katastrophe überwinden und letzten Endes doch siegen wird? Ich denke oft an Euch, meine teuren Eltern, und ich bin sehr traurig darüber, daß ich Euch meinen Dank für all die Sorge, die Ihr auf mich aufgewendet habt, nicht abstatten kann. Ich tröste mich mit der Ehre, heute oder morgen für den Kaiser sterben zu dürfen. Ich gebe ihm nur zurück, was er mir geschenkt hat. Grämt Euch nicht, sondern seid stolz auf mich, denn wenn mein Körper auch der Vernichtung anheimfällt, mein Geist wird doch ewig bei Euch sein.

Auf Wiedersehen, es ist Zeit.

Euer Susumu.“

Eine große Lehre

Es steht außer Frage, daß das ganze Kamikaze-Phänomen ohne Japans Überlieferungen und geistiges Erbe nicht denkbar gewesen wäre. Soldaten wie Zivilisten waren von absoluter patriotischer Loyalität und mystischer Heimatverehrung so durchdrungen, daß ihnen dieses Gefühl beinahe zur zweiten Natur geworden war. Natürlich schloß dies eine Handlungsweise, die der unsrigen ähnlich ist, nicht aus, und die Kluft zwischen der Mentalität der Japaner und unserer ist vielleicht gar nicht so tief. Man braucht in der europäischen Geschichte nur ein paar Jahrhunderte zurückzublicken. Sollten wir das Verhalten der Japaner während des Zweiten Weltkriegs als Weiterwirken der Vergangenheit ansehen? Ja, das sollten wir zweifellos.

Bis zur zweiten Hälfte des 19. Jahrhunderts war Japan westlichen Einflüssen verschlossen. Als es sich ihnen endlich öffnete, suchten die japanischen Herrscher zu übernehmen, was ihnen als nützlich erschien, und zurückzuweisen, was sie als unerwünscht betrachteten. Um ihre Nahziele zu erreichen und ihrem Fernziel näher zu kommen, beuteten sie westliche Wissenschaft und Technik aus und hielten die Bevölkerung fern von den großen Strömungen modernen Denkens. Dagegen stärkten sie überkommene Vorurteile und Verhaltensweisen durch Propaganda, Erziehung und die *Shinto-Religion.* Wären die Japaner damals mit philosophischen Richtungen des Westens, wie Materialismus und Nihilismus bekannt geworden, vielleicht hätte dies den Gehorsam eines Volkes, das an religiöse Verehrung der Obrigkeit und der Tradition gewöhnt war, vermindert.

Als die Japaner im Pazifischen Krieg Rückschläge erlitten, war es nicht einmal nötig, die Soldaten an ihre militärischen Traditionen zu erinnern. Ihre Aggressivität und ihr Fanatismus verdoppelten sich von selbst. Sobald die Philippinen bedroht waren, kam die japanische Neigung zur Selbstaufopferung spontan wieder zum Vorschein. Es war wie ein mächtiger Sturm, der nur in die richtigen Bahnen gelenkt zu werden brauchte. Zwar war es ursprünglich Admiral Onishis Absicht gewesen, die Todeskommandos nur für eine begrenzte Zeit einzusetzen. Aber die Fortsetzung dieser Einsätze erschien allen Japanern als logisch, sobald sie einmal davon überzeugt waren, daß es gar keine andere Möglichkeit mehr gab, der tragischen Wendung, die der Krieg genommen hatte, Einhalt zu gebieten.

Möglich, daß man im Westen nicht dazu fähig ist, das Prinzip des Selbstmords als Waffe überhaupt zu akzeptieren, geschweige denn die organisierte Kriegführung mit dem Mittel kollektiven Selbstmords. Deshalb aber darf man die großartigen Eigenschaften der Kamikaze-Freiwilligen nicht übersehen. Was immer man von ihrer Ideologie denken mag: Ihr Mut, ihre Selbstlosigkeit und ihre Entschlußkraft waren bewundernswert.

Vielleicht sind wir nur darum geneigt, den japanischen Fanatismus so streng zu beurteilen, weil Japan den Krieg verloren hat? Der Sieger hat immer recht, der Unterlegene immer unrecht. Hätte Japan den Krieg gewonnen – man würde das Prinzip des Kamikaze in der ganzen Welt rühmen!

Nach dem Krieg gab es auch in Japan kritische Stimmen zur Taktik der Todespiloten, die sich insbesondere gegen die Verantwortlichen richteten, aber es ist immer leicht, im nachhinein zu urteilen. Wir versuchen nicht, den Kamikaze-Gedanken zu verteidigen, im Gegenteil: im Grunde verurteilen wir ihn. Es ist uns lediglich darum gegangen, seine Hintergründe aufzuhellen, und dieses Buch hat sein Ziel erreicht, wenn es ihm gelungen ist, Licht auf ein Phänomen zu werfen, das nicht nur außerordentlich spirituell war, sondern vielleicht ohne Vorbild in der Geschichte.

Es war unsere Absicht zu zeigen, daß die japanischen Todesangriffe nicht das Produkt eines Massenwahns waren, sondern die Ausstrahlung der Volksseele in einer besonderen Situation. Es war, als sei in der elektrisch aufgeladenen Atmosphäre eines Unwetters die Frucht eines zweitausend Jahre alten Baums plötzlich zum Reifen gebracht worden. Das Opfer der Todespiloten war ebenso sinnlos wie jeder Krieg, aber diese japanischen Helden haben der Welt eine große Lehre in Reinheit der Gesinnung erteilt. Aus den Tiefen ihrer Vergangenheit brachten sie eine vergessene Botschaft von menschlicher Größe.

ANHANG

Nach den schweren Niederlagen [illegible]

[illegible]

[illegible]

DER SHO-GO-PLAN

Nach den schweren Niederlagen, die die kaiserliche Marine in den Gewässern östlich der Philippinen erlitten hatte, konnte es für das japanische Oberkommando keinen Zweifel mehr geben, daß die nächste Operation der Amerikaner die Wiedereroberung des Philippinischen Archipels zum Ziel haben werde. Der Archipel war von großer strategischer Bedeutung; er bildete das letzte, vor dem Mutterland des Reiches der aufgehenden Sonne gelegene Bollwerk und lag auch auf seiner Versorgungslinie mit lebenswichtigen Rohstoffen. Die Verteidigung des Archipels war somit von entscheidender Bedeutung für den weiteren Verlauf des Krieges; es erschien sogar dringend geboten, ihn nicht nur zu verteidigen, sondern in seinen Gewässern eine große Auseinandersetzung herbeizuführen, um seine Rückeroberung durch die Amerikaner zu verhindern.

In diesem Geist wurde der Plan *Sho-go* (Siegesoperation) geboren. Er hatte sich zum Ziel gesetzt, durch eine massive Aktion die Landungsunternehmen der Amerikaner zu stoppen und ihnen so schwere und nachhaltige Verluste zuzufügen, daß sie ihre drückende Überlegenheit einbüßen und gezwungen sein würden, den Plan einer Eskalation in Richtung auf das japanische Mutterland aufzugeben und unter Umständen Verhandlungen zu einem für Japan ehrenvollen Frieden einzuleiten. Alle Hoffnungen der Japaner waren in das Gelingen des *Sho-go-Planes* gesetzt worden.

Das Erreichen eines entscheidenden Ergebnisses setzte den Einsatz sehr starker japanischer Kräfte voraus. Der grundlegende Gedanke des *Sho-go-Planes* war die Bildung einer riesigen Zange, die die amerikanischen Seestreitkräfte, die um die im Zentrum des Archipels gelegene Insel Leyte operierten, einschließen sollte.

Wie alle japanischen Operationen war der *Sho-go-Plan* durch einander überlagernde Aktionen, Unklarheiten in der Verteilung der Befehlsgewalt und dergleichen sehr verwickelt. Im Folgenden werden nur die taktischen Grundzüge des Planes dargelegt.

Die am Boden stationierte und erheblich verstärkte Luftwaffe der Marine hatte die Aufgabe, die Aktion mit der Vernichtung von 30 bis 40 Prozent des amerikanischen Marinepotentials einzuleiten. Die kaiserliche Marine würde dann unter günstigeren Bedingungen der amerikanischen Flotte entgegentreten können. Die japanische Flotte sollte in das in Aussicht genommene Kampfgebiet durch die Meerengen im Norden und im Süden eindringen und die amerikanischen Schiffe in den Grund bohren. Dank der starken Konzentration der japanischen Kräfte und der Wirkung des Überraschungsmomentes hoffte man, ein Debakel zu bewirken, von dem sich der Gegner nur schwer werde erholen können.

Der Admiralstab der kaiserlichen Marine war allerdings weniger optimistisch; auf Grund der gemachten Erfahrungen konnte er die außerordentliche Schlagkraft und erdrückende Überlegenheit der amerikanischen Flotte nicht ignorieren. Die Admiralität vertrat die Auffassung, daß der Einsatz der Luftwaffe nicht ausreichen würde, um den Gegner wesentlich zu schwächen, und es daher angebracht wäre, sich einer alten Kriegslist zu bedienen, nämlich den Feind zu zersplittern und ihn in getrennten Einzelunternehmen zu schlagen. Zu diesem Zweck mußte die zur Abschirmung der Landeoperationen vor den Küsten von Leyte kreuzende amerikanische Schlachtflotte weit weggelockt werden, um so der kaiserlichen Marine die Durchführung zweier zeitlich getrennter Unternehmen zu ermöglichen. So entstand die Idee des „Köders"; dabei ging es nicht mehr darum, einen leichten Flugzeugträger zu opfern, wie dies im Lauf der Schlacht in den östlichen Salomon-Inseln geschehen war. Es mußte eine Anzahl von Schiffen größerer Tonnage eingesetzt werden, deren Anziehungskraft sich die Amerikaner schwerlich entziehen würden. Die Zusammenstellung einer solchen Köderflotte wurde der Admiralität dadurch erleichtert, daß die japanische Marine noch über eine Anzahl von Flugzeugträgern verfügte, die aus Mangel an Flugzeugen und wirklich erfahrenen Piloten doch keinen taktischen Nutzen mehr bringen konnten. Die bekannte Vorliebe der Amerikaner, Angriffe in erster Linie gegen Flugzeugträger zu richten, trug zur Annahme bei, daß sie auf die Amerikaner genügend Anziehungskraft ausüben werden.

Der japanische Operationsplan wurde auf diese Weise erheblich vereinfacht: während die amerikanische Schlachtflotte die Abschirmung der Landeunternehmen einstweilen aufgibt und der japanischen Köderflotte weit im Norden zueilt, schließen die japanischen Seestreitkräfte ihren Zangengriff um die amerikanische Invasionsflotte und deren Unterstützungkräfte in der Bucht von Leyte, um sich nach der Durchführung dieses Unternehmens gegen die amerikanische Schlachtflotte zu wenden. Es wurden folgende Anordnungen getroffen:

1. Die an Land stationierte japanische Luftwaffe greift mit dem Ziel der Schwächung des maritimen Potentials der Amerikaner an. Sie soll nach Möglichkeit die amerikanischen Seestreitkräfte nach der Auseinandersetzung mit den Überwasserstreitkräften lahmlegen.

2. Das Ködergeschwader der Flugzeugträger von Vizeadmiral Jisaburo Ozawa hat sich vom Norden zu nähern, um die Aufmerksamkeit der amerikanischen Führung in diese Richtung zu lenken.

3. Die Seestreitkräfte des Zentrums, die Hauptformation, unter dem Befehl von Vizeadmiral Takeo Kurita, hat, vom Westen kommend, die Meerenge von San Bernardino zu durchqueren, sich im Philippinischen Meer der Bucht von Leyte zuzuwenden und den nördlichen Griff der Zange zu bilden.

4. Die beiden Geschwader der Vizeadmirale Shoji Nishimura und Kiyohide Shima, die Südformation, haben, gleichfalls vom Westen kommend, die Meerenge von Surigao zu durchqueren und den südlichen Zangengriff zu bilden.

5. Nach Durchführung der Operation in der Bucht von Leyte haben sich die wiedervereinigten Seestreitkräfte nach Norden zu wenden, um den Kampf mit der vorerst durch die Köderflotte abgelenkten amerikanischen Schlachtflotte aufzunehmen.

Der Verlauf der allbekannten Schlacht von Leyte soll hier nicht geschildert werden. Es sei nur erwähnt, daß, obgleich sich der Befehlshaber der 3. amerikanischen Flotte, Admiral William F. Halsey, durch den Köder in der Tat hatte ablenken lassen, die

Ereignisse dann doch anders verliefen, als es sich die Japaner vorgestellt hatten. Wohl konnten sie einige örtliche, wenn auch bescheidene Erfolge erringen, im großen und ganzen führte der *Sho-go-Plan* für die Japaner aber zu jener Niederlage, die sie den Amerikanern zuzufügen beabsichtigt hatten.

Auf Seite 325 ff. geben wir die Zusammensetzung und Gliederung der im Rahmen der Operation *Sho-go* eingesetzten japanischen See- und Luftstreitkräfte wieder.

OPERATION SHO-GO

Zusammensetzung und Gliederung der japanischen Seestreitkräfte

Oberbefehl: Admiral Soemu Toyoda, Chef der vereinigten Flotte
Konteradmiral Takata, Chef des Stabes

I. Flotte – Nordformation KÖDER (Vizeadmiral Jisaburo Ozawa)

3. Flugzeugträgerdivision (Konteradmiral Sueo Obayashi):
4 Einheiten:
+ Zuikaku (Flaggschiff)[1]
+ Zuiho
+ Chitose
+ Chiyoda

653. Luftflottenkorps: an Bord insgesamt 116 Flugzeuge

4. Flugzeugträgerdivision (Konteradmiral Chiaki Matsuda):
2 Schlachtschiffe (umgestaltet), ohne Flugzeuge:
Hyuga (Flaggschiff)
Ise
2 leichte Kreuzer:
Oyodo (2. Flaggschiff Admiral Ozawa)
+ Tama

11. Zerstörergeschwader (Konteradmiral H. Edo):
1 leichter Kreuzer:
Isuzu (Flaggschiff)

41. Zerstörerdivision
2 Einheiten:
Shimotsuki
Fuyutsuki

[1] Die mit + bezeichneten Schiffe sind im Verlauf der Seegefechte vom 23. bis 26. Oktober 1944 versenkt worden.

43. Zerstörerdivision
  4 Einheiten:
   Kuwa
   Maki
   Sugi
   Kiri
61. Zerstörerdivision
  4 Einheiten:
   Suzutsuki
   + Hatsusuki
   Wakatsuki
   + Akitsuki

II. Flotte – Hauptformation (Vizeadmiral Takeo Kurita)
 1. Panzerschiffdivision (Vizeadmiral Matome Ugaki):
  3 Einheiten:
   + Musashi (Flaggschiff)
   Yamato (Flaggschiff von Konteradmiral Toshihei Inoguchi)
   Nagato
 3. Panzerschiffdivision (Vizeadmiral Yoshio Suzuki):
  2 Einheiten:
   Kongo (Flaggschiff)
   Haruna
 4. Kreuzerdivision (Vizeadmiral Takeo Kurita):
  4 schwere Kreuzer:
   + Atago (Flaggschiff)
   + Maya
   Takao
   + Chokai
 5. Kreuzerdivision:
  2 schwere Kreuzer:
   Myoko
   Haguro
 7. Kreuzerdivision (Vizeadmiral Shiraishi):
  4 schwere Kreuzer:
   Kumano (Flaggschiff)
   + Suzuya

Tone
+ Chikuma

2. Zerstörergeschwader:
1 leichter Kreuzer:
+ Noshiro (Flaggschiff)
1 Zerstörer:
Shimakaze

2. Zerstörerdivision:
2 Einheiten:
+ Hayashimo
Akishimo

31. Zerstörerdivision:
4 Einheiten:
Kishinami
Okinami
Naganami
Asashimo

32. Zerstörerdivision:
3 Einheiten:
+ Fujinami
+ Uranami
Hamanami

10. Zerstörergeschwader (Konteradmiral Susumu Kimura):
1 leichter Kreuzer:
Yahagi (Flaggschiff)

17. Zerstörerdivision:
6 Einheiten:
Urakaze
Isokaze
Yukikaze
Hamakaze
Kiyoshimo
+ Nowaki

Südformation (Vizeadmiral Shoji Nishimura):

2. Panzerschiffdivision:
   2 Einheiten:
   + Yamashiro (Flaggschiff)
   + Fuso
   1 schwerer Kreuzer:
   + Mogami
4. Zerstörerdivision:
   3 Einheiten:
   + Michishio
   + Asagumo
   + Yamagumo
27. Zerstörerdivision:
   1 Einheit:
   Shigure

V. Flotte (Vizeadmiral Kiyohide Shima):

21. Kreuzerdivision:
   2 Einheiten:
   Nachi (Flaggschiff)
   Ashigara
1. Zerstörergeschwader:
   1 leichter Kreuzer:
   + Abukuma

7. Zerstörerdivision:
   2 Einheiten:
   Ishio
   Akebono
18. Zerstörerdivision:
   2 Einheiten:
   + Shiranuhi
   Kasumi
21. Zerstörerdivision:
   3 Einheiten:
   + Wakaba
   Hatsuharu
   Hatsushimo

VI. Flotte – Vorgeschobene Formation (Vizeadmiral Shigeyoshi Miwa):

11 Unterseeboote:
Ro-41, Ro-43, Ro-46, I-26, I-38, I-41, + I-45, + I-46, I-53, + I-54, + I-56

1. Luftflotte (Vizeadmiral Takijiro Onishi):
Ungefähr 400 Flugzeuge

2. Luftflotte (Vizeadmiral Shigeru Fukudome):
Ungefähr 400 Flugzeuge

ANMERKUNGEN

Die Anmerkungen sind nach Kapiteln gegliedert

I

1 *shogun* hießen im alten Regime die Chefs des Kaiserpalastes. Sie waren nicht nur Repräsentanten der kaiserlichen Macht, sondern auch Militärgouverneure eines großen Verwaltungsgebiets. Im allgemeinen handelten sie in absoluter Vollmacht und waren grundsätzlich nur dem Kaiser verantwortlich.

2 *daimyo* waren despotische Grundherren, die so unumschränkt in ihren Ländereien herrschten wie die adeligen Schloßherren im Europa des Mittelalters.

3 *samurai:* Kriegerkaste von großer Tapferkeit; die *samurai* liehen ihre Dienste gegen Bezahlung den *daimyo* und den *shogun*, sobald diese wichtige Fehden auszutragen hatten, fühlten sich aber stets in erster Linie dem Kaiser untertan.

4 Bemerkenswert ist, daß die japanische Zeitrechnung mit diesem Jahr beginnt und der unsrigen daher um 660 Jahre voraus ist. So entsprach zum Beispiel das Jahr 1940 in Japan dem Jahr 2600. Da die Jahrhunderte nur durch die letzten zwei Ziffern ausgedrückt werden, schrieb man damals also das Jahr 00, und die Bezeichnung für 1941 war 01.

5 Die *genro* waren besonders prominente Aristokraten, die am Thronrat teilnahmen, und deren Hauptaufgabe die Bewahrung der Kaiserdynastie war.

6 Die *jushin* waren hervorragende Politiker, meist ehemalige Premierminister, die ihrer Bedeutung und ihrer Erfahrung wegen Zutritt zum Kaiserpalast und zum Kronrat hatten.

7 Konfuzius oder Kon Fu-tse lebte 551–479 v. Chr. in China, begründete eine philosophische Lehre, in der er Nächstenliebe und die Allgemeinheit der menschlichen Zusammengehörigkeit predigte; er erneuerte und intensivierte den uralten Ahnenkult.

8 Siddharta Gautama, bekannt unter dem Namen Buddha, Sohn des Cuddhodana, Königs der Cakya, und der Königin Maya-Devi, wurde etwa 560 v. Chr. geboren. Der Legende nach führte er bis zum Alter von 29 Jahren ein herrliches und sorgloses Leben in Kapilavastu, Indien. Eines Tages begegnete er auf einem Spaziergang in diesem kleinen Ort einem Greis, einem Brahmanen, einem Kranken und einem Leichnam. Diese symbolische Begegnung ließ ihn das menschliche Elend in seiner ganzen Tiefe erkennen, und er beschloß, sich dem Dienst an der brahmanischen Religion zu weihen. Er lernte deren Übungen in Askese, Yoga und harten Kasteiungen. Aber bald erkannte der junge Gautama, daß diese Übungen nicht notwendigerweise die von ihm ersehnte Erleuchtung brachten. Er zog sich in die Einsamkeit zurück und vertiefte sich sechs Jahre lang in unendliche Meditationen, meist inmitten dichter Wälder. Damals gab man ihm den Namen Cakjamuni, das heißt der Schweigsame, der Einsiedler aus dem Stamm der Cakja. Wie es in der Legende weiter heißt, hatte er eines Nachts jene sagenhafte Erleuchtung, die ihn die Bedeutung des Weltalls in vollkommener Klarheit erkennen ließ. Als der „Buddha" (der Weise) begab er sich nach Benares und begann zu predigen. Während der folgenden 25 Jahre durchzog Buddha ganz Indien und zog immer mehr Schüler an. Er starb etwa 480 v. Chr. im Alter von nahezu 80 Jahren, nach damaligen Begriffen also als uralter Mann.

9 *Yoritomo* ist eine Art japanischen Don Juans; seine Schönheit und seine Verführungskunst sind legendär, zugleich ist er aber ein reicher Wohltäter.

10 *Hideyoshi,* Mäzen aus Kamakura und einer der mächtigsten *shoguns,* die es je in Japan gegeben hat. Er zeichnete sich besonders durch Förderung von Künstlern und Architekten aus.

11 *Tokugawa Ieyasu,* genialer Organisator, Gründer Tokios, war das Oberhaupt einer berühmten herrschenden Kaste.

12 Der Zen-Buddhismus war die japanische Umbildung des chinesischen Buddhismus. Ebenso wie der Shintoismus hatte er nationalen Charakter angenommen und hatte überaus zahlreiche Anhänger.

13 Die uralte Lehre von der göttlichen Verwandtschaft des Gott-Kaisers mit dem Mann aus dem Volk. Sie wurde vom Philosophen Giichi Miura gegen Ende des 19. Jahrhunderts wieder aufgegriffen und unter dem Namen *Kokutai-Lehre* vulgarisiert.

14 *Tosei-ha:* „Partei der Herrschaft."

15 *Kodo-ha:* „Partei des Kaiserwegs", in der der berühmte General Hideki Tojo sehr bald die führende Rolle spielte.

16 Die *Geisha* waren junge Mädchen, die in speziellen Schulen in strenger Disziplin dazu ausgebildet wurden, vornehmen Leuten das Leben zu verschönern. Sie hatten in höchstem Maß die Gabe, charmant zu sein, mit ihrem graziösen Wesen und ihren Talenten Gefallen zu erwecken. Sie konnten tanzen, singen und spielten jeweils ein Instrument, Koto oder Shamisen; sie belebten die Unterhaltung und dienten bei Zusammenkünften nicht notwendigerweise weibernärrischer Männer als weibliche Zierde. Sie verkauften ihr Talent zum Zweck der Zerstreuung und um jenen Männergesellschaften voll Takt und Anstand eine fröhliche und elegante weibliche Note zu geben. Nahmen diese Zusammenkünfte zuweilen auch sexuellen Charakter an, so hatten derartige intime Beziehungen doch nicht das geringste von Vulgarität. In gewisser Hinsicht waren die Geisha Kurtisanen erster Qualität, aber diese Bezeichnung hat nicht die herabsetzende Bedeutung, die sie bei uns hat. Diese jungen Damen gehörten absolut nicht der Halbwelt an, sie übten ihren Beruf immer mit größter Vornehmheit aus. Dieser Beruf genoß im übrigen hohes Ansehen und gereichte der japanischen Kultur zur Zierde. Wir sprechen in der Vergangenheit, denn heute gibt es lang nicht mehr so viele Geisha wie früher, und auch ihr früherer Ruf ist dahin.

17 *Seppuku:* ritueller Selbstmord, in Europa besser bekannt unter dem Namen Hara Kiri (wörtlich: Bauchaufschlitzen), ein Ausdruck, der seiner Trivialität wegen aber in Japan kaum üblich ist.

18 So nannten sich die *Samurai,* sobald sie keinen Herrn mehr hatten.

19 Saburo Sakai, Fred Saito, Martin Caidin: *Samourai.* Les Presses de la Cité, Paris, 1957.

20 Vielfach hatte man sowohl in Japan als auch in den Vereinigten Staaten gehofft, daß dieses Ereignis das Signal zum Beginn von Waffenstillstandsverhandlungen sein würde.

II

1 Mochitsura Hashimoto, *Les Sous-marins du Soleil Levant.* Les Presses de la Cité, 1955.

2 *Banzai:* heißt eigentlich „zehntausend Jahre“ und bedeutet: „Zehntausend Jahre Leben für den Kaiser!“

3 Die japanischen Flugzeuge hatten im allgemeinen keine Panzerung zum Schutz des Piloten und der wichtigsten Maschinenteile. Dadurch waren sie verhältnismäßig leicht und beweglich und erzielten gerade

deshalb zu Anfang des Krieges beträchtliche Vorteile über den Gegner. Im Verlauf des Krieges wurden die japanischen Maschinen jedoch nicht wesentlich verbessert und waren deshalb bald den amerikanischen Jägern unterlegen. Diese robusten Maschinen waren zweifellos schwerer als die japanischen, aber deshalb nicht weniger beweglich.

4 *Jibaku:* Tödlicher Sturzflug auf ein taktisches Ziel.

5 So nannte die japanische Propaganda die Amerikaner.

6 Yasukuni ist ein Tempel in der Nähe von Tokio. Dort werden die gefallenen Kriegshelden verehrt.

7 Diesen Spitznamen gaben sowohl Japaner als auch Amerikaner dem meistverbreiteten japanischen Marineflugzeug.

8 Es handelte sich um die *Task Groups 58-1* (mit den Flugzeugträgern *Essex, Langley, Compens)* unter dem Befehl von Konteradmiral W. K. Harrill.

9 Das zweimotorige Bombenflugzeug *Mitsubishi G4M* der Marine.

10 Das einmotorige Torpedo-Bombenflugzeug *Nakajima B6N Tenzan.*

11 Das von Flugzeugträgern aus eingesetzte einmotorige Torpedo-Bombenflugzeug *Grumman TBF Avenger.*

12 Der einmotorige Jagd-Einsitzer *Grumman F6F Hellcat* der US-Marine. Er war nicht so wendig wie die japanische *Zero-Maschine,* aber widerstandsfähiger und schneller.

13 Saburo Sakai, Martin Caidin, Fred Saito, *Samourai.* Les Presses de la Cité, 1957.

14 Saburo Sakai, Martin Caidin, Fred Saito, *Samourai.*

15 Eine solche Handlungsweise grenzte in den Augen der Japaner an Insubordination.

16 Rikihei Inoguchi, Tadashi Nakajima, *Alerte Kamikaze!* Éditions France-Empire 1955.

17 Kapitän zur See Eijchiro Iyo fiel am 25. Oktober 1944, dem Tag, an dem die koordinierten Kamikaze-Angriffe einsetzten, in der Schlacht bei Cap Engano.

18 Wir erinnern daran, daß *Jibaku* eine bewußte Tat ist, die zum Tod des Angreifers und des Angegriffenen führen soll.

III

1 *Sho-go.* Im Anhang wird der Plan in seinen Grundzügen wiedergegeben.

2 *Task Group:* für Durchführung eines bestimmten Auftrages zusammengezogene Schiffsformation.

3 *Kamikaze:* Dieses von der Geschichte beibehaltene Wort war ursprünglich unter der Form *shinfu* gebräuchlich, die eine andere Aussprache der gleichen Schriftzeichen ist. In der Zusammenstellung der japanischen Schriftzeichen sind bekanntlich zwei sehr verschiedene Aussprachen festgelegt, die aber die gleiche Bedeutung haben.

4 *Yamazakura* bezeichnet den wilden Kirschbaum, *Yamato* das Gebiet von Tokio, *Asahi* die aufgehende Sonne und *Shikishima* den poetischen Namen von Japan. Diese Namen sind dem Gedicht des berühmten Norinaga Motoori entnommen:

Shikishima no yamato Gokoro wo hito towaba Asahi nie niu Yamazakura Bana. („Wenn man mich fragt, was das Herz Japans ist, würde ich antworten, es ist der Duft des wilden Kirschbaumes in der Sonne.")

5 Siehe vom gleichen Verfasser *La Guerre du Pacifique,* Band II, Seiten 153 ff. Éditions Robert Laffont, Paris 1968.

6 Was in der Geschichte als die „Schlacht von Leyte" bezeichnet wird, sind in Wirklichkeit am gleichen Tage aufeinanderfolgende See- und Luftschlachten, die getrennt von verschiedenen Streitkräften geführt wurden.

7 „*Taffy*" war im Funk die Kodebezeichnung für diese Gruppen von Geleit-Flugzeugträgern; auch die amtlichen Kommuniqués und die Schiffsbesatzungen verwendeten diese Bezeichnung.

8 *Kommandoturm,* die Gesamtheit der über dem Flugdeck befindlichen Aufbauten, zur größeren Bewegungsfreiheit der Flugzeuge meistens nach Steuerbord verlegt.

IV

1 Im Tempel von Yasukuni in der Nähe von Tokio werden vor allem die im Krieg gefallenen Helden verehrt.

2 Die japanischen Piloten luden anfänglich ihre Bomben erst in unmittelbarer Nähe des Zieles, und es kam vor, daß die Ladevorrichtung versagte oder daß der Pilot vor Aufregung vergaß, sie zu betätigen. Wenn der Flieger auf keinen Feind stieß, ermöglichte ihm dieses Verfahren die Rückkehr und Landung auf einer der Basen, ohne Gefahr zu laufen, daß die geladene Bombe explodierte, was sonst bei der geringsten Erschütterung geschah. Später wurden die Bomben sofort nach dem Start geladen, was jede Rückkehr ausschloß.

3 Dieses Flugzeug war das jüngste Jagdmaschinenmodell der japanischen Marine. Man hatte jedoch keine Zeit gehabt, es im Kampf zu erproben; auch waren nur wenige Flieger imstande, die dem Typ *Zero* in allen Bereichen weit überlegenen Eigenschaften dieses neuen Flugzeuges voll auszunutzen.

4 Dieses zweimotorige Flugzeug großer aerodynamischer Empfindlichkeit, das sich für Jagdaufgaben, Bombardierungen und Torpedierungen während der Nacht als besonders geeignet erwies, war eine völlig neue Maschine. Vom Marine-Arsenal von Yokosuka entworfen und von der Firma Nakajima erzeugt, stand es am Beginn seiner Verwendung.

5 *Tenno Banzai* bedeutet: „Der Kaiser möge zehntausend Jahre leben!" Meistens begnügte man sich mit *Banzai* allein.

V

1 Diese Bomben- und Torpedoflugzeuge der japanischen Marineluftwaffe wurden von den Japanern *Isshiki* und von den Amerikanern *Betty* genannt.

2 Diese großen viermotorigen Flugzeuge der Amerikaner waren von der Firma Boeing Airplane Company speziell für die strategischen Bombardierungen Japans entworfen und gebaut worden.

3 Diese Staffel führte den Namen des höchsten Gipfels auf Formosa, des Berges Niitaka. Dieser Name war auch in der verschlüsselten Botschaft verwendet worden, in der am 12. Dezember 1941 der Befehl zum Angriff auf Pearl Harbour erteilt worden war. Die Botschaft lautete *Niitaka Yama Nabore,* zu deutsch: „Erklimmt den Berg Niitaka."

4 Die *Jushins* waren hochstehende politische Persönlichkeiten, häufig ehemalige Ministerpräsidenten, die aus diesem Grund Zutritt zum kaiserlichen Palast hatten.

5 Diese Flugzeuge waren zweimotorige, vielseitig verwendbare Maschinen großer Geschwindigkeit, die vom Arsenal von Yokosuka entworfen und von der Firma Nakajima in Serien gebaut wurden.

6 *Nakajima C6N* (amerikanische Bezeichnung *Myrt)* war ein sehr schnelles und schnittiges Flugzeug. Dank seiner großen Geschwindigkeit konnte es sich oft auch den schnellsten amerikanischen Jägern entziehen.

7 Die Blüte des Kirschbaumes, von symbolischer Reinheit, wurde das Emblem aller Kamikaze.

8 Diese Antriebsraketen waren vom Typ 4-1, Modell 20. Sie wurden nach den von der deutschen Firma Walter gelieferten Angaben hergestellt. Die Leistungen der Firma Walter und ihre Erfahrung in diesem Bereich waren damals ausschlaggebend.

VI

1 Die japanischen Marineangehörigen gaben den Zwergunterseebooten den Spitznamen „Fliegen".

2 In dieser Position ist das U-Boot nur knapp unter der Wasseroberfläche getaucht, so daß der Kopf des Periskops über den Wasserspiegel hinausragt.

3 In der südlichen Hemisphäre korrespondiert der Sonnenstand des 30. Mai mit dem unsrigen am 30. November. Der Tag ist kurz, und um 16.30 Uhr herrscht Dämmerung.

4 *Kaiten* heißt „Himmelfahrt". Man hätte kaum einen Ausdruck wählen können, der dichterischer und treffender gewesen wäre.

5 Sonar ist eine radioelektrische Anlage, die auf demselben Prinzip beruht wie Radar und speziell für die Suche unter Wasser konstruiert worden ist.

6 Da sich durch das Aufsteigen der Druck vermindert, bedeutet dies auch eine Verminderung der Folgen erlittener Beschädigungen. So dringt auch nicht mehr so viel Wasser ins Bootsinnere.

7 Tameichi Hara, Fred Saito, Roger Pineau *Japanese Destroyer Captain*, Ballantine Books 1961.

8 *Shinyo* heißt „Ozeanerschütterer".

9 *Fukuryu* heißt „Kriechender Drache".

VII

1 *Kikusui* bedeutet „Schwimmende Chrysantheme". Die Blüte der Chrysantheme war in Japan von jeher als das Symbol der ethischen Reinheit im wahrsten Sinne des Wortes betrachtet worden. Die von den Todesfreiwilligen verlangte seelische Größe und ihr Luft- und Seeoperationen umfassender Einsatz wurden in dem poetischen Begriff *Kikusui* verschmolzen und durch ein symbolisches Bild dargestellt. Diese graphische Allegorie zeigte eine auf dem Wasser treibende halbe Chrysantheme, die das Emblem aller japanischen Offiziere und Soldaten

wurde, die sich wohl überlegt bei der Verteidigung von Okinawa aufopferten.

2 Im Rahmen des dritten Ausbauprogrammes der Marine von 1937 hatte die japanische Regierung den Bau von zwei riesigen Schlachtschiffen, *Yamato* und *Musashi*, beschlossen. Sie hatten eine Länge von 263 Metern, eine Wasserverdrängung in vollbeladenem Zustand von nahezu 73.000 Tonnen und waren bestückt mit neun Geschützen (457 Millimeter). Ein Kaliber dieser Größe hat es noch auf keinem Kriegsschiff der Welt gegeben.

Die *Musashi* wurde am 24. Oktober 1944 von der amerikanischen Luftwaffe im Meer von Sibuyan versenkt.

Der Bau eines dritten Schiffes dieses Typs, der *Shinano*, wurde im Jahre 1939 (4. Ausbauprogramm der Marine) in Angriff genommen. Infolge der in der Schlacht von Midway am 4. Juni 1942 erlittenen Verluste wurde das Schlachtschiff in einen Flugzeugträger umgebaut.

Die *Shinano*, der größte Flugzeugträger der Welt aus jener Zeit, war im Arsenal von Yokosuka am 19. November 1942 fertiggestellt und zehn Tage später bei seinem ersten Kampfeinsatz vom amerikanischen Unterseeboot *Archerfish* südlich von Shionomisaki versenkt worden.

3 Die Seebasis von Tokuyama liegt im Südwesten der Insel Honshu, an der Küste des Binnenmeeres, von dem der Kanal von Bungo in die offene See führt.

4 Tränen werden in den Ländern des Fernen Ostens und besonders in Japan als Ausdruck natürlicher Erregbarkeit und der den Japanern eigenen Empfindsamkeit gewertet; wenn also ein Offizier bei einer Ansprache an seine dem sicheren Tod geweihten Untergebenen zu Tränen gerührt ist, darf das nicht als Zeichen von Unentschlossenheit oder Charakterschwäche ausgelegt werden.

5 Das an diesem Tag angewandte Schema der Zickzackbewegungen bestand zunächst aus einem Kurswechsel von 45 Grad Steuerbord, sodann von 90 Grad Backbord und schließlich von 45 Grad Steuerbord und so fort.

VIII

1 Diese Dyppelstörstreifen, von den Amerikanern „chaffs“ oder „windows“ genannt, sind dünne glänzende Metallstreifen, die beim Herunterfallen die Radarimpulse reflektieren und die Echos verviel-

fachen, wodurch die Ortung der Flugzeuge gestört wird. Dieses Verfahren wurde zum ersten Mal 1943 von den alliierten Bombern über Deutschland angewendet.

IX

1 Siehe Skizze auf Seite 103

2 Diese Todesmaschine ist in Kapitel V beschrieben.

3 *Tsurugi* heißt Schwert.

4 Die V 4 war die bemannte Version der V 1. Sie wurde aber von den Deutschen nie gebaut, sondern nur theoretisch entwickelt.

5 *Haiku* ist ein Gedicht, das aus 17 Silben besteht. Es war eine, besonders in den oberen Gesellschaftsschichten, weitverbreitete Gewohnheit, Haikus zu schreiben. Oft bestand ein ganzer Brief nur aus einem Haiku.

BIBLIOGRAPHIE

Airviews', *The fifty years of Japanese aviation*
Airviews', *General view of Japanese military aircraft in the Pacific War*
Andrieu D'Albas, *Marine impériale*
Georges Blond, *Le survivant du Pacifique*
Courtney Browne, *The last Banzaï*
Trevor N. Dupuy, *The airforce in the Pacific. Air power leads the way*
Trevor N. Dupuy, *The naval war in the Pacific. Rising sun of Nippon*
Trevor N. Dupuy, *Asiatic land battles. Japanese ambitions in the Pacific*
James J. Fahey, *Pacific war diary 1942–1945*
James A. Field, *La bataille de Leyte*
Tameichi Hara, Fred Saito, Robert Pineau, *Japanese destroyer captain*
Robert D. Heinl, *Soldiers of the sea*
Rikihei Inoguchi, Tadashi Nakajima, *Kamikaze Tokubetsu Kogeki Tai (the divine wind)*
Robert Leckie, *Challenge for the Pacific*
Robert Leckie, *Strong men armed*
Walter Lord, *Day of infamy*
Mac Donald Ed., *Japanese battleships and cruisers*
Mac Donald Ed., *Japanese aircraft carriers and destroyers*
Mac Donald Ed., *American battleships, carriers and cruisers*
Kitaro Matumoto, *Battleships Yamoto and Musashi*
Samuel E. Morison, *Les grandes batailles navales du Pacifique 1941–1945*
Navy Department, *Abridged U.S. naval chronology of World War II*
Chester W. Nimitz, E. B. Potter, *The great sea war*
Masatake Okumiya, Jiro Horikoshi, Martin Caidin, *Zero*
Serge Ouvaroff, *Torpilles humaines*
Fletcher Pratt, *The marines war*
Theodore Roscoe, *Submarines*
Saburo Sakai, Martin Caidin, Fred Saito, *Samouraï*
Paul S. Silverstone, *U.S. Warships of World War II*
James F. Sunderman, *World War II in the air. The Pacific*
F. G. Swanborough, Peter M. Bowers, *United States navy aircraft since 1909*
F. G. Swanborough, Peter M. Bowers, *United States navy aircraft since 1911*
Anthony J. Watts, *Japanese battleships and cruisers*